博士生导师学术文库

A Library of Academics by
PHD Supervisors

唐前太子卫率詹事制度研究

张金龙 著

光明日报出版社

图书在版编目（CIP）数据

唐前太子卫率詹事制度研究 / 张金龙著 .-- 北京：
光明日报出版社，2019.5

（博士生导师学术文库）

ISBN 978-7-5194-5351-0

Ⅰ.①唐… Ⅱ.①张… Ⅲ.①禁军—制度—研究—中
国—魏晋南北朝时代②禁军—制度—研究—中国—隋代
Ⅳ.① E291

中国版本图书馆 CIP 数据核字（2019）第 093545 号

唐前太子卫率詹事制度研究
TANGQIAN TAIZIWEISHUAI ZHANSHI ZHIDU YANJIU

著　　者：张金龙

责任编辑：杨　茹　　　　　　　责任校对：赵鸣鸣
封面设计：一站出版网　　　　　责任印制：曹　净

出版发行：光明日报出版社
地　　址：北京市西城区永安路 106 号，100050
电　　话：010-63169890（咨询），010-63131930(邮购)
传　　真：010-67078227，67078255
网　　址：http://book.gmw.cn
E - mail：yangru@gmw.cn
法律顾问：北京德恒律师事务所龚柳方律师，电话：010-67019571

印　　刷：三河市华东印刷有限公司
装　　订：三河市华东印刷有限公司
本书如有破损、缺页、装订错误，请与本社联系调换

开　　本：170mm×240mm
字　　数：285 千字　　　　　　印　　张：18
版　　次：2019 年 5 月第 1 版　　印　　次：2019 年 7 月第 1 次印刷
书　　号：ISBN 978-7-5194-5351-0

定　　价：89.00 元

目　录

CONTENTS

序　章　唐前东宫官制概说 ···································· 1

一、"东宫"释义 ··· 1

二、秦汉东宫官制 ·· 3

三、魏晋东宫官制 ·· 5

四、南朝东宫官制 ··· 11

五、北朝东宫官制 ··· 18

六、隋代东宫官制 ··· 28

上篇　太子卫率

第一章　太子卫率任职人员钩沉 ························· 39

一、两晋太子卫率 ··· 39

二、刘宋太子卫率 ··· 46

三、南齐太子卫率 ··· 56

四、梁代太子卫率 ··· 61

五、陈代太子卫率 ··· 67

六、北朝太子卫率 ··· 70

【附】南北朝的太子三校 ································· 73

七、隋代太子诸率 ··· 81

第二章　太子卫率政治职能发微 …………………………………… 88

　　一、禁卫东宫 ……………………………………………………… 88

　　二、参议国政 …………………………………………………… 101

　　三、率军出征 …………………………………………………… 110

第三章　太子卫率迁转关系探究 ………………………………… 118

　　一、两晋太子卫率迁转 ………………………………………… 118

　　二、刘宋太子卫率迁转 ………………………………………… 122

　　三、南齐太子卫率迁转 ………………………………………… 132

　　四、梁代太子卫率迁转 ………………………………………… 139

　　五、陈代太子卫率迁转 ………………………………………… 147

　　六、北朝太子卫率迁转 ………………………………………… 151

　　七、隋代太子诸率迁转 ………………………………………… 153

第四章　太子卫率兼领加官分析 ………………………………… 156

　　一、太子卫率兼领加官事例 …………………………………… 156

　　二、太子卫率兼领加官分类 …………………………………… 160

　　三、太子卫率兼领加官的时代性 ……………………………… 165

上篇结语 …………………………………………………………… 168

下篇　太子詹事

第五章　太子詹事任职人员钩沉 ………………………………… 174

　　一、唐前太子詹事及其沿革 …………………………………… 174

　　二、两晋十六国太子詹事 ……………………………………… 181

　　三、刘宋太子詹事 ……………………………………………… 183

　　四、南齐太子詹事 ……………………………………………… 189

　　五、梁代太子詹事 ……………………………………………… 192

六、陈代太子詹事 ··· 196

七、北朝太子詹事（北周宫正、宫尹附） ················· 197

第六章　太子詹事身份状况考察 ······························· 202

一、两晋太子詹事身份 ······································· 202

二、刘宋太子詹事身份 ······································· 206

三、南齐太子詹事身份 ······································· 214

四、梁代太子詹事身份 ······································· 219

五、陈代太子詹事身份 ······································· 222

六、北朝太子詹事（北周宫尹附）身份 ················· 227

第七章　太子詹事迁转关系探究 ······························· 244

一、两晋太子詹事迁转 ······································· 244

二、刘宋太子詹事迁转 ······································· 246

三、南齐太子詹事迁转 ······································· 251

四、梁代太子詹事迁转 ······································· 256

五、陈代太子詹事迁转 ······································· 260

第八章　太子詹事兼领加官分析 ······························· 264

一、太子詹事兼领加官事例 ································· 264

二、太子詹事兼领加官分类 ································· 268

三、太子詹事兼领加官的时代性 ····················· 271

下篇结语 ··· 274

后　记 ··· 280

序　章　唐前东宫官制概说

一、"东宫"释义

在中国秦汉以后两千余年的帝制时期，太子作为国家的储君，皇位的继承者，在统治集团中具有仅次于君主的尊崇地位。一般而言，每一王朝在确立太子之后都要为之设立专门的宫殿——东宫，因太子宫殿位于皇宫之东，故名。太子的保卫和教育，是国家重要政务之一，东宫有一套专门的职官建制以担当其任。魏晋南北朝东宫官制在继承汉制的同时又有重大的实质性变化，而且在三百余年间一直都处于演变和发展之中，负责太子及其宫殿保卫的东宫禁卫武官制度同时也在发生着相应的变化。在魏晋南北朝演变的基础上，隋朝东宫官制又进行了大规模调整和变革，唐朝初年又全盘照搬了包括东宫官制在内的隋朝制度。

先秦时太子所居即有"东宫"之称。《史记·荆轲列传》司马贞《索隐》引《燕丹子》，谓"轲与太子游东宫池"云云[1]。《汉书·五行志上》："釐公二十年'五月乙巳，西宫灾'。《谷梁》以为愍公宫也，以谥言之则若疏，故谓之西宫。""西宫者，小寝，夫人之居也。""《左氏》以为西宫者，公宫也。言西，知有东。东宫，太子所居。"[2]

---

① 〔汉〕司马迁撰，〔宋〕裴骃集解，〔唐〕司马贞索隐，〔唐〕张守节正义：《史记》卷八六《刺客·荆轲列传》，中华书局，1959年，第八册，第2532页。

② 〔东汉〕班固撰，〔唐〕颜师古注：《汉书》卷二七上《五行志上》，中华书局，1964年，第五册，第1323页。

西汉时期，太后所居宫名为长信宫或长乐宫。《汉书·百官公卿表上》："成帝鸿嘉三年（前18）省詹事官，并属大长秋。长信詹事掌皇太后宫，景帝中六年（前144）更名长信少府，平帝元始四年（4）更名长乐少府。"注引张晏曰："以太后所居宫为名也。居长信宫则曰长信少府，居长乐宫则曰长乐少府也。"① 不过，西汉时期太后所居宫亦常称为东宫。《汉书·张汤传》："孝景时，吴楚七国反，景帝往来东宫间。"师古曰："谓咨谋于太后也。"② 汉武帝建元"二年（前139），御史大夫赵绾请毋奏事东宫，窦太后大怒"，"乃罢逐赵绾、王臧，而免丞相婴、太尉蚡"。③ 窦太后崩，"遗诏尽以东宫金钱财物赐长公主嫖"。师古曰："东宫，太后所居。"④ 史载"（霍）光卒与（张）安世白太后，废昌邑王，尊立宣帝。光以为群臣奏事东宫，太后省政，宜知经术，白令胜用《尚书》授太后"⑤。汉元帝时贡禹奏言，有"臣禹尝从之东宫"之语。师古曰："从天子往太后宫。"⑥ 元帝欲立赵飞燕为皇后，"太后以其所出微，难之。（淳于）长主往来通语东宫。岁余，赵皇后得立，上甚德之"⑦。汉成帝许皇后上疏，上"采刘向、谷永之言以报"，有"其孝东宫，毋阙朔望"之语。⑧ 刘向上封事，有"依东宫之尊，假甥舅之亲，以为威重"之语。⑨ 此两条记载后颜师古皆注曰："东宫，太后所居也。"⑩

东汉初年，班彪辟司徒府属。"时东宫初建，诸王国并开，而官属未备，师保多阙。"班彪上言有云："汉兴，太宗使晁错导太子法术，贾谊教梁王以《诗》《书》。及至中宗，亦令刘向、王褒、萧望之、周堪之徒，以文章儒学保训东宫以下，莫不崇简其人，就成德器。今皇太子诸王，虽结发学问，修习礼乐，而傅相未值贤才，官属多阙旧典。宜博选名儒有威重明通政事者，以

---

① 《汉书》卷一九上《百官公卿表上》，第三册，第734页。又见《史记》卷一一《孝景本纪》中六年四月条集解引"张晏曰"，第二册，第446页。

② 《汉书》卷五九《张汤传》，第九册，第2641、2642页。

③ 《汉书》卷五二《田蚡传》，第八册，第2379页。

④ 《汉书》卷九七上《外戚传上》，第一二册，第3945页。

⑤ 《汉书》卷七五《夏侯胜传》，第一〇册，第3155页。

⑥ 《汉书》卷七二《贡禹传》，第一〇册，第3070、3071页。

⑦ 《汉书》卷九三《佞幸·淳于长传》，第一一册，第3730页。

⑧ 《汉书》卷九七下《外戚下·孝成许皇后传》，第一二册，第3977、3981页。

⑨ 《汉书》卷三六《刘向传》，第七册，第1960页。

⑩ 《汉书》，第一二册，第3982页；第七册，第1961页。

为太子太傅，东宫及诸王国，备置官属。"①东汉以后，很少见到称太后宫为东宫的记载，东宫遂成为太子宫之专称。

作为未来的君主，秦汉以降的历代王朝对于培养、保护和树立太子的权威都非常重视，确立类似朝廷制度的东宫官制即是最主要的举措。朱熹论东宫官属曰："《唐六典》载太子东宫官制甚详，如一小朝廷。"②就晋唐时期近七百年的历史而论，以隋唐两代的东宫官制与朝廷制度更为相似。仅就禁卫官制而言，隋朝东宫制度与朝廷制度几乎完全一样，只是员额编制略有缩减而已。包括东宫武官制度在内的唐代禁卫官制，可以说完全是对隋制的继承和因袭。

二、秦汉东宫官制

秦西汉时期，东宫官职最尊者为太子太傅、太子少傅，其"属官有太子门大夫、庶子、先马、舍人"。又有詹事，"掌皇后、太子家，有丞。属官有太子率更、家令丞，仆、中盾、卫率、厨厩长丞"。后来皇太后宫、皇后宫詹事更名，太子詹事则专掌太子家，为东宫总管。关于诸职之职掌及禄秩，应劭曰："詹，省也，给也。""中盾主周卫徼道，秩四百石。"臣瓒曰："《茂陵书》：詹事秩真二千石。""《茂陵中书》：太子家令秩八百石。"如淳曰："《汉仪注》：卫率主门卫，秩千石。"③关于西汉詹事之地位和禄秩，清代四库馆臣云："至《百官表》列詹事在大长秋上，《史记》称壶遂为上大夫，则其位当亚于九卿。刘敞以《百官表》不著其秩，故作《汉官班序图》，遂以为无秩。惟臣瓒注称为'真二千石'，荀悦《汉纪》又以为比二千石。说者莫能折衷。然考《百官表》于禄秩之等，其例皆总题于后，原不分著本条。故……主爵中尉条后有云：'自太子太傅至右扶风皆秩二千石，丞六百石。'此为二千石之总题。《百官表》本文甚明，詹事自在二千石之列。说者不知详考前后，转致纷

---

① 〔南朝宋〕范晔撰，〔唐〕李贤等注：《后汉书》卷四〇上《班彪传》，中华书局，1965年，第五册，第1328页。

② 〔宋〕黎靖德编，王星贤点校：《朱子语类》卷一一二《朱子九·论官》，中华书局，1986年，第七册，第2728页。

③ 《汉书》卷一九上《百官公卿表上》及颜师古注，第三册，第733、734页。

纷聚讼耳。"① 如上所见，"中盾主周卫徼道"，"卫率主门卫"，职司东宫禁卫。据《续汉书·百官志四》记载，太子率更令"职似光禄"，太子庶子"如三署中郎"，太子舍人"如三署郎中"，太子门大夫"职比郎将"。西汉时期，诸职均当具有禁卫东宫的职能。

东汉时期，东宫官制进一步完善，设太子太傅、太子少傅等十四个官职。据《续汉书·百官志四》的记载，东汉东宫官职的具体情况可列表如下：

表1　东汉东宫职官建置表

官名	员额	俸秩	职掌
太子太傅	一人	中二千石	职掌辅导太子。礼如师，不领官属。
太子少傅	〔一人〕	二千石	亦以辅导为职，悉主太子官属。
太子率更令	一人	千石	主庶子、舍人更直，职似光禄。
太子庶子	无员	四百石	如三署中郎。
太子舍人	无员	二百石	更直宿卫，如三署郎中。
太子家令	一人	千石	主仓谷饮食，职似司农、少府。
太子仓令	一人	六百石	主仓谷。
太子食官令	一人	六百石	主饮食。
太子仆	一人	千石	主车马，职如太仆。
太子厩长	一人	四百石	主车马。
太子门大夫		六百石	职比郎将。
太子中庶子	五人	六百石	职如侍中。
太子洗马	十六人	比六百石	职如谒者。太子出，则当直者在前导威仪。
太子中盾	一人	四百石	主周卫徼循。
太子卫率	一人	四百石	主门卫士。

与西汉相比，东汉东宫官制最大的变化是不设总管东宫事务的太子詹事，其职掌由太子少傅所取代。东汉太子率更令以下十三官全都属于太子少傅，

① 〔清〕纪昀等撰：《历代职官表》卷二六《詹事府表》"汉"条案语，上海古籍出版社，1960年，上册，第491—492页。

表明太子少傅为东宫长官。东汉太子少傅所辖东宫十二属官，又可分为七个部门：太子庶子、太子舍人属于太子率更令，太子仓令、太子食官令属于太子家令，太子厩长属于太子仆，太子门大夫、太子中庶子、太子洗马、太子中盾则自成系统。涉及太子保卫的官职有六个，可分为四个部门：太子率更令及太子庶子、太子舍人，相当于皇宫光禄勋及其属官；太子门大夫，相当于负责皇宫宫殿门户保卫的郎将（亦属光禄勋）；太子中盾，相当于皇宫执金吾；太子卫率，相当于皇宫卫尉。[①]值得关注的是，东汉太子卫率四百石，与上引《汉仪注》所载"秩千石"差别甚大。

三、魏晋东宫官制

曹魏时期，关于东宫禁卫武官的建制史志并无明确记载，在《通典》所载"魏官品"中，以下官职应该属于东宫官职：

第三品：太子保、傅 太子詹事

第五品：太子中庶子 太子庶子 太子家令 太子率更令、仆〔太子〕卫率

第六品：太子侍讲、门大夫 太子中舍人 太子常从虎贲督、司马督

第七品：太子保·傅丞、詹事丞 太子洗马 太子食官令、舍人

第九品：太子掌固、主事 候郎[②]

可以看出，在"魏官品"中汉代东宫官制和曹魏新设制度并存，其中属于东宫禁卫武官的是太子家令，太子率更令、仆，太子卫率，太子门大夫，太子常从虎贲督、司马督等职。事实上，曹魏并不曾建立东宫，有关东宫官制的规定没有现实制度支撑，也证明所谓"魏官品"的可信度不高。

[①] 《续汉书·百官志四》，《后汉书》，第一二册，第3608–3609页。又同卷载：太子门大夫，"旧注云'职比郎将'。旧有左、右户将，别主左、右户直郎，建武以来省之"（第3609页）。关于汉代光禄勋（包括郎将）、卫尉及执金吾诸职的禁卫职能，参见拙著：《魏晋南北朝禁卫武官制度研究》，中华书局，2004年，上册，第29–48页。

[②] 〔唐〕杜佑撰，王文锦等点校：《通典》卷三六《职官十八·秩品一》，中华书局，1988年，第一册，第991–994页。

曹魏建立前不久，曹操立曹丕为太子并建立东宫，设置东宫官属。建安二十二年（217）"冬十月，天子命王冕十有二旒，乘金根车，驾六马，设五时副车，以五官中郎将丕为魏太子"①。《魏志·凉茂传》："魏国初建，迁尚书仆射，后为中尉、奉常。文帝在东宫，茂复为太子太傅，甚见敬礼。"②《邢颙传》："初，太子未定，而临菑侯植有宠，丁仪等并赞翼其美。太祖问颙，颙对曰：'以庶代宗，先世之戒也。愿殿下深重察之！'太祖识其意，后遂以为太子少傅，迁太傅。"③荀纬"少喜文学。建安中，召署军谋掾、魏太子庶子"④，即在曹丕为太子时。颜斐"有才学，丞相召为太子洗马。黄初初，转为黄门侍郎"⑤。刘劭"该览学籍，文质周洽"，"拜太子舍人，迁秘书郎"⑥。王昶"少与同郡王凌俱知名"，"文帝在东宫，昶为太子文学，迁中庶子"⑦。丞相掾鲍勋，建安"二十二年，立太子，以勋为中庶子"⑧。

毌丘"俭袭父爵，为平原侯文学。明帝即位，为尚书郎，迁羽林监。以东宫之旧，甚见亲待"⑨。按魏明帝曹叡于黄初"三年（222）为平原王。以其母诛，故未建为嗣"；"七年夏五月，帝病笃，乃立为皇太子。丁巳（十七，6.29），即皇帝位"⑩也就是说，尚未设立东宫魏明帝就已即位⑪，自然也不会设置东宫官属。魏明帝以后的三位曹魏皇帝，都不是以储君身份即位称帝的：

① 〔西晋〕陈寿撰，〔南朝宋〕裴松之注：《三国志》卷一《魏书·武帝纪》，中华书局，1959年，第一册，第49页。同书卷五《后妃·文德郭皇后传》："太祖为魏公时，得入东宫。"（第164页）按其时曹丕尚未立为太子，严格来说不能称之为东宫。
② 《三国志》卷一一《魏书·凉茂传》，第二册，第338页。
③ 《三国志》卷一二《魏书·邢颙传》，第二册，第383页。
④ 《三国志》卷二一《魏书·王粲传》附传注引荀勖《文章叙录》，第三册，第604页。
⑤ 《三国志》卷一六《魏书·仓慈传》附传注引《魏略》，第二册，第513页。
⑥ 《三国志》卷二一《魏书·刘劭传》及"评曰"，第三册，第619、628页。
⑦ 《三国志》卷二七《魏书·王昶传》，第三册，第743、744页。
⑧ 《三国志》卷一二《魏书·鲍勋传》，第二册，第384页。
⑨ 《三国志》卷二八《魏书·毌丘俭传》，第三册，第761页。
⑩ 《三国志》卷三《魏书·明帝纪》，第一册，第91页。注引《魏略》曰："文帝以郭后无子，诏使子养帝。帝以母不以道终，意甚不平。后不获己，乃敬事郭后，旦夕因长御问起居，郭后亦自以无子，遂加慈爱。文帝始以帝不悦，有意欲以他姬子京兆王为嗣，故久不拜太子。"
⑪ 《三国志》卷二《魏书·文帝纪》：黄初七年"夏五月丙辰（十六，6.28），帝疾笃"，"丁巳，帝崩于嘉福殿"。（第一册，第86页）可见魏明帝在立为太子之翌日便即皇帝位。同书卷三《明帝纪》注引《魏书》曰："帝容止可观，望之俨然。自在东宫，不交朝臣，不问政事，唯潜思书籍而已。"（第一册，第115页）这一记载显然是不可信的。又，同书卷五《后妃·明悼毛皇后传》："黄初中，以选入东宫，明帝时为平原王，进御有宠，出入与同舆辇。"（第一册，第167页）按此处是以"东宫"指代明帝即位前的王府，并非严格意义上的东宫。

曹芳于"青龙三年（235），立为齐王。景初三年正月丁亥朔（239.1.22），帝（明帝）病甚，乃立为皇太子。是日，即皇帝位"①。齐王芳被司马氏废黜，欻县高贵乡公曹髦被迎立为帝②。高贵乡公被杀，安次县常道乡公曹奂被迎立为帝③。一般来说，东宫职官都是在确立太子并建立东宫之后才会设置并任命其职的，故曹魏一代实际上并未立太子建东宫，因而在其官僚制度中很可能并无东宫职官建制。《宋书·百官志下》谓"魏世无东宫"云云④，即表明曹魏实际上并无东宫职官建制。因此，《通典》所载"魏官品"中的东宫官职既非曹魏现实制度的反映，也可能原本并不存在于曹魏职官制度之中，"魏官品"的相关记载并不可信。⑤

《通典·职官十二·东宫官》"左右卫率府"条："卫率府，秦官。汉因之，属詹事。后汉主门卫徼循卫士，而属少傅。魏因之。"⑥ 按此记载存在很大问题，卫率府是机构，并非官职，且秦汉时代卫率并未置府；东汉卫率"主门卫士"，主"徼循"者为中盾，不可混为一谈；曹魏一代实际未设东宫，也就不存在因袭包括卫率在内的东宫官制的情况，"魏因之"恐是杜佑想当然云耳。《晋书·李憙传》："皇太子立，以憙为太子太傅。自魏明帝以后，久旷东宫，制度废阙，官司不具。詹事、左右率、庶子、中舍人诸官并未置，唯置卫率令典兵，二傅并摄众事。"⑦ 按"皇太子"是指晋惠帝司马衷，此处所言"官司

---

① 《三国志》卷四《魏书·三少帝纪·齐王纪》，第一册，第117页。
② 参见《三国志》卷四《魏书·三少帝纪·高贵乡公纪》，第一册，第131页。
③ 参见《三国志》卷四《魏书·三少帝纪·陈留王纪》，第一册，第147页。
④ 〔梁〕沈约撰：《宋书》卷四〇《百官志下》，中华书局，1974年，第四册，第1253页。
⑤ 《唐六典》卷二六《太子詹事府》："魏复置詹事，品第三，掌东宫内外众务。"（〔唐〕李林甫等撰，陈仲夫点校：《唐六典》，中华书局，1992年，第662页）《通典》卷三〇《职官十二·东宫官》："魏复置詹事，领东宫众务。"（第一册，第823页）同卷《左右卫率府》："卫率府，秦官。汉因之，属詹事。后汉主门卫徼循卫士，而属少傅。魏因之。"（第一册，第835页）又，《三国志》卷三《魏书·明帝纪》青龙三年三月条注引《魏略》曰："太子舍人张茂以吴、蜀数动，诸将出征，而帝盛兴宫室，留意于玩饰，赐与无度，帑藏空竭；又录夺士女前已嫁为吏民妻者，还以配士，既听以生口自赎，又简选其有姿首者内之掖庭，乃上书谏曰……"其谏言中有"擢臣为太子舍人"之语。卷四《高贵乡公纪》甘露五年五月条注引《汉晋春秋》，谓"太子舍人成济"云云。（第一册，第105、144页）似曹魏在明帝和高贵乡公时有东宫建置，然《三国志》卷二五《栈潜传》："明帝时，众役并兴，戚属疏斥，潜上疏曰：'……东宫未建，天下无副。愿陛下留心关塞，永保无极，则海内幸甚。'"（第三册，第718页）故《宋志》所载"魏世无东宫"应该是准确的，而《唐六典》和《通典》的记载不可信。
⑥ 《通典》卷三〇《职官十二·东宫官》，第一册，第835页。
⑦ 〔唐〕房玄龄等撰：《晋书》卷四一《李憙传》，中华书局，1974年，第四册，第1189–1190页。

不具"的情形并非曹魏时期的状况,而是晋武帝初建东宫时的情形。曹魏一代直至晋武帝初年,东宫"制度废阙,官司不具",《通典》亦因袭《晋书·李憙传》而有如下记载:"自魏明帝以后,久旷东宫,制度阙废,官司不具。晋初,詹事、左右率、庶子、中舍人诸官并未置,唯置卫率令典兵,二傅并摄众事。至咸宁元年(275),始置詹事,以领宫事。"①也就是说,包括卫率在内的东宫官制并不存在"魏因之"的情况。上引"魏官品"中的诸多东宫官职也就只能是子虚乌有。

两晋东宫官制,史志有明确记载。《晋书·职官志》:"左、右卫率。案武帝建东宫,置卫率,初曰中卫率。泰始五年(269),分为左、右,各领一军。惠帝时,愍怀太子在东宫,又加前、后二率。及江左,省前、后二率,孝武太元(376–396)中又置。"②《通典》所载"晋官品"中属于东宫官职的有:

第三品:太子保、傅　太子詹事
第五品:太子中庶子、庶子、家令、率更令、仆、卫率

① 《通典》卷三〇《职官十二·东宫官》,第一册,第818页。按"官司不具"下本注:"吴孙权即位,孙登为太子,兼置四友等官。以诸葛恪为左辅,张休为右弼,顾谭为辅正都尉,陈表为翼正都尉,是为四友。于是东宫号为多士。"按此本于《三国志》卷五九《吴书·吴主五子·孙登传》:"魏黄初二年……立登为太子。选置师傅,铨简秀士,以为宾友。于是,诸葛恪、张休、顾谭、陈表等以选入,侍讲诗书,出从骑射……登待接寮属,略用布衣之礼。与恪、休、谭等,或同舆而载,或共帐而寐。太傅张温言于权曰:'夫中庶子官最亲密,切问近对,宜用俊德。'于是,乃用表等为中庶子。后又以庶子礼拘,复令整巾侍坐。黄龙元年,权称尊号,立为皇太子。以恪为左辅,休右弼,谭为辅正、表为翼正都尉,是为四友。而谢景、范慎、刁玄、羊衜等皆为宾客。于是东宫号为多士。"裴注引《吴书》曰:"道初为中庶子,年二十。"引《江表传》曰:"登使侍中胡综作《宾友目》曰:'英才卓越,超逾伦匹,则诸葛恪。精识时机,达幽究微,则顾谭。凝辨宏达,言能释结,则谢景。究学甄微,游夏同科,则范慎。'"(第五册,第1363–1364页)同书卷六四《诸葛恪传》:"弱冠拜骑都尉,与顾谭、张休等侍太子登,讲论道艺,并为宾友。从中庶子转为左辅都尉。"(第1429页)卷五二《顾谭传》:"弱冠与诸葛恪等为太子四友,从中庶子转辅正都尉。"裴注引陆机为《谭传》曰:"宣太子正位东宫。天子方隆训导之义,妙简俊彦,讲学左右。时四方之杰毕集,太傅诸葛恪以雄奇盖众,而谭以清绝伦,独见推重。自太尉范慎、谢景、羊衜之徒,皆以秀称其名,而悉在谭下。"(第1230、1231页)卷五五《陈表传》:"少知名,与诸葛恪、顾谭、张休等并侍东宫,皆共亲友……徙太子中庶子,拜翼正都尉。"(第1289页)又《晋书》卷八二《谢沈传》:"父秀,吴翼正都尉。"(第七册,第2151页)看来孙吴东宫不仅有左辅、右弼和辅正、翼正都尉四友之职,还有太子中庶子。又韦曜"好学,能属文。从丞相掾,除西安令,还为尚书郎,迁太子中庶子。时蔡颖亦在东宫,性好博弈。太子和以为无益,命曜论之"。(《三国志》卷六五《吴书·韦曜传》,第1460页)陆祎"初为黄门侍郎,出领部曲,拜偏将军。凯亡后,入为太子中庶子"。(卷六一《陆凯传》附,第1403页)按其父陆凯死于吴末帝孙皓建衡元年(269)。

② 《晋书》卷二四《职官志》,第三册,第743页。

　　第六品：太子门大夫　太子侍讲、中舍人、司马督　太子常从虎贲督、千人督、校尉

　　第七品：太子保、傅、詹事丞　太子洗马、食官令、舍人 [①]

　　太子常从虎贲督、千人督、校尉也属于东宫禁卫武官，应该隶属于太子卫率。比较《通典》所载"晋官品"与"魏官品"有关东宫官职的记载，可以看出两者几乎完全一样，很可能出于同一个底本，不排除是魏晋之际司马氏制度改革的产物，也就是说"魏官品"并非曹魏实际官制的反映，而可能是司马氏构想的革命后的官制蓝图。而据本书的相关研究，此"魏官品"甚至也不一定是曹魏末年所制定制度的真实记录。

　　西晋一朝，由于政治斗争多与储君及皇位争夺有关，故东宫官制有较大变化。东宫官制始建于晋武帝泰始三年立司马衷为太子之时，最初置太子太傅、太子少傅各一人为东宫长官，"宫事无大小，皆由二傅，并有功曹、主簿、五官" [②]。二傅的主要职能是训导皇太子，一般由诸公行、领。"咸宁元年，以给事黄门侍郎杨珧为詹事，掌宫事，二傅不复领官属。及杨珧为卫将军、领少傅，省詹事，遂崇广傅训，命太尉贾充领太保，司空齐王攸领太傅，所置吏属复如旧。"其后终武帝之世，不置太子詹事。晋惠帝元康元年（291），复置詹事。东宫长官之僚属为："丞，一人，秩千石；主簿、五官掾、功曹史、主记门下史、录事、户曹·法曹·仓曹·贼曹·功曹书佐、门下亭长、门下书佐、省事，各一人。"愍、怀之世，置三太、三少共六傅，避司马师名讳，"改太师为太保，通省尚书事，詹事文书关由六傅。然自元康（291-299）之后，诸傅或二或三，或四或六。及永康（300-301）中，复不置詹事也。自太安（303-304）已来，置詹事，终孝怀之世（307-313）。渡江之后，有太傅、少傅，不立师、保。"除以上长官及僚属外，两晋东宫官职还有：中庶子、中舍人、庶子各四人，食官令一人，舍人十六人，洗马八人；又有率更令、家令、仆及左右卫率等职。 [③]

----

① 《通典》卷三七《职官十九·秩品二》，第一册，第1003-1005页。

② 《晋书》卷二四《职官志》，第三册，第742页。又，《宋书》卷三九《百官志上》："晋初，太子官属通属二傅。"（第四册，第1253页）

③ 以上见《晋书》卷二四《职官志》，第三册，第742、743页。

《晋起居注》载武帝太康八年（287）诏曰："太子率更、仆，东宫之达官也。其进品第五，秩与中庶子、左·右卫率同，职拟光禄勋也。"[①]《宋书·百官志下》载率更令"主宫殿门户及赏罚事，职如光禄勋、卫尉"[②]，属于东宫禁卫武官之列。两汉时期，太子庶子"职如三署中郎"，太子舍人"掌宿卫如三署中郎"，皆属东宫禁卫武官之列。晋制太子庶子"职比散骑常侍、中书监·令"，太子舍人"职如散骑、中书侍郎"。[③]显然已无"掌宿卫"之任，不再是禁卫武官。太子门大夫，"汉东京置，职如中郎将，分掌远近表笺"[④]。这表明，晋、宋时期太子门大夫也已不再具备禁卫职能。率更令是继承的秦汉旧制，而卫率则是在秦汉旧制基础上进行巨大变革的结果。

《宋书·百官志下》："二率（太子左、右卫率）职如二卫。秦时直云卫率，汉因之，主门卫。晋初曰中卫率，泰始（266-275）分为左、右，各领一军。惠帝时，愍怀太子在东宫，加置前、后二率。成都王颖为太弟，又置中卫，是为五率。江左初，省前、后二率。孝武太元（376-396）中，又置。皆有丞，晋初置。"[⑤]《晋书·职官志》："左、右卫率。案武帝建东宫，置卫率，初曰中卫率。泰始五年，分为左、右，各领一军。惠帝时，愍怀太子在东宫，又加前、后二率。及江左，省前、后二率，孝武太元中又置。"[⑥]由此可见，卫率制度在两晋时期变动颇为频繁，最初仅置中卫率，晋武帝泰始五年分为左、右卫率，惠帝朝"八王之乱"时为加强对愍怀太子的保护又增置前、后卫率，"八王之乱"末期在成都王颖为太弟时又增置中卫率而成为五率，东晋初年只设左、右二卫率，孝武帝太元年间增置前、后二率而为四率建置。率更令及门大夫负责东宫宫殿门户的把守，二卫率或四（五）卫率则统领东宫禁卫军（卫队）承担保卫东宫的职责。一般来说，每一卫率应该各领一军（或数军），由

---

① 〔宋〕李昉等撰：《太平御览》卷二四七《职官部四五·太子率更令》，中华书局，1960年，第二册，第1166页。按〔宋〕孙逢吉《职官分纪》卷二九"太子率更寺"条所引亦同，《景印文渊阁四库全书》"子部二二九·类书类"，台湾商务印书馆，1986年，第九二三册，第578页。又可参见〔唐〕虞世南撰，〔明〕陈禹谟补注：《北堂书钞》卷六六《设官部十八》"太子率更令"条，"东宫之达官""秩与卫率同"下本注并引《晋起居注》，《景印文渊阁四库全书》"子部一九五·类书类"，第八八九册，第292页。
② 《宋书》卷四〇《百官志下》，第四册，第1253页；《晋书》卷二四《职官志》，第三册，第743页。
③ 《宋书》卷四〇《百官志下》，第四册，第1254页。
④ 《宋书》卷四〇《百官志下》，第四册，第1253页。
⑤ 《宋书》卷四〇《百官志下》，第四册，第1254页。
⑥ 《晋书》卷二四《职官志》，第三册，第743页。

二卫率变为四卫率、五卫率则意味着东宫禁卫军力的大规模扩充。实际情况如何，还要看具体的政局和时代背景。

四、南朝东宫官制

《宋书·百官志下》所载官品（亦载于《通典》，实为"晋官品"）比《通典》所载"魏官品""晋官品"简略得多，东宫官职亦不例外，具体名、品是：

> 第三品：太子二傅 太子詹事
> 第五品：太子中庶子、庶子、三卿①、率
> 第六品：太子门大夫
> 第七品：太子傅、詹事、率丞 太子洗马、舍人、食官令②

其中太子率、丞为东宫禁卫武官。虽然在两晋未见到太子率丞的记载，但可以想见当时应该还存在这一官职。根据这一记载，则刘宋东宫禁卫武官制度完全继承了东晋制度，无论从官名还是其品阶都没有发生变化。但事实并非如此，史志有关刘宋官品的记载过于笼统简略，未能全面反映刘宋现实的官制状况。《宋志》关于刘宋官制的具体记述则要翔实得多，对刘宋东宫禁卫武官制度的认识也必须依赖于相关的具体记述。

刘宋时期，在继承东晋制度的基础上对东宫禁卫武官制度进行了重大改革，主要表现在卫率系统禁卫武官制度的扩充上。《宋书·百官志下》：

> 太子左卫率七人，太子右卫率二人，二率职如二卫。……宋世止置左、右二率。
>
> 太子屯骑校尉、太子步兵校尉、太子翊军校尉，三校尉各七人，并宋初置。屯骑、步兵，因台校尉；翊军，晋武帝太康（280-289）初置，

---

① 《宋书》卷四〇《百官志下》："自家令至仆（家令、率更令、仆），为太子三卿。"（第四册，第1253页）
② 《宋书》卷四〇《百官志下》，第四册，第1254页。

始为台校尉，而以唐彬居之，江左省。

太子冗从仆射七人，宋初置。

太子旅贲中郎将十人，职如虎贲中郎将，宋初置。《周官》有旅贲氏。汉制，天子有虎贲，王侯有旅贲。旅，众也。

太子左积弩将军十人，太子右积弩将军二人。汉东京积弩将军杂号也，无左、右之积弩。魏世至晋江左，左、右积弩为台职，领营兵。宋世度东宫，无复营矣。

殿中将军十人，殿中员外将军二十人，宋初置。①

由此可见，刘宋只设太子左、右二卫率②，并未继承东晋的四卫率制度。尽管如此，并不意味着刘宋太子东宫禁卫兵力比东晋有较大程度的下降。

事实上，与东晋相比刘宋东宫禁卫兵力是极大地扩充了，首先表现在太子左、右卫率员额的增加上，虽然只有二卫率，却同时共有九人的员额，比西晋最多时的五人还要多。若每一卫率领一军，则刘宋东宫禁卫军应该多达九军。左、右卫率员额相差悬殊，表明其地位有别，职能也应该不尽相同。刘宋时期三校尉很可能是协助太子左卫率统领营兵以保卫东宫。太子三校尉及冗从仆射的员额各为七人，大概对应的是太子左卫率的七人员额。如上所引，《宋志》所载太子左、右积弩将军的员额分别为十人、二人，对照太子左、右卫率分别为七人、二人以及三校尉、冗从仆射各为七人等情形，推断太子左积弩将军很可能也是七人的员额，亦即太子左、右积弩将军分别隶属于太子左、右卫率。刘宋东宫禁卫武官制度改革的主旨是通过扩大卫率系统的建制以增加东宫禁卫兵力，加强对皇位继承人的保卫。这显然是有鉴于东晋皇权衰微的教训，是刘宋皇帝强化皇权的重要举措之一。刘宋东宫禁卫武官制度改革的方法则是：或参照朝廷禁卫武官建制设置部分官职，或将传统制度中归属朝廷禁卫武官的某一类官职转变为东宫官职。

值得注意的是，《宋书·百官志下》有关太子詹事职能的一条记载："太子

---

① 《宋书》卷四〇《百官志下》，第四册，第1254-1255页。

② 《宋书》卷一八《礼志五》："冗从仆射、太子卫率，铜印，墨绶。给五时朝服，武冠。"（第二册，第509页）所载"太子卫率"当即左、右卫率。

詹事一人，丞一人，职比台尚书令、领军将军。"① 不太清楚"职比台尚书令、领军将军"是西晋以来太子詹事所具有的职能，还是仅为刘宋时期的制度。但至少可以据此得知，刘宋太子詹事相当于朝廷官制中的尚书令及领军将军，即具有相当于朝廷官制中宰相和禁卫长官的职能。也就是说，太子詹事既是东宫行政长官，又是禁卫长官，统领营兵的太子左、右卫率等职均隶属于太子詹事，太子左、右卫率与太子詹事的关系类似于朝廷官制中左、右卫将军与领军将军的关系。加之左、右卫率共计九人的员额，则就左、右卫率而言其职责和地位实际上有很大程度的下降。

宋文帝时期扩充东宫禁卫兵力的政策为太子发动政变提供了有利条件，宋孝武帝夺权后，吸取这一教训，在设置东宫时即对东宫禁卫兵力进行削减。元嘉三十年十二月"癸未（十五，454.1.29），以将置东宫，省太子率更令、步兵·翊军校尉、旅贲中郎将、冗从仆射、左·右积弩将军官；中庶子、中舍人、庶子、舍人、洗马，各减旧员之半"②。很显然，与宋文帝时期相比，宋孝武帝时期的东宫官职裁撤了不少，东宫禁卫兵力相应地也当有大量削减。这样，与皇宫禁卫兵力相比，东宫禁卫兵力已是小巫见大巫，太子不再拥有能够发动政变的实力。

南齐官品不见于《南齐书·百官志》及《通典·职官典》，但相关的官名却有记载。《齐志》所载"东宫职僚"有：

> 太子太傅、少傅（府置丞、功曹、五官、主簿），太子詹事（府置丞一人以下），太子率更令，太子家令（置丞），太子仆，太子门大夫，太子中庶子，太子中舍人，太子洗马，太子舍人，太子左、右卫率各一人，太子翊军、步兵、屯骑三校尉，太子旅贲中郎将一人，太子左、右积弩将军，太子殿中将军、员外殿中将军，太子仓官令，太子常从虎贲督。③

在这二十三个官职中，属于禁卫武官的是太子左、右卫率，太子翊军、步兵、屯骑三校尉，太子旅贲中郎将，太子左、右积弩将军，太子殿中将军、员外

---

① 《宋书》卷四〇《百官志下》，第四册，第1253页。
② 《宋书》卷六《世祖纪》，第一册，第113页。
③ 〔梁〕萧子显撰：《南齐书》卷一六《百官志》，中华书局，1972年，第二册，第326-328页。

殿中将军，太子常从虎贲督①，共有十一个，约占近一半，比例颇大。

很显然，南齐的这一套制度几乎是对刘宋东宫禁卫武官制度的全盘承袭。由此推测，南齐东宫禁卫武官的品阶应该与刘宋相同，至少相差不大。当然，宋、齐制度也存在一定的差异，最明显的差别还是员额的不同，特别是太子左、右卫率及太子旅贲中郎将。南齐东宫禁卫武官的员额远少于刘宋，表明南齐东宫禁卫兵力要比刘宋弱得多，而这正是宋、齐政治相异的重要表现之一。刘宋由于东宫禁卫兵力过强曾引起太子弑君的严重后果，南齐统治者则对此有所反省。强大的东宫已不再是皇权强化的反映，而是威胁皇权的危险因素，统治集团内部严重的矛盾斗争也使得皇帝不愿给东宫安排强大的兵力。关于南齐东宫官制，通过《齐职仪》的两条佚文还可得到进一步认识。《太平御览》引《齐职仪》曰："詹事，品第三。《茂陵书》：秩二千石。银章青绶。局拟尚书令，位视领、护将军。"②《通典》引《齐职仪》云："东宫殿中将军，属官有导客局，置典仪录事一人，掌朝会之事。"③又《唐六典》"太子左右卫率府率"条本注："齐左、右卫率，武冠，绛朝服，品第五，秩千石。"④此条不见于唐前其他文献，虽未标明出处，但最大可能仍是出于《齐职仪》。南齐太子詹事和左、右卫率的官品与刘宋完全相同，由此推测南齐东宫官制同刘宋相比也不应该有什么明显变化。

梁朝东宫官制，在继承南齐制度的基础上亦有较大调整，其途径与刘宋类似，最初的动机应该是，加强东宫权力以提高太子的威望，以此作为巩固

---

① 《资治通鉴》卷一三八《齐纪四》：武帝永明十一年（493）"夏四月甲午（十四，5.15），立南郡王昭业为皇太孙，东宫文武悉改为太孙官属"。胡注："东宫官属，文则太傅、少傅、詹事、率更令、家令、仆、门大夫、中庶子、中舍人、庶子、洗马、舍人，武则左·右卫率、翊军·步兵·屯骑三校尉、旅贲中郎将、左·右积弩将军、殿中将军、员外殿中将军、常从虎贲督。"（〔宋〕司马光编著，〔元〕胡三省音注，"标点资治通鉴小组"校点：《资治通鉴》，中华书局，1956年，第九册，第4328页）

② 《太平御览》卷二四五《职官部四三·太子詹事》，第二册，第1159页。按《职官分纪》卷二七"詹事府詹事"条所引亦同，《景印文渊阁四库全书》"子部二二九·类书类"，第九二三册，第557页。〔唐〕白居易原本，〔宋〕孔传续撰《白孔六帖》卷七五"詹事"条"齐职仪"下本注："品第三，银章青绶，拟尚书令，位视领将（护）军。"（《景印文渊阁四库全书》"子部一九八·类书类"，第八九二册，第240页）

③ 《通典》卷二一《职官三·门下省》，第一册，第113页。

④ 《唐六典》卷二八《太子左右卫及诸率府》，第715页。按《职官分纪》卷三〇"太子左右卫府率副率"条引此，出处作"六典"（《景印文渊阁四库全书》"子部二二九·类书类"，第九二三册，第581页）。

梁武帝统治权的一个重要环节。梁朝东宫官制比两晋宋齐制度更为复杂，据《隋书·百官志上》相关记载，具体包括：太子太傅、少傅各一人；东宫常侍，詹事（二傅及詹事，各置丞、功曹、主簿、五官），家令、率更令、仆各一人；左、右卫率各一人（各有丞），殿中将军、员外将军各十人，正员司马四人，员外司马督，屯骑、步兵、翊军三校尉各一人（三校），旅贲中郎将、冗从仆射各一人（二将），左、右积弩将军各一人，门大夫一人，中庶子四人，中舍人四人，通事守舍人、典事守舍人、典法守舍人，庶子四人，舍人十六人，通事舍人二人，典经局洗马八人，典经守舍人、典事守舍人。[①] 而就东宫禁卫武官制度而言，梁制与宋、齐制度差别并不大。

根据梁武帝天监七年所定十八班及流外班序表[②]，梁代东宫诸职的班序和官名可列表如下：

表2 梁代东宫官职班序表

班序	官名
十六班	太子太傅
十五班	太子少傅
十四班	太子詹事
十一班	太子左、右二卫率 太子中庶子
十班	太子家令、率更令、仆
九班	太子庶子
八班	太子中舍人
七班	东宫三校
六班	太子洗马 太子门大夫
五班	太子太傅、少傅丞 东宫二将
四班	太子詹事等丞 太子左、右积弩将军
三班	太子舍人 太子太傅、少傅五官功曹·主簿
一班	东宫通事舍人 太子二率殿中将军

---

① 参见〔唐〕魏徵等撰：《隋书》卷二六《百官志上》，中华书局，1973年，第三册，第726、727页。
② 参见《隋书》卷二六《百官志上》，第三册，第729–735页。

续表

班序	官名
七班（位不登二品）	太子家令丞　太子二率殿中员外将军
五班（位不登二品）	太子二率正员司马督　詹事主簿
四班（位不登二品）	太子二率员外司马督
三品蕴位	东宫外监、殿中守舍人、斋监　东宫典经守舍人 东宫食官丞　东宫导客守舍人
三品勋位	东宫门下通事守舍人　东宫典书守舍人 东宫内监、殿中守舍人、题阁监　东宫卫库丞

《隋书·百官志上》记梁朝东宫禁卫官制云：

> 左、右卫率各一人，位视御史中丞，各有丞。左率领果毅、统远、立忠、建宁、陵锋、夷寇、祚德等七营，右率领崇荣、永吉、崇和、细射等四营。[①]

> 二率各置殿中将军十人，员外将军十人，正员司马四人；又有员外司马督官；其屯骑、步兵、翊军三校尉各一人，谓之三校；旅贲中郎将、冗从仆射各一人，谓之二将；左、右积弩将军各一人。[②]

刘宋东宫设左卫率七人、右卫率二人，大概各自领一营承担东宫禁卫职能。梁朝虽然设左、右卫率各一人，但左率领果毅等七营，右率领崇荣等四营，共有十一营之多，此与刘宋制度有一定的相似性。史书对梁代东宫禁卫军营的名称有明确记载，而左、右卫将军所领朝廷禁卫军（台军）营的名称却难得其详。

梁代太子左、右卫率的属官包括殿中将军、员外将军、正员司马、员外司马督、三校、二将及左、右积弩将军等职，与刘宋相比多出正员司马、员

---

① 《隋书》卷二六《百官志上》，第三册，第727页。按：《唐六典》卷二八《太子左右卫及诸率府》"太子左右卫率府率"条本注亦载此（第715页），但未知所据。《太平御览》卷二四七《职官部四五》"太子左卫率"条引此，出处作"唐书官品志"（第二册，第1168页），误；《职官分纪》卷三〇"太子左右卫府率副率"条引此，出处作"隋百官志"（《景印文渊阁四库全书·子部二二九·类书类》，第九二三册，第581页），是。

② 《隋书》卷二六《百官志上》，第三册，第727页。

外司马督二职，其职类似于南齐和两晋的太子常从虎贲督。除此之外，梁朝东宫监局（典经局、外监殿局、内监殿局、导客局、斋内局、主玺·主衣·扶侍等局、门局、锡库局、内厩局、中药藏局、食官局、外厩局、车厩局等）[①]，大概与朝廷监局之职一样，其中一部分官职具有禁卫职能。[②]中庶子、中舍人、庶子等职虽为文职僚属，但从其职掌推测也可能具有一定的禁卫职能。[③]梁代东宫官制可以说在魏晋南北朝时期已发展到极致，其时东宫官职的品阶包含了十八班中的十三班（一、三至十一、十四至十六），位不登二品七班中的三班（四、五、七），又有三品蕴位和三品勋位。

陈代东宫官制基本上是对梁朝制度的继承，据《隋书·百官志上》记载[④]，其名、品如下：

表3　陈代东宫官职品阶俸秩表

品阶	官名
第二品	太子二傅（中二千石）
第三品	太子詹事（中二千石）
第四品	太子中庶子（二千石）　太子左、右卫率（二千石）　太子三卿（千石）
第五品	太子中舍人、庶子（六百石）
第六品	太子洗马（六百石）　太子步兵、翊军、屯骑三校尉（千石）
第七品	太子舍人（二百石）　太子门大夫（六百石） 太子旅贲中郎将、冗从仆射（六百石）太子二傅丞（六百石）
第八品	太子左、右积弩将军（六百石）　太子詹事丞 太子太傅五官功曹史、主簿　少傅五官功曹史、主簿（并不言秩）
第九品	东宫通事舍人（不言秩）　太子左、右二卫率殿中将军及〔家令〕丞（并不言秩）

---

① 参见《隋书》卷二六《百官志上》，第三册，第727页。
② 关于南朝监局及其禁卫职能，参见拙著：《魏晋南北朝禁卫武官制度研究》第四编附章，中华书局，2004年，下册，第633–656页。
③ 《隋书》卷二六《百官志上》："中庶子四人，功高者一人为祭酒。行则负玺，前后部护驾。中舍人四人，功高者一人，与中庶子祭酒共掌其坊之禁。又有通事守舍人、典事守舍人、典法守舍人员。庶子四人，掌侍从左右，献纳得失。高功者一人，与高功舍人共掌其坊之禁令。"（第三册，第727页）
④ 《隋书》卷二六《百官志上》，第三册，第742–745页。

以上诸职中，属于东宫禁卫武官的是：太子左、右卫率，太子步兵、翊军、屯骑三校尉，太子旅贲中郎将，太子左、右积弩将军，太子左、右二卫率殿中将军。比较梁代一班、陈代九品以上东宫官职，可以看出两朝设官完全相同。陈代是否设有九品以下的流外官不得而知，如果存在，则应该也有与梁制相同的东宫诸职。陈武帝永定二年（558）正月乙未诏，谓"梁天监（502-519）中，左、右骁骑领朱衣直阁，并给仪从"，"今去左、右骁骑，宜通文武，文官则用腹心，武官则用功臣，所给仪从，同太子二卫率"。[1]《隋书·礼仪志六》："冗从仆射、太子卫率，铜印、墨绶、兽头鎜、朝服、武冠。"本注："陈卫率，银章龟钮、青绶、不剑；冗从，铜印环钮、墨绶、腰剑；余并同梁。"又曰："太子卫率、率更、家令丞，铜印环钮、黄绶、皁朝服、进贤一梁冠、兽爪鎜。"[2]

五、北朝东宫官制

北魏孝文帝太和十七年（493）和二十三年先后制定了两个《职员令》，其令文几乎全部亡佚，而其中关于官品的规定则被完整保留下来。兹据《魏书·官氏志》记载，将北魏时期东宫诸职的名、品列表如下：[3]

表 4　北魏东宫官职品阶表

品阶（前令）	品阶（后令）	官名
从一品上	二品	太子太师、太子太傅、太子太保（东宫三师——《前令》）
二品上	三品	太子少师、太子少傅、太子少保（东宫三少——《前令》）
二品下	三品	太子左、右詹事（《前令》） 太子詹事（《后令》）
三品上	从三品	太子左、右卫率
三品中	四品上	太子中庶子

---

① 〔唐〕姚思廉撰：《陈书》卷二《高祖纪下》，中华书局，1972年，第一册，第35页。

② 《隋书》卷一一《礼仪志六》，第一册，第223、226页。

③ 〔北齐〕魏收撰：《魏书》卷一一三《官氏志》，中华书局，1974年，第八册，第2977-3003页。

品阶（前令）	品阶（后令）	官名
从三品上	从四品上	太子家令 太子率更令 太子仆 太子庶子
四品上	从五品下	太子三校（《前令》） 太子屯骑校尉、太子步兵校尉、太子翊军校尉（《后令》）
四品中	五品上	太子中舍人
从四品上	从五品上	太子洗马
五品上		太子食官令 太子中盾
	从六品上	太子门大夫
五品中	从六品下	太子舍人 太子仓令
从五品中	从九品上	太子厩长
从六品上		太子常从虎贲督 太子守舍人
七品上		太子主书舍人 太子主衣舍人 太子左、右卫率主簿
八品上		太子典书令史 太子典衣令史
	从八品下	二率丞
	九品下	太子三卿丞

比较孝文帝太和十七年和二十三年两个《职员令》有关东宫官职名、品的规定，可以看出：从四品上（《前令》）、从五品上（《后令》）以上之中高级官职的设置完全相同，而五品上、从六品上以下之中下级官职的设置则有较大的差别。太子食官令、太子中盾、太子仓令、太子厩长、太子常从虎贲督、太子守舍人、太子主书舍人、太子主衣舍人、太子左·右卫率主簿、太子典书令史、太子典衣令史等职仅见于《前令》，太子门大夫、二率丞、太子三卿丞等职仅见于《后令》。在中下级官职中，仅有太子舍人、太子厩长二职在两《职员令》中均可见到，但值得注意的是太子厩长在两《职员令》中的品阶差别甚大，完全不合常规。东宫官职在前、后《职员令》中名称和品阶的变化，应该有两个原因：一是北魏官制的整体变化，即《后令》是以南齐制度为蓝本设计而成的，更多地反映了南齐制度的影响；一是东宫的现实状况，《前令》制定时之太子为拓跋恂，《后令》制定时之太子为元恪，拓跋恂

私养马匹并欲乘马逃回代北的行径①，对孝文帝触动颇大，这应该是太子厥长地位前后变化如此之大的根本原因。《前令》中关于太子贴身保卫、服侍以及供给的官职也不见于《后令》，表明在制度设计上意在削弱太子的地位和实力。在东宫诸职中，属于禁卫武官的是：太子左、右卫率及其主簿、丞，太子屯骑校尉、太子步兵校尉、太子翊军校尉（太子三校），太子常从虎贲督。北魏禁卫官制与南齐制度有相似性，但更为简略，也可能是通过继承十六国北魏前期制度而继承的西晋相关制度。

《隋书·百官志中》所载后齐官制，反映的应该是东魏北齐时期四十多年的职官制度，不仅记载了官职的名称、品阶，而且还记载其职掌，这在十六国北朝两百余年的历史上还是第一次。就东宫官职而言，在《隋书·百官志中》有如下记载：

> 太子太师、太傅、太保，是为三师，〔各一人，〕掌师范训导，辅翊皇太子。少师、少傅、少保，是为三少，各一人，掌奉皇太子，以观三师之德。出则三师在前，三少在后。
>
> 詹事，总东宫内外众务，事无大小，皆统之。府置丞、功曹、五官、主簿、录事员。领家令、率更令、仆等三寺，左、右卫二坊。三寺各置丞，二坊各置司马，俱有功曹、主簿，以承其事。
>
> 家令，领食官、典仓、司藏等署令、丞；又领内坊令、丞。（掌知阁内诸事。）其食官又别领器局、酒局二丞，典仓又别领园丞，司藏又别领仗库、典作二局丞。
>
> 率更〔令〕，领中盾署令、丞各一人；（掌周卫禁防、漏刻钟鼓。）仆（寺），领厩牧署令、丞，署又别有车舆局丞。
>
> 左、右卫率坊，各领骑官备身正副都督、骑官备身五职、骑官备身员；又有内直备身正副都督、内直备身五职、内直备身员；又有备身正副都督、备身五职员；又有直阁（阁）、直前、直后员；又有旅骑、屯卫、典军等校尉各二人，骑尉三十人。
>
> 门下坊，中庶子、中舍人、通事守舍人、主事守舍人，各四人。又

---

① 参见《魏书》卷二二《孝文五王·废太子恂传》，第二册，第588页。

领殿内、典膳、药藏、斋帅等局：殿内局有内直监二人、副直监四人；典膳、药藏局，监、丞各二人，药藏又有侍医四人；斋帅局，斋帅、内阁（閤）帅各二人。

典书坊，庶子四人，舍人二十八人。又领典经坊，洗马八人，守舍人二人，门大夫、坊门大夫、主簿各一人；并统伶官西凉二部、伶官清商二部。①

根据以上记载并结合《隋志》所载后齐官品令，北齐东宫诸职的名、品可列表如下：

表5　北齐东宫官职员额品阶表

官名	员额	品阶
太子三师	各一人	二品
太子三少 太子詹事	各一人 一人	三品
太子左、右卫率	各一人	从三品
太子中庶子	四人	四品上
太子三卿 太子庶子	各一人 四人	从四品上
太子骑官备身、内直备身等正都督		从四品下
太子备身、直入、直卫等正都督 太子中舍人	四人	五品上
太子旅骑、屯卫、典军校尉	各二人	五品下
太子洗马	八人	从五品上
太子直閤、二卫队主 太子骑官、内直备身副都督		从五品下
太子备身副都督 太子内直监	二人	六品下
太子门大夫	一人	从六品上

①《隋书》卷二七《百官志中》，第三册，第759、760页。

续表

官名	员额	品阶
太子舍人 三寺丞 太子直前 太子副直监 太子诸队主	二十八人 四人	从六品下
太子侍医 太子骑尉 太子骑官备身五职	四人	七品下
太子二率坊司马		从七品上
太子直后、二卫队副，前锋正都督 太子骑官备身 太子内直备身五职		从七品下
太子内直备身 太子典膳、药藏丞 太子斋帅	 各二人 二人	八品下
太子备身五职 太子诸队副		从八品下
太子内坊令		九品上
太子三寺丞 太子食官、中盾、典仓等令 太子备身		九品下
太子司藏、厩牧令 太子校书 诸署别局都尉 皇太子三令		从九品上

上表所列是见于官品令的后齐东宫官职，与上引志文的记载有一定的出入，较为突出的是志文所载的一些官职不见于官品令。究竟是《隋志》所载官品令有遗漏，还是志文所载和官品令所载并非出于同一次所定制度，难以作出明确判断，不过两种可能性都是存在的。不管怎样，东魏北齐东宫官制是一套极为庞大的官僚系统，与朝廷官制颇为相像。其中属于禁卫武官系统

的官职有：家令寺所领内坊令、丞"掌知阁内诸事"，此与朝廷门下省领左右局"领左右各二人，掌知朱华阁（閤）内诸事"①的职能相当。门下坊所领殿内局之内直监二人、副直监四人及斋帅局之斋帅、内阁（閤）帅各二人，亦相当于朝廷门下省领左右局领左右所辖左右直长四人之职。率更令所领中盾署令、丞各一人，"掌周卫禁防、漏刻钟鼓"②，此与汉代执金吾的职能相似。左、右卫率坊就其历史沿革而言，无疑是参照朝廷禁卫武官左、右卫府而设，但就东魏北齐制度而言，其所领诸职显示，它们更接近朝廷禁卫武官之领左右府，这是左、右卫府职能衰退而其权力逐渐被领左右府侵蚀的曲折反映。属于太子左、右卫率的太子二卫队主、副及太子诸队主、副，应该是左、右卫率坊的主要领兵武官。

西魏东宫官制应该是对北魏末年制度的承袭，但具体情形难得其详。西魏末年改革后以及北周时期的东宫官制，据王仲荦《北周六典》辑录，有太子太师、太子太傅、太子太保，太子少师、太子少傅、太子少保，太子左右宫正□（上／中？）大夫、太子宫尹下大夫、太子小宫尹上士·中士，太子谏议大夫、太子文学、太子侍读，左右司卫上大夫、中大夫、上士、中士，左宗卫、左亲卫、左勋卫、左屯卫，太子司旅下大夫、太子车右中士等职。③其中只有左宗卫见于史载④，左亲卫、左勋卫、左屯卫均是依据隋唐制度推测，未知是否属实，而所见左宗卫也未明确记载是朝廷官职还是东宫官职。因此，就所能见到的记载而言，还不能断定北周东宫一定存在类似隋唐制度的左宗卫、左亲卫、左勋卫、左屯卫之职。

《唐六典》"太子左右卫率府率"下本注："后周东宫官员有司成、司武、

---

① 《隋书》卷二七《百官志中》，第三册，第753页。
② 《隋书》卷二七《百官志中》，第三册，第759、760页。
③ 参见王仲荦：《北周六典》，中华书局，1979年，下册，第529-537页。
④ 《周书》卷一三《文闵明武宣诸子·代奰王达传》："天和元年，拜大将军、右宫伯，拜左宗卫。"（〔唐〕令狐德棻等撰：《周书》，中华书局，1972年，第一册，第205页）

司卫之类。"①按司成之职不见于《周书》。《北齐书·源彪传》："武平七年（577），周武平齐，与阳休之、袁聿修等十八人同敕入京，授仪同大将军、司成下大夫。"②《隋书·张煚传》："复入为司成中大夫，典国史。周代公卿，类多武将，唯煚以素业自通，甚为当时所重。"③《梁书·刘遵传》："中大通二年（530），王（晋安王纲、简文帝）立为皇太子，仍除中庶子。""大同元年（535），卒官。皇太子深悼惜之，与遵从兄阳羡令孝仪令曰：'……比在春坊，载获申晤，博望无通宾之务，司成多节文之科。……'"④《唐六典》编撰者认为北周司成之职属于东宫官员，应该即是基于梁晋安王萧纲的这一令文。但从上引《北齐书》和《隋书》的两条记载，还难以作出司成是朝廷官还是东宫官的论断。有明确的记载可以断定，北周司武、司卫官员均为朝廷禁卫武官。《周书·尉迟运传》："宣政元年（578），转司武上大夫，总宿卫军事。高祖崩于云阳宫，秘未发丧，运持侍卫兵还京师。"⑤《齐王宪传》：周"宣帝嗣位，以宪属尊望重，深忌惮之"，时"司卫长孙览总兵辅政"。⑥《唐六典》编撰者之所以得出司武、司卫为北周东宫官员的认识，亦当与《周书·尉迟运传》的记载有关，其文云："建德元年（572），授右侍伯，转右司卫。时宣帝在东宫，亲狎谄佞，数有罪失。高祖于朝臣内选忠谅鲠正者以匡弼之。于是以运为右宫正。二年，帝幸云阳宫，又令运以本官兼司武，与长孙览辅皇太子居守。"⑦司武尉迟运与司卫长孙览"辅皇太子居守"，恰恰说明二人所任为朝廷官职而非东宫官职。当然，也不排除东宫也有类似官职，但未见确凿证据。

---

① 《唐六典》卷二八《太子左右卫及诸率府》，第715页。按《通典》卷三〇《职官十二·东宫官》"左右卫率府"条："后周东宫有司戎、司武、司卫等员。"（第一册，第835页）此乃沿袭《唐六典》本注之文，"司戎"当为"司成"之形讹。"司戎"为唐朝官职，北周无其职。《旧唐书》卷四二《职官志一》："龙朔二年（662）二月甲子（初四，2.27），改百司及官名。"其中改"兵部为司戎"。"尚书为太常伯，侍郎为少常伯，郎中为大夫。"（〔后晋〕刘昫等撰：《旧唐书》，中华书局，1975年，第六册，第1786页）卷四三《职官志二》"兵部尚书一员"下本注："龙朔改为司戎太常伯，咸亨复也。""侍郎二员"下本注："龙朔为司戎少常伯，咸亨复。""郎中二员"下本注："龙朔为司戎大夫，咸亨复也。"（第1832、1833页）
② 〔唐〕李百药撰：《北齐书》卷四三《源彪传》，中华书局，1972年，第二册，第759、760页。
③ 《隋书》卷四六《张煚传》，第五册，第759、760页。
④ 〔唐〕姚思廉撰：《梁书》卷四一《刘遵传》，中华书局，1973年，第三册，第759、760页。
⑤ 《周书》卷四〇《尉迟运传》，第二册，第759、760页。
⑥ 《周书》卷一二《齐王宪传》，第一册，第759、760页。
⑦ 《周书》卷四〇《尉迟运传》，第二册，第759、760页。

表 6　魏晋南北朝东宫禁卫武官建制品阶表

官名	曹魏	两晋	刘宋	南齐	梁	陈	北魏前	北魏后	北齐
太子卫率 太子率 太子左、右卫率 太子左、右二卫率	五品	五品	五品	●	十一班	四品	三品上	从三品	从三品
太子率丞			七品				七品上		
太子左、右卫率主簿									
二率丞								从八品下	
太子门大夫	六品	六品	六品	●		七品		从六品上	
东宫二将 太子左、右积弩将军				●	五班	八品			
太子旅贲中郎将、冗从仆射				●		七品			
太子殿中将军 太子二率殿中将军 太子左右二卫率殿中将军及丞				●	一班	九品			
太子员外殿中将军 太子二率殿中员外将军				●	七班（位不登二品，下同）				

续表

官名	曹魏	两晋	刘宋	南齐	梁	陈	北魏前	北魏后	北齐
太子二率正员司马督、太子司马督	六品				五班				
太子二率员外司马督					四班				
东宫外监					三品蕴位	六品			
太子步兵、翊军、屯骑三校尉；太子三校									
太子屯骑校尉、太子步兵校尉、翊军校尉；太子旅骑、屯卫、典军校尉							四品上	从五品下	五品下
太子中盾		六品					五品上		
太子常从虎贲督	六品	六品		●			从六品上		
太子骑官备身、内直备身等正都督									从四品下
太子备身、直人、直卫等正都督									五品上
太子直阁、太子骑官·内直备身副都督									从五品下

续表

官名	曹魏	两晋	刘宋	南齐	梁	陈	北魏前	北魏后	北齐
太子备身副都督									六品下
太子内直监									六品下
太子门大夫				●					从六品上
太子直前、太子副直监、太子诸队主									从六品下
太子骑官备身五职									七品下
太子直后、前锋正都督、太子骑官备身、太子内直备身五职									从七品下
太子斋帅									八品下
太子备身五职									从八品下
太子诸队副									从八品下
太子内坊令									九品上
太子司藏、厩牧令									从九品上
出处	通典职官典①	通典职官典	宋书百官志下	南齐书百官志	隋书百官志上	隋书百官志上	魏书官氏志	魏书官氏志	隋书百官志中

说明：●表示本朝有其职而品阶不详。

———
① 参见〔清〕洪饴孙撰：《三国职官表》卷中，刘祜仁点校《后汉书三国志补表三十种》，中华书局，1984年，下册，第1402－1403页。

27

六、隋代东宫官制

隋文帝称帝的同时，随即确定太子并建立了东宫。关于隋朝东宫官制，《隋书·百官志下》有明确记载：

> 太子置太师、太傅、太保、少师、少傅、少保。开皇（581-600）初，置詹事；二年定令，罢之。

> 门下坊，置左庶子二人，内舍人四人，录事二人，主事令史四人。统司经、宫门、内直、典膳、药藏、斋帅等六局。司经置洗马四人，校书六人，正字二人。宫门置大夫二人。内直置监、副监各二人，监殿舍人四人。典膳、药藏，并置监、丞各二人。药藏又有侍医四人。斋帅置四人。

> 典书坊，右庶子二人，舍人、通事舍人各八人，录事二人，主事令史四人。

> 内坊典内及丞各二人，丞直四人，录事一人。

> 内厩置尉二人，掌内车舆之事。

> 家令（掌刑法、食膳、仓库、什物、奴婢等事）、率更令（掌伎乐漏刻）、仆（掌宗族亲疏、车舆骑乘），各一人。三寺各置丞（家令二人，寺各一人）、录事（家令二人，寺各一人）。家令领食官、典仓、司藏三署令（各一人）、丞（食官二人，典仓一人，司藏三人）。仆寺领厩牧令（一人）。

> 左、右卫，各置率一人、副率二人，掌宫中禁卫。各置长史、司马及录事、功、仓、兵、骑兵等曹参军事，法曹、铠曹行参军各一人、行参军四人员。又各有直阁四人，直寝八人，直斋、直后各十人。

> 左、右宗卫，制官如左、右卫，各掌以宗人侍卫。加置行参军二人，而无直阁、直寝、直斋、直后等员。

> 左、右虞候，各置开府一人，掌斥候伺非。长史已下如左、右卫，而无录事参军员，减行参军一人。

> 左、右内率、副率，各一人，掌领备身已上禁内侍卫，供奉兵仗。又无功、骑兵、法等曹及行参军员，余与虞候同。有千牛备身八人，掌

执千牛刀；备身左右八人，掌供奉弓箭；备身二十人，掌宿卫侍从。

　　左、右监门，各率一人，副率二人，掌诸门禁。长史已下，同内率府，而各有直长十人。①

根据以上记载并结合官品令，隋朝东宫官职的名品员额可列表如下：

表7　隋代东宫官职员额品阶表

官名	员额	品阶
太子三师	各一人	正二品
太子三少	各一人	正三品
太子左右卫、宗卫、内等率 太子左庶子	各一人 二人	正四品上
左右虞候开府	各一人	？
太子右庶子	二人	正四品下
太子左右卫、宗卫府副率 太子左右内率府副率 太子家令、率更令、仆	各二人 各一人 各一人	从四品上
太子内舍人 太子左、右监门副率	四人 各二人	正五品上
太子洗马	四人	从五品上
太子直阁	四人	从五品下
太子内直监	二人	正六品下
太子直寝 太子门大夫	八人 二人	从六品上
太子舍人 直后 三寺丞 太子直斋 太子副直监 太子典内	八人 十人 各一人 十人 各二人 各三人	从六品下

---

① 《隋书》卷二八《百官志下》，第三册，第779-781页。

官名	员额	品阶
太子千牛备身，太子备身左右 太子通事舍人 太子典膳、药藏等监 太子斋帅	各八人 八人 各二人 四人	正七品下
太子左右卫·宗卫等率、左右虞候·左右内率等府长史 太子亲卫	各一人	从七品上
太子直后 太子左、右监门直长 太子侍医 太子左右卫、左右宗卫、左右虞候、左右内率等司马	十人 各十人 四人 各一人	从七品下
太子左右监门率府长史 太子内坊丞 太子勋卫	一人 二人	正八品上
太子左右监门率府司马	一人	正八品下
太子左右卫、宗卫率等府录事参军事 太子翊卫	一人	从八品上
太子三寺丞 太子左右卫、宗卫等率		从八品下
太子备身 太子左右卫、宗卫、虞候府等诸曹行参军 太子左右内率府铠曹行参军	二十人 四、六、三人	正九品上
太子食官、典仓、司藏等令 太子左右监门率府诸曹参军事 太子典膳、药藏等局丞	各一人 各二人	正九品下
太子厩牧令 太子校书 太子左右卫、宗卫、虞候率府等行参军 太子内坊直丞	一人 四人	从九品上
太子正字	二人	从九品下

值得注意的是，隋朝东宫禁卫官制与朝廷制度非常相似，可以说是朝廷禁卫武官制度的翻版。隋朝禁卫武官制度继承北齐并吸收北周制度的某些因素，同时还做了较大程度的变革，确立了十二卫府禁卫制度。相应地，隋朝东宫禁卫武官制度也进行了类似的变革。

根据以上所列，隋朝初年所确立的东宫禁卫武官制度的基本架构可列表如下：

表8　隋代东宫官职组织结构表

机构	长、次官	属官1	属官2	属官3
太子左卫府	率一人、副率二人	长史、司马各一人	录事、功、仓、兵、骑兵曹参军事及法曹、铠曹行参军各一人，行参军四人	直阁四人，直寝八人，直斋、直后各十人
太子右卫府	率一人、副率二人	长史、司马各一人	录事、功、仓、兵、骑兵曹参军事及法曹、铠曹行参军各一人，行参军四人	直阁四人，直寝八人，直斋、直后各十人
太子左宗卫府	率一人、副率二人	长史、司马各一人	录事、功、仓、兵、骑兵曹参军事及法曹、铠曹行参军各一人，行参军六人	
太子右宗卫府	率一人、副率二人	长史、司马各一人	录事、功、仓、兵、骑兵曹参军事及法曹、铠曹行参军各一人，行参军六人	
太子左虞候府	开府一人	长史、司马各一人	功、仓、兵、骑兵曹参军事及法曹、铠曹行参军各一人，行参军三人	
太子右虞候府	开府一人	长史、司马各一人	功、仓、兵、骑兵曹参军事及法曹、铠曹行参军各一人，行参军三人	
太子左内府	率一人、副率一人	长史、司马各一人	仓、兵曹参军事及铠曹行参军各一人，行参军三人	千牛备身、备身左右各八人，备身二十人
太子右内府	率一人、副率一人	长史、司马各一人	仓、兵曹参军事及铠曹行参军各一人，行参军三人	千牛备身、备身左右各八人，备身二十人
太子左监门府	率一人、副率二人	长史、司马各一人	仓、兵曹参军事及铠曹行参军各一人，行参军三人	直长十人
太子右监门府	率一人，副率二人	长史、司马各一人	仓、兵曹参军事及铠曹行参军各一人，行参军三人	直长十人

　　《通典》载隋代东宫官制云："隋罢詹事，分东宫置门下坊、典书坊，以分统诸局。门下坊有左庶子二人，内舍人四人，录事二人，统司经、宫门、内直、典膳、药藏、斋帅等六局。典书坊有右庶子二人，舍人、通事舍人各八人，领内坊。"本注："北齐已有典书坊。"诸局"比门下、内史二省"。① 具体而言，隋朝东宫设置太子十率、副率：左右卫、左右宗卫、左右虞候、左右内、左右监门。与朝廷禁卫武官十二卫制度相比，仅仅少了左右领军卫。如前所述，太子卫率始置于汉代，魏晋南北朝成为东宫禁卫长官，隋朝在继承太子卫率制度的同时，又以副率作为太子十卫率之次官，这在历史上是一个创举。与魏晋南北朝时期相比，隋朝无论是朝廷还是东宫禁卫武官制度都有极大的加强。就东宫而言，不仅是禁卫机构的扩充，次官的设置，还有属官的大规模增置。

　　毫无疑问，隋朝东宫十率是一套与朝廷禁卫武官十二卫制度几乎完全对等的制度，其官属配置参照了魏晋南北朝时期的将军府制度，同时也符合北魏晚期形成并在北齐定型的禁卫武官制度的基本要素。隋初确立的朝廷和东宫禁卫武官制度，充分体现了新王朝建立后隋文帝对他本人及皇储安保的高度重视，这也应该是吸取了魏晋南北朝时期朝代更迭频繁的经验教训。当然最主要的还是北朝后期的历史教训，因为隋文帝本人就是在主弱臣强的背景下篡夺了北周皇权而登上帝位的。可以说，禁卫武官制度极大程度的加强，是隋朝政治制度与前代最大的不同点之一。

　　隋朝朝廷禁卫机构设左右卫、左右武卫、左右武候、左右领左右、左右监门、左右领军府等十二府，而东宫禁卫机构包括左右卫、左右宗卫、左右虞候、左右内、左右监门府等十府。"左右领军府，各掌十二军籍帐、差科、辞讼之事，不置将军。"② 由于左右领军府并不具体职司禁卫，东宫禁卫十府与朝廷禁卫十二府完全可以等量齐观。朝廷"左右卫又各统亲卫，置开府"，具体包括"左勋卫开府，左翊一开府、二开府、三开府、四开府"，"府置开府一人"，又"有长史、司马、录事及仓·兵等曹参军、法曹行参军各一人，行参军三人"，而"武卫、武候、领军、东宫领兵开府准此"。此外"又有仪同府"，"置员同开府，但无行参军员"，而"武卫、武候、领军、东宫领兵仪同皆准此"。"诸府皆领军坊"，"每坊置坊主一人，佐二人"，而"东宫军坊准

---

① 《通典》卷三〇《职官十二·东宫官》，第一册，第818-819页。
② 《隋书》卷二八《百官志下》，第三册，第779页。

此"。"每乡团置团主一人，佐二人"，而"东宫乡团准此"。①

王仲荦特别强调隋唐宿卫制度与后周制度之间的承袭关系，谓"隋之两宫宿卫制度，多因循北周"，又谓"隋唐宿卫制度，多因循北周"，"隋唐宿卫之制，多因循北周"，云云②。按朝代的更替并不一定导致制度的承袭，《隋书·百官志中》云，"后齐制官，多循后魏"③。《通典》本注云，"隋氏复废六官，多依北齐之制"④。陈寅恪认为："高齐职官之承袭北魏，不待赘论"；"杜君卿谓隋之职官多依北齐之制，自是确实"。又谓隋唐制度有北魏北齐、梁陈及西魏北周三源，且以北魏北齐一源影响最大，西魏北周之源"远不如其他二源之重要"。就官制而言，则北魏北齐的影响尤大，"唐代职官乃承附北魏太和、高齐、杨隋之系统，而宇文氏之官制除极少数外，原非所因袭"；"唐代官制近承杨隋，远祖（北）魏（北）齐而祧北周者，与周官绝无干涉"。⑤就职官制度之因循而言，北齐制度对隋唐制度的影响远较北周为大，此可谓不刊之论。故以隋唐之制逆推北周制度，无疑具有很大的危险性。

就东宫禁卫武官制度而言，隋制无疑是在继承北齐制度基础上更加系统化、条理化的结果。无论北齐还是隋朝，所面临的政治问题是相似的，都是经过禅让取代旧王朝后急需巩固皇位，加强皇位继承人太子的权力也就成为必要的手段之一。比较而言，隋文帝走得更远，他是完全按照朝廷官僚制度建立起东宫官制，取消了可以代表朝廷控制东宫的太子詹事，极大地扩充了东宫禁卫力量，毫无疑问在这种体制之下太子的确成了朝廷仅次于皇帝的最有权势的人物。这种状况，虽然可以起到加强皇权的作用，却不可避免地会带来严重的政治问题，即全副武装的太子有可能站到当朝皇帝的对立面，成为威胁皇位的最大的危险因素。历史的发展恰恰便印证了这一点。

---

① 《隋书》卷二八《百官志下》，第二册，第778页。

② 王仲荦：《北周六典》，下册，第535—536页。

③ 《隋书》卷二七《百官志中》，第三册，第751页。

④ 《通典》卷二五《职官七·总论诸卿》，第一册，第691页。

⑤ 陈寅恪：《隋唐制度渊源略论稿》，中华书局，1977年，第84、85、1—2、82、97页。书中谓"宇文泰所以令苏绰、卢辩等摹仿周官之故及其制度实非普遍于全体，而仅限于中央文官制度一部分"（第82页），则非确断，观《北周六典》所辑录有关官职自可明了。

表9　隋代与北齐东宫职官名品比较表

品阶	隋	北齐
正二品	太子三师	太子三师
正三品	太子三少	太子三少　太子詹事
从三品		太子左、右卫率
正四品上	太子左右卫、宗卫、内等率　太子左庶子	太子中庶子
正四品下	太子右庶子	
从四品上	太子左右卫、宗卫、内等副率 太子家令、率更令、仆	太子三卿　太子庶子
从四品下		太子骑官备身、内直备身等正都督
正五品上	太子内舍人　太子左右监门副率	太子备身、直入、直卫等正都督 太子中舍人
正五品下		太子旅骑、屯卫、典军校尉
从五品上	太子洗马	太子洗马
从五品下	太子直阁	太子直阁 太子骑官、内直备身副都督
正六品下	太子内直监	太子备身副都督　太子内直监
从六品上	太子直寝 太子门大夫	太子门大夫
从六品下	太子舍人、直后、三寺丞 太子直斋 太子副直监 太子典内	太子舍人　三寺丞 太子直前 太子副直监 太子诸队主
正七品下	太子千牛备身 太子备身左右 太子通事舍人 太子典膳、药藏等监 太子斋帅	太子侍医 太子骑尉 太子骑官备身五职
从七品上	太子左右卫·宗卫等率、左右虞候·左右内率等府长史 太子亲卫	太子二率坊司马

续表

品阶	隋	北齐
从七品下	太子直后 太子左右监门直长 太子侍医 太子左右卫、左右宗卫、左右虞候、左右内率等司马	太子直后、二卫队副，前锋正都督 太子骑官备身 太子内直备身五职
正八品上	太子左右监门率府长史 太子内坊丞 太子勋卫	
正八品下	太子左右监门率府司马	太子内直备身 太子典膳、药藏丞 太子斋帅
从八品上	太子左右卫、宗卫率等府录事参军事 太子翊卫	
从八品下	太子三寺丞 太子左右卫、宗卫等率	太子备身五职 太子诸队副
正九品上	太子备身 太子左右卫、宗卫、虞候府等诸曹行参军 太子左右内率府铠曹行参军	太子内坊令
正九品下	太子食官、典仓、司藏等令 太子左右监门率府诸曹参军事 太子典膳、药藏等局丞	太子三寺丞 太子食官、中省、典仓等令 太子备身
从九品上	太子厩牧令 太子校书 太子左右卫、宗卫、虞候、率府等行参军 太子内坊丞直	太子司藏、厩牧令 太子校书 诸署别局都尉 皇太子三令
从九品下	太子正字	

　　隋代与北齐东宫官制的相似性亦即继承性可谓显而易见，但同时也有非常明显的变化。此外，还有两点值得特别关注：

　　其一，开皇二年（582）废罢太子詹事，而北齐太子詹事"总东宫内外众务，事无大小，皆统之"①，也就是说按隋制则文职门下坊等、武职左右卫率府等机构均为独立机构，亦即东宫内外众务总之于太子，这意味着太子权力的加强。太子三师、太子三少、太子中（内）舍人、太子洗马、太子直阁、太子内直监、太子门大夫、太子舍人、三寺丞、太子副直监、太子直后、太子厩牧令、太子校书等职，隋朝与北齐官名没有发生变化，品阶亦相同。北齐太子左、右卫率为从三品，隋朝对应的太子左右卫、宗卫、内等率则为正四品上。总的来看，隋朝东宫禁卫武官的品阶比北齐稍有下降。

其二，北齐东宫禁卫武官仅有左、右卫率坊两个机构，而隋朝则有左右卫、左右宗卫、左右虞候、左右内率、左右监门共十个机构。与北齐相比，隋朝东宫禁卫武官机构有了很大的扩充，尽管其所领官职不少承袭自北齐，但机构的扩充仍然意味着东宫禁卫权力的扩展，这一变化与朝廷禁卫武官制度的变化是同步的。北齐骑官备身、内直备身、备身正副都督等职及旅骑、屯卫、典军等校尉和骑尉不见于隋朝东宫官制，而隋制"左右内率、副率各一人，掌领备身已上禁内侍卫，供奉兵仗"，"有千牛备身八人，掌执千牛刀；备身左右八人，掌供奉弓箭；备身二十人，掌宿卫侍从"。② 可知隋朝东宫左、右内率府的渊源即在北齐，左右宗卫、左右虞候、左右监门等府官职也应该与北齐制度有若干关联。③ 柴慎为"隋太子右内率，封钜鹿郡公"，其子柴绍"幼矫捷有勇力，任侠闻于关中。少补隋元德太子（杨勇）千牛备身"。④ 可知柴绍入仕之初即在其父柴慎担任长官的太子左右内率府任职。萧瑀为隋炀帝皇后之弟，"炀帝为太子也，授太子右千牛"⑤。按右千牛当即右千牛备身，应为太子右内率府之职，与柴绍所任千牛备身为相同官职。

隋炀帝大业三年（607）的官制改革，东宫禁卫武官制度同样也在改革之

---

① 《隋书》卷二七《百官志中》，第三册，第759页。

② 《隋书》卷二八《百官志下》，第三册，第780页。按《旧唐书》卷四四《职官志三》载"东宫武官"制度，"太子左右内率府"下本注："隋初置内率府，拟上台千牛卫。"（第六册，第1913页。）

③ 《隋书》卷六八《阎毗传》："能篆书，工草隶，尤善画，为当时之妙。周武帝见而悦之，命尚清都公主。宣帝即位，拜仪同三司，授千牛左右。高祖受禅，以技艺侍东宫，数以雕丽之物取悦于皇太子，由是甚见亲待，每称之于上。寻拜车骑，宿卫东宫。""俄兼太子宗卫率长史，寻加上仪同。太子服玩之物，多毗所为。"（第六册，第1594页。）阎毗在隋朝建立后一直在太子杨勇东宫宿卫，推断其在北周所任千牛左右当为东宫官职。若此，则隋朝千牛之职亦有继承周制的因素。

④ 《旧唐书》卷五八《柴绍传》，第七册，第2314页。

⑤ 《旧唐书》卷六三《萧瑀传》，第七册，第2399页。

列。《隋书·百官志下》的相关记载是：

> 门下坊：减内舍人、洗马员各置二人，减侍医置二人；改门大夫为宫门监，正字为正书。
>
> 典书坊：改太子舍人为管记舍人，减置四人；改通事舍人为宣令舍人，为八员；家令改为司府令。
>
> 内坊：承直改为典直。
>
> 左、右卫率改为左、右侍率，正四品。改亲卫为功曹，勋卫为义曹，翊卫为良曹。罢直斋、直阁员。
>
> 左、右宗卫率改为左、右武侍率，正四品。
>
> 左、右虞候开府改为左、右虞候率，正四品，并置副率。
>
> 左、右内率降为正五品。千牛备身改为司仗左右，备身左右改为主射左右，各员八人。
>
> 左、右监门率改为宫门将，降为正五品。监门直长改为直事，置六十人。①

可以看出，隋炀帝对东宫官制的改革体现在四个方面。

其一，官名及机构名称的更易。a.门下坊：门大夫→宫门监，正字→正书；典书坊：太子舍人→管记舍人，通事舍人→宣令舍人，家令→司府令；内坊：承直→典直。b.左、右卫率→左、右侍率，亲卫→功曹，勋卫→义曹，翊卫→良曹；左、右宗卫率→左、右武侍率；左、右虞候开府→左、右虞候率；左、右内率：千牛备身→司仗左右，备身左右→主射左右；左、右监门率→宫门将，监门直长→直事。

其二，废旧职设新职。左、右卫率府所辖直斋、直阁之职被废罢，改左、右虞候开府为左、右虞候率的同时各置副率。

其三，员额的调整。门下坊内舍人、洗马员额各由四人减置为二人，药藏局侍医亦由四人减置为二人；典书坊管记舍人（原太子舍人）由八人减置为四人；原左、右监门率各置直长十人，在改为宫门直事后员额增加至六十人。东宫官职员额减置是隋炀帝东宫官制改革的基本特征，但也有例外，即

---

① 《隋书》卷二八《百官志下》，第三册，第801页。

原监门直长在改名的同时其员额又大大地扩充，表明在整体上削弱东宫官制之时还有加强宫门防守卫队的意图。

其四，品级的调整。左、右卫率改为左、右侍率后，品阶由正四品上变为正四品。左右虞候开府原品阶阙载，很可能也是正四品上，同样变为正四品。这种改变主要是因为隋炀帝改变了隋文帝时所定官品分阶制度，此诸职的品级应该没有实质变化。左、右内率虽未改名，但品级降为正五品。左、右监门率在改为宫门将后，品级也降为正五品。可以看出，最初东宫卫率诸长官虽有次序前后，但品级是等同的，而在大业改制后则分为正四品和正五品两个等级，地位发生了分化。

上篇　太子卫率

第一章　太子卫率任职人员钩沉

一、两晋太子卫率

晋武帝泰始三年（267）初建东宫之时，即设置了东宫禁卫长官太子卫率。卫率之制并非西晋创设，乃是继承汉制而来。《汉书·百官公卿表上》注引如淳曰："《汉仪注》：卫率主门卫，秩千石。"①《续汉书·百官志四》载太子少傅属官，其中有："太子卫率一人，四百石。本注曰：主门卫士。"②《宋书·百官志下》："秦时直云卫率，汉因之，主门卫。"③也就是说，不仅汉代有其职，而且秦朝就已设置。然而，在现存秦汉史料中并未见到太子卫率存在的实例。西晋太子卫率设置之初名为"中卫率"，类似于朝廷禁卫之设中卫将军，不过未见有何人担任，推测可能并未任命其人。泰始五年，分中

---

① 〔东汉〕班固撰，〔唐〕颜师古注：《汉书》卷一九上《百官公卿表上》，中华书局，1964年，第三册，第734页。

② 〔南朝宋〕范晔撰，〔唐〕李贤等注：《后汉书》，中华书局，1965年，第一二册，第3609页。按《通典》卷三〇《职官十二·东宫官·左右卫率府》："卫率府，秦官。汉因之，属詹事。后汉主门卫徼循卫士，而属少傅。"（〔唐〕杜佑撰，王文锦等点校：《通典》，中华书局，1988年，第一册，第835页）王应麟、马端临并因袭其说，参见〔宋〕王应麟撰：《玉海》卷一二八《官制·储官》，《景印文渊阁四库全书》"子部二五二·类书类"，台湾商务印书馆，1986年，第九四六册，第402页；〔宋〕马端临著，上海师范大学古籍研究所、华东师范大学古籍研究所点校：《文献通考》卷五二《职官考六·兵部尚书》，中华书局，2011年，第三册，第1523页。此谓"卫率府"不确，当作卫率为是。又"主门卫徼循卫士"，"徼循"不见于前代文献，似为杜佑所增。

③ 〔梁〕沈约撰：《宋书》卷四〇《百官志下》，中华书局，1974年，第四册，第1254页。

卫率为左、右卫率。

晋武帝时期太子左、右卫率担任者，可以明确的是右卫率郭弈和荀恺。郭弈在东宫初建时为中庶子，"迁右卫率、骁骑将军"，"咸宁（275-280）初，迁雍州刺史、鹰扬将军"，则其任右卫率是在泰始后期至咸宁初年。郭弈为太原阳曲人，"少有重名，山涛称其高简有雅量"，"初为野王令"，与羊祜有交往，"咸熙（264-265）末，为文帝相国主簿"。① 很显然，郭弈属于司马氏亲信集团成员。《太平御览》引《荀氏家传》曰："车骑将军恺字茂中，山涛举之为太子右卫率，称：'君清和理正，从容顾问，动可观采，真侍卫之美者。'"② 按此条记载应该出自《山涛启事》，然其真实性存疑。《晋书·礼志中》载太康元年（280）事，可见到荀恺其人，所任官职为黄门侍郎。③ 山涛死于太康四年，其在晋武帝时期"再居选职十有余年"，时间是在太康初年之前。④ 太康元年荀恺任黄门侍郎之时，为山涛领选之时间下限，在此之前荀恺肯定不可能担任远高于黄门侍郎的车骑将军⑤。事实上，直到晋惠帝初年荀恺的官职也是远低于车骑将军的后军将军⑥。此外，河东闻喜人裴康曾任西晋太子左卫率⑦，其在晋武帝时任职的可能性较大。河东裴氏为司马氏集团重要成员，与

① 〔唐〕房玄龄等撰：《晋书》卷四五《郭弈传》，中华书局，1974年，第四册，第1289、1288页。
② 〔隋〕虞世南撰，〔清〕孔广陶校注：《北堂书钞》卷六五《设官部十七》"茂仲动可观采"下本注，孙忠愍侯祠堂校影宋原本，南海孔氏三十有三万卷堂校注重刊，光绪十四年；《太平御览》卷二四七《职官部四五》，第二册，第1168页。按四库本《北堂书钞》"观采"作"观探"（第八八九册，第290页），盖形近而讹。
③ 《晋书》卷二〇《礼志中》，第三册，第635页。
④ 参见《晋书》卷四三《山涛传》，第四册，第1225-1226页。
⑤ 据《通典》卷三七《职官十九·秩品二》所载"晋官品"：车骑将军为第二品，给事黄门、散骑、中书侍郎为第五品（第一册，第1003、1004页）。
⑥ 《晋书》卷三一《后妃上·武悼杨皇后传》："骏既死，诏使后军将军荀恺送后于永宁宫。"（第四册，第955页）据《通典》所载"晋官品"，后军将军为第四品（第一册，第1004页）。
⑦ 《三国志》卷二三《魏书·裴潜传》，子秀"咸熙中为尚书仆射"条裴松之注：潜少弟徽，徽次子"康，字仲豫，太子左卫率"。（〔西晋〕陈寿撰，〔南朝宋〕裴松之注：《三国志》，中华书局，1959年，第三册，第674页）《梁书》卷三〇《裴子野传》："裴子野字几原，河东闻喜人，晋太子左卫率康八世孙。"（〔唐〕姚思廉撰：《梁书》，中华书局，1973年，第二册，第441页）《太平御览》卷二四七《职官部四五》"右卫率"条："荀绰《冀州记》曰：裴康，字仲预，与弟楷为名士，仕至太子右卫率。"（〔宋〕李昉等撰：《太平御览》，中华书局，1960年，第二册，第1168页）按《北堂书钞》卷六五《设官部十七·太子左右卫率》"裴康裴楷并为名士"条所引，"荀绰"作"乔潭"，"太子右卫率"作"太子卫率"。（〔唐〕虞世南撰，〔明〕陈禹谟补注：《北堂书钞》，《景印文渊阁四库全书》"子部一九五·类书类"，台湾商务印书馆，1986年，第八八九册，第290页）

西晋皇室之间还有姻亲关系①。总之，裴康、郭弈与西晋司马氏皇室出于同一阶层，家族地域、文化背景都比较接近，属于司马氏政治集团的核心成员。当然笼统而言，整个西晋官僚集团也可以说无不出于这一集团。

晋惠帝时，可见到左卫率刘卞及缪胤。东平须昌人刘卞"本兵家子，质直少言。少为县小吏"，后因缘入朝任职，"累迁散骑侍郎，除并州刺史。入为左卫率"，时当贾后欲废太子之时。刘卞自云其出身"寒悴"，在重视门第家风的西晋得以任至高位，完全受战乱之赐。②兰陵人缪胤为河间王"颙前妃之弟"③，"初为尚书郎，后迁太弟左卫率，转魏郡太守"④。时当八王之乱河间王颙专政，"太弟"即与河间王颙一同起兵夺权的成都王颖。史载缪胤从兄播"才思清辩，有意义"，其"父悦，光禄大夫"⑤，看来兰陵缪氏也是有一定地位的家族。淮南王允于元康九年（299）入朝，"赵王伦废贾后，诏遂以允为骠骑将军、开府仪同三司、侍中，都督如故，领中护军"。伦转允为太尉，"外示优崇，实夺其兵"。允起兵攻伦，"遂围相府。允所将兵皆淮南奇才剑客也，与战频败之，伦兵死者千余人。太子左率陈徽勒东宫兵鼓噪于内以应允"。又，陈徽之兄陈淮（准）时为中书令。⑥按时当晋惠帝永康元年（300）八月，胡三省云："时伦以东宫为相府。""左率，即左卫率。"⑦陈徽在数年后担任扬

①　参见《晋书》卷三五《裴楷传》及附传，第四册，第1049、1052页。
②　参见《晋书》卷三六《张华传》《刘卞传》，第四册，第1073、1078页；〔宋〕司马光编著，〔元〕胡三省音注，"标点资治通鉴小组"校点：《资治通鉴》卷八三《晋纪五》惠帝元康九年十一月，中华书局，1956年，第六册，第2634页。又《北堂书钞》卷六五《设官部十七·太子左右卫率》"率将兵四万人"下本注："王《晋书》：'刘卞为左卫率，知贾后必害太子，乃问张华，曰：初无所闻也。'"（《景印文渊阁四库全书》"子部一九五·类书类"，第八八九册，第270页）
③　《晋书》卷六〇《缪播传》，第六册，第1636页。
④　《晋书》卷六〇《缪胤传》，第六册，第1637页。按《缪播传》谓"播从弟右卫率胤"（第六册，第1636页），未审孰是。
⑤　《晋书》卷六〇《缪播传》，第六册，第1636页。
⑥　《晋书》卷六四《淮南王允传》，第六册，第1722页。
⑦　参见《资治通鉴》卷八三《晋纪五》惠帝永康元年八月，第六册，第2644页。

州刺史，为"张昌党石冰"所败。① 其时担任太子左率者还有孙琰，史载"赵王伦起事"后，"琰为武威将军，领太子左率"。孙琰为孙旂弟子，其时孙秀为赵王伦所亲幸，其家"遂与孙秀合族"，权势煊赫。②

西晋时期还可见到三人担任太子右卫率。《晋书·武陔传》附载：弟"韶，历吏部郎、太子右卫率、散骑常侍"③。《魏志·崔林传》"子述嗣"条，裴松之注引《晋诸公赞》曰："林孙玮，性率而疏，至太子右卫率也。"④《邓艾传》，裴注引荀绰《冀州记》曰："（爰）邵起自干吏，位至卫尉。""少子倩，字君幼，宽厚有器局，勤于当世，历位冀州刺史、太子右卫率。"⑤ 按崔玮是西晋最后一任太子右卫率，怀帝永嘉六年（312）七月前赵刘粲、刘曜攻克晋阳城时被俘，随即被刘聪任命为太傅。⑥ 又据上下文推测，武韶为太子右卫率很可能是在晋武帝时期，爰倩在西晋中后期任太子右卫率的可能性较大。

尽管在八王之乱时期东宫禁卫军颇为活跃，在政治舞台上有充分的展现，

---

① 参见《资治通鉴》卷八五《晋纪七》惠帝太安二年（303），第六册，第2683页。按《晋书》卷八八《孝友·庾衮传》："明穆皇后伯父也。""尝与诸兄适邑人陈准兄弟，诸兄友之，皆拜其母，衮独不拜。准弟徽曰：'子不拜吾亲何？'"（第七册，第2280、2282页）据同书卷三二《后妃下·明穆庾皇后传》，为"颍川鄢陵人也"（第四册，第972页）。则陈准兄弟亦当为颍川鄢陵人。陈准与陈准为同一人无疑，准、准形近而讹，《晋书》未见陈准其人，"陈准"凡十一见，当是。晋惠帝永康元年（300）八月，以"光禄大夫陈准为太尉、录尚书事"（《晋书》卷四《惠帝纪》，第一册，第96页）。按陈准曾与张华共掌中书省，唐欧阳询撰《艺文类聚》卷四八《职官部四·中书令》："《晋诸公赞》曰：'陈准为中书令，张华为监，准与华俱处机密，而准崇之。每至宣日，有诏书，无大小辄先示华，了不屑意；华得诏书，不以示准。'"（〔唐〕欧阳询撰，汪绍楹校：《艺文类聚》，上海古籍出版社，1965年，第872页）《太平御览》卷二二〇《职官部十八·中书令》所引《晋诸公赞》，文字略有差异（第二册，第1045、1046页）。《晋书》卷八九《忠义·嵇绍传》载"太尉、广陵公陈准薨"云云（第八册，第2299页），则其爵封广陵公。可以看出，陈准是西晋末年政坛上一位有重要地位和影响的人物。

② 《晋书》卷六〇《孙旂传》，第六册，第1633页。

③ 《晋书》卷四五《武陔传》附，第四册，第1285页。

④ 《三国志》卷二四《魏书·崔林传》，第三册，第682页。

⑤ 《三国志》卷二八《魏书·邓艾传》，裴松之注引荀绰《冀州记》，第三册，第781页。按爰邵在邓艾平蜀时为殄虏护军，则其任卫尉当在西晋建立以后，其少子爰倩任太子右卫率当在晋武帝后期或惠帝时期。

⑥ 《资治通鉴》卷八八《晋纪一〇》怀帝永嘉六年（312）八月："辛亥（初二，9.19），粲、曜入晋阳。""粲、曜送尚书卢志、侍中许遐、太子右卫率崔玮于平阳。""九月，聪以卢志为太弟太师，崔玮为太傅，许遐为太保……"（第六册，第2783页）按"太傅崔玮"又见同书卷八九《晋纪一一》愍帝建兴三年（315）二月（第六册，第2820页）及《晋书》卷一〇二《刘聪载记》（第九册，第2667页）、《册府元龟》卷二二五《僭伪部·世子》（〔宋〕王钦若等编：《册府元龟》，中华书局，1960年，第三册，第2684页）。

但其指挥官东宫四率却很少见于史书记载。① 东晋时期情况发生了改观，有较多的太子卫率担任者进入了人们的视野。东晋一朝所见太子卫率，主要集中于东晋初年及孝武帝朝两个时期。

陈留尉氏人阮孚，出身于著名的玄学世家，其父阮咸为阮籍之兄，其母为胡婢。阮孚与东晋开国君主司马睿关系密切，史载其于西晋末年"避乱渡江，元帝以为安东参军"，历任丞相从事中郎，车骑将军琅邪王裒长史，黄门侍郎，散骑常侍。"转太子中庶子、左卫率、领屯骑校尉。明帝即位，迁侍中。"② 义兴阳羡人周莚，为周处之侄，曾任征虏将军、吴兴太守，黄门侍郎，莚族兄绩聚众应徐馥叛乱，晋元帝用王导之议而"诏以力士百人给莚，使轻骑还阳羡"平叛，"迁太子右卫率"。时在王敦之乱前夕。③ 其时羊鉴为太子左卫率，史载太兴二年（319）八月，"徐龛寇东莞，遣太子左卫率羊鉴行征虏将军，统徐州刺史蔡豹讨之"④。羊鉴出身大族太山羊氏，与司马氏及琅邪王氏均有姻亲关系，为元帝"太妃外属"，又为王敦舅父⑤。济阴冤句人卞敦，为卞壶从父兄，西晋八王之乱后期曾任太子舍人、尚书郎，"朝士多称之"。历任汝南内史，征南将军山简司马，监沔北七郡军事、振威将军、领江夏相，征讨大都督，镇东大将军王敦军司，"中兴建，拜太子左卫率"。任汝南内史时，"元帝之为镇东，请为军谘祭酒，不就"，看来他并非元帝亲信。⑥ 褚翜，为太傅褚裒从父兄，颍川庾敳外甥。早年即"袭爵关内侯，补冠军参军"。其家族地位显赫，西晋末年，率大批流民南下，为重要的流民帅。"元帝为晋王，以

---

① 参见拙著：《魏晋南北朝禁卫武官制度研究》，中华书局，2004年，上册，第267-300页。

② 《晋书》卷四九《阮孚传》，第五册，第1365、1364页。

③ 《晋书》卷五八《周莚传》，第五册，第1578、1577页。又可参见同书卷六《元帝纪》永昌元年三月条，第一册，第155页；〔北齐〕魏收撰：《魏书》卷九六《僭晋司马睿传》，中华书局，1974年，第六册，第2094页。

④ 《晋书》卷六《元帝纪》，第一册，第152页。又，同书卷六五《王导传》："进位侍中、司空、假节、录尚书，领中书监。会太山太守徐龛反，帝访可以镇抚河南者，导举太子左卫率羊鉴。既而鉴败，抵罪。"（第六册，第1749页）又可参见同书卷八一《羊鉴传》，第七册，第2112页。

⑤ 《晋书》卷八一《羊鉴传》，第七册，第2112页。

⑥ 《晋书》卷七〇《卞壶从父兄敦传》，第六册，第1874、1873页。又，《北堂书钞》卷六五《设官部十七·太子左右卫率》"卞敦可式遏边境"下本注："《晋中兴书》：'卞敦除右卫率，时胡贼侵逼淮泗，中宗求可以式遏边境者，公卿举敦也。'"（〔隋〕虞世南撰，〔清〕孔广陶校注：《北堂书钞》，孙忠愍侯祠堂校影宋原本，南海孔氏三十有三万卷校注重刊）按此作"右卫率"，与今本《晋书》本传有异。又四库本"卞敦"误作"卞郭"，《景印文渊阁四库全书》"子部一九五·类书类"，第八八九册，第290页。

翼为散骑郎。转太子中庶子。出为奋武将军、淮南内史。"参与平定王敦之乱，"明帝即位，征拜屯骑校尉。迁太子左卫率。成帝初，为左卫将军。苏峻之役，朝廷戒严，以翼为侍中，典征讨军事"①。鲁国人孔衍，为孔子二十二世孙，"避地江东，元帝引为安东参军，专掌记室"②。其"宗人夷吾有美名，博学不及衍"，"元帝以为主簿，转参军。稍迁侍中。徙太子左卫率"，卒于任。③东晋初年所任命的太子卫率中也有出身寒微者，如张茂"少单贫，有志行，为乡里所敬信。初起义兵，讨贼陈斌，一郡用全。元帝辟为掾属"。"迁太子右卫率，出补吴兴内史。"④当然，张茂也是在乡里具有影响力的人物，从其能够"起义兵，讨贼陈斌"，即可看出他绝非普通平民百姓。此外，丁潭在晋明帝末年被"征为太子左卫率，不拜"⑤。

东海郯人王雅，为曹魏大儒王肃曾孙，历任郎中，永兴令，尚书左右丞，又历廷尉，侍中、左卫将军，丹杨尹、领太子左卫率。时当晋孝武帝时期，王雅颇受君主器重。⑥高平金乡人郗恢，为郗鉴曾孙，历任散骑侍郎，给事黄门侍郎、领太子右卫率。"恢身长八尺，美须髯，孝武帝深器之，以为有藩伯之望。会朱序自表去职，擢恢为梁秦雍司荆扬并等州诸军事、建威将军、雍州刺史、假节，镇襄阳。"⑦濮阳甄城人吴隐之，为曹魏侍中吴质六世孙，"美姿容，善谈论，博涉文史，以儒雅标名"。历任奉朝请，尚书郎，晋陵太守，中书侍郎，国子博士，太子右卫率，散骑常侍、领著作郎，"孝武帝欲用为黄

---

① 《晋书》卷七七《褚翼传》，第七册，第2032、2031页。又，《太平御览》卷二四七《职官部四五·太子左卫率》："《晋中兴书》曰：褚翼字谋远，少失父，以材艺堪干立名。肃祖即位，征拜屯骑校尉，迁太子左卫率。"（第二册，第1168页）

② 《晋书》卷九一《儒林·孔衍传》，第八册，第2359页。

③ 《晋书》卷九一《儒林·孔衍传附夷吾传》，第八册，第2359页。

④ 《晋书》卷七八《张茂传》，第七册，第2064页。

⑤ 《晋书》卷七八《丁潭传》，第七册，第2064页。

⑥ 《晋书》卷八三《王雅传》，第七册，第2179页。按《隋书》卷三五《经籍志四》本注载"（梁有晋）太子左率《王肃之集》三卷，录一卷"。（〔唐〕魏徵等撰：《隋书》，中华书局，1973年，第四册，第1068页）疑此《王肃之集》或即《王雅集》之误。

⑦ 《晋书》卷六七《郗恢传》，第六册，第1805页。又，《北堂书钞》卷六五《设官部十七·太子左右卫率》"道胤为黄门领"下本注："《晋中兴书》：郗恢字道胤，为给事黄门侍郎、领太子右卫率。""郗恢有藩伯之望"下本注："《晋中兴书》云：郗恢领右卫率。恢风神魁梧，烈宗器之，以为有藩伯之望，擢为雍州刺史。"（《景印文渊阁四库全书》"子部一九五·类书类"，第八八九册，第290页）《太平御览》卷二四七《职官部四五·右卫率》："《晋中兴书》曰：郗恢字道宏，为太子右卫率。恢长八尺，美须髯，风神魁梧，烈宗异之。"（第二册，第1168页）

门郎，以隐之貌类简文帝，乃止"。①

西晋后期有四卫率或五卫率，"江左初，省前、后二率。孝武太元（376-396）中又置"②。东晋孝武帝时期担任太子前卫率的徐邈，是一位才学非常突出而又极其活跃的官员。徐邈为东莞姑幕人，具有强大的家族势力，其祖父于西晋末年"率子弟并闾里士庶千余家，南渡江，家于京口"。史载"邈姿性端雅，勤行励学，博涉多闻"，为孝武帝早年亲信，后一直受到重用。③《晋书·徐邈传》：

> 及孝武帝始览典籍，招延儒学之士，邈既东州儒素，太傅谢安举以应选。年四十四，始补中书舍人，在西省侍帝。虽不口传章句，然开释文义，标明指趣，撰正《五经》音训，学者宗之。迁散骑常侍，犹处西省，前后十年，每被顾问，辄有献替，多所匡益，甚见宠待。帝宴集酣乐之后，好为手诏诗章，以赐侍臣，或文词率尔，所言秽杂，邈每应时收敛，还省刊削，皆使可观，经帝重览，然后出之。是时侍臣被诏者，或宣扬之，故时议以此多邈。及谢安薨，论者或有异同，邈固劝中书令王献之奏加殊礼，仍崇进谢石为尚书令，玄为徐州。邈转祠部郎，上南北郊宗庙迭毁礼，皆有证据。……迁中书侍郎，专掌纶诏，帝甚亲昵之。……会帝颇疏会稽王道子，邈欲和协之，因从容言于帝曰："昔淮南、齐王，汉晋成戒。会稽王虽有酣媟之累，而奉上纯一，宜加弘贷，消散纷议，外为国家之计，内慰太后之心。"帝纳焉。……道子将用为吏部郎，邈以波竞成俗，非己所能节制，苦辞乃止。时皇太子尚幼，帝甚钟心，文武之选皆一时之俊。以邈为前卫率、领本郡大中正，授太子经。……邈虽在东宫，犹朝夕入见，参综朝政，修饰文诏，拾遗补阙，劬劳左右。帝嘉其谨密，方之于金、霍，有托重之意，将进显位，未及

① 《晋书》卷九〇《良吏·吴隐之传》，第八册，第2341、2340页。又，《太平御览》卷二四七《职官部四五·右卫率》："《晋中兴书》曰：吴隐字处默，太元中，以国子博士为太子右卫率。"（第二册，第1168页）
② 《宋书》卷四〇《百官志下》，第四册，第1254页。
③ 《晋书》卷九一《儒林·徐邈传》，第八册，第2356页。

行而帝暴崩。安帝即位，拜骁骑将军。①

　　皇太子生母陈淑媛卒，徐邈就其丧事发表了重要议论。《晋书·礼志中》："孝武帝太元十五年（390），淑媛陈氏卒，皇太子所生也。有司参详母以子贵，赠淑媛为夫人，置家令典丧事。太子前卫率徐邈议：'《丧服传》称，与尊者为体，则不服其私亲。又，君父所不服，子亦不敢服。故王公妾子服其所生母练冠麻衣，既葬而除，非五服之常，则谓之无服。'从之。"②

　　此外，十六国个别政权也可见到太子左、右卫率之职。苻坚欲倾全力讨伐东晋，"坚引群臣会议"，包括秘书监朱彤、左仆射权翼、太子左卫率石越等人，石越是反对苻坚出兵南伐的。③有左卫率自亦当有右卫率。后秦姚兴末年，"太子右卫率姚和都率东宫兵入屯马道南"，参与了当时的政治斗争。④这一记载显示，后秦太子右卫率为东宫禁卫军长官。有右卫率，原则上也应该有左卫率。

二、刘宋太子卫率

1. 刘宋建立前后

东晋末年，权臣刘裕称宋王建立宋国（台），同时为其储君（刘义符）建

---

① 《晋书》卷九一《儒林·徐邈传》，第八册，第2356-2356页。又，《宋书》卷五五《徐广传》："东莞姑幕人也。父藻，都水使者。兄邈，太子前卫率。"（第五册，第1547页）《隋书》卷三二《经籍志一》："《周易音》一卷。"本注："东晋太子前率徐邈撰。"（第四册，第910页）卷三五《经籍志四》："晋太子前率《徐邈集》九卷并目录。"本注："梁二十卷，录一卷。"（第四册，第1069页）按《宋书》卷九二《良吏·徐豁传》："父邈，晋太子左卫率。"（第八册，第2265页）此记载不确。《北堂书钞》卷六五《设官部十七·太子左右卫率》"将顺匡救拾遗补阙"下本注："臧荣绪《晋书》云：徐邈为前卫率，在东宫，朝夕入见，将顺匡救，拾遗补阙。"（《景印四库全书》"子部一九五·类书类"，第八八九册，第289页）《太平御览》卷二四七《职官部四五》"前卫率"条："《晋中兴书》曰：徐邈字仙民，建元（343-344）中，为太子前卫率。"（第二册，第1168页）按建元（343-344）为东晋康帝年号，此乃太元之误。同上"后卫率"条：《晋起居注》曰：建元十四年，以太子中舍人郗俭为太子后卫率。"（同上）按此"建元"亦为太元之误。
② 《晋书》卷二〇《礼志中》，第三册，第624页。又见《宋书》卷一五《礼志二》，第二册，第397页。
③ 参见《晋书》卷一一四《苻坚载记下》，第九册，第2911、2912页。
④ 《晋书》卷一一八《姚兴载记下》，第一〇册，第3003页。

东宫并设置相应官职。当时出身于陈郡谢氏的著名文士谢灵运出任世子左卫率，史载其"仍除宋国黄门侍郎，迁相国从事中郎、世子左卫率。坐辄杀门生，免官"①。御史中丞王准之"坐世子右卫率谢灵运杀人不举，免官"②。尚书仆射王弘奏弹谢灵运有云：

> 世子左卫率康乐县公谢灵运，力人桂兴淫其嬖妾，杀兴江涘，弃尸洪流。事发京畿，播闻遐迩。宜加重劾，肃正朝风。案世子左卫率康乐县公谢灵运过蒙恩奖，频叨荣授，闻礼知禁，为日已久，而不能防闲阃闺，致兹纷秽，罔顾宪轨，恣杀自由。此而勿治，典刑将替。请以见事免灵运所居官，上台削爵土，收付大理治罪。御史中丞都亭侯王准之，显居要任，邦之司直，风声噂沓，曾不弹举。若知而弗纠，则情法斯挠；如其不知，则尸昧已甚。岂可复预班清阶，式是国宪！请免所居官，以候还散辈中。

对于王弘上奏，刘裕的批示是"灵运免官而已，余如奏"。③谢灵运属于当时最著名的文士，以诗文见长，刘裕以之为世子左卫率显然不是令其承担保卫世子之责，而主要是为了附庸风雅，同时也有拉拢陈郡谢氏以及培养世子的文化素质的意图。

《宋书·武帝纪中》：元熙元年（419）"十二月，天子命王冕十有二旒，建天子旌旗，出警入跸，乘金根车，驾六马，备五时副车，置旄头云罕，乐舞八佾，设钟虡宫县。进王太妃为太后，王妃为王后，世子为太子，王子、王孙爵命之号，一如旧仪"④。这表明当时刘宋王朝在事实上已经成立。刘裕在称帝之前既已改世子为太子，则太子卫率之职的始设即在其时。不过作为正式的刘宋王朝的东宫的建立则应在次年，即永初元年（420）八月"癸

---

① 《宋书》卷六七《谢灵运传》，第六册，第1753页。《晋书》卷七九《谢玄传附子瑍传》载瑍子灵运"永熙中，为刘裕世子左卫率"（第七册，第2086页）。

② 《宋书》卷六〇《王准之传》，第六册，第1624页。同书卷五七《蔡廓传》："世子左卫率谢灵运辄杀人，御史中丞王准之坐不纠免官，高祖以廓刚直，不容邪枉，补御史中丞。"（第五册，第1570页）

③ 《宋书》卷四二《王弘传》，第五册，第1313页。

④ 《宋书》卷二《武帝纪中》，第一册，第45页。

酉（廿一，9.14），立王太子为皇太子"①之后。

如上所述，谢灵运在东晋末年曾任宋国世子左卫率，因杀害门生而被免官，但在刘宋建立不久又起用他担任太子左卫率。《宋书·谢灵运传》：

> 高祖受命，降公爵为侯，食邑五百户。起为散骑常侍，转太子左卫率。灵运为性褊激，多愆礼度，朝廷唯以文义处之，不以应实相许。自谓才能宜参权要，既不见知，常怀愤愤。庐陵王义真少好文籍，与灵运情款异常。少帝即位，权在大臣，灵运构扇异同，非毁执政。司徒徐羡之等患之，出为永嘉太守。②

如果说担任宋国世子左卫率对谢灵运来说还意味着刘裕对其才能的肯定，以及对陈郡谢氏的拉拢，而令其担任宋朝太子左卫率便完全不同，只能说纯粹是宋武帝附庸风雅的一个举动。谢灵运之所以对这一任命不满，是因为太子左卫率属于东宫官职，不预朝政，而且虽名为东宫禁卫长官，但实际却并无多大权力，按编制共有多达七人同时任职（最初未必一定达到此数），其闲散程度可想而知，这与其"宜参权要"的宏大抱负相去甚远。到宋少帝即位后，他又完全受制于徐羡之等辅政大臣，作为陈郡谢氏文化素养最高的一员，谢灵运对自己在当时的处境十分不满也就不足为奇。此外，从"朝廷唯以文义处之，不以应实相许"的记载推测，七名太子左卫率既不是平均分配东宫兵力，也不是全都领营，谢灵运所任看来就没有统率东宫营兵的权力，完全属于闲散之职。

而另一位太子左卫率的情况便完全不同。《宋书·向靖传》："迁督北青州诸军事、北青州刺史，将军如故。高祖受命，以佐命功，封曲江县侯，食邑千户。迁太子左卫率，加散骑常侍。（永初）二年，卒官，时年五十九。"河内山阳人向靖"名与高祖祖同，改称小字（弥）。世居京口，与高祖少旧"。③他是宋武帝的同乡，也是其创业亲信，在创建刘宋政权的过程中，建立了不

---

① 《宋书》卷三《武帝纪下》，第一册，第55页。
② 《宋书》卷六七《谢灵运传》，第六册，第1753页。
③ 《宋书》卷四五《向靖传》，第五册，第1374、1373页。

朽功勋。①向靖参与了刘宋建国的全过程，尤其当刘裕北伐南燕时，在力克临朐、攻拔广固的战斗中，"擐甲先登"，后又在抵御和平定卢循时颇著战功。②向靖对任命其担任太子左卫率、并未表达任何不满，这与谢灵运形成了明显对照。从其出身经历来看，宋武帝必定是将东宫禁卫军权委任给向靖，他所担任的是具有实质性的东宫禁卫长官。而作为一介武夫，向靖对宋武帝忠心耿耿，既没有高门士族的忸怩作态，也没有欲参权要的政治野心，尤其是在年近花甲的年纪，恐怕更是如此。

向靖并非刘宋第一任太子左卫率，在他之前太子左卫率由宋武帝另一位创业亲信王仲德（懿）担任。宋武帝即位之初褒奖佐命功臣诏中顺序提及王、向二人，谓"散骑常侍、领太子左卫率、新淦侯王仲德，前冠军将军、北青州刺史、安南男向弥"云云③。王仲德为太原祁人，其祖、父先后仕于石赵、苻秦，"皆为二千石"。淝水之战后仲德兄弟在反抗鲜卑慕容垂失败后南下，先"徙居彭城"，继至江南，因缘加入刘裕阵营并很快成为其最重要的亲信成员。在刘裕两次北伐时，王仲德皆为前锋统帅，屡建奇功；平定卢循之乱，更是战功卓著。平定后秦之初，"武帝欲迁都洛阳，众议咸以为宜"，而王仲德表示反对并为刘裕所采纳。④《宋书》本传谓"武帝受命，累迁徐州刺史，加都督"⑤，而不载其任太子左卫率的经历，看来他担任太子左卫率的时间很短。

刘宋初年担任太子右卫率见于记载者有段宏、虞丘进二人。《宋书·庐陵王义真传》："义真寻都督司雍秦并凉五州诸军、建威将军、司州刺史，持节如故。以段宏为义真谘议参军，寻迁宋台黄门郎、领太子右卫率。宏，鲜卑人也，为慕容超尚书左仆射、徐州刺史，高祖伐广固，归降。太祖元嘉中，为征虏将军、青冀二州刺史。"⑥段宏领太子右卫率必在刘宋建立之后。东海郯人虞丘进，虽非刘裕首义亲信，但从刘裕创业之初便追随其南征北战，东讨西伐，刘宋建国的绝大部分战役中都有他冲锋陷阵的身影，并曾多次受伤。

---

① 《宋书》卷四三《徐羡之传》载"上初即位，思佐命之功"，下诏褒奖佐命功臣，共提到徐羡之、王弘、檀道济、傅亮、谢晦、檀韶、赵伦之、刘怀慎、王仲德、向弥、刘粹、到彦之、张邵、沈林子等十四人。（第五册，第1330页）

② 参见《宋书》卷四五《向靖传》，第五册，第1374页。

③ 《宋书》卷四三《徐羡之传》，第五册，第1330页。

④ 《宋书》卷四六《王懿传》，第五册，第1392页。

⑤ 《宋书》卷四六《王懿传》，第五册，第1392页。

⑥ 《宋书》卷六一《武三王·庐陵王义真传》，第六册，第1635页。

具体而言，征讨孙恩、卢循、徐道覆、刘毅、司马休之，消灭南燕，平定京城（京口）、京邑（建康），虞丘进都曾建功立业。"元熙二年（420），宋王令书以为高祖第四子义康右将军司马。永初二年（421），迁太子右卫率。明年，卒官，时年六十。"①宋武帝以虞丘进为太子右卫率，同以向靖为太子左卫率，应该是出于颇为相似的考虑。

2. 宋文帝时期

元嘉六年（429）"三月丁巳（廿五，5.14），立皇子劭为皇太子"②。宋文帝时有多位太子卫率见于记载。宗室刘义宗，"幼为高祖所爱"，"永初元年，进爵为侯，历黄门侍郎，太子左卫率。元嘉八年，坐门生杜德灵放横打人，还第内藏，义宗隐蔽之，免官"③。胡藩于元嘉七年"征为游击将军"，又行长沙王义欣南兖州府州事，"转太子左卫率。十年，卒，时年六十二"④。胡藩本为桓玄亲信臣僚，在刘裕创业不久即为其所用，随刘裕南征北战，战功卓著，但因非刘裕亲信出身，刘宋建国后地位并不尊崇。元嘉二十四年时萧思话为侍中、太子左卫率⑤。南兰陵人萧思话为孝懿皇后弟子⑥，其父在永初元年死前曾任徐兖二州刺史、南琅邪太守。思话"涉猎书传，颇能隶书，解音律，便弓马"，二十七岁即任至青州刺史。后仕途虽有起伏，但总的来看还是一直担任内外要职，且在宋文帝后期受到特别重用。元嘉二十年，"迁持节、监雍梁南北秦四州荆州之南阳竟陵顺阳襄阳新野随六郡诸军事、宁蛮校尉、雍州刺史、襄阳太守。二十二年，除侍中、领太子右率。二十四年，改领左卫将

---

① 《宋书》卷四九《虞丘进传》，第五册，第1441页。又，《太平御览》卷二四七《职官部四五》"后卫率"条："《宋起居注》曰：永初元年，以徐佩为太子后卫率。"（第二册，第1168页）按徐佩当即徐佩之，为徐羡之兄子，参见《宋书》卷四三《徐羡之传》及附《兄子佩之传》（第五册，第1335页）。元嘉三年十二月"壬戌（十七，427.1.30），前吴郡太守徐佩之谋反，及党与皆伏诛"。（《宋书》卷五《文帝纪》）无论是从徐佩之的相关经历还是从《宋书》及《南史》有关刘宋历史的记载中，均未见到太子前、后卫率。《宋书》卷四〇《百官志下》："宋世止置左、右二率。"（第四册，第1254页）据此，则刘宋一代不曾置前、后卫率，《御览》所引《宋起居注》的记载有误。

② 《宋书》卷五《文帝纪》，第一册，第77页。

③ 《宋书》卷五一《宗室·刘义宗传》，第五册，第1468页。

④ 《宋书》卷五〇《胡藩传》，第五册，第1445页。

⑤ 《宋书》卷六六《何尚之传》，第六册，第1735页。

⑥ 据《宋书》卷四一《后妃·孝懿萧皇后传》，孝懿皇后萧文寿为宋武帝刘裕继母，因刘裕生母难产而死，遂由萧氏抚养成人（第四册，第1280-1281页）。

军"。① 萧思话所任应为太子左卫率而非右卫率。元嘉二十八年时王锡为太子左卫率②，他是宋文帝早期最重要的亲信大臣王弘之子，"少以宰相子起家为员外散骑，历清职中书郎、太子左卫率、江夏内史"③。

陈郡阳夏人袁淑，为丹阳尹袁豹少子，其姑夫为王弘，党于彭城王义康的领军将军刘湛为其从母兄。史称其"不为章句之学，而博涉多通，好属文，辞采遒艳，纵横有才辩"。"索虏南侵，遂至瓜步"时，他正在担任御史中丞，既而"迁太子左卫率"。④ 元嘉三十年二月二十一日夜太子刘劭发动政变时，袁淑仍在太子左卫率任上，史载刘劭"宿召前中庶子、右军长史萧斌，夜呼斌及左卫率袁淑、中舍人殷仲素、左积弩将军王正见，并入宫，告以大事"云云⑤。刘劭谋杀宋文帝后即位称帝，并于当日进行了人事安排，其中包括以"前右卫率檀和之成石头"。至三月二十二日，面对以武陵王骏为首的义军的猛烈进攻，刘劭又进行了新的人事安排，其中即包括以"左军王正见为太子左卫率"。四月，王正见被攻入皇宫的薛安都、臧质大军斩于太极殿前。在刘劭失败后被赐死的天水冀人尹弘，因协助刘劭政变有功而被任命为丹阳尹，史载其本"为太祖所委任。元嘉中，历太子左、右卫率，左、右卫将军"。⑥

元嘉二十七年，宋文帝下诏"大举北讨"，在其军事部署中，包括遣"太子左卫率始兴县五等侯臧质勒东宫禁兵，统骁骑将军安复县开国侯王方回、建武将军·安蛮司马新康县开国男刘康祖、右军参军事梁坦，步骑十万，迳

---

① 《宋书》卷七八《萧思话传》，第七册，第2014、2011页。又，同书卷五七《蔡兴宗传》载"太子左率王锡妻范，聪明妇人也"云云（第五册，第1584页）。

② 《宋书》卷二九《符瑞志下》："元嘉二十八年八月己巳，崇义军人获白雀一双，太子左率王锡以献。"（第三册，第845页）

③ 《宋书》卷四二《王弘传附子锡传》，第五册，第1323页。

④ 《宋书》卷七〇《袁淑传》，第六册，第1839、1835、1836页。同书卷八五《谢庄传》载其于元嘉"二十九年，除太子中庶子"，而其时"太子左卫率袁淑文冠当时"云云（第八册，第2167页）；卷六六《何尚之传》亦载元嘉二十九年"太子左卫率袁淑与尚之书曰"云云（第六册，第1736页）。《梁书》卷七《后妃·太祖张皇后传》载其父穆之"宋元嘉中，为员外散骑侍郎。与吏部尚书江湛、太子左率袁淑善，淑荐之于始兴王濬，濬深引纳焉"（第一册，第156页）。

⑤ 《宋书》卷九九《二凶·元凶劭传》，第八册，第2426页。参见同书卷七〇《袁淑传》，《魏书》卷九七《岛夷刘义隆传》。

⑥ 《宋书》卷九九《二凶·元凶劭传》，第八册，第2439、2427、2433页。按《宋书》卷九七《夷蛮·南夷林邑国传》载檀和之于"太祖元嘉二十七年，自太子左卫率为世祖镇军司马、辅国将军、彭城太守"（第八册，第2379页），与《元凶劭传》的记载不同，未知孰是。

造许、洛"①。按臧质为东莞莒人，其父熹为武敬皇后弟，元嘉二十七年春由义兴太守迁南谯王义宣司马、南平内史。"未之职，会索虏大帅拓跋焘围汝南，汝南戍主陈宪固守告急。太祖遣质轻往寿阳，即统彼军，与安蛮司马刘康祖等救宪。虏退走，因使质伐汝南西境刁壁等山蛮，大破之，获万余口。迁太子左卫率。坐前伐蛮枉杀队主严祖，又纳面首生口不以送台，免官。是时上大举北讨，质白衣与骠骑司马王方回等率军出许、洛，安北司马王玄谟攻滑台不拔，质请乘驿代将，太祖不许。"②

宋文帝时担任太子右卫率见于史书记载者有王球、刘遵考、谢弘微、沈演之等人。王球出身琅邪王氏，为晋末司徒王谧之子、宋文帝初年宰相王弘从弟，史称其"美容止""颇好文义"。"宋国建，初拜世子中舍人。高祖受命，仍为太子中舍人。""元嘉四年，起为义兴太守，从兄弘为扬州，服亲不得相临，加宣威将军，在郡有宽惠之美。徙太子右卫率。入为侍中、领冠军将军。"③从其经历来看，应为宋文帝时第一任太子右卫率。元嘉八年二月"丁丑（廿六，3.25），青州刺史萧思话弃城走。以太子右卫率刘遵考为南兖州刺史"④。刘遵考为宗室疏属，元嘉三年，"出为使持节、督雍梁南北秦四州·荆州之南阳竟陵顺阳襄阳新野随六郡诸军事、征虏将军、宁蛮校尉、雍州刺史、襄阳新野二郡太守。遵考为政严暴，聚敛无节。五年，为有司所纠，上不问，赦还都。七年，除太子右卫率、加给事中。明年，督南徐兖州之江北淮南诸军事、征虏将军、南兖州刺史、领广陵太守"⑤。陈郡谢氏出身的谢弘微，元嘉"六年，东宫始建，领中庶子，又寻加侍中"。"八年秋，有疾，解右卫，领太子右卫率，还家。议欲解弘微侍中，以率加吏部尚书，固陈疾笃，得免。"⑥看来曾有令其领右卫将军的任命，实际是否担任不得而知。元嘉十七年，宋文帝取得对其弟彭城王义康斗争的胜利后，吴兴武康人沈演之开始受到特别重用，先为右卫将军，"二十年，迁侍中，右卫将军如故"。二十二年，沈演之

---

① 《宋书》卷九五《索虏传》，第八册，第2348页。《魏书》卷九七《岛夷刘义隆传》载真君十一年义隆又遣"太子左卫率臧质统骁骑将军王方回、安蛮司马刘康祖、右军参军梁坦造许、洛"（第六册，第2138页），与《宋书·索虏传》的记载相近。

② 《宋书》卷七四《臧质传》，第七册，第1911页。

③ 《宋书》卷五八《王球传》，第五册，第1594页。

④ 《宋书》卷五《文帝纪》，第一册，第79页。

⑤ 《宋书》卷五一《宗室·营浦侯遵考传》，第五册，第1481页。

⑥ 《宋书》卷五八《谢弘微传》，第五册，第1593页。

告左卫将军、太子詹事范晔谋反，范晔被诛后"迁领国子祭酒、本州大中正、转吏部尚书、领太子右卫率。虽未为宰相，任寄不异也"。[①]沈演之死于元嘉二十六年，其后是否再任命太子右卫率则不见于记载。[②]

3. 刘宋后期

宋孝武帝孝建元年（454）正月"丙寅（廿八，3.13），立皇子子业为皇太子"。同年三月"癸卯（初六，4.19），以太子左卫率庞秀之为徐州刺史"。[③]则庞秀之为孝武帝朝第一任太子左卫率。按《宋书·颜师伯传》载大明元年（457）诏有云："昔岁国难方结，疑懦者众，故散骑常侍、太子右率庞秀之履嶮能贞，首畅义节，用使狡状先闻，军备夙固，丑逆时殄，颇有力焉。追念厥诚，无忘于怀。"[④]似庞秀之所任为右卫率而非左卫率。同书《萧思话传》附载："庞秀之，河南人也。以（萧）斌故吏，贼劭甚加信委，以为游击将军。奔世祖于新亭。时劭诸将未有降者，唯秀之先至。事平，以为梁州刺史。秀之子弟为劭所杀者将十人，而酣讌不废，坐免官。后又为徐州刺史，太子右卫率。孝建元年，卒，追赠本官，加散骑常侍。"[⑤]由此可知，庞秀之实为孝武帝朝第一任太子右卫率。孝武帝朝第一任太子左卫率实为薛安都，且终孝武之世一直为之。薛安都于孝建元年二月由左军将军"迁辅国将军、竟陵内史"，四月"转太子左卫率"，大明元年（457）以作战失利而"白衣领职"。"安都明年复职，改封武昌县侯，加散骑常侍。七年，又加征房将军，为太子左卫率十年，终世祖世不转。前废帝即位，迁右卫将军、加给事中。"[⑥]

与太子左卫率仅由薛安都一人担任的情形完全不同，孝武帝时期太子右卫率调动颇为频繁，除上已提及的庞秀之外，见于记载者还有袁粲、张淹、

---

① 《宋书》卷六三《沈演之传》，第六册，第1685、1686页。
② 刘裕最重要的创业亲信刘穆之少子贞之，曾任"中书、黄门侍郎，太子右卫率，宁朔将军、江夏内史"（《宋书》卷四二《刘穆之传》，第五册，第1310页），其任太子右卫率的时代以宋文帝朝的可能性较大。
③ 《宋书》卷六《孝武帝纪》，第一册，第114页。
④ 《宋书》卷七七《颜师伯传》，第七册，第1993页。
⑤ 《宋书》卷七八《萧斌传附庞秀之传》，第七册，第2018页。
⑥ 《宋书》卷八八《薛安都传》，第八册，第2218、2217页。按薛安都任刘宋太子左卫率又见同书卷五七《蔡兴宗传》，第五册，第1576页；六五《申坦传》，第六册，第1725页；《魏书》卷六一《薛安都传》，第四册，第1353页。又，《宋书》卷七五《颜竣传》："复代谢庄为吏部尚书，领太子左卫率，未拜，丁忧。起为右将军，丹杨尹如故。"（第七册，第1964页）时在宋孝武帝时期。据此，孝武帝曾考虑以颜竣为吏部尚书、领太子左卫率，但最终并未任命。

张畅、刘遵考、王彧、刘秀之、申坦、张永，共有近十位之多。陈郡阳夏人袁粲（愍孙）为孝武帝早年亲信，"及即位，除尚书吏部郎，太子右卫率，侍中"。次年即孝建元年因在中兴寺八关斋时违反规定而被免官。① 张淹本为武陵王骏（孝武帝）南中郎主簿，"世祖即位，为黄门郎……太子右卫率，东阳太守"②。其父张畅"为都官尚书，转侍中，代子淹领太子右卫率。孝建二年，出为会稽太守"③。则张淹为太子右卫率是在孝建元年之前。刘遵考曾在宋文帝元嘉七年担任太子左卫率，孝武帝孝建三年由尚书左仆射"转丹杨尹、加散骑常侍，复为尚书右仆射、领太子右卫率"，次年"除领军将军、加散骑常侍"。④ 琅邪王氏出身的王彧（景文）深受宋文帝"钦重"，且为皇子刘彧（宋明帝）"娶景文妹"。宋文帝时以太子太傅主簿起家，至孝武帝大明二年（458）的五年间，王彧（景文）先后任秘书监、太子右卫率、侍中。⑤ 东莞莒人刘秀之，为宋武帝创业亲信刘穆之从兄子，大明二年"迁尚书右仆射"，四年"领太子右卫率"，五年出任雍州刺史。⑥ 申坦参与了平定刘劭的战斗，"世祖至新亭，坦亦进克京城。孝建初，为太子右卫率，宁朔将军、徐州刺史"⑦。张永于大明"三年，迁廷尉"，"加宁朔将军，尚书吏部郎，司徒右长史，寻阳王子房冠军长史。四年，立明堂，永以本官兼将作大匠。事毕，迁太子右卫率"。七年"复兼将作大匠，转右卫将军"。⑧

济阳考城人"江方兴以战功为太子左卫率，贼未平，病卒"⑨。时当宋明帝即位之初⑩。不过江方兴实际并未任职东宫。河南阳翟人褚渊为刘宋重要的外

---

① 《宋书》卷八九《袁粲传》，第八册，第2229页。
② 《宋书》卷五九《张淹传》，第六册，第1607页。又，同书卷七七《颜师伯传》载孝武帝诏谓"太子前中庶子领右卫率张淹"云云（第七册，第1993页）。按同书卷四六《张淹传》（并附于《张畅传》，《宋书》有两传）载其所任为太子左卫率（第五册，第1400页），误。
③ 《宋书》卷五九《张畅传》，第六册，第1606页。
④ 《宋书》卷五一《宗室·营浦侯遵考传》，第五册，第1482页。
⑤ 《宋书》卷八五《王景文传》，第八册，第2178页。
⑥ 《宋书》卷八一《刘秀之传》，第七册，第2075页。
⑦ 《宋书》卷六五《申坦传》，第六册，第1725页。《魏书》卷八六《孝感·乞伏保传》："赐以宫人申氏，宋太子左率申坦兄女也。"（第五册，第1883页）按此处所记有误，申坦所任实为太子右卫率。
⑧ 《宋书》卷五三《张永传》，第五册，第1513页。
⑨ 《宋书》卷八四《邓琬传附江方兴传》，第七册，第2174页。
⑩ 江方兴平叛事，参见《宋书》卷七四《沈攸之传》，第七册，第1928页。

戚成员，其父湛之"尚宋武帝女始安哀公主"①，渊"复尚文帝女南郡献公主"。泰始元年十二月丙寅（初七，466.1.9），宋明帝刘彧通过政变即位。次年（466）三月"壬辰（初五，4.5），以新除太子詹事张永为青冀二州刺史"，九月"庚戌（廿六，10.20），以太子左卫率建平王景素为南兖州刺史"。② 尽管之前已经任命了太子东宫官属，但实际上当时并未确立太子，当年十月"戊寅（廿四，11.17），立皇子昱为皇太子"③ 的记载可证。吴喜于泰始四年"除右军将军、淮陵太守、假辅师将军、兼太子左卫率。五年，转骁骑将军，假号、太守、兼率如故"。泰始五年吴喜出征抗击北魏对淮河流域的进犯，"军还，复以本位兼左卫将军"。吴喜为吴兴临安人，"初出身为领军府白衣吏"，"少知书"，后"涉猎《史》《汉》，颇见古今"。虽为"刀笔主者"，然"屡经军旅，性既勇决，又习战陈"，故其后得以为将统兵。④ 彭城人刘勔，其祖、父任至郡太守，他在宋明帝即位后为将，平定江州刺史晋安王子勋及豫州刺史殷琰反叛，先后为广州、益州刺史及都督，皆"不拜"，"还京都，拜太子左卫率"。泰始三年，为督西讨前锋诸军事，除右卫将军，豫司二州都督、豫州刺史。⑤ 宋文帝之孙刘景素，"太宗初，太子中庶子、领步兵校尉"。至泰始六年前，历任"太子左卫率、加给事中、冠军将军、南兖州刺史，丹阳尹，吴兴太守，使持节、监湘州诸军事、湘州刺史"。⑥ 齐高帝萧道成于宋明帝泰始三年（467）迁任南兖州军政长官，"七年，征还京师"，"拜散骑常侍、太子左卫率"。"明帝崩，遗诏为右卫将军，领卫尉，加兵五百人。与尚书令袁粲、护军褚渊、领军刘勔共掌机事。又别领东北选事。寻解卫尉，加侍中，领石头戍军事。"⑦

---

① 〔梁〕萧子显撰：《南齐书》卷二三《褚渊传》，中华书局，1972年，第一册，第425页。又，《宋书》卷五二《褚湛之传》："尚高祖第七女始安哀公主。"（第五册，第1505页）《南史》卷二八《褚湛之传》："尚宋武帝第七女始安哀公主……哀公主薨，复尚武帝第五女吴郡宣公主。"（〔唐〕李延寿撰：《南史》，中华书局，1975年，第三册，第747–748页）

② 《宋书》卷八《明帝纪》，第一册，第156、158页。

③ 《宋书》卷八《明帝纪》，第一册，第158页。又，同书卷九《后废帝纪》："明帝长子也。""泰始二年，立为皇太子。"（第一册，第177页）

④ 《宋书》卷八三《吴喜传》，第七册，第2115、2114、2116页。

⑤ 《宋书》卷八六《刘勔传》，第八册，第2193、2192页。按刘勔"为督西讨前锋诸军事"时的本官仍为太子左卫率，《魏书》卷九七《岛夷刘彧传》："彧又遣其中领军沈攸之、太子左卫率刘勔寇彭城，兖州刺史申纂守无盐。"（第六册，第2148页）

⑥ 《宋书》卷七二《文九王·建平王宏子景素传》，第六册，第1861页。

⑦ 《南齐书》卷一《高帝纪上》，第一册，第6、7页。

褚渊在宋文帝时曾任太子舍人、太子洗马，后任至吏部郎。"宋明帝即位，加领太子屯骑校尉，不受。迁侍中，知东宫事。转吏部尚书，寻领太子右卫率，固辞。司徒建安王休仁南讨义嘉贼，屯鹊尾，遣渊诣军，选将帅以下勋阶得自专决。事平，加骁骑将军。"① 竟陵人张兴世，"少时家贫"，初依竟陵郡守南郡宗珍之"为客"，后以军功晋升。宋明帝泰始初年"征为游击将军。海道北伐，假辅国将军，加节置佐，无功而还。四年，迁太子右卫率。又以本官领骁骑将军，与左卫将军沈攸之参员置。五年，转左卫将军"。② 吴兴武康人沈文季，是被前废帝所杀的名臣沈庆之之子，"明帝立，起文季为宁朔将军，迁太子右卫率，建安王司徒司马"③。沈勃，"太宗泰始中，为太子右卫率、加给事中"。史称"勃好为文章，善弹琴，能围棋"，宋明帝指责其"轻躁耽酒""声酣放纵"云云。④

三、南齐太子卫率

齐高帝建元元年（479）"十一月庚子（初二，12.1），以太子左卫率萧景先为司州刺史"⑤。这是史书所见南齐第一任太子左卫率。萧景先为齐高帝从子，"及从官京邑，常相提携"，"太祖镇淮阴，景先以本官领军主自随，防卫城内，委以心腹"。他是齐高帝创业的主要心腹之一，后又成为齐武帝心腹，南齐建立前夕"为世祖抚军中军二府司马，兼左卫将军。建元元年，迁太子左卫率"。⑥ 会稽永兴人戴僧静，其祖父在宋初因"谋乱伏法，家口徙青州"，僧静后受到镇守淮阴的萧道成的关照而成为其心腹，参与征战，后随萧道成入都。靠军功升迁，"建元二年，迁骁骑将军、加员外常侍。转太子左卫率"。其任太子左卫率是在建元四年十二月之前。⑦ 北兰陵兰陵人周盘龙（415-493），刘宋土断属"东

① 《南齐书》卷二三《褚渊传》，第二册，第425页。
② 《宋书》卷五〇《张兴世传》，第五册，第1454页。
③ 《南齐书》卷四四《沈文季传》，第三册，第775页。
④ 《宋书》卷六三《沈勃传》，第六册，第1686-1687页。
⑤ 《南齐书》卷二《高帝纪下》，第一册，第35页。
⑥ 《南齐书》卷三八《萧景先传》，第二册，第661、662页。
⑦ 《南齐书》卷三〇《戴僧静传》，第二册，第555、556页。又，同书卷三《武帝纪》：建元四年十二月"庚子，以太子左卫率戴僧静为徐州刺史"（第一册，第46页）。

平郡"，"盘龙胆气过人，尤便弓马"。南齐建立之际，任督司州军事、司州刺史、假节、右将军。建元二年"为军主、假节"，协助豫州刺史垣崇祖抗击北魏对寿春的进攻，受到齐高帝的奖赏和表彰，"转太子左率。改授持节，军主如故"。① 周盘龙转任太子左卫率是在其出外征战之时，实际上并未到东宫任职。沈文季在宋明帝时曾任太子右卫率，"齐国初建，为侍中、领祕书监。建元元年，转太子右卫率，侍中如故"②。东海郯人徐孝嗣为刘宋名臣徐湛之之孙，尚宋孝武帝女康乐公主。宋末为齐高帝幕僚，"齐台建，为世子庶子。建元初，国除。出为晋陵太守，还为太子中庶子、领长水校尉。未拜，为宁朔将军、闻喜公子良征虏长史，迁尚书吏部郎，太子右卫率，转长史。"③河东汾阴人薛渊，为宋徐州刺史薛安都从子，先随安都降北魏，后逃亡南归。时"太祖镇淮阴，渊遁来南，委身自结。果干有气力，太祖使领部曲，备卫帐内，从征伐"。随萧道成入都，为其专权及夺权效力，任至骁骑将军，"寻为直阁将军、冠军将军，仍转太子左率"。"世祖即位，迁左卫将军。"④沛郡相人王广之"少好弓马，便捷有勇力"，齐高帝时为使持节、都督淮北军事、平北将军、徐州刺史，欲"北取彭城"，"广之引军过淮，无所克获，坐免官。寻除征虏将军、加散骑常侍、太子右率。世祖即位，迁长沙王镇军司马、南东海太守"。⑤

　　齐武帝永明朝共十一年，几乎占南齐历史的一半时间，史书所见当时担任太子左、右卫率的官吏也较多。琅邪王氏出身的王晏，齐武帝永明四年由卫尉"转太子詹事、加散骑常侍。六年，转丹阳尹，常侍如故"。宋末王晏为晋熙王燮郢州安西主簿时，齐武帝为燮长史，"与晏相遇"。⑥自此以后至齐武帝称帝时期，王晏为其最受重用的心腹臣僚。《南齐书·王晏传》：

　　沈攸之事难，镇西职僚皆随世祖镇盆城。上时权势虽重，而众情犹

① 《南齐书》卷二九《周盘龙传》，第二册，第544、543页。
② 《南齐书》卷四四《沈文季传》，第三册，第776页。
③ 《南齐书》卷四四《徐孝嗣传》，第三册，第771、772页。按"转长史"语意不明，《南史》卷一五《徐孝嗣传》作"累迁长史、兼侍中"（第二册，第438页），亦不甚明了。王仲荦谓"疑当作'转长兼侍中'"（中华书局点校本《南齐书》卷四四"校勘记"〔五〕，第三册，第782页），《南史》"校勘记"亦持是说（第二册，第451页）。
④ 《南齐书》卷三〇《薛渊传》，第二册，第554、553页。
⑤ 《南齐书》卷二九《王广之传》，第二册，第548、546页。
⑥ 《南齐书》卷四二《王晏传》，第三册，第741页。

有疑惑，晏便专心奉事，军旅书翰皆委焉。性甚便僻，渐见亲侍。乃留为上征虏抚军府板谘议、领记室。从还都，迁领军司马、中军从事中郎。常在上府，参议机密。建元初，转太子中庶子。世祖在东宫，专断朝事，多不闻启，晏虑及罪，称疾自疏。寻领射声校尉，不拜。世祖即位，转长兼侍中，意任如旧。永明元年，领步兵校尉。迁侍中祭酒，校尉如故。遭母丧，起为辅国将军、司徒左长史。晏父普曜藉晏势宦，多历通官。晏寻迁左卫将军、加给事中，未拜而普曜卒，居丧有称。起冠军将军、司徒左长史、济阳太守。未拜，迁卫尉，将军如故。四年，转太子詹事、加散骑常侍。六年，转丹阳尹，常侍如故。晏位任亲重，朝夕进见，言论朝事，自豫章王嶷、尚书令王俭皆降意以接之，而晏每以疏漏被上呵责，连称疾久之。上以晏须禄养，七年，转为江州刺史。晏固辞不愿出外，见许，留为吏部尚书、领太子右卫率。终以旧恩见宠。时〔尚书〕令王俭虽贵而疏，晏既领选，权行台阁，与俭颇不平。……八年，改领右卫将军，陈疾自解。上欲以高宗代晏领选，手敕问之。晏启曰："鸾清干有余，然不谙百氏，恐不可居此职。"上乃止。明年，迁侍中、领太子詹事、本州中正，又以疾辞。十年，改授散骑常侍、金紫光禄大夫，给亲信二十人，中正如故。十一年，迁右仆射、领太孙右卫率。世祖崩，遗旨以尚书事付晏及徐孝嗣，令久于其职。[①]

后来齐明帝"料简世祖中诏，得与晏手敕三百余纸，皆是论国家事"，其受重用的程度于此可见一斑。豫章南昌人胡谐之，出身于齐武帝江州幕僚，在齐武帝朝曾任太子右卫率、左卫率，是少有的一人担任过太子左、右卫率者。永明三年由守卫尉、给事中"迁散骑常侍、太子右率。五年，迁左卫将军"。六年，由都官尚书迁太子中庶子、领左卫率，"改卫尉，中庶子如故"。[②]

清河东武城人崔文仲，宋明帝初为薛安都平北主簿，后逃归南方，宋末为萧道成亲信，历游击将军及徐州刺史。建元（479-482）年间"除黄门郎、领越骑校尉"，"永明元年（483），为太子左率，累至征虏将军、冠军司马、

---

① 《南齐书》卷四二《王晏传》，第三册，第741、742页。
② 《南齐书》卷三七《胡谐之传》，第二册，第657页。

汝阴太守"。^①徐孝嗣在齐武帝时由吏部尚书、加右军将军"转领太子左卫率，台阁事多以委之"^②。会稽永兴人陈胤叔，宋末随萧道成"征伐，小心慎事，以功见赏"，"官至太子左率"，"永明三年（485），卒"^③。广陵广陵人吕安国，出身于刘勔部下。齐武帝永明四年任湘州都督、刺史，"有疾，征为光禄大夫、加散骑常侍"，"明年，迁都官尚书、领太子左率。（永明）六年（488），迁领军将军。安国累居将率，在朝以宿旧见遇"^④。下邳人曹虎，宋末结识萧道成，任领军府低级军官，齐武帝永明八年（490）由骁骑将军"迁太子左率，转西阳王冠军司马、广陵太守"^⑤。永明九年三月，"以太子左卫率刘缵为广州刺史"^⑥。清河东武城人崔慧景，永明九年（491）由司州刺史"转太子左率、加通直常侍。明年，迁右卫将军、加给事中"^⑦。

河东解人柳世隆，为刘宋名臣柳元景之侄，齐武帝初年"入为侍中、护军将军。迁尚书右仆射、领太子右率、雍州大中正。不拜，改授散骑常侍、尚书左仆射，中正如故"^⑧。下邳人王玄邈，齐高帝时任至都官尚书，齐武帝时为豫章王太尉司马、临川内史，"还，为前军司徒司马、散骑常侍、太子右率"，永明七年（489）迁职。^⑨齐高帝末年担任过太子左卫率的戴僧静，"世祖践阼，出为持节、督徐州诸军事、冠军将军、北徐州刺史"。"迁给事中、太子右率，寻加通直常侍。永明五年（487），隶护军陈显达讨荒贼桓天生于比阳"。^⑩会稽馀姚人虞悰，齐武帝时由黄门郎"迁散骑常侍、太子右率"，永明八年（490）"转侍中，朝廷咸惊其美拜"^⑪。新野人庾杲之曾任齐武帝藩邸僚佐，永明中由御史中丞"迁庐陵王中军长史。迁尚书吏部郎，参大选事。转太子右卫率、加通直常侍。九年，卒"^⑫。《南齐书·杜京产传》载永明十年

① 《南齐书》卷二八《崔文仲传》，第二册，第522页。
② 《南齐书》卷四四《徐孝嗣传》，第三册，第772页。
③ 《南齐书》卷三〇《陈胤叔传》，第二册，第557页。
④ 《南齐书》卷二九《吕安国传》，第二册，第538、539页。
⑤ 《南齐书》卷三〇《曹虎传》，第二册，第562页。
⑥ 《南齐书》卷三《武帝纪》，第一册，第59页。
⑦ 《南齐书》卷五一《崔慧景传》，第三册，第873页。
⑧ 《南齐书》卷二四《柳世隆传》，第二册，第452页。
⑨ 《南齐书》卷二七《王玄邈传》，第二册，第511页。
⑩ 《南齐书》卷三〇《戴僧静传》，第二册，第556页。又，同书卷三《武帝纪》：永明七年（489）"三月丁未（初四，4.19），以太子右卫率王玄邈为兖州刺史"（第一册，第56页）。
⑪ 《南齐书》卷三七《虞悰传》，第二册，第655页。
⑫ 《南齐书》卷三四《庾杲之传》，第二册，第615页。

太子右率沈约等人曾上表荐举京产①，而《梁书·范述曾传》则记"迁尚书主客郎、太子步兵校尉、带开阳令"，"竟陵王深相器重，号为周捨，时太子左卫率沈约亦以述曾方汲黯"②。《梁书·沈约传》未载其曾任太子卫率，故为左为右难以确定。

　　史载齐武帝末年太子右率萧谌曾率军抵抗北魏的进攻③。兰陵人萧谌，齐明帝建武初由西中郎司马"转太子左率。领军解司州围还，同伏诛"④。宋名臣刘勔之子刘悛（其妹为鄱阳王锵妃，女为晋安王宝义妃），为齐武帝东宫旧臣，曾任"太子中庶子、领越骑校尉"。"时世祖在东宫，每幸悛坊，闲言至夕，赐屏风帷帐。世祖即位，改领前军将军，中庶子如故。"齐明帝末年，"王敬则反，悛出守琅邪城，转五兵尚书、领太子左卫率。未拜，明帝崩，东昏即位，改授散骑常侍、领骁骑将军，尚书如故"⑤。下邳人垣历生，宋明帝初年为骁骑将军，南齐时"历官太子右率"，"与始安王遥光同反，伏诛"⑥。沈勃在齐明帝时亦曾任太子右率⑦。出身琅邪王氏的王亮，"建武末，为吏部尚书"，"频加通直散骑常侍、太子右卫率。为尚书右仆射、中护军。既而东昏肆虐，淫刑已逞，亮倾侧取容，竟以免戮"⑧。东昏侯时萧懿由督益宁二州军事、益州刺史"入为太子右卫率、尚书吏部郎、卫尉卿。永元二年（500），裴叔业据豫州反，授持节、征虏将军、督豫州诸军事、豫州刺史、领历阳南谯二郡太守，讨叔业"⑨。东昏侯永元三年八月"辛未（初九，9.7），以太子左率李居士总督西讨诸军事，屯新亭城"⑩。宗室始安王遥光反叛时，东昏侯下令戒严，"领军萧坦

---

① 《南齐书》卷五四《高逸·杜京产传》，第三册，第942页。
② 《梁书》卷五三《良吏·范述曾传》，第三册，第769、770页。
③ 《南齐书》卷五七《魏虏传》，第三册，第994页。
④ 《南齐书》卷四二《萧谌传》，第三册，第747页。
⑤ 《南齐书》卷三七《刘悛传》，第二册，第654、651页。
⑥ 《南齐书》卷二八《垣荣祖传附从弟历生传》，第二册，第531页。又，《魏书》卷三九《李佐传》："车驾南讨，拜安南将军，副大司马咸阳王禧于殿中将军。""属萧鸾遣其太子右卫率垣历生率众来援，咸以势弱不敌，规欲班师。佐乃简骁二千逆贼，为贼所败。"（第三册，第894页）
⑦ 《南齐书》卷三四《王谌传》："明帝好围棋，置围棋州邑，以建安王休仁为围棋州都大中正，谌与太子右率沈勃、尚书水部郎庾珪之、彭城丞王抗四人为小中正，朝请褚思庄、傅楚之为清定访问。"（第二册，第616、617页）
⑧ 《梁书》卷一六《王亮传》，第一册，第268、267页。
⑨ 《梁书》卷二三《长沙嗣王业传》，第二册，第359、360页。
⑩ 《南齐书》卷七《东昏侯纪》，第一册，第102页。同书卷五一《张欣泰传》载"太子右率李居士"云云（第三册，第884页），疑误。

之屯湘宫寺，镇军司马曹虎屯清溪大桥，太子右卫率左兴盛屯东府东篱门"[①]。
东昏侯末年胡松亦曾任太子右率，与李居士等属于掌握兵权的东昏侯亲信。[②]

四、梁代太子卫率

1. 太子左卫率

兰陵人萧颖达，其兄萧颖胄联合梁武帝萧衍一同起兵反抗东昏侯的残暴统治，功成之前即死。梁朝建立之初，萧颖达迁任侍中，又"迁征虏将军、太子左卫率"，"转散骑常侍、左卫将军"[③]。义阳人张惠绍，在萧衍起兵后从其家乡"驰归高祖，板为中兵参军，加宁朔将军、军主"，参与推翻东昏侯的战斗，"累有战功"。"建康城平，迁辅国将军、前军、直阁、左细仗主。"梁朝建立之初，"迁骁骑将军，直阁、细仗主如故"，又"迁太子右卫率"。天监四年（505）至六年率军北伐。[④]史载天监五年"五月辛未（初七，6.13），太子左卫率张惠绍克魏宿预城"[⑤]表明其在北伐时所任官职仍为东宫禁卫长官。济阳考城人范岫，梁朝建立前夕为度支尚书，"天监五年，迁散骑常侍、光禄大夫，侍皇太子，给扶。六年，领太子左卫率。七年，徙通直散骑常侍、右卫将军"[⑥]。中山王英率领北魏大军与梁朝军队在义阳三关一带展开激烈争夺，攻克梁军马广据守的武阳城，"于是进击黄岘，衍太子左卫率李元履弃城奔窜"[⑦]。时当北魏宣武帝永平二年（509）、梁武帝天监八年[⑧]，李元履为南齐开

---

① 《南齐书》卷四五《宗室·始安王遥光传》，第三册，第790页。

② 《南齐书》卷五一《张欣泰传》："时少帝昏乱，人情咸伺事隙。（雍州刺史）欣泰与弟前始安内史欣时密谋结太子右率胡松……等十余人，并同契会。""少日事觉，诏收欣泰、胡松等，皆伏诛。"（第三册，第884页）

③ 《梁书》卷一○《萧颖达传》，第一册，第190、189页。

④ 《梁书》卷一八《张惠绍传》，第二册，第285—286页。

⑤ 《梁书》卷二《武帝纪中》，第一册，第43页。按此记张惠绍官职为太子左卫率，而本传载其为太子右卫率，又载其出征还京后为左骁骑将军，则其之前任太子左卫率的可能性似大。

⑥ 《梁书》卷二六《范岫传》，第二册，第392页。

⑦ 《魏书》卷一九下《景穆十二王下·中山王英传》，第二册，第502页。

⑧ 参见《魏书》卷八《世宗纪》，第一册，第207页。

国元勋李安民之子①，然现存南朝史料未载其任太子左卫率事②。扶风郿人马仙琕，"少以果敢闻"，为梁朝名将。天监十年由豫章王云麾司马"迁太子左卫率"，十一年迁督豫北豫霍三州诸军事、豫州刺史、领南汝阴太守。③

汝南安城人周捨，"博学多通，尤精义理"。"梁台建，为奉常丞"，梁初为尚书祠部郎，"时天下草创，礼仪损益，多自捨出"。历任后军记室参军、秣陵令，中书通事舍人，太子洗马，散骑常侍，中书侍郎，鸿胪卿。"迁尚书吏部郎，太子右卫率，右卫将军。虽居职屡徙，而常留省内，罕得休下，国史诏诰，仪体法律，军旅谋谟，皆兼掌之。日夜侍上，预机密，二十余年未尝离左右。""为右卫，母忧去职，起为明威将军、右骁骑将军。服阕，除侍中、领步兵校尉。未拜，仍迁员外散骑常侍、太子左卫率。顷之，加散骑常侍、本州大中正，迁太子詹事。"时当普通五年（524）。又"迁右骁骑将军，知太子詹事。以其年卒，时年五十六"。④周捨是梁代最重要的一位东宫官员，其任职之重要及任职时间之久都是独一无二的。泰山梁甫人羊侃，为北魏宣武帝时名臣羊祉之子，"雅爱文史，博涉书记，尤好《左氏春秋》及《孙吴兵法》"。梁武帝大通三年（529）兄弟五人归降梁朝，侃历任徐州、青冀二州、兖州刺史及侍中。中大通"六年（534），出为云麾将军、晋安太守。闽越俗好反乱，前后太守莫能止息，侃至讨击，斩其渠帅陈称、吴满等，于是郡内肃清，莫敢犯者。顷之，征太子左卫率"。大同"六年（540），迁司徒左长史。八年，迁都官尚书"。⑤太山钜平人羊鸦仁，"少骁果有胆力"。梁武帝"普通（520-527）中，率兄弟自魏归国"，"征伐青、齐间，累有功绩"。中大通四年（532），为谯州都督、刺史，"大同七年，除太子左卫率"，出为南北司豫楚四州都督、北司州刺史。⑥

梁朝名将韦叡之孙韦粲，"好学壮气，身长八尺，容貌甚伟"。历任晋安

---

① 参见《南史》卷四六《李安人传附子元履传》，第四册，第1149页。
② 按"太子左卫率李元履"又见于《册府元龟》卷三六四《将帅部·机略四》（第五册，第4326页）及《资治通鉴》卷一四七《梁纪三》武帝天监八年正月条，第一〇册，第4591页），皆当袭自《魏书》。
③ 《梁书》卷一七《马仙琕传》，第二册，第280页。
④ 《梁书》卷二五《周捨传》，第二册，第376、375页。又，同书卷四九《文学上·周兴嗣传》："十七年，复为给事中，直西省。左卫率周捨奉敕注高祖所制《历代赋》，启兴嗣助焉。"（第三册，第698页）可知周捨任太子左卫率是在天监十七年（518）前后。
⑤ 《梁书》卷三九《羊侃传》，第二册，第559页。
⑥ 《梁书》卷三九《羊鸦仁传》，第二册，第563页。

王（简文帝萧纲）幕府僚佐，"王立为皇太子，粲迁步兵校尉，入为东宫领直。丁父忧去职，寻起为招远将军，复为领直"。后"除安西湘东王谘议，累迁太子仆、左卫率，领直并如故"。[①]韦粲是简文帝藩邸及东宫最重要的幕僚，二人关系极为密切，《梁书·韦粲传》：

> 粲以旧恩，任寄绸密，虽居职屡徙，常留宿卫，颇擅成名，诞倨不为时辈所平。右卫朱异尝于酒席厉色谓粲曰："卿何得已作领军面向人！"中大同十一年（547），迁通直散骑常侍，未拜，出为持节、督衡州诸军事、安远将军、衡州刺史。皇太子出饯新亭，执粲手曰："与卿不为久别。"太清元年（547），粲至州无几，便表解职。二年，征为散骑常侍。[②]

武都仇池氏人杨华，为北魏名将杨大眼之子，"少有勇力，容貌雄伟"。归降梁朝，"华后累征伐，有战功，历官太仆卿、太子左卫率，封益阳县侯。太清（547-549）中，侯景乱，华欲立志节，妻子为贼所擒，遂降之，卒于贼"。[③]东海郯人徐摛，"幼而好学，及长，遍览经史。属文好为新变，不拘旧体"。"起家太学博士，迁左卫司马。"其后长期担任晋安王府僚佐，"普通四年，王出镇襄阳（为雍州刺史）"，摛为晋安王谘议参军。"大通初，王总戎北伐，以摛兼宁蛮府长史，参赞戎政，教命军书，多自摛出。王入为皇太子，转家令，兼掌管记，寻带领直。"中大通三年（531）出任新安太守，又历中庶子、戎昭将军及太子左卫率。[④]侯景叛乱攻陷建康台城，徐摛保护皇太子萧纲，出力甚巨。其与简文帝的关系和韦粲相当，是韦粲之后最重要的东宫禁卫长官。[⑤]张澄为梁朝名臣张惠绍之子，历任直阁将军、晋熙太守、卫尉卿、太子左卫

---

① 《梁书》卷四三《韦粲传》，第三册，第605页。
② 《梁书》卷四三《韦粲传》，第三册，第605、606页。
③ 《梁书》卷三九《杨华传》，第二册，第557、556页。
④ 《梁书》卷三〇《徐摛传》，第二册，第446-448页。
⑤ 参见《梁书》卷三〇《徐摛传》，第二册，第448页。又，《陈书》卷二六《徐陵传》："父摛，梁戎昭将军、太子左卫率，赠侍中、太子詹事，谥贞子。"（〔唐〕姚思廉撰：《陈书》，中华书局，1972年，第二册，第325页）《周书》卷四一《庾信传》："父肩吾，梁散骑常侍、中书令。信幼而俊迈，聪敏绝伦。博览群书，尤善《春秋左氏传》。""起家湘东国常侍，转安南府参军。时肩吾为梁太子中庶子，掌管记。东海徐摛为左卫率。摛子陵及信，并为抄撰学士。父子在东宫，出入禁闼，恩礼莫与比隆。既有盛才，文并绮艳，故世号为徐、庾体焉。"（第三册，第733页）

率。其任晋熙太守时"随豫州刺史裴邃北伐，累有战功。与湛僧智、胡绍世、鱼弘并当时之骁将"[1]。裴之礼为名将裴邃之子，任职至北徐仁睢三州都督、北徐州刺史，"征太子左卫率，兼卫尉卿，转少府卿"[2]。梁代太子卫率丞于史仅见一例，大儒吴郡盐官人顾越曾任兼太子左率丞[3]。

2. 太子右卫率

京兆杜陵人韦叡，自父辈起到南朝任职，于梁朝初年自大理迁廷尉，天监二年（502）"东宫建，迁太子右卫率，出为辅国将军、豫州刺史、领历阳太守"[4]。南阳涅阳人宗夬（556–504），"世居江陵"，"天监元年，迁征虏长史、东海太守，将军如故。二年，征为太子右卫率。是冬，迁五兵尚书，参掌大选"[5]。梁武帝从父弟萧景（昺），为使持节、都督北兖徐青冀四州诸军事、冠军将军、南兖州刺史，"天监四年，王师北伐，景帅众出淮阳"。"五年，班师，除太子右卫率，迁辅国将军、卫尉卿。七年，迁左骁骑将军、兼领军将军。"[6]河东解人柳忱，为南齐名臣柳世隆之子，天监六年由安西长史、冠军将军、南郡太守"征为员外散骑常侍、太子右卫率。未发，迁持节、督湘州诸军事、辅国将军、湘州刺史"[7]。可知虽有任命其为太子右卫率的意向，但实际却并未任命。长沙王业（461–508）为梁武帝长兄萧懿之子，天监四年为侍中，"六年，转散骑常侍、太子右卫率。迁左骁骑将军。寻为中护军、领石头戍军事"[8]。东海郯人徐勉，"笃志好学"，博通经史，天监"六年，除给事中、五兵尚书。迁吏部尚书"。"除散骑常侍、领游击将军，未拜，改领太子右卫

---

① 《梁书》卷一八《张惠绍传附子澄传》，第二册，第286页。
② 《梁书》卷二八《裴之礼传》，第二册，第416页。
③ 《陈书》卷三三《儒林·顾越传》："说《毛氏诗》，傍通异义，梁太子詹事周捨甚赏之。解褐扬州议曹史，兼太子左率丞。越于义理精明，尤善持论，与会稽贺文发俱为梁南平王伟所重，引为宾客。寻补五经博士。"（第二册，第445页）
④ 《梁书》卷一二《韦叡传》，第一册，第221页。
⑤ 《梁书》卷一九《宗夬传》，第二册，第300、299页。
⑥ 《梁书》卷二四《萧景传》，第二册，第368页。《太平御览》卷八六一《饮食部十九·羹》："《梁书》曰：萧励为广州刺史，征为太子左卫率。"（第四册，第3824页）按此不见于今本《梁书》，《南史》卷五一《梁宗室上·吴平侯景子励传》："又迁豫章内史，道不拾遗，男女异路。徙广州刺史。""征为太子左卫率。""卒于道，赠侍中，谥曰光侯。"（第四册，第1262、1263页）据此，则萧励由广州刺史"征为太子左卫率"，但因死于路途而未能到任。
⑦ 《梁书》卷一二《柳忱传》，第一册，第219页。
⑧ 《梁书》卷二三《长沙嗣王业传》，第二册，第360页。按萧业本名当为渊业，盖避唐讳而省"渊"字。

率。迁左卫将军、领太子中庶子，侍东宫。昭明太子尚幼，敕知宫事。太子礼之甚重，每事询谋。"①沛国相人王珍国，为"齐世良将"王广之之子，由梁秦二州都督、南秦梁二州刺史"征还为员外散骑常侍、太子右卫率，加后军。顷之，复为左卫将军"。天监九年出为湘州都督、刺史。②历阳乌江人昌义之，"少有武干"，南齐时即"累有战功"，后事雍州刺史萧衍，为其所厚遇。梁朝建立后任至南兖州刺史，"补朱衣直阁。除左骁骑将军，直阁如故。迁太子右卫率、领越骑校尉"。天监八年，出督湘州诸军事、湘州刺史。③吴郡人张稷，"梁台建，为散骑常侍、中书令"。梁初"为侍中、国子祭酒、领骁骑将军。迁护军将军、扬州大中正，以事免。寻为度支尚书、前将军、太子右卫率，又以公事免。俄为祠部尚书，转散骑常侍、都官尚书、扬州大中正，以本职知领军事"。④广平�人冯道根，天监十一年由督豫州诸军事、豫州刺史、领汝阴太守"征为太子右卫率"，十三年出为宣惠司马、新兴永宁二郡太守。⑤华山蓝田人康绚，"其先出自康居"。"宋永初中，（绚祖）穆举乡族三千余家，入襄阳之岘南，宋为置华山郡蓝田县，寄居于襄阳"。"绚世父元隆、父元抚，并为流人所推，相继为华山太守。"康绚在梁初亦为华山太守，天监九年迁督北兖州缘淮诸军事、北兖州刺史，次年被征入朝，为"骠骑临川王司马、加左骁骑将军，寻转朱衣直阁"。"十三年，迁太子右卫率，甲仗百人，与领军萧景直殿内。绚身长八尺，容貌绝伦，虽居显官，犹习武艺。高祖幸德阳殿戏马，敕绚马射，抚弦贯的，观者悦之。其日，上使画工图绚形，遣中使持以问绚曰：'卿识此图不？'其见亲如此。"⑥琅邪人王份（446-524），"天监初，除散骑常侍、领步兵校尉、兼起部尚书"。后任至北中郎豫章王长史、兰陵太守、行南徐府州事。"迁太常卿，太子右率、散骑常侍，侍东宫。除金紫光禄大夫"。⑦其任太子右卫率当在天监中后期。如上所述，梁武帝宠臣周捨曾任太子右卫率。夏侯详长子夏侯亶，天监十五年由右卫将军出为安西长史、江夏太守。"十七年，

① 《梁书》卷二五《徐勉传》，第二册，第378页。
② 《梁书》卷一七《王珍国传》，第二册，第279页。
③ 《梁书》卷一八《昌义之传》，第二册，第293、294页。
④ 《梁书》卷一六《张稷传》，第一册，第272页。
⑤ 《梁书》卷一八《冯道根传》，第二册，第288页。
⑥ 《梁书》卷一八《康绚传》，第二册，第290、291页。又，同卷《昌义之传》："（天监）十三年，徙为左卫将军。是冬，高祖遣太子右卫率康绚督众军作荆山堰。"（第二册，第295页）
⑦ 《梁书》卷二一《王份传》，第二册，第325页。

入为通直散骑常侍、太子右卫率，迁左卫将军、领前军将军。"①

平原鬲人明山宾（443–527），"七岁能言名理，十三博通经传"。曾以"北中郎谘议参军，侍皇太子读"。又为太子率更令、中庶子、兼国子博士。天监十五年（515），出为督缘淮诸军事、北兖州刺史。"普通二年（521），征为太子右卫率，加给事中。迁御史中丞。"②兰陵人萧琛（478–529），"少而朗悟，有纵横才辩"。"普通元年，征为宗正卿。迁左民尚书、领南徐州大中正、太子右卫率。徙度支尚书"。③韦叡之子韦放，普通八年（527）由云麾南康王长史、寻阳太守迁太子右卫率，转通直散骑常侍④。吴郡钱唐人朱异，"遍治五经，尤明《礼》《易》，涉猎文史，兼通杂艺，博弈书算，皆其所长"。"迁尚书仪曹郎，入兼中书通事舍人，累迁鸿胪卿，太子右卫率，寻加员外常侍。"⑤朱异是梁朝"寒人掌机要"的典型代表，《梁书·朱异传》：

> 普通五年（524），大举北伐，魏徐州刺史元法僧遣使请举地内属，诏有司议其虚实。异曰："自王师北讨，克获相继，徐州地转削弱，咸愿归罪法僧，法僧惧祸之至，其降必非伪也。"高祖仍遣异报法僧，并敕众军应接，受异节度。既至，法僧遵承朝旨，如异策焉。中大通元年，迁散骑常侍。自周捨卒后，异代掌机谋，方镇改换，朝仪国典，诏诰敕书，并兼掌之。每四方表疏，当局薄领，谘询详断，填委于前。异属辞落纸，览事下议，纵横敏赡，不暂停笔，顷刻之间，诸事便了。大同四年（538），迁右卫将军。⑥

至迟从普通五年起，朱异即担任太子右卫率，直到大同四年迁任右卫将军。此外，中大通四年（532）正月，以"太子右卫率薛法护为平北将军、司州牧，卫送元悦入洛"⑦。薛法护本为北魏广州刺史，在孝文帝晚期叛归南朝。⑧

---

① 《梁书》卷二八《夏侯亶传》，第二册，第419页。
② 《梁书》卷二七《明山宾传》，第二册，第405、406页。
③ 《梁书》卷二六《萧琛传》，第二册，第396、397页。
④ 《梁书》卷二八《韦放传》，第二册，第424页。
⑤ 《梁书》卷三八《朱异传》，第二册，第538页。
⑥ 《梁书》卷三八《朱异传》，第二册，第537、538页。
⑦ 《梁书》卷三《武帝纪下》，第一册，第76页。
⑧ 《魏书》卷七下《高祖纪下》：太和二十年（496）"夏四月甲辰（十一，5.9），广州刺史薛法护南叛"（第一册，第179页）。

侯景之乱时陆验为太子右卫率，太清二年（548）十月，"景苦攻不克，伤损甚多，乃止攻，筑长围以绝内外，启求诛中领军朱异、太子右卫率陆验、兼少府卿徐驎、制局监周石珍等"①。吴兴武康人沈众，为沈约之孙，"好学，颇有文词"。"起家梁镇卫南平王法曹参军、太子舍人"，历任当阳公萧大心郢州限内记室参军，镇南湘东王记室参军，太子中舍人，骠骑庐陵王谘议参军（舍人如故）。"侯景之乱，众表于梁武，称家代所隶故义部曲，并在吴兴，求还召募以讨贼，梁武许之。及景围台城，众率宗族及义附五千余人，入援京邑，顿于小航，对贼东府置阵，军容甚整，景深惮之。梁武于城内遥授众为太子右卫率。京城陷，众降于景。景平，西上荆州。元帝以为太子中庶子、本州大中正。"②梁简文帝大宝元年（550）九月，"任约进寇西阳、武昌，遣左卫将军徐文盛、右卫将军阴子春、太子右卫率萧慧正、巂州刺史席文献等下武昌拒约"③。裴之高子畿，"累官太子右卫率、巂州刺史。西魏攻陷江陵，畿力战死之"④。

五、陈代太子卫率

名将周铁虎于"梁世南渡，语音伧重，膂力过人，便马槊"。梁末为仁威将军、潼州刺史，又为散骑常侍、领信义太守，后归附陈霸先。"绍泰二年（556），迁散骑常侍、严威将军、太子左卫率。"随周文育拒萧勃，西征王琳，"为琳所擒"，不屈见害。陈武帝下诏谓"散骑常侍、严威将军、太子左卫率、潼州刺史、领信义太守、沌阳县开国侯铁虎，器局沈厚，风力勇壮，北讨南征，竭忠尽力"云云⑤。新安海宁人程灵洗，"随周文育西讨王琳"而被拘，次年逃归，"兼丹阳尹。出为高唐、太原二郡太守，仍镇南陵。迁太子左卫率"。陈文帝初程灵洗破王琳前军于南陵，"以功授持节、都督南豫州缘江

① 《梁书》卷五六《侯景传》，第三册，第842页。
② 《陈书》卷一八《沈众传》，第二册，第243、244页。
③ 《梁书》卷五《元帝纪》，第一册，第114页。
④ 《梁书》卷二八《裴之高传》，第二册，第417页。
⑤ 《陈书》卷一〇《周铁虎传》，第一册，第170页。

诸军事、信武将军、南豫州刺史",又"征为左卫将军,余如故"。①陈文帝天嘉三年(562)留异反叛,时尚书下符,所遣平叛将领包括"太子左卫率孙诩"②。济阳考城人蔡景历,"少俊爽,有孝行,家贫好学,善尺牍,工草隶"。梁末入陈霸先幕府,陈朝建立后为最重要的文秘之臣,"高祖受禅,迁秘书监、中书通事舍人,掌诏诰"。"世祖即位,复为秘书监,舍人如故。""累迁散骑常侍。世祖诛侯安都,景历劝成其事。天嘉三年,以功迁太子左卫率,进爵为侯,增邑百户,常侍、舍人如故。"六年,坐妻兄刘洽违法免官。陈宣帝时任至"通直散骑常侍、中书通事舍人,掌诏诰","迁太子左卫率,常侍、舍人如故"。太建五年(573),因谏称北伐"不宜过穷远略"而惹宣帝"大怒","出为宣远将军、豫章内史","未行,为飞章所劾,以在省之日,赃汙狼藉","于是徙居会稽"。③徐陵之子徐俭,曾任太子中庶子,后为"中卫始兴王限外谘议参军、兼中书舍人。又为太子中庶子,迁贞威将军、太子左卫率,舍人如故。后主立(583),授和戎将军、宣惠晋熙王长史、行丹阳郡国事"④。周弘正之侄周确,"美容仪,宽大有行检,博涉经史,笃好玄言"。曾任太子中庶子、太子家令,"以父忧去职。寻起为贞威将军、吴令,确固辞不之官。至德元年(583),授太子左卫率、中书舍人,迁散骑常侍、加贞威将军,信州南平王府长史,行扬州事"⑤。河内温人司马申,"早有风概,十四便善弈棋"。陈宣帝太建"九年(577),除秣陵令","秩满,顷之,预东宫宾客。寻兼东宫通事舍人。迁员外散骑常侍,舍人如故。及叔陵之肆逆也,事既不捷,出据东府,申驰召右卫萧摩诃帅兵先至,追斩之,因入城中,收其府库,后主深嘉之。以功除太子左卫率,封文始(招)县伯,邑四百户,兼中书通事舍人。寻迁右卫将军,加通直散骑常侍。以疾还第,就加散骑常侍、右卫、舍人如故"⑥。九江寻阳人周罗睺,"年十五,善骑射,好鹰狗,任侠放荡,收聚亡命,阴习兵书"。"至德(583-586)中,除持节、都督南川诸军事。""军还,除太子左卫率,信任逾重,时参宴席。陈主曰:'周左率武将,诗每前成,文

---

① 《陈书》卷一〇《程灵洗传》,第一册,第172页。

② 《陈书》卷三五《陈宝应传》,第二册,第489页。

③ 《陈书》卷一六《蔡景历传》,第一册,第224-228页。

④ 《陈书》卷二六《徐俭传》,第二册,第336页。

⑤ 《陈书》卷二四《周确传》,第二册,第311页。

⑥ 《陈书》卷二九《司马申传》,第二册,第386、387页。按始兴王叔陵谋反在太建十四年(582)正月后主即位之初,参见同书卷六《后主纪》,第一册,第105页。

士何为后也？'都官尚书孔范对曰：'周罗睺执笔制诗，还如上马入阵，不在人后。'自是益见亲礼。"①

颍川颍阴人荀朗，"梁元帝授朗持节、通直散骑常侍、安南将军、都督南兖州诸军事、南兖州刺史。未行而荆州陷"。陈武帝"永定元年（557），赐爵兴宁县侯，邑二千户，以朗兄昂为左卫将军，弟暠为太子右卫率"。②永定三年春朝廷下令讨伐周迪，尚书下符，"又诏镇南将军、开府仪同三司欧阳颜，率其子弟交州刺史盛、新除太子右率邃、衡州刺史侯晓等，以劲越之兵，踰岭北迈"云云③。按此"新除太子右率邃"当即欧阳颜之弟欧阳邃④。京兆杜陵人韦载，为梁代名将韦叡之孙，史称"载少聪惠，笃志好学"，"及长，博涉文史，沉敏有器局"。"永定元年，除和戎将军、通直散骑常侍。二年，进号轻车将军。寻加散骑常侍、太子右卫率，将军如故。天嘉元年（560），以疾去官。"⑤天水陇西人赵知礼（509-555），"涉猎文史，善隶书"。梁末为陈霸先司空从事中郎，成为其重要亲信。天嘉元年，"王琳平，授持节、督吴州诸军事、明威将军、吴州刺史。"秩满，为明威将军、太子右卫率。迁右卫将军、领前军将军。"⑥荥阳阳武人毛喜，"少好学，善草隶"，与陈宣帝有极其深厚的关系。梁末"江陵陷，喜及高宗俱迁关右"。文帝初自西魏返回，后"于郢州奉迎"宣帝回国，入关"迎柳皇后及后主还"。"高宗（569-583）即位，除给事黄门侍郎，兼中书舍人，典军国机密。高宗将议北伐，敕喜撰军制，凡十三条，诏颁天下，文多不载。寻迁太子右卫率、右卫将军。……又以本官行江夏、武陵、桂阳三王府国事。太建三年（571），丁母忧去职。"⑦毛喜是陈宣帝时期最重要的大臣之一。安陆人徐度"世居京师"，其子"敬成幼聪慧，好读书，少机警，善占对，结交文义之士，以识鉴知名"。陈武帝永定二年，"除太子舍人，迁洗马"。"天嘉二年，迁太子中舍人，拜湘东郡公世子。四年，度自湘州还朝，士马精锐，敬成尽领其众。"太建二年，为南豫州

①《隋书》卷六五《周罗睺传》，第五册，第1523、1524页。

②《陈书》卷一三《荀朗传》，第一册，第202页。

③《陈书》卷三五《周迪传》，第二册，第482页。

④《陈书》卷九《欧阳颜传》："时颜弟盛为交州刺史，次弟邃为衡州刺史，合门显贵，名振南土。"（第一册，第159页）

⑤《陈书》卷一八《韦载传》，第二册，第249、250页。

⑥《陈书》卷一六《赵知礼传》，第一册，第223、224页。

⑦《陈书》卷二九《毛喜传》，第二册，第388、389页。

都督、刺史。"四年，袭爵湘东郡公，授太子右卫率。五年，除贞威将军、吴兴太守。"①

六、北朝太子卫率

与南朝不同，史书关于北朝太子左、右卫率的记载极为少见。

北魏太武帝延和三年（434）"秋七月辛巳（二十，9.9），东宫成，备置屯卫三分西宫之一"②。然而，东宫"屯卫"由何职负责并无明确记载。京兆人王洛儿，"少善骑射。太宗在东宫，给事帐下，侍从游猎，夙夜无怠"③。代人车路头，"少以忠厚选给东宫，为太宗帐下帅。善自修立，谨慎无过。天赐末，太宗出于外，路头随侍竭力"④。很显然，王洛儿和车路头的职责是保卫太子拓跋嗣（太宗明元帝），应该类似于汉化制度中太子卫率所领低级禁卫武官（如斋帅、直阁之类）。

儒士陈奇"与河间邢祐同召赴京。时秘书监游雅素闻其名，始颇好之，引入秘省，欲授以史职"。二人对谈，其中有如下话语：

> 雅曰："君言身且小人，君祖父是何人也？"奇曰："祖，燕东部侯厘。"雅质奇曰："侯厘何官也？"奇曰："三皇不传礼，官名岂同哉？故昔有云师、火正、鸟师之名。以斯而言，世革则官异，时易则礼变。公为皇魏东宫内侍长，侍长竟何职也？"⑤

游雅为"广平任人也。少好学，有高才。世祖时，与勃海高允等俱知名，征拜中书博士、东宫内侍长，迁著作郎"⑥。按朝廷有内侍长，兼具内侍文官与武官的职能，东宫内侍长即是与之相对应的东宫官职。东宫内侍长看来职位并

① 《陈书》卷一二《徐度传》《徐敬成传》，第一册，第190、191页。
② 《魏书》卷四上《世祖纪上》，第一册，第1520、1521页。
③ 《魏书》卷三四《王洛儿传》，第三册，第799页。
④ 《魏书》卷三四《车路头传》，第三册，第800页。
⑤ 《魏书》卷八四《儒林·陈奇传》，第五册，第1846—1847页。
⑥ 《魏书》卷五四《游雅传》，第四册，第1195页。

不高，很可能即是汉化后的东宫中舍人①。北魏前期可见多人"给侍东宫"②，很可能即统于东宫内侍长。太武帝"真君五年（444）正月，侍中、中书监、宜都王穆寿，司徒、东郡公崔浩，侍中、广平公张黎辅政，置通事四人。又选诸曹良吏，给事东宫"③。此外，还可见到"东宫少傅游雅""东宫博士管恬""东宫侍郎吴延"④。陆归担任过"东宫舍人，驾部校尉"⑤。尧暄担任过"千人军将、东宫吏"⑥。毛猛虎"太安（455-459）中，为东宫主书，转中舍人"⑦。李遶"起家拜侍御中散、东宫门大夫"⑧。孟威"历东宫斋帅、羽林监"⑨。孔"罗汉，东宫洗马"⑩。张鸾旗担任过"中书侍郎、东宫中庶子、兼宿卫给事，加宁远将军"，"转殿中给事"⑪。张鸾旗所兼宿卫给事当为东宫禁卫武官，类似于其所转任之朝廷禁卫武官殿中给事。与汉化制度类比，张鸾旗所任"宿卫给事"

---

① 《魏书》卷五五《刘懋传》："尚书李平与之结莫逆之友。迁步兵校尉，领郎中，兼东宫中舍人。转员外常侍、镇远将军，领考功郎中。"（第四册，第1229页）时当宣武帝时期。

② 《魏书》卷三四《卢鲁元传》："太宗时，选为直郎。以忠谨给侍东宫，恭勤尽节，世祖亲爱之。"子"统以父任，侍东宫。世祖以元舅阳平王杜超女，南安长公主所生妻之"。鲁元"少子内，给侍东宫，恭宗深昵之，常与卧起兴衣。父子有宠两宫，势倾天下"。（第三册，第801、802页）又，郦"范世祖时，给事东宫"（《魏书》卷四二《郦范传》，第三册，第949页）。慕容"白曜少为中书吏，以敦直，给事东宫。高宗即位，拜北部下大夫"（同书卷五〇《慕容白曜传》，第三册，第1116-1117页）。

③ 《魏书》卷一一三《官氏志》，第八册，第2975页。

④ 《魏书》卷四八《高允传》，第三册，第1068、1069、1070页。按：亦不排除游雅所任东宫内侍长即东宫侍郎的可能性。

⑤ 《魏书》卷四〇《陆俟传》附，第三册，第907页。

⑥ 《魏书》卷四二《尧暄传》，第三册，第954页。

⑦ 《魏书》卷四三《毛修之》附，第三册，第961页。

⑧ 《魏书》卷四六《李䜣传》附，第三册，第1042页。

⑨ 《魏书》卷四四《孟威传》，第三册，第1005页。

⑩ 《魏书》卷五一《孔伯恭传》，第四册，第1140页。

⑪ 《魏书》卷九四《阉官·张宗之传》附，第六册，第2019页。

或即太子卫率之职。^①

　　高聪在北魏孝文帝迁都后，"迁通直散骑常侍、兼太府少卿，转兼太子左率"。假辅国将军，统兵二千受王肃节度南征。^②司马悦由宁朔将军、司州别驾"迁太子左卫率，河北太守。世宗初，除镇远将军、豫州刺史^③。封静，"世宗时，历位征虏将军、武卫将军、太子左卫率，以干用称。延昌（512-515）中，迁平北将军、恒州刺史"^④。元笃历任"太子右率、北中郎将、抚冥镇将、光禄卿"^⑤。穆祁历任"通直常侍、上谷河内二郡太守、司州治中、太子右卫率"^⑥。

　　东魏时期仅见到一例太子左卫率的记载，即高普"武定（543-550）末，安南将军、太子左卫率"^⑦。

　　比较而言，西魏时期太子左、右卫率及武卫率的记载较多。于谨之子于寔，自入仕即在宇文泰幕府任职并随从征战。为主衣都统，"河桥之役，先锋陷阵。军还，寔又为内殿，除通直散骑常侍。转太子右卫率，加都督。又从太祖战于邙山。（大统）十一年（545），诏寔侍讲东宫。侯景来附，遣寔与诸军援之，平九曲城。进大都督，迁仪同三司、加散骑常侍"^⑧。王盟之子王懋，

---

①　如上所述，北魏前期的东宫官职应该不以"太子"某官命名，而是以"东宫"某官命名。然而史书中仍可见到以"太子"某官命名东宫官职的事例，如《魏书》卷三三《屈遵传附孙垣传》："后转中领军。恭宗在东宫，垣领太子少傅"（第三册，第777页）。时当北魏太武帝中叶，则其时东宫官仍以"太子"命名。《魏书》卷一一三《官氏志》载孝文帝太和十七年《职员令》官品表，从第一品上太子太师、太子太傅、太子太保三职为"东宫三师"，第二品上太子少师、太子少傅、太子少保三职为"东宫三少"。（第八册，第2977-2978页）应该是沿袭了北魏前期称呼东宫官职的传统，到太和二十三年《职员令》官品表中便不再有这种称谓。《魏书》卷五三《李冲传》："东宫既建，拜太子少傅。"（第四册，第1181页）李冲所任即是"东宫三少"之一，其所辅对象为孝文帝废太子元恂。不过，以"东宫"某官称呼太子官职的传统一直到迁都以后仍在沿用，如中山王英子攸为"东宫洗马"（《魏书》卷一九下《景穆十二王下·中山王英传》附，第二册，第502页），任城王澄之侄元世儁"除给事中、东宫舍人"（同书卷一九中《景穆十二王中·任城王云传》附，第二册，第488页），应该都是在宣武帝太子元诩（孝明帝）东宫任职。不仅如此，南朝以"太子"某官为名的东宫官属在北魏一般也被称作"东宫"某官。《魏书》卷五九《萧正表传》："萧衍弟临川王宏达子也。""衍以为封山县开国侯，拜给事中，历东宫洗马、淮南晋安二郡太守，转轻车将军、北徐州刺史，镇钟离。"（第四册，第1326页）《王诵墓志》："祖奂，齐尚书左仆射、镇北将军、雍州刺史。父融，给事黄门侍郎、东宫中庶子。"（赵超：《汉魏南北朝墓志汇编》，天津古籍出版社，2008年，第241页）

②　《魏书》卷六八《高聪传》，第六册，第1520、1521页。

③　《魏书》卷三七《司马悦传》，第三册，第858页。

④　《魏书》卷五一《封敕文传》附，第四册，第1137页。

⑤　《魏书》卷一六《道武七王·阳平王熙传附法僧传》，第二册，第395页。

⑥　《魏书》卷二七《穆崇传》附，第二册，第676页。

⑦　《魏书》卷三二《高湖传》附，第三册，第755页。

⑧　《周书》卷一五《于寔传》，第一册，第251页。

西魏初为城门校尉，"魏文帝东征，以抚军将军兼太子左率，留守。俄转右率。历尚食典御、领左右、武卫将军。录前后功，进爵为公，增邑千户，迁右卫将军"①。陇西成纪人董纯，"祖和，魏太子左卫率。父升，周柱国"②。董和任太子左卫率当在西魏时期。宇文泰外甥尉迟纲（517-569），大统年间"拜平远将军、步兵校尉"。"八年，加通直散骑常侍、太子武卫率、前将军，转帅都督。"③代武川人王勇，"少雄健，有胆决，便弓马，膂力过人"。以镇南将军、帅都督"从讨赵青雀，平之。论功居最，除卫大将军、殷州刺史，加通直散骑常侍、兼太子武卫率。邙山之战（537），勇率敢死之士三百人，并执短兵，大呼直进，出入冲击，杀伤甚多，敌人无敢当者。是役也，大军不利，唯勇及王文达、耿令贵三人力战，皆有殊功。太祖于是赏帛二千疋，令自分之。军还，皆拜上州刺史"。④侯莫陈琼，"从魏孝武入关，为太祖直荡都督。大统二年，迁尚药典御。三年，拜太子右卫率，进爵为侯。从独孤信征梁仚定。累迁北秦州刺史"⑤。琼弟凯，"性刚正，颇好经史"。"大统元年，为东宫侍书。从太祖擒窦泰，破沙苑阵，以功拜宁远将军。累迁羽林监、东宫洗马、太子庶子，进授都督。十四年，兄崇以平原州功，赐爵灵武县侯，诏听转授凯。累迁东宫武卫率、尚书右丞，转左丞，进位车骑大将军、仪同三司"。⑥

【附】南北朝的太子三校

魏晋南北朝东宫禁卫长官太子左、右卫率所辖禁卫武官，最常见者为太子三校：太子屯骑校尉、太子步兵校尉、太子翊军校尉。太子三校始置于刘宋初年，是参照此前朝廷相关官职而设置的⑦，其后南朝齐、梁、陈沿置，北

① 《周书》卷二〇《王懋传》，第二册，第334、335页。
② 《隋书》卷六五《董纯传》，第五册，第1539页。
③ 《周书》卷二〇《尉迟纲传》，第二册，第339页。
④ 《周书》卷二九《王勇传》，第一册，第491页。
⑤ 《周书》卷一六《侯莫陈琼传》，第一册，第270页。
⑥ 《周书》卷一六《侯莫陈凯传》，第一册，第270、271页。
⑦ 《宋书》卷四〇《百官志下》："太子屯骑校尉，太子步兵校尉，太子翊军校尉。三校尉各七人，并宋初置。屯骑、步兵，因台校尉；翊军，晋武帝太康初置，始为台校尉，而以唐彬居之，江左省。"（第四册，第125-1255页）

魏孝文帝官制改革时引入北朝，东魏北齐沿置（官名改为太子旅骑、屯卫、典军校尉）。宋、齐时代太子三校之品阶不明，梁代五校、东宫三校为七班[①]，陈代步兵、射声、长水、越骑、屯骑五校尉与太子步兵、翊军、屯骑三校尉为第六品、秩千石[②]。刘宋初设时三校尉各有七员之多，南齐员额不明，梁朝则各设一人，北魏也可能是各一人，北齐则是各二人。史书所见太子三校以刘宋最多，显然与其员额众多有关。

1. 太子屯骑校尉

申恬在宋文帝元嘉十二年（435）后历任泰山太守，临川王义庆（镇江陵）平西中兵参军、河东太守。"衡阳王义季代义庆，又度安西府，加宁朔将军。召拜太子屯骑校尉，母忧去职。"二十一年，为督冀州青州之济南乐安太原三郡诸军事、冀州刺史。[③]萧思话在元嘉十三年由南汉中太守征"为太子屯骑校尉"[④]。宗室刘瑾（刘义欣之子），"官至太子屯骑校尉，（元嘉）三十年，为元凶（太子刘劭）所杀"[⑤]。又有"费淡，太子屯骑校尉"[⑥]，亦当在宋文帝后期任职。清河人崔道固，"世祖世，以干用见知，历太子屯骑校尉，左军将军。大明三年（459），出为齐北海二郡太守"[⑦]。恩倖寿寂之，"泰始（466-471）初，以军功增邑二百户，为羽林监。迁太子屯骑校尉，寻加宁朔将军、南泰山太守。多纳货贿，请谒无穷……鞭尉吏，斫逻将。七年，为有司所奏，徙送越州"[⑧]。河南阳翟人褚渊，"历中书郎，司徒右长史，吏部郎。宋明帝即位，加领太子屯骑校尉，不受。迁侍中，知东宫事。转吏部尚书，寻领太子右卫率，固辞"[⑨]。齐高帝萧道成之父萧承之，宋文帝元嘉中叶为萧思话梁州宁朔司马、汉中太守，"入为太子屯骑校尉。文帝以平氏之劳，青州缺，将欲授用。彭城王义

---

①《隋书》卷二六《百官志上》，第三册，第731页。

②《隋书》卷二六《百官志上》，第三册，第743页。

③《宋书》卷六五《申恬传》，第六册，第1723页。

④《宋书》卷七八《萧思话传》，第七册，第2013页。

⑤《宋书》卷五一《宗室·刘瑾传》，第五册，第1465页。

⑥《宋书》卷四五《刘道济传》："先是，道济振武司马、蜀郡太守任荟之虽不任军事，事宁，以为正员郎。裴方明，虎贲中郎将，仍为义庆平西中兵参军、龙骧将军、河东太守。费淡，太子屯骑校尉。周籍之，后为益州刺史。"（第五册，第1385页）

⑦《宋书》卷八八《崔道固传》，第八册，第2225页。

⑧《宋书》卷九四《恩倖·寿寂之传》。按同书卷八四《孔觊传》载太宗"移檄东土"诏中有"武卫将军寿寂之"（第八册，第2316页），很可能是与羽林监兼任。

⑨《南齐书》卷二三《褚渊传》，第二册，第425页。

康秉政，皇考不附，乃转为江夏王司徒中兵参军、龙骧将军、南泰山太守"①。

北魏孝文帝太和十七年（493）所颁《职员令》中有"太子三校"，河南洛阳人（代人）奚康生在孝文帝后期"以勋除中坚将军、太子三校、西台直后"②。看来北魏的太子三校并未各分一职，而是合而为一的。在太和二十三年《职员令》中有太子屯骑校尉等三职，河内人常景在宣武帝时期"为门下录事、太常博士"，"累迁积射将军、给事中。延昌（512-515）初，东宫建，兼太子屯骑校尉"③。奚康生是著名的武将，出身于"世为部落大人"④的达奚氏家族，而常景是著名的儒家经学家，这一情况表明北魏太子三校的性质到宣武帝后期已经发生了变化。

2. 太子步兵校尉

刘宋时期，太子步兵校尉的担任者可见到三人，以沈庆之最为著名。沈庆之在宋文帝时曾任广陵王诞北中郎中兵参军、建威将军、南济阴太守，率军参与伐蛮之役。元嘉"二十七年（450），迁太子步兵校尉"，又参与征讨蛮族及北伐之役。⑤武陵王刘骏于元嘉"二十八年，进督南兖州、南兖州刺史，当镇山阳。寻迁都督江州荆州之江夏豫州之西阳晋熙新蔡四郡诸军事、南中郎将、江州刺史，持节如故。时缘江蛮为寇，太祖遣太子步兵校尉沈庆之等伐之，使上总统众军"⑥。《宋书·吴喜传》："会太子步兵校尉沈庆之征蛮，启太祖请喜自随，使命去来，为世祖所知赏。"⑦同书《夷蛮·荆雍州蛮传》："元嘉二十八年，西阳蛮杀南川令刘台，并其家口。二十九年，新蔡蛮二千余人破大雷戍，略公私船舫，悉引入湖。有亡命司马黑石在蛮中，共为寇盗。太祖遣太子步兵校尉沈庆之率江、荆、雍、豫诸州军讨之。"⑧《索虏传》："其年，大举北讨，下诏曰：……可遣宁朔将军王玄谟率太子步兵校尉沈庆之、镇军谘议参军申坦等，戈船一万，前驱入河。"⑨《魏书·岛夷刘义隆传》载太武帝

① 《南齐书》卷一《高帝纪上》，第一册，第3页。
② 《魏书》卷七三《奚康生传》，第五册，第1629页。
③ 《魏书》卷八二《常景传》，第五册，第1802页。
④ 《魏书》卷七三《奚康生传》，第五册，第1629页。
⑤ 《宋书》卷七七《沈庆之传》，第七册，第1998页。
⑥ 《宋书》卷六《孝武帝纪》，第一册，第110页。
⑦ 《宋书》卷八三《吴喜传》，第七册，第2114页。
⑧ 《宋书》卷九七《夷蛮·荆雍州蛮传》，第八册，第2398页。
⑨ 《宋书》卷九五《索虏传》，第八册，第2348页。

太平真君十一年（450），"义隆又遣宁朔将军王玄谟率其太子步兵校尉沈庆之、镇军谘议参军申坦等入河"云云①。在迁任太子步兵校尉当年，沈庆之即对宋文帝的北伐计划提出了反对意见。《宋书·沈庆之传》：

> 二十七年，迁太子步兵校尉。其年，太祖将北讨，庆之谏曰："马步不敌，为日已久矣。请舍远事，且以檀、到言之。道济再行无功，彦之失利而返。今料王玄谟等未踰两将，六军之盛，不过往时。将恐重辱王师，难以得志。"上曰："小丑窃据，河南修复，王师再屈，自别有以。亦由道济养寇自资，彦之中涂疾动。虏所恃唯马，夏水浩汗，河水流通，泛舟北指，则碻磝必走，滑台小戍，易可覆拔。克此二戍，馆谷吊民，虎牢、洛阳，自然不固。比及冬间，城守相接，虏马过河，便成禽也。"庆之又固陈不可。丹阳尹徐湛之、吏部尚书江湛并在坐，上使湛之等难庆之，庆之曰："治国譬如治家，耕当问奴，织当访婢。陛下今欲伐国，而与白面书生辈谋之，事何由济。"上大笑。及北讨，庆之副玄谟向碻磝，戍主弃城走，玄谟围滑台，庆之与萧斌留碻磝，仍领斌辅国司马。②

除沈庆之外，刘宋太子步兵校尉的担任者还可见到刘祇和阮佃夫二人。宋孝武帝大明元年（457）"六月己卯（初一，7.8），以前太子步兵校尉刘祇子歆继南丰王朗"③。刘祇为宋武帝中弟长沙王道怜之孙，"大明中为中书郎"，当由太子步兵校尉所迁任。"太宗初，为南兖州刺史、都官尚书，谋应晋安王子勋为逆，伏诛。"④恩倖阮佃夫为会稽诸暨人，宋明帝时由龙骧将军、司徒参军"转太子步兵校尉、南鲁郡太守，侍太子于东宫。泰始四年（468），以破薛索儿功，增封二百户，并前千户。以本官兼游击将军、假宁朔将军，与辅国将军、兼骁骑将军孟次阳与二卫参员直"⑤。

南齐时可见到太子步兵校尉范述曾、伏曼容、许懋、任昉四人。吴郡钱

---

① 《魏书》卷九七《岛夷刘义隆传》，第六册，第2138页。
② 《宋书》卷七七《沈庆之传》，第八册，第1998、1999页。
③ 《宋书》卷六《孝武帝纪》，第一册，第120页。又，同书卷一七《礼志四》："大明元年六月己卯朔，诏以前太子步兵校尉祇男歆绍南丰王朗。"（第二册，第464页）
④ 《宋书》卷五一《宗室·刘祇传》，第五册，第1465页。
⑤ 《宋书》卷九四《恩倖·阮佃夫传》，第八册，第2314页。

唐人范述曾，"齐初，至南郡王国郎中令。迁尚书主客郎、太子步兵校尉、带开阳令。述曾为人謇谔，在宫多所谏争，太子虽不能全用，然亦弗之罪也。竟陵王深相器重，号为周捨，时太子左卫率沈约亦以述曾方汲黯。以父母年老，乞还就养，乃拜中散大夫"①。《南齐书·礼志上》："永明二年（484），太子步兵校尉伏曼容表定礼乐。于是诏尚书令王俭制定新礼，立治礼乐学士及职局，置旧学四人，新学六人，正书令史各一人，干一人，秘书省差能书弟子二人。因集前代，撰治五礼吉、凶、宾、军、嘉也。"②《乐志》："永明二年，太子步兵校尉伏曼容上表，宜集英儒，删纂雅乐。诏付外详，竟不行。"③同书《舆服志》对此有更具体的记载：

> 玉、金辂，建碧旟。象、木辂，建赤旟。永明初，太子步兵校尉伏曼容议以为："齐德尚青，五路五牛及五色幡旗，并宜以先青为次。军容戎事之所乘，牺牲茧握之所荐，并宜悉依尚色。三代服色，以姓音为尚，汉不识音，故还尚其行运之色。今既无善律，则大齐所尚，亦宜依汉道。若有善吹律者，便应还取姓尚"。太子仆周颙议："三代姓音，古无前记，裁音配尚，起自曼容。则是曼容善识姓声。不复方假吹律。何故能识远代之宫商，而更迷皇朝之律吕，而云当今无知吹律以定所尚，宜附汉以从阙邪？皇朝本以行运为所尚，非关不定于音氏。如此，设有善律之知音，不宜遵声以为尚。"散骑常侍刘朗之等十五人并议驳之，事不行。④

梁武帝普通六年（525），尚书仆射徐勉所上"修五礼表"亦提及此事，谓"伏寻所定五礼，起齐永明三年太子步兵校尉伏曼容表求制一代礼乐，于时参议置新旧学士十人，止修五礼，咨禀卫将军、丹阳尹王俭，学士亦分住郡中，制作历年，犹未克就"云云。⑤高阳新城人许懋，"十四入太学，受《毛诗》，旦领师说，晚而覆讲，座下听者常数十百人，因撰《风雅比兴义》十五卷，盛行于世。尤晓故事，称为仪注之学"。"迁骠骑大将军仪同中记室。文惠太

① 《梁书》卷五三《良吏·范述曾传》，第三册，第770页。
② 《南齐书》卷九《礼志上》，第一册，第117、118页。
③ 《南齐书》卷一一《乐志》，第一册，第167页。
④ 《南齐书》卷一七《舆服志》，第一册，第336页。
⑤ 《梁书》卷二五《徐勉传》，第二册，第380页。

子闻而召之，侍讲于崇明殿，除太子步兵校尉。永元（499–501）中，转散骑侍郎、兼国子博士。"①乐安博昌人任昉，"幼而好学，早知名"。"转司徒竟陵王记室参军，以父忧去职。""服除，拜太子步兵校尉，管东宫书记。""昉雅善属文，尤长载笔，才思无穷，当世公王表奏，莫不请焉。昉起草即成，不加点窜。沈约一代词宗，深所推挹。明帝崩，迁中书侍郎。"②

北魏时期，太子步兵校尉于史多见。博陵安平人崔广，"初为中书学生。高祖时，殿中郎中，历通直散骑侍郎、太子步兵校尉。诏守尚书左丞，父忧去职"③。代人薛昙宝，孝文帝时"历侍御中散、直阁将军、太子步兵校尉。世宗时，遣使巡行四方，以昙宝持节、兼散骑常侍、龙骧将军、南道大使"④。弘农人杨津，由直寝"迁太子步兵校尉。高祖南征，以津为都督征南府长史"⑤。齐郡益都人贾思伯，"释褐奉朝请，太子步兵校尉，中书舍人，转中书侍郎。颇为高祖所知，常从征伐"⑥。清河东武城人张烈，"少孤贫，涉猎经史，有气概"⑦。孝文帝末年任至太子步兵校尉，《魏书·张烈传》：

> 高祖时，入官代都，历侍御主文中散。迁洛，除尚书仪曹郎、彭城王功曹史、太子步兵校尉。萧宝卷将陈显达治兵汉南，谋将入寇。时顺阳太守王青石世官江南，荆州刺史广阳王嘉虑其有异，表请代之。高祖诏侍臣各举所知，互有申荐者。高祖曰："此郡今当必争之地，须得堪济之才，何容泛举也。太子步兵张烈每论军国之事，时有会人意处，朕欲用之，何如？"彭城王勰称赞之，遂敕除陵江将军、顺阳太守。烈到郡二日，便为宝卷将崔慧景攻围，七十余日，烈抚厉将士，甚得军人之和。会车驾南讨，慧景遁走。高祖亲劳烈曰："卿定可，遂能不负所寄。"烈拜谢曰："若不值銮舆亲驾，臣将不免困于犬羊。自是陛下不负臣，非臣能不负陛下。"高祖善其对。⑧

① 《梁书》卷四〇《许懋传》，第二册，第575页。
② 《梁书》卷一四《任昉传》，第一册，第251、252、253页。
③ 《魏书》卷四九《崔鉴》附，第三册，第1106页。
④ 《魏书》卷四四《薛虎子传附子昙宝传》，第三册，第999页。
⑤ 《魏书》卷五八《杨津传》，第四册，第1296页。
⑥ 《魏书》卷七二《贾思伯传》，第五册，第1612页。
⑦ 《魏书》卷七六《张烈传》，第五册，第1685页。
⑧ 《魏书》卷七六《张烈传》，第五册，第1685–1686页。

赵郡人李遵，"有业尚"，"高祖南伐，为行台郎。车驾还，拜太子步兵校尉。世宗初，转步兵校尉"①。博陵安平人崔敬邕，"性长者，有干用。高祖时，自司徒主簿转尚书都官郎中，所在称职。迁太子步兵校尉，景明初，母忧去职"②。北齐时仍可见到太子步兵校尉，太山钜平人羊烈，文宣帝"天保（550-559）初，授太子步兵校尉、轻车将军"③。

3. 太子翊军校尉

刘康祖"便弓马，膂力绝人"，宋文帝时由武陵王骏豫州征虏中兵参军"转太子翊军校尉"，"久之，迁南平王铄安蛮府司马"。在任太子翊军校尉之前，刘康祖曾任太子左积弩将军，因故免官。④宗室刘颛，"官至太子翊军校尉，为元凶所杀"⑤。吴兴乌程人王道隆，宋明帝泰始"五年（469），出侍东宫，复兼中书通事舍人。后废帝即位，自太子翊军校尉迁右军将军，太守（南兰陵太守）、兼舍人如故"⑥。梁武帝时傅映"为临川王录事参军，南台治书，安成王录事，太子翊军校尉"⑦。

北魏时期，太子翊军校尉可见到三人。昌黎人韩务，"性端谨，有治干。初为中散，稍迁太子翊军校尉。时高祖南征，行梁州刺史杨灵珍谋叛。以务为统军，受都督李崇节度以讨灵珍"⑧。代人于忠，"太和（477-499）中，授武骑侍郎，因赐名登。转太子翊军校尉。世宗即位，迁长水校尉"⑨。《魏书·于烈传》：

> 迁光禄卿。（太和）十九年，大选百僚，烈子登引例求进。烈表曰："臣上或近臣，下不决引一人，而恩出分外，冀荷荣禄。当今圣明之朝，理应谦让，而臣子登引人求进，是臣素无教训，请乞黜落。"高祖曰："此乃有识之言，不谓烈能办此。"乃引见登，诏曰："朕今创礼新邑，明扬天下，卿父乃行谦让之表，而有直士之风，故进卿为太子翊军校尉。"⑩

---

① 《魏书》卷四九《李灵传附遵传》，第三册，第1099页。
② 《魏书》卷五七《崔挺传附敬邕传》，第四册，第1274页。
③ 〔唐〕李百药撰：《北齐书》卷四三《羊烈传》，中华书局，1972年，第二册，第575、576页。
④ 《宋书》卷五〇《刘康祖传》，第五册，第1147页。
⑤ 《宋书》卷五一《宗室·刘颛传》，第五册，第1467页。
⑥ 《宋书》卷九四《恩倖·王道隆传》，第八册，第2317页。
⑦ 《梁书》卷二六《傅映传》，第二册，第395页。
⑧ 《魏书》卷四二《韩秀传附务传》，第三册，第953页。
⑨ 《魏书》卷三一《于忠传》，第三册，第741页。
⑩ 《魏书》卷三一《于烈传》，第三册，第738页。

上谷沮阳人张琛，"历武骑常侍、羽林监、太子翊军校尉"①。

4. 太子左、右积弩将军及其他

《宋书·百官志下》："太子左积弩将军，十人；太子右积弩将军，二人。汉东京积弩将军，杂号也，无左、右之积弩。魏世至晋江左，左、右积弩为台职，领营兵。宋世度东宫，无复营矣。"②由此可见，左、右积弩将军本为魏晋以后皇宫禁卫武官，刘宋时期皇宫不设其职，而在东宫新设太子左、右积弩将军，员额虽多，但并不领营，加之地位不高③，因此担任者后来能任至高位而为史书所载者极少。刘康祖在宋文帝时"为员外郎（员外散骑侍郎）十年，再坐掳捕戏免。转太子左积弩将军，随射声校尉裴方明西征仇池，与方明同下廷尉，康祖免官"。后经豫州征房中兵参军，"转太子翊军校尉"。④臧澄之亦在元嘉后期任"太子左积弩将军"，"元嘉二十七年（450），领军于盱眙，为索房所破，见杀。追赠通直郎"。⑤此外，宋文帝末太子刘劭之乱时，有"左积弩将军王正见"其人见于记载⑥。

《宋书·百官志下》："太子旅贲中郎将十人，职如虎贲中郎将，宋初置。""（太子）殿中将军十人，殿中员外将军二十人，宋初置。"⑦《武帝纪下》：永初元年（420）七月甲辰（廿二，8.16），"置东宫冗从仆射、旅贲中郎将官"；"九月壬子朔（初一，10.23），置东宫殿中将军十人，员外二十人"。⑧殷孝祖曾任积射将军，宋孝武帝大明初年受青州刺史颜师伯节度，抵抗北魏南侵，"还授太子旅贲中郎将，加龙骧将军"。出任南济阴太守、盱眙太守，"还为

---

① 《魏书》卷八八《良吏·张恂传》附传，第五册，第1901页。

② 《宋书》卷四〇《百官志下》，第四册，第1255页。

③ 按宋、齐两朝太子左、右积弩将军之品级不清，《隋书》卷二六《百官志上》载梁代太子左右积弩将军为四班，陈代为第八品（第三册，第731、745页）。

④ 《宋书》卷五〇《刘康祖传》，第五册，第1447页。按刘康祖随裴方明西征是在元嘉十九年初，《宋书》卷九八《氐胡·略阳清水氐传》："（元嘉）十九年正月，太祖遣龙骧将军裴方明、太子左积弩将军刘康祖、后军参军梁坦甲士三千人，又发荆、雍二州兵讨难当，受刘道真节度。"（第八册，第2408页）

⑤ 《宋书》卷五五《臧焘传》附，第五册，第1547页。

⑥ 参见《宋书》卷九九《二凶·元凶劭传》，第八册，第2426页；《魏书》卷九七《岛夷刘义隆传》，第六册，第2141页。

⑦ 《宋书》卷四〇《百官志下》，第四册，第1255页。

⑧ 《宋书》卷三《武帝纪下》，第一册，第54、56页。

虎贲中郎将"。①戴法兴在宋文帝末年为南台侍御史、兼中书通事舍人，孝武帝"孝建元年（454），加建武将军、南鲁郡太守，解舍人，侍太子于东宫"。大明二年（458），"法兴转员外散骑侍郎、给事中、太子旅贲中郎将，太守如故"。"法兴颇知古今，素见亲待，虽出侍东宫，而意任隆密。""凡选授迁转诛赏大处分，上皆与法兴、（巢）尚之参怀。"②申恬本为骠骑将军刘道怜府长兼参军，"高祖践阼，拜东宫殿中将军。度还台。直省十载，不请休息"③。《王偃墓志》："祖芬，安复侯，驸马都尉、相国府参军、给事中、太子虎贲中郎将，迁江夏王司马、带盱眙太守。"④王芬所任太子虎贲中郎将乃刘宋之职，当即《宋志》所载太子旅贲中郎将。

七、隋代太子诸率

如前所述，魏晋南北朝时期职掌东宫禁卫军权的主要是太子左、右卫率，到了隋代则扩充为太子十率，然而由于隋祚短促，加之隋文帝第一任太子杨勇在位二十年之后被废，其东宫官员多受牵连，他们的仕途多受影响而未能升至高位。同样，隋炀帝的东宫官员，由于其后不久隋祚终结，大多也走到了仕途的终点。因此史书中有关隋代太子诸率任职的记载也就颇为少见，甚至要凑齐全部十率人选都没有可能。如史书可见"左卫率崔蒨"⑤，但关于其人的事迹却无从考知。位居东宫十率之首的左卫率已是如此，其他官职的情形盖可想见。

隋文帝时两建东宫，第一次是以长子杨勇为皇太子，时间长达二十年之久。《隋书·文帝纪》："开皇元年（581）二月甲子（十三，3.4）"，"即皇帝位于临光殿"。丙寅（十五，3.6），"立王后独孤氏为皇后，王太子勇为皇太子"。乙亥（廿四，3.15），以"观国公田仁恭为太子太师，武德郡公柳敏为

① 《宋书》卷八六《殷孝祖传》，第八册，第2189页。按"太子旅贲中郎将殷孝祖"又见同书卷七九《文五王·竟陵王诞传》，第七册，第2033页。
② 《宋书》卷九四《恩倖·戴法兴传》，第八册，第2303页。按"太子旅贲中郎将戴法兴"又见同书卷一三《历志下》，第一册，第304页。
③ 《宋书》卷六五《申恬传》，第六册，第1723页。
④ 赵万里集释：《汉魏南北朝墓志集释》图版二九九，科学出版社，1956年。
⑤ 《隋书》卷六六《裴政传》，第五册，第1550页。

太子太保，济南郡公孙恕为太子少傅，开府苏威为太子少保"。① 此时，皇太子杨勇的东宫正式建立。

皇太子杨勇曾数次离开长安外镇。开皇二年"十月癸酉（初二，11.3），皇太子勇屯兵咸阳，以备胡"。六年闰八月"丁卯（19，10.7），皇太子镇洛阳"。② 隋朝初年因得罪突厥，营州刺史高宝宁与突厥合谋入寇，边疆形势危急，皇太子杨勇离开东宫屯兵咸阳是为了防范突厥可能进犯关中从而威胁都城长安。③ 这是杨勇第一次离开东宫的背景。在突厥威胁解除后，杨勇应该返回东宫。开皇六年皇太子出镇洛阳，不排除加强东方地区镇抚的因素，但更可能与当时政局的微妙变化有关。皇太子出镇五个月前，即开皇六年"三月己未（初八，4.2），洛阳男子高德上书，请上为太上皇，传位皇太子。上曰：'朕承天命，抚育苍生，日旰孜孜，犹恐不逮。岂学近代帝王，事不师古，传位于子，自求逸乐者哉！'"④ 其时，隋文帝正当盛年，没有丝毫效法前代个别帝王退位传子的想法。高德上书的背景无从得知，但不排除是反对杨勇的势力如杨广阵营的密谋，以之离间皇帝和储君的关系。这一事件应该对隋文帝内心有较大触动，令皇太子出镇洛阳很可能即与此有关。杨勇何时从洛阳返回，未见到明确记载，推测时间不会太长。杨勇出镇时究竟有哪些东宫官吏随行，亦无从得知。

苏孝慈在北周末年就已任至工部上大夫，当具备工程营建和管理方面的专长。隋朝初年"进爵安平郡公，拜太府卿"。"于时王业初基，百度伊始，

① 《隋书》卷一《高祖纪上》，第一册，第13、14页。

② 《隋书》卷一《高祖纪上》，第一册，第18、24页。

③ 《隋书》卷一《高祖纪上》：开皇二年五月"己未（十六，6.22），高宝宁寇平州，突厥入长城"（第一册，第17页）。卷三九《阴寿传》："时有高宝宁者，齐氏之疏属也，为人桀黠，有筹算，在齐久镇黄龙。及齐灭，周武帝拜为营州刺史，甚得华夷之心。高祖为丞相，遂连结契丹、靺鞨举兵反。高祖以中原多故，未遑进讨，以书喻之而不得。开皇初，又引突厥攻围北平。"（第四册，第1148页）同书卷八四《北狄·突厥传》："沙钵略勇而得众，北夷皆归附之。及高祖受禅，待之甚薄，北夷大怨。会营州刺史高宝宁作乱，沙钵略与之合军，攻陷临渝镇。上敕缘边修保鄣，峻长城，以备之，仍命重将出镇幽、并。……由是悉众为寇，控弦之士四十万。上令柱国冯昱屯乙弗泊，兰州总管叱李长义守临洮，上柱国李崇据幽州，达奚长儒据周槃，皆为虏所败。于是纵兵自木硖、石门两道来寇，武威、天水、安定、金城、上郡、弘化、延安六畜咸尽。"（第六册，第1865—1866页）卷五一《长孙晟传》："至开皇元年，摄图……因与高宝宁攻陷临渝镇，约诸面部落谋共南侵。高祖新立，由是大惧，修筑长城，发兵屯北境，命阴寿镇幽州，虞庆则镇并州，屯兵数万人以为之备。"（第五册，第1330页）不久隋军击败突厥，加之饥疫，突厥对隋朝的威胁暂时解除。

④ 《隋书》卷一《高祖纪上》，第一册，第23—24页。

征天下工匠，纤微之巧，无不毕集，孝慈总其事，世以为能。"隋初土木工程的营建，苏孝慈做出了巨大贡献。迁任大司农和兵部尚书，"待遇逾密"。"时皇太子勇颇知时政，上欲重宫官之望，多令大臣领其职。于是拜孝慈为太子右卫率，尚书如故。"①据本纪，苏孝慈任兵部尚书是在开皇二年六月②。"明年，上于陕州置常平仓，转输京下。以渭水多沙，流乍深乍浅，漕运者苦之，于是决渭水为渠以属河，令孝慈督其役。渠成，上善之。又领太子右庶子，转授左卫率，仍判工部、民部二尚书，称为干理。数载，进位大将军。转工部尚书，率如故。"③据本纪，苏孝慈任工部尚书是在开皇十一年二月④。由此可见，隋文帝为了提高皇太子的威望，任命所信任的能臣苏孝慈担任东宫官职，同时仍兼任工部尚书等朝廷要职，负责水土兴建事宜。苏孝慈长期任职两宫，是深得隋文帝和皇太子杨勇幸赖的重臣。隋文帝族祖杨处纲，于隋初"授开府，督武候事。寻为太子宗卫率，转左监门郎将。后数载，起授右领军将军"。处纲"生长北边，少习骑射"。⑤以之担任朝廷和东宫禁卫武官可谓用得其人。阎毗为周上柱国、宁州总管阎庆之子，为周武帝女清都公主之婿。"颇好经史"，"能篆书，工草隶，尤善画，为当时之妙"。隋初"以技艺侍东宫，数以雕丽之物取悦于皇太子，由是甚见亲待，每称之于上。寻拜车骑，宿卫东宫"。"俄兼太子宗卫率长史，寻加上仪同。太子服玩之物，多毗所为。及太子废，毗坐杖一百，与妻子俱配为官奴婢。后二岁，放免为民。"隋炀帝时期，阎毗以其技能受到重用，在长城和运河兴建上发挥了巨大作用。⑥上文提及的"左卫率崔蒨"也是在杨勇为太子时任职东宫的。目前所能考见的杨勇东宫武官及其僚属仅此而已。

《隋书·裴政传》：

　　进位散骑常侍，转左庶子，多所匡正，见称纯懿。东宫凡有大事，

①《隋书》卷四六《苏孝慈传》，第五册，第1259页。
②《隋书》卷一《高祖纪上》：开皇二年"六月壬午（初九，7.15），以太府卿苏孝慈为兵部尚书"（第一册，第179页）。
③《隋书》卷四六《苏孝慈传》，第五册，第1259页。
④《隋书》卷二《高祖纪下》：开皇十一年二月戊午（初六，3.6），"以大将军苏孝慈为工部尚书"（第一册，第36页）。
⑤《隋书》卷四三《杨处纲传》，第四册，第1214页。
⑥《隋书》卷六八《阎毗传》，第六册，第1594页。

皆以委之。右庶子刘荣，性甚专固。时武职交番，通事舍人赵元恺作辞见帐，未及成。太子有旨，再三催促。荣语元恺云："但尔口奏，不须造帐。"及奏，太子问曰："名帐安在？"元恺曰："禀承刘荣，不听造帐。"太子即以诘荣，荣便拒讳，云"无此语"。太子付政推问。未及奏状，有附荣者先言于太子曰："政欲陷荣，推事不实。"太子召责之，政奏曰："凡推事有两，一察情，一据证，审其曲直，以定是非。臣察刘荣，位高任重，纵令实语元恺，盖是纤介之忿。计理而论，不须隐讳。又察元恺受制于荣，岂敢以无端之言妄相点累。二人之情，理正相似。元恺引左卫率崔蒨等为证，蒨等款状悉与元恺符同。察情既敌，须以证定。臣谓荣语元恺，事必非虚。"太子亦不罪荣，而称政平直。①

这一记载有助于认识皇太子杨勇与其宫臣之间的关系。长达二十年时间的杨勇东宫是如何运作的，史书中留下的记载可谓少之又少，这条资料显得弥足珍贵。造成这种现象的直接原因是因为杨勇后来被废杀，而其东宫官属即便未被定罪，也断绝了仕进之路。作为反面人物，杨勇主要行事及其大多数宫臣事迹都从国史中被清除出去。

开皇二十年（600）十月"乙丑（初九，11.20），皇太子勇及诸子并废为庶人"。十一月戊子（初三，12.13），"以晋王广为皇太子。十二月戊午（初三，601.1.12），诏东宫官属不得称臣于皇太子"。②至此，皇太子杨广的东宫正式建立。仁寿四年（604）正月"乙丑（廿八，3.4），诏赏罚支度，事无巨细，并付皇太子。夏四月乙卯（己卯：十四，5.17），上不豫"。七月"甲辰（初十，8.10），上以疾甚，卧于仁寿宫，与百僚辞诀，并握手歔欷。丁未（十三，8.13），崩于大宝殿，时年六十四"。③杨广被立为皇太子后，隋文帝改变了东宫官属称臣于皇太子的旧制，这从一个侧面反映出，杨勇为皇太子时，其与东宫官属之间的君臣关系有利于加强皇太子的权力，从而也就有可能威胁到隋文帝的最高权威。杨广离间隋文帝对太子杨勇的信任，这应该也是一个重要因素。杨广成为皇太子后，隋文帝年事已高，身体状况大不如前，从改元

---

① 《隋书》卷六六《裴政传》，第五册，第1550页。
② 《隋书》卷二《高祖纪下》，第一册，第45页。
③ 《隋书》卷二《高祖纪下》，第一册，第52页。

仁寿即可看出端倪。一方面通过废除皇太子与东宫官属之间的君臣关系以防范皇太子对皇权可能的威胁，另一方面年老体弱的隋文帝又不得不依赖皇太子协助其进行统治。在杨广被立为皇太子后，隋文帝令其"出舍大兴县"，理由如其所言"吾以大兴公成帝业"，也是隋文帝这种矛盾心理的反映。"仁寿初，奉诏巡抚东南。是后高祖每避暑仁寿宫，恒令上监国。"①在杨广为太子的不到四年间，无论是在东宫还是出巡在外，东宫禁卫武官自然也是随侍其旁，承担保卫职责。

杨勇被废杀，其东宫官僚多受牵连，这是近二十年间其东宫官属罕见于史的主要原因。杨广入主东宫的时间虽然较短，但作为其亲信的东宫官属后来大多得到重用，因而史书所见人数也就较多。就卫率之职而言，杨广为皇太子时可见到七位担任者，远远超出了杨勇为皇太子时的卫率人数。

宇文述"少骁锐，便弓马"，为周上柱国宇文盛之子。北周时即已担任禁卫长官左宫伯，拜上柱国，爵至国公。"开皇初，拜右卫大将军。""以行军总管率众三万"参与平陈之役，"拜安州总管"。镇守扬州的晋王杨广奏其为寿州刺史、总管，为杨广夺嫡出谋划策，并与杨素共谋其事。"晋王与述情好益密，命述子士及尚南阳公主，前后赏赐不可胜计。及晋王为皇太子，以述为左卫率。旧令，率官第四品，上以述素贵，遂进率品为第三，其见重如此。炀帝嗣位，拜左卫大将军，改封许国公。"②宇文述对杨广的夺嫡行动立下了汗马功劳，成为其不二心腹，当其入主东宫后便让他执掌东宫禁卫大权。他所任太子左卫率虽然由朝廷任命，但杨广的建议应该也起了决定性作用。

郭衍"自云太原介休人"，"少骁武，善骑射"，周武帝"赐姓叱罗氏"。任至"右中军熊渠中大夫"，"超授上柱国，封武山郡公"。投靠杨坚而深得信任，"密劝高祖杀周室诸王，早行禅代。由是大被亲昵"。隋朝建立后，历任行军总管、开漕渠大监、瀛州刺史、朔州总管。开皇"十年，从晋王广出镇扬州"。"授蒋州刺史。衍临下甚踞，事上奸谄。晋王爱暱之，宴赐隆厚。迁洪州总管。王有夺宗之谋，托衍心腹，遣宇文述以情告之。""王因召衍，阴共计议。""由是大修甲仗，阴养士卒。及王入为太子，征授左监门率，转左宗卫率。高祖于仁寿宫将大渐，太子与杨素矫诏，令衍、宇文述领东宫，帖

① 《隋书》卷三《炀帝纪下》，第一册，第60页。
② 《隋书》卷六一《宇文述传》，第五册，第1463-1465页。

上台宿卫，门禁并由之。及上崩，汉王起逆，而京师空虚，使衍驰还，总兵居守。大业元年（605），拜左武卫大将军。帝幸江都，令衍统左军，改授光禄大夫。""衍能揣上意，阿谀顺旨。帝每谓人曰：'唯有郭衍，心与朕同。'又尝劝帝取乐，五日一视，无得效高祖空自劬劳。帝从之，益称其孝顺。"①郭衍身上最能体现东宫禁卫武官和太子的特殊关系，以及东宫禁卫武官在太子即位后成为朝廷禁卫武官的历程。对于认识隋代太子诸率禁卫东宫的职能，其仕宦经历可以说提供了颇为典型的例证。

于仲文出身于大族于氏家族，其祖父于谨为西魏北周太师，叔父于翼为北周太尉，父于寔为北周大左辅。叔父于义在北周末年"拜上柱国。时义兄翼为太尉，弟智、兄子仲文并上柱国，大将军已上十余人，称为贵戚"。②于仲文曾任隋朝大将军、河南道行军总管，后"拜行军元帅，统十二总管以击胡"。又以行军总管参与伐陈之役，征讨江南高智慧等叛乱。"晋王以仲文有将领之才，每常属意，至是奏之，乃令督晋王军府事。后突厥犯塞，晋王为元帅，以仲文将前军，大破贼而还。仁寿初，拜太子右卫率。炀帝即位，迁右翊卫大将军，参掌文武选事。从帝讨吐谷浑，进位光禄大夫，甚见亲幸。辽东之役，仲文率军指乐浪道。"③同郭衍一样，于仲文也是由东宫禁卫武官转任朝廷禁卫武官。又，于义子宣道北周末年为杨坚丞相府外兵曹，隋朝建立后为内史舍人，又"拜车骑将军，兼左卫长史，舍人如故。后六岁，迁太子左卫副率，进位上仪同"。④这是由朝廷禁卫武官僚佐迁任东宫禁卫武官的事例。

周罗睺为九江寻阳人，是由南入北的将领。"罗睺年十五，善骑射，好鹰狗，任侠放荡，收聚亡命，阴习兵书。"陈代曾任地方军政长官，也担任过太子左卫率等职。陈朝灭亡，罗睺入隋为官，历任幽州、泾州刺史，开皇十八年为水军总管参与辽东之役，次年随杨素抵御突厥达头可汗的犯塞，冲锋陷阵，战功卓著，"进位大将军。仁寿元年，为东宫右虞候率，赐爵义宁郡公，食邑一千五百户。俄转右卫率。炀帝即位，授右武候大将军。汉王谅反，诏

---

① 《隋书》卷六一《郭衍传》，第五册，第1468-1470页。

② 参见《隋书》卷六〇《于仲文传》，第五册，第1450页；卷三九《于义传》，第四册，第1145页。

③ 《隋书》卷六〇《于仲文传》，第五册，第1451-1454页。按《隋书》卷三《炀帝纪上》：大业元年正月"丙申（初五，605.1.29），立晋王昭为皇太子。丁酉（初六，1.30），以上柱国宇文述为左卫大将军，上柱国郭衍为左武卫大将军，延寿公于仲文为右卫大将军"（第一册，第62页）。

④ 《隋书》卷三九《于义传》，第四册，第1146页。

副杨素讨平之，进授上大将军。"①出身降将的周罗睺，以其杰出的军事才能而受到重用，治理地方，统兵征战，而且还被任命为颇为机要的东宫禁卫武官，成为隋炀帝的重要亲信，并在其即位后转任朝廷禁卫武官。

天水人权武武艺高强，史称"武少果劲，勇力绝人，能重甲上马"。北周时任至劲捷左旅上大夫、上开府，隋朝建立后任浙州刺史。后以行军总管参与伐陈之役及平定桂州人李世贤之乱，历豫州刺史、检校潭州总管，进位大将军。因治边宽和而被"除名为民"。"仁寿中，复拜大将军，封邑如旧。未几，授太子右卫率。炀帝即位，拜右武卫大将军。坐事免，授桂州刺史。俄转始安太守。久之，征拜右屯卫大将军，寻坐事除名。"②权武应该不是隋炀帝亲信，但属于其旧部，任职浙州、潭州及为行军总管伐陈时当在晋王杨广部下。因此他得以成为杨广东宫禁卫武官，并在隋炀帝即位后同样转任朝廷禁卫武官。由于他与隋文帝和隋炀帝两代君主的交情并不特别深厚，故仕途沉浮，几起几落。

李浑出身于大族李氏家族，其父李穆为北周开国元勋，在北周任至上柱国、大左辅、并州总管。李浑在隋文帝时曾任晋王杨广"骠骑领亲信"，后"进位大将军，拜左武卫将军，领太子宗卫率"。担任太子左卫率的宇文述即为其妻兄。隋炀帝"大业初，转右骁卫将军"。"九年，迁右骁卫大将军。"③与宇文述类似，李浑也是由东宫禁卫武官转任朝廷禁卫武官，随着杨广角色由太子转换为皇帝，作为亲信的东宫禁卫武官同时迁任朝廷禁卫武官。

段达为武威姑臧人，其父严为北周朔州刺史，达三岁"袭爵襄垣县公。及长，身八尺，美须髯，便弓马"。北周末年杨坚为丞相，段达"以大都督领亲信兵，常置左右。及践阼，为左直斋，累迁车骑将军、兼晋王参军"，率军平定高智惠以及汪文进等叛乱。"仁寿初，太子左卫副率。大业初，以蕃邸之旧，拜左翊卫将军。"④此外，晋州临汾人柴慎，为"隋太子右内率，封钜鹿郡公"。其子"绍幼矫捷有勇力，任侠闻于关中。少补隋元德太子千牛备身。高祖微时，妻之以女，即平阳公主也"。⑤

① 《隋书》卷六五《周罗睺传》，第五册，第1523–1525页。按同书卷三《炀帝纪上》：仁寿四年十二月戊辰（初六，605.1.1），"以右卫率周罗睺为右武候大将军"（第一册，第62页）。
② 《隋书》卷六五《权武传》，第五册，第1523–1525页。
③ 《隋书》卷三七《李浑传》，第四册，第1116、1120页。
④ 《隋书》卷八五《段达传》，第六册，第1899页。
⑤ 〔后晋〕刘昫等撰：《旧唐书》卷五八《柴绍传》，中华书局，1975年，第七册，第2314页。按平阳公主为唐高祖李渊第三女，见本传附《平阳公主传》，第2315页。

第二章　太子卫率政治职能发微

一、禁卫东宫

晋武帝泰始三年（267）正月"丁卯（？），立皇子衷为皇太子"①，正式建立了东宫。这是魏晋南北朝时期建立的第一个东宫。西晋东宫建立之初即设置中卫率，此为太子卫率之职在历史上设置之始。"泰始五年（269），分为左、右，各领一军。"②此后三百余年时间里，太子左、右卫率便成为东宫禁卫长官的最主要的名号。关于东宫建立之初的职官设置，《晋书·李憙传》有具体记载：

> 其年，皇太子立，以憙为太子太傅。自魏明帝以后，久旷东宫，制度废阙，官司不具。詹事、左右率、庶子、中舍人诸官并未置，唯置卫率令典兵，二傅并摄众事。③

太子卫率职掌东宫禁卫，于此可以得到明确认识。唐代左、右卫率"领兵宿卫，督摄队伍，总判府事"④，晋南北朝时期亦当有类似职掌。与左、右卫率对应的朝廷官职，即是禁卫长官。《宋书·百官志下》谓"二率职如二卫"⑤，明

---

① 〔唐〕房玄龄等撰：《晋书》卷三《武帝纪》，中华书局，1974年，第一册，第55页。按本条系于"春正月癸丑"之后，而当年正月既无癸丑亦无丁卯，则"正月"或即"二月"之误，二月丁卯为二十四日（4.5）。

② 《晋书》卷二四《职官志》，第三册，第743页。按《北堂书钞》卷六五《设官部十七·太子左右卫率》"泰始分置左右"下本注："《晋公卿礼秩》云：晋建，置卫率令一人，泰始分置左、右率〔各〕一人，领兵各五千人也。"（〔隋〕虞世南撰，〔清〕孔广陶校注：《北堂书钞》，孙忠愍侯祠堂校影宋原本，南海孔氏三十有三万卷堂校注重刊，光绪十四年）

③ 《晋书》卷四一《李憙传》，第四册，第1189、1190页。

④ 〔唐〕杜佑撰，王文锦等点校：《通典》卷三〇《职官十二·东宫官》"左右卫率府"条，中华书局，1986年，第一册，第835页。

⑤ 〔梁〕沈约撰：《宋书》卷四〇《百官志下》，中华书局，1974年，第四册，第1254页。

确了太子左、右卫率的禁卫职能。《北堂书钞》引《晋令》云："左、右卫率品第五，旧视中领、护。"①

郭奕在西晋初建东宫时便与"郑默并为中庶子"，"迁右卫率、骁骑将军"。②按骁骑将军为朝廷禁卫七军之一③，这从一个侧面证实当时东宫禁卫部队是从朝廷禁卫军中划拨的。《山涛启事》云："左卫率缺，侍卫威重，宜得其才，无疾患者。"④《荀氏家传》载山涛举车骑将军恺为太子右卫率，称其"清和理正，从容顾问，动可观采，真侍卫之美者"⑤。按山涛所言"侍卫威重""真侍卫之美者"等语，即充分反映了太子卫率的禁卫职能。《太平御览》引《晋志》曰："凡太子出，前卫率导，在前广麾外；左、右二率从，夹导舆车；后卫率从，在乌皮外；并带戟执刀。其服并视左、右卫将军。"⑥按此处所记制度规定，乃是晋惠帝时期四卫率建制确立后愍怀太子的东宫制度。此记载是关于太子出行时四卫率随从禁卫的具体规定，其在东宫时全盘承担保卫太子的禁卫职能自无疑义。四卫率服制与左、右卫将军的相似之处，也充分表明其职能与执掌宫殿禁卫的二卫将军类似。今本唐修《晋书·职官志》并无太子出行四卫率禁卫的相关记载，北宋初年《太平御览》编撰者或引自他本《晋志》，然亦不排除本即唐修《晋志》之文的可能。若为后者，则今本唐修《晋志》有关太子卫率制度的记载有散佚。《唐六典·太子左右卫及诸率府》："太子左右卫率府，率各一人，正四品上。"本注："晋初为〔中〕卫率。太始五年，分为左、右二率。惠帝为太子，加置前卫率。愍怀在东宫，又加后卫率。故元康之中，凡四卫率。成都王为太弟，又置中卫率，是为五率。凡太子出，前卫率导，在前黄麾外；左、右二率从，侠导舆车；后卫率从，在乌皮外；

① 〔隋〕虞世南撰，〔清〕孔广陶校注：《北堂书钞》卷六五《设官部十七·太子左右卫率》"旧视中领护"下本注。
② 《晋书》卷四五《郭奕传》，第四册，第1289页。
③ 参见《晋书》卷二四《职官志》，第三册，第740页。
④ 〔隋〕虞世南撰，〔清〕孔广陶校注：《北堂书钞》卷六五《设官部十七·太子左右卫率》"侍卫威重宜得其才"下本注。按《通典》卷三〇《职官一二》（第一册，第835页）、《太平御览》卷二四七《职官部四五》"太子左卫率"条（〔宋〕李昉等撰：《太平御览》，中华书局，1960年，第二册，第1168页）并引此，《山涛启事》作《山公启事》，文字略有出入。
⑤ 〔隋〕虞世南撰，〔清〕孔广陶校注：《北堂书钞》卷六五《设官部十七》"茂仲动可观采"下本注；《太平御览》卷二四七《职官部四五》，第二册，第1168页。
⑥ 《太平御览》卷二四七《职官部四五》"太子左卫率"条，第二册，第1168页。

并载戟执刀。四率各丞一人。服视左、右卫将军，品第五，位同中庶子。"①按此注并未标明出处，其与《御览》所引《晋志》出于同一文献可以肯定，然亦不排除《御览》引自《六典》注并误书为《晋志》之可能。

最能体现西晋太子卫率禁卫职能的是晋惠帝时期八王之乱前后的事例。史载"惠帝时，愍怀太子在东宫，又加前、后二率"②，则其时东宫设左、右、前、后四卫率，禁卫兵力由原来的二军扩充为四军。史载侍中裴"頠以贾后不悦太子，抗表请增崇太子所生谢淑妃位号，仍启增置后卫率吏，给三千兵，于是东宫宿卫万人"③。按"东宫宿卫万人"应该是四卫率齐备以后东宫禁卫部队的总兵力，这一结果是统治集团内部斗争的产物。八王之乱时期，西晋统治集团内部的斗争主要是围绕皇权的争夺而展开的④，作为皇位继承人的太子的保卫乃至废立也成了斗争的一个焦点，而负责太子保卫、执掌东宫禁卫部队的太子卫率也就成为斗争的参与者。刘卞由并州刺史"入为左卫率，知贾后废太子之谋，甚忧之。以计干张华而不见用，益以不平。贾后亲党微服听察外间，颇闻卞言，乃迁卞为轻车将军、雍州刺史。卞知言泄，恐为贾后所诛，乃饮药卒"⑤。《晋书·张华传》对此有详细记载：

> 数年，代下邳王晃为司空，领著作。及贾后谋废太子，左卫率刘卞甚为太子所信遇，每会宴，卞必预焉。屡见贾谧骄傲，太子恨之，形于言色，谧亦不能平。卞以贾后谋问华，华曰："不闻。"卞曰："卞以寒悴，自须昌小吏受公成拔，以至今日。士感知己，是以尽言，而公更有疑于卞邪！"华曰："假令有此，君欲如何？"卞曰："东宫俊乂如林，四率精兵万人。公居阿衡之任，若得公命，皇太子因朝入录尚书事，废贾后于金墉城，两黄门力耳。"华曰："今天子当阳，太子，人子也，吾又不受阿衡之命，忽相与行此，是无其君父，而以不孝示天下也。虽能

① 〔唐〕李林甫等撰，陈仲夫点校：《唐六典》卷二八《太子左右卫及诸率府》，中华书局，1992年，第715页。按"黄麾"，上引《御览》作"广麾"，黄、廣形近而讹，当作"黄麾"为是。

② 《晋书》卷二四《职官志》，第三册，第743页。

③ 《晋书》卷三五《裴頠传》，第四册，第1042页。按同书卷三六《张华传》载太子左卫率刘卞之言，谓东宫"四率精兵万人"（第四册，第1073页），可证其时东宫宿卫兵力确实达到万人之数。若一卫率统兵皆为三千，则可达到一万二千人。

④ 关于"八王之乱"及其与禁卫军权的关系，参见拙著：《魏晋南北朝禁卫武官制度研究》，中华书局，2004年，上册，第267-300页。

⑤ 《晋书》卷三六《刘卞传》，第四册，第1078页。

有成，犹不免罪，况权戚满朝，威柄不一，而可以安乎！"及帝会群臣于式乾殿，出太子手书，遍示君臣，莫敢有言者。惟华谏曰："此国之大祸。自汉武以来，每废黜正嫡，恒至丧乱。且国家有天下日浅，愿陛下详之。"尚书左仆射裴颜以为宜先检校传书者，又请比校太子手书，不然，恐有诈妄。贾后乃内出太子素启事十余纸，众人比视，亦无敢言非者。议至日西不决，后知华等意坚，因表乞免为庶人，帝乃可其奏。①

由此可见，负责东宫禁卫的太子卫率往往是太子最重要的心腹臣僚，也是太子与公卿大臣进行联络的重要人选。太子欲仰仗东宫禁卫军以抗衡贾后的努力虽然未能成功，但这一事件却为认识太子卫率职能提供了一个典型事例。

长沙王乂攻杀专权的齐王冏而控制了晋惠帝，随即遭到河间王颙等的讨伐。太安二年（302）"八月，河间王颙、成都王颖举兵讨长沙王乂"；十一月，河间王颙与成都王颖入朝专政。②河间王颙以成都王颖为太弟，缪播被任命为太弟中庶子，其从弟缪胤为河间王颙姻亲，而被任命为右卫率，兄弟二人俱参与了当时的政治斗争。《晋书·缪播传》：

> 惠帝幸长安，河间王颙欲挟天子令诸侯。东海王越将起兵奉迎天子，以播父时故吏，委以心膂。播从弟右（左）卫率胤，颙前妃之弟也。越遣播、胤诣长安说颙，令奉帝还洛，约与颙分陕为伯。播、胤素为颙所敬信，既相见，虚怀从之。颙将张方自以罪重，惧为诛首，谓颙曰："今据形胜之地，国富兵强，奉天子以号令，谁敢不服！"颙惑方所谋，犹豫不决。方恶播、胤为越游说，阴欲杀之。播等亦虑方为难，不敢复言。时越兵锋甚盛，颙深忧之，播、胤乃复说颙，急斩方以谢，可不劳而安。颙从之，于是斩方以谢山东诸侯。颙后悔之，又以兵距越，屡为越所败。帝反旧都，播亦从太弟还洛，契阔艰难，深相亲狎。
>
> 胤字休祖，安平献王外孙也。与播名誉略齐。初为尚书郎，后迁太弟左卫率，转魏郡太守。及王浚军逼邺，石超等大败，胤奔东海王越于徐州，越使胤与播俱入关，而所说得行，大驾东还。越以胤为冠军将军、南阳太守。胤从蓝田出武关，之南阳，前守卫展距胤不受，胤乃还

① 《晋书》卷三六《张华传》，第四册，第1072、1073页。
② 参见《晋书》卷四《惠帝纪》，第一册，第100页；卷五九《长沙王乂传》《河间王颙传》《成都王颖传》，第五册，第1614、1620、1617页。

洛。怀帝即位，拜胤左卫将军，转散骑常侍、太仆卿。既而与播及帝舅王延、尚书何绥、太史令高堂冲并参机密，为东海王越所害。①

缪胤所任究竟为左卫率还是右卫率难以确定，但这无关紧要，重要的是他作为东宫禁卫长官在当时政争中所扮演的角色。缪胤为河间王颙前妃之弟，其从兄缪播又是东海王越"父时故吏，委以心膂"，故其临危受命，被东海王越派遣去长安执行重大使命。

十六国政权亦设太子卫率之职，其地位似亦颇为重要。后秦姚兴末年的政争中，太子卫率有突出表现，《晋书·姚兴载记下》：

> 兴疾转笃，兴妹伪南安长公主问疾，不应。兴少子耕儿出告其兄愔曰："上已崩矣，宜速决计。"于是愔与其属率甲士攻端门，殿中上将军敛曼嵬勒兵距战，右卫胡翼度率禁兵闭四门。愔等遣壮士登门，缘屋而入，及于马道。泓时侍疾于咨议堂，遣敛曼嵬率殿中兵登武库距战，太子右卫率姚和都率东宫兵入屯马道南。愔等既不得进，遂烧端门。兴力疾临前殿，赐弼死。禁兵见兴，喜跃，贯甲赴贼，贼众骇扰。和都勒东宫兵自后击之，愔等奔溃，逃于骊山，愔党吕隆奔雍，尹冲等奔于京师。兴引绍及赞、梁喜、尹昭、敛曼嵬入内寝，受遗辅政。②

由此可见，太子右卫率姚和都率领东宫兵配合朝廷禁兵击败皇子姚愔的谋反，保证了帝位得以向太子传承。

元嘉二十七年，宋文帝下诏部署北伐，其中包括"太子左卫率始兴县五等侯臧质勒东宫禁兵，统骁骑将军安复县开国侯王方回、建武将军安蛮司马新康县开国男刘康祖、右军参军事梁坦，步骑十万，迳造许、洛"③。很显然，统领东宫禁兵以保卫太子及其东宫，无疑是太子卫率的基本职能。元嘉三十年初太子刘劭发动叛乱时，太子左卫率袁淑明确表示反对且为此付出了生命代价。《魏书·岛夷刘义隆传》：

---

① 《晋书》卷六〇《缪播传》，第六册，第1636、1637页。
② 《晋书》卷一一八《姚兴载记下》，第一〇册，第3003页。
③ 《宋书》卷九五《索虏传》，中华书局，1974年，第八册，第2348页。参见〔北齐〕魏收撰：《魏书》卷九七《岛夷刘义隆传》，中华书局，1974年，第六册，第2138页。

休明母潘有宠于义隆，义隆以废立之谋告之。潘请赦，弗许，遂告休明。休明驰报劭，劭知己当废，遂夜召左右队主陈叔儿·詹叔儿、斋帅张超之·任建之等，总二千余人被甲自卫。又召左卫率袁淑、中舍人殷仲素、左积弩将军王正见，又呼左军长史萧斌。劭曰："朝廷信谗，当见罪废，内省无过，不能受枉。明当入殿，卿等必不得异。"乃遍拜告哀，众皆惊，不得答。袁淑良久曰："自古无此类，愿加善思。"劭怒变色，于是左右咸云伏听令旨。明晨，斩淑。①

袁淑出身大族陈郡袁氏，宋文帝初年亲信重臣琅邪王氏出身的王弘为其姑父，"博涉多通，好属文，辞采遒艳，纵横有才辩"，后任至御史中丞。在北魏太武帝南侵瓜步之役结束后，袁淑迁任太子左卫率。元嘉三十年二月二十一日夜，刘劭策划入宫谋反之事，"宿召前中庶子、右军长史萧斌，夜呼斌及左卫率袁淑、中舍人殷仲素、左积弩将军王正见，并入宫，告以大事，自起拜斌等，因流涕，众并惊愕"。②太子左卫率袁淑对刘劭的谋反公开表示反对，《宋书·袁淑传》：

元凶将为弑逆，其夜淑在直，二更许，呼淑及萧斌等流涕谓曰："主上信谗，将见罪废。内省无过，不能受枉。明旦便当行大事，望相与戮力。"淑及斌并曰："自古无此，愿加善思。"劭怒变色，左右皆动。斌惧，乃曰："臣昔忝伏事，常思效节，况忧迫如此，辄当竭身奉令。"淑叱之曰："卿便谓殿下真有是邪？殿下幼时尝患风，或是疾动耳。"劭愈怒，因问曰："事当克不？"淑曰："居不疑之地，何患不克。但既克之后，为天地之所不容，大祸亦旋至耳。愿急息之。"劭左右引淑〔衣曰："此是何事，而可言罢？"因赐淑〕等裤褶，又就主衣取锦，截三尺为一段，又中破，分斌、淑及左右，使以缚裤。淑出环省，绕床行，至四更乃寝。劭将出，已与萧斌同载，呼淑甚急，淑眠终不起。劭停车奉化门，催之相续。徐起至车后，劭使登车，又辞不上。劭因命左右："与手刃。"见杀于奉化门外，时年四十六。劭即位，追赠太常，赐赙甚厚。世祖即位，使颜延之为诏曰："夫轻道重义，亟闻其教；世弊国危，希遇其人。自非达义之至，识正之深者，孰能抗心卫主，遗身固

① 《魏书》卷九七《岛夷刘义隆传》，第六册，第2141页。
② 《宋书》卷九九《二凶·元凶劭传》，第八册，第2426页。

节者哉。故太子左卫率淑，文辩优洽，秉尚贞悫。当要遍之切，意色不挠（挠），厉辞道递，气震凶党。虐刃交至，取毙不移。古之怀忠陨难，未云出其右者。兴言嗟悼，无废乎心。宜在加礼，永旌宋有臣焉。可赠侍中、太尉，谥曰忠宪公。"又诏曰："袁淑以身殉义，忠烈邈古。遗孤在疚，特所矜怀。可厚加赐恤，以慰存亡。"淑及徐湛之、江湛、王僧绰、卜天与四家，于是长给禀禄。[①]

囿于形势，袁淑的公开反对没能阻止刘劭的谋反行动，且为他自己招来杀身之祸，但刘劭也因此落得身败名裂的可悲下场。袁淑虽然不是刘劭的亲信，但作为东宫禁卫长官，在太子刘劭进行谋反时也是不可或缺的成员。在刘劭谋杀宋文帝后即位之初的人事任命中，包括以"前右卫率檀和之戍石头"。参与谋反的左积弩将军王正见先被任命为左军将军，既而又以"左军王正见为太子左卫率"。武陵王骏等平叛，薛"安都及军主武念、宗越等相继进，臧质大军从广莫门入，同会太极殿前，即斩太子左卫率王正见"[②]。

齐高帝萧道成从子萧景先（原名道先），本为其"心腹"臣僚，后与道成长子萧赜（齐武帝）关系密切，一直为其军府僚佐，"常相随逐"。宋顺帝"昇明初，为世祖征虏府司马、领新蔡太守，随上镇盆城。沈攸之事平，还都，除宁朔将军、骁骑将军，仍为世祖抚军中军二府司马、兼左卫将军。建元元年（479），迁太子左卫率"[③]当萧赜自盆城入朝时，其军府亲兵亦当随之入京，加入皇宫禁卫军。这一记载反映了太子萧赜原军府亲信武职上佐转任新朝东宫太子卫率的途径，同时也表明南齐初年的东宫禁卫军是由原太子军府亲兵及皇宫禁卫军划分而来。萧道成镇守淮阴时的元从亲信薛渊，以骁骑将军、军主之职率领禁卫军协助萧道成平定沈攸之、袁粲的武力反抗，南齐建立后成为重要的禁卫武官。"太祖即位，增邑为二千五百户。除淮陵太守，加宁朔将军，骁骑将军如故。寻为直阁将军、冠军将军。仍转太子左率。""世祖即位，迁左卫将军。"[④]薛渊的仕履可以看作朝廷禁卫武（长）官与东宫禁卫长官之间迁转的典型事例，同时也体现了南齐初年皇宫禁卫军与东宫禁卫军

---

① 《宋书》卷七〇《袁淑传》，第六册，第1839-1840页。
② 《宋书》卷九九《二凶·元凶劭传》，第八册，第2434、2433、2427页。
③ 〔梁〕萧子显撰：《南齐书》卷三八《萧景先传》，中华书局，1972年，第二册，第661、662页。
④ 《南齐书》卷三〇《薛渊传》，第二册，第553、554页。

之间的分合。当薛渊转任太子左卫率时，其原本所领朝廷禁卫军很可能也随其转归东宫卫队；而当太子萧赜即位称帝后，薛渊迁任左卫将军，其所领东宫卫队亦当随之进入皇宫禁卫军系统。当然，大多数情况下东宫与皇宫禁卫武官之间的迁转并不意味着禁卫军也随之发生移动，否则将领与其部属之间容易结成牢固的关系，从而有可能对皇权构成威胁。

太子卫率为东宫禁卫长官，统领一支数量可观的精锐卫队，在争夺皇权的斗争中也可以看到其身影。南齐统治集团内部政争之激烈莫过于东昏侯时期，在拥护和反对东昏侯的阵营中均有太子卫率参与。张欣泰曾任禁卫长官领军将军府长史、谘议参军，并参与指挥抵御北魏进攻的军事行动，东昏侯初年自地方"还都"，"崔慧景围城，欣泰入城内，领军守备"①。《南齐书·张欣泰传》：

> 义师起，以欣泰为持节、督雍梁南北秦四州郢州之竟陵司州之随郡军事、雍州刺史，将军如故。时少帝昏乱，人情咸伺事隙。欣泰与弟前始安内史欣时密谋结太子右率胡松、前南谯太守王灵秀、直閤将军鸿选、含德主帅苟励、直后刘灵运等十余人，并同契会。帝遣中书舍人冯元嗣监军救郢，茹法珍、梅虫儿及太子右率李居士、制局监杨明泰等十余人相送中兴堂。欣泰等使人怀刀于座斫元嗣，头坠果柈中，又斫明泰，破其腹，虫儿伤刺数疮，手指皆堕。居士逾墙得出，茹法珍亦散走还台。灵秀仍往石头迎建安王宝夤，率文武数百，唱警跸，至杜姥宅。欣泰初闻事发，驰马入宫，冀法珍等在外，城内处分，必尽见委，表里相应，因行废立。既而法珍得反，处分闭门上仗，不配欣泰兵，鸿选在殿内亦不敢发。城外众寻散。少日事觉，诏收欣泰、胡松等，皆伏诛。②

按"义师起"是指梁武帝萧衍开始打起反抗东昏侯统治的旗号率军东讨的政治行动，其时东昏侯任命张欣泰的职务正是萧衍当时的职务，很显然他是被作为征讨主帅派往前线的。但张欣泰对当时的形势有清醒的认识，他不愿与萧衍为敌，决定联合太子右卫率胡松及其他几位皇宫亲信禁卫武官发动兵变，以乘机推翻东昏侯的统治，而东昏侯亦派遣太子右（左）卫率李居士等亲信将领进行还击。从这一事件中可以感受到当时太子卫率的职能及其重要地位。

---

① 《南齐书》卷五一《张欣泰传》，第三册，第883页。

② 《南齐书》卷五一《张欣泰传》，第三册，第883、884页。

在京师及皇宫受到威胁时，太子卫率有时会受命出任指挥官率军进行防守，这在东昏侯末年表现得特别突出。始安王萧遥光在京师起兵欲推翻东昏侯的统治，面对叛军的进攻，东昏侯在"戒严，曲赦京邑"的同时做了如下军事部署："领军萧坦之屯湘宫寺，镇军司马曹虎屯清溪大桥，太子右卫率左兴盛屯东府东篱门。"①永元三年（501），雍州刺史萧衍起兵反抗东昏侯的暴政，率军沿江东下逼近京师建康，八月"辛未（初九，9.7），以太子左率李居士总督西讨诸军事，屯新亭城"②。此举实际上是将抵御叛军进攻的总指挥权交给了太子左卫率李居士，表明其在当时东昏侯朝廷权位之重。以上事例充分反映出东宫禁卫军是东昏侯所依赖的主要武装力量，东昏侯为皇太子时的东宫卫队应该是其主力，其将领则应为其经营多年的亲信死党。侯景之乱围困建康台城，"启求诛中领军朱异、太子右卫率陆验、兼少府卿徐驎、制局监周石珍等"③，足见当时太子右卫率陆验是与朱异一样受到梁武帝宠幸的亲信大臣。而从侯景角度来看，若能逼迫梁武帝诛杀朱异、陆验等执掌禁卫军权的宠臣就可达到瓦解建康城防的目的。

沈众为太子中舍人，侯景之乱爆发后，表请还家乡吴兴召募其家族故义部曲以讨贼，得到梁武帝的许可。侯景包围建康城之际，"众率宗族及义附五千余人，入援京邑，顿于小航，对贼东府置阵，军容甚整，景深惮之。梁武于城内遥授众为太子右卫率。京城陷，众降于景"④。在当时险恶的局势下，梁武帝显然是希望沈众能够率领其所招募的宗族及义附五千余人加入东宫卫队，以保卫皇太子萧纲的安全。侯景攻陷建康台城之际，太子左卫率徐摛在皇太子萧纲身边进行保护。《梁书·徐摛传》：

> 太清三年（549），侯景攻陷台城。时太宗居永福省，贼众奔入，举兵上殿，侍卫奔散，莫有存者。摛独巍然侍立不动，徐谓景曰："侯公当以礼见，何得如此。"凶威遂折。侯景乃拜，由是常惮摛。太宗嗣位，进授左卫将军，固辞不拜。太宗后被幽闭，摛不获朝谒，因感气疾而卒，年七十八。⑤

① 《南齐书》卷四五《宗室·始安王遥光传》，第三册，第790页。
② 《南齐书》卷七《东昏侯纪》，第一册，第102页。
③ 〔唐〕姚思廉撰：《梁书》卷五六《侯景传》，中华书局，1973年，第三册，第842页。
④ 〔唐〕姚思廉撰：《陈书》卷一八《沈众传》，中华书局，1972年，第二册，第243、244页。
⑤ 《梁书》卷三〇《徐摛传》，第二册，第448页。

徐摛在危难之中的举动正是太子卫率禁卫东宫职能的充分体现。梁末元帝时期的两个事例也可作为参照。太宝元年（太清四年）九月，"任约进寇西阳、武昌，（元帝）遣左卫将军徐文盛、右卫将军阴子春、太子右卫率萧慧正、嶲州刺史席文献等下武昌拒约"[①]。裴畿"累官太子右卫率、嶲州刺史。西魏攻陷江陵，畿力战死之"[②]。

梁武帝时期，王份为"太子右率、散骑常侍，侍东宫"[③]，史又谓"太子右卫率周捨直殿省"云云[④]。毫无疑问，"侍东宫""直殿省（东宫）"乃是太子卫率的基本职能，也是其实现禁卫权力的最主要途径。张惠绍在齐明帝时期曾任直阁，梁武帝萧衍起兵之初，从其家乡义阳投奔，"板为中兵参军，加宁朔将军、军主。""建康城平，迁辅国将军、前军、直阁、左细仗主。高帝践阼，封石阳县侯，邑五百户，迁骁骑将军，直阁、细仗主如故。"以平定东昏余党入宫叛乱之功，"增邑二百户，迁太子右卫率"[⑤]。其仕履反映了梁朝建立之际，梁武帝元从亲信转任皇宫禁卫武官既而升迁为东宫禁卫长官的过程。相应地，梁朝最初的禁卫军主要当由萧衍幕府中兵组成，而在东宫建立之后将皇宫禁卫军部分划归东宫卫队。如前文所述，韦粲曾长期在晋安王萧纲（简文帝）幕府任职，后为记室参军兼中兵参军，统领王府侍卫亲兵，萧纲被立为皇太子后，韦粲入朝且几乎一直任"东宫领直"，后"迁太子仆、左卫率，领直并如故"。[⑥]由此推测，萧纲成为东宫的主人后，其藩邸晋安王府侍卫亲兵亦随之转变为东宫卫队，当然东宫卫队的员额远比王府侍卫亲兵要多，因此其原有侍卫亲兵也只能是东宫卫队的一部分而非全部。

保卫东宫，特别是负责皇储的人身安全，应该是太子卫率的基本职能，尽管这方面的记载非常罕见。除此之外，位居东宫最重要的臣僚之列的太子卫率自然也有辅导谏净太子的职责。史书中亦未见到此类事例，但其部属太子步兵校尉的事例可作一旁证。吴郡钱唐人范述曾"幼好学，从余杭吕道惠受五经，略通章句"，"齐文惠太子、竟陵文宣王幼时，高帝引述曾为之师

---

① 《梁书》卷五《元帝纪》，第一册，第114页。
② 《梁书》卷二八《裴之高传》附，第二册，第417页。
③ 《梁书》卷二一《王份传》，第二册，第325页。
④ 《梁书》卷一八《康绚传》，第二册，第292页。
⑤ 《梁书》卷一八《张惠绍传》，第二册，第285页。
⑥ 《梁书》卷四三《韦粲传》，第三册，第605页。

友"。后为太子步兵校尉，史载"述曾为人謇谔，在宫多所谏争，太子虽不能全用，然亦弗之罪也。竟陵王深相器重，号为周捨，时太子左卫率沈约亦以述曾方汲黯"。①太子步兵校尉如此，不难想象太子卫率亦当具有这种职能。

皇太子乃"万乘之嗣，系四海之命"②。作为皇位继承人，太子的品德和才能是事关王朝兴衰存亡的大计。东宫官僚肩负着太子培养、训导和保护的重任，即便是负责东宫禁卫的太子卫率，一般也须由具有较高文化修养的士人充任③，以便对太子产生积极的影响。宋文帝元嘉二十九年（452），谢庄任太子中庶子，"时南平王铄献赤鹦鹉，普诏群臣为赋。太子左卫率袁淑文冠当时，作赋毕，赍以示庄，庄赋亦竟，淑见而叹曰：'江东无我，卿当独秀。我若无卿，亦一时之杰也。'遂隐其赋"④。以文才著称于时的袁淑担任东宫禁卫长官，可能与宋文帝欲提升太子刘劭的文化修养有关。东海郯人徐勉，"幼孤贫，早励清节。年六岁，时属霖雨，家人祈霁，率尔为文，见称耆宿"，可见其相当早慧。"及长，笃志好学"，"明经术"，"善属文，勤著述，虽当机务，下笔不休"。徐勉后任至散骑常侍、领太子右卫率，其后便长期担任朝廷文武要职并掌管东宫事务："迁左卫将军，领太子中庶子，侍东宫。昭明太子尚幼，敕知宫事。""转太子詹事、领云骑将军，寻加散骑常侍。迁尚书右仆射，詹事如故。又改授侍中。频表解宫职，优诏不许。"史谓"太子礼之甚重，每事询谋。尝于殿内讲《孝经》，临川靖惠王、尚书令沈约备二傅，勉与国子祭酒张充为执经，王莹、张稷、柳惲、王暕为侍讲。时选极亲贤，妙尽时誉。勉陈让数四，又与沈约书，求换侍讲，诏不许，然后就焉"。⑤昭明太子萧统能够完成《文选》的编纂，与其宫中聚集了一批像徐勉这样杰出的文人学士密不可分。东海郯人徐摛"幼而好学，及长，遍览经史。属文好为新变，不拘旧体"⑥。他不仅熟知经史，更是梁朝著名的文学家。徐摛长期在梁武帝之子晋安

① 《梁书》卷五三《良吏·范述曾传》，第三册，第769、770页。
② 〔宋〕司马光编著，〔元〕胡三省音注，"标点资治通鉴小组"校点：《资治通鉴》卷二三七《唐纪五三》宪宗元和元年（806）四月左拾遗元稹上疏之言，中华书局，1956年，第一六册，第7633页。
③ 按唐人元稹之言，东宫职僚当"用博厚弘深之儒，而又明达机务者为之"（〔后晋〕刘昫等撰：《旧唐书》卷一六六《元稹传》，中华书局，1975年，第一三册，第4330页）。按宋人真德秀之言，则是"妙选一时之贤俊，以充辅导之职也"（《大学衍义》卷四一《齐家之要三·定国本·谕教之法宜豫》，《景印文渊阁四库全书》"子部一〇·儒家类"，第七〇四册，第906页）。
④ 《宋书》卷八五《谢庄传》，第八册，第2167、2168页。
⑤ 《梁书》卷二五《徐勉传》，第二册，第378、387、388页。
⑥ 《梁书》卷三〇《徐摛传》，第二册，第446页。

王萧纲幕府任职，后出任太子中庶子，又为太子左卫率，继续辅佐萧纲。南阳新野人庾信"幼而俊迈，聪敏绝伦。博览群书，尤善《春秋左氏传》"，是与徐摛齐名的著名文学家。[①] 其父庾肩吾时"为梁太子中庶子，掌管记，东海徐摛为左卫率。摛子陵及信，并为抄撰学士。父子在东宫，出入禁闼，恩礼莫与比隆"[②]。沈众为南朝著名文学家、史学家沈约之孙，史称"众好学，颇有文词"，梁武帝末年任至太子舍人、中舍人。为梁武帝所制《千字诗》作"注解"，"召见于文德殿，帝令众为《竹赋》。赋成，奏，帝善之，手敕答曰：'卿文体翩翩，可谓无忝尔祖。'"[③] 济北人张景仁"幼孤家贫，以学书为业，遂工草隶，选补内书生"。先被北齐文襄帝高澄"引为宾客"，"天保八年（557），敕授太原王绍德书，除开府参军。后主在东宫，世祖选善书人性行淳谨者令侍书，景仁遂被引擢。小心恭慎，后主爱之，呼为博士。历太子门大夫、员外散骑常侍、谏议大夫"。[④] 张景仁之所以得入侍东宫，"工草隶"是主要原因。作为将来要继承大统的皇储，在其即位后需处理国政批阅文书，因此其书法技艺的培养也是必不可少的。当然绝大多数进入东宫任职的才学之士未必一定以书法擅名，但字迹丑恶者应该不会出现在东宫。陈代有三位担任过太子卫率的亲信重臣均为书法名家：赵知礼"善隶书"[⑤]，毛喜"善草隶"[⑥]，蔡景历"工草隶"[⑦]。亦可说明书法才能是作为东宫官僚人选的一个重要条件。

北齐"左、右卫率坊，各领骑官备身正副都督、骑官备身五职、骑官备身员；又有内直备身正副都督、内直备身五职、内直备身员；又有备身正副都督、备身五职员；又有直阁（阁）、直前、直后员；又有旅骑、屯卫、典军等校尉各二人，骑尉三十人"[⑧]。其属官建置大体与皇宫禁卫武官制度相当，作为东宫禁卫长官的左、右卫率自然也是以负责东宫禁卫为其基本职责，然而遗憾的是现存文献记载中完全见不到北齐左右卫率的信息，故对其行使禁卫

---

① 〔唐〕令狐德棻等撰：《周书》卷四一《庾信传》，中华书局，1972年，第三册，第733页。又，本传云："既有盛才，文并绮艳，故世号为徐、庾体焉。当时后进，竞相模范。每有一文，京都莫不传诵。""寻兼通直散骑常侍，聘于东魏。文章辞令，盛为邺下所称。"（同上）

② 《周书》卷四一《庾信传》，第三册，第733页。

③ 《陈书》卷一八《沈众传》，第二册，第243页。

④ 〔唐〕李百药撰：《北齐书》卷四四《儒林·张景仁传》，中华书局，1972年，第二册，第591页。

⑤ 《陈书》卷一六《赵知礼传》，第一册，第223页。

⑥ 《陈书》卷二九《毛喜传》，第二册，第388页。

⑦ 《陈书》卷一六《蔡景历传》，第一册，第224页。

⑧ 〔唐〕魏徵等撰：《隋书》卷二七《百官志中》，中华书局，1973年，第三册，第760页。

职能的具体情形无法了解。

史志对于隋代太子卫率诸职禁卫东宫的职掌有明确记载。隋文帝初年，东宫置太子左右卫率各一人、副率各二人，"掌宫中禁卫"；左右宗卫率各一人、副率各二人，"各掌以宗人侍卫"；左右虞候开府各一人，"掌斥候伺非"；左右内率、副率各一人，"掌领备身已上禁内侍卫，供奉兵仗"；左右监门率各一人、副率各二人，"掌诸门禁"。左右内率、副率之属官"有千牛备身八人，掌执千牛刀；备身左右八人，掌供奉弓箭；备身二十人，掌宿卫侍从"。[1] 此与朝廷禁卫十府的职掌颇为相似："左右卫，掌宫掖禁御，督摄仗卫。""左右武卫府，无直阁已下员，但领外军宿卫。左右武候，掌车驾出，先驱后殿，昼夜巡察，执捕奸非，烽候道路，水草所置，巡狩师田，则掌其营禁。""左右领左右府，各大将军一人、将军二人，掌侍卫左右，供御兵仗。""左右监门府各将军一人，掌宫殿门禁及守卫事"。左右卫属官有直阁将军六人、直寝十二人及直斋、直后各十五人，"并掌宿卫侍从"；奉车都尉六人，"掌驭副车"；武骑常侍十人、殿内将军十五人、员外将军三十人、殿内司马督二十人、员外司马督四十人，"并以参军府朝，出使劳问"。左右领左右府所领千牛备身十二人，"掌执千牛刀"；备身左右十二人"掌供御弓箭；备身六十人"掌宿卫侍从"。[2]

苏孝慈在隋朝初年以兵部尚书领太子右卫率，又"领太子右庶子，转授左卫率，仍判工部、民部二尚书"，"转工部尚书"[3]。转任工部尚书后仍然担任太子左卫率。苏孝慈长期任职东宫，承担东宫禁卫重任，也使他与太子杨勇建立了亲密关系。当太子失宠欲被废黜之时，隋文帝便做出了将他调离东宫的决定，太子对此反应颇为激烈。"开皇十八年（598），将废太子，惮其在东宫，出为浙州刺史。太子以孝慈去，甚不平，形于言色。其见重如此。"[4]太子的过激反应，正表明作为禁卫长官的太子左卫率在东宫所具有的重要地位。如前所述，郭衍是晋王杨广"夺宗之谋"的主要"心腹"之一，"及王入为太子，征授左监门率，转左宗卫率"。隋文帝在仁寿宫病危之际，"太子与杨素矫诏，令衍、宇文述领东宫，帖上台宿卫，门禁并由之。及上崩，汉王起逆，而京师空虚，使衍驰还，总兵居守"。[5]其时宇文述为太子左卫率。隋代太子

---

① 《隋书》卷二八《百官志下》，第三册，第780—781页。
② 《隋书》卷二八《百官志下》，第三册，第778—779页。
③ 《隋书》卷四六《苏孝慈传》，第五册，第1259页。
④ 《隋书》卷四六《苏孝慈传》，第五册，第1259页。
⑤ 《隋书》卷六一《郭衍传》，第五册，第1468—1470页。

卫率的禁卫职能于此得以充分的体现。隋炀帝东宫太子诸率在其即位后官职的迁转，也有助于认识太子卫率的禁卫职能。宇文述本为太子左卫率，"炀帝嗣位，拜左卫大将军"。郭衍本为太子左宗卫率，"大业元年（605），拜左武卫大将军"。于仲文本为太子右卫率，"炀帝即位，迁右翊卫大将军"。周罗睺由东宫右虞候率转右卫率，"炀帝即位，授右武候大将军"。权武本为太子右卫率，"炀帝即位，拜右武卫大将军"，后又"拜右屯卫大将军"。李浑本为左武卫将军、领太子宗卫率，"大业初，转右骁卫将军"，又"迁右骁卫大将军"。段达本为太子左卫副率，"大业初，以蕃邸之旧，拜左翊卫将军"。而于宣道本为左卫长史，后"迁太子左卫副率"，亦可从反向角度予以理解。

二、参议国政

孝武帝是东晋一朝在位时间最长的皇帝，凭借淝水之战的威势曾使衰弱的皇权得到振作。相应地，他也采取了加强皇位继承人——太子东宫权力的措施，近百年间不曾设置的太子前、后卫率之职在孝武帝后期得以恢复。《晋书·职官志》："及江左，省前、后二率，孝武太元（376-396）中又置。"[1] 史载"孝武帝太元十五年（390），淑媛陈氏卒，皇太子所生也。有司参详母以子贵，赠淑媛为夫人，置家令典丧事。太子前卫率徐邈议"云云[2]。可知其时已有太子前卫率之职，表明前、后二率设于太元十五年之前。《晋书·徐邈传》：

> 及孝武帝始览典籍，招延儒学之士，邈既东州儒素，太傅谢安举以应选。年四十四，始补中书舍人，在西省侍帝。虽不口传章句，然开释文义，标明指趣，撰正《五经》音训，学者宗之。迁散骑常侍，犹处西省，前后十年，每被顾问，辄有献替，多所匡益，甚见宠待。……邈转祠部郎，上南北郊宗庙迭毁礼，皆有证据。……迁中书侍郎，专掌纶诏，帝甚亲昵之。初，范宁与邈皆为帝所任使，共补朝廷之阙。宁才素高而措心正直，遂为王国宝所谮，出守远郡。邈孤宦易危，而无敢排强族，乃为自安之计。会帝颇疏会稽王道子，邈欲和协之，因从容言于帝曰：

---

① 《晋书》卷二四《职官志》，第三册，第743页。
② 《晋书》卷二〇《礼志中》，第三册，第624页；《宋书》卷一五《礼志二》，第二册，第397页。

"昔淮南、齐王，汉晋成戒。会稽王虽有酣媟之累，而奉上纯一，宜加弘贷，消散纷议，外为国家之计，内慰太后之心。"帝纳焉。……道子将用为吏部郎，邈以波竞成俗，非己所能节制，苦辞乃止。时皇太子尚幼，帝甚钟心，文武之选皆一时之后。以邈为前卫率，领本郡大中正，授太子经。帝谓邈曰："虽未敕以师礼相待，然不以博士相遇也。"古之帝王，受经必敬，自魏晋以来，多使微人教授，号为博士，不复尊以为师，故帝有云。邈虽在东宫，犹朝夕入见，参综朝政，修饰文诏，拾遗补阙，勔劳左右。帝嘉其谨密，方之于金、霍，有托重之意，将进显位，未及行而帝暴崩。安帝即位，拜骁骑将军。隆安元年（397），遭父忧。邈先疾患，因哀毁增笃，不逾年而卒。年五十四，州里伤悼，识者悲之。①

徐邈从受谢安举荐以中书舍人入仕到其去世仅十年时间，却在当时的东晋政坛凭借其个人才智发挥了颇为可观的作用。史载太元十二年（387）"八月辛巳（十八，9.16），立皇子德宗为皇太子"②，其时徐邈四十四岁，若此则其在入仕之初即担任太子前卫率，与本传所载不合（也可能本传记载有误），徐邈以中书舍人入仕时还不到四十四岁。徐邈任前卫率的主要职责并非保卫皇太子，而是"授太子经"，意在培养皇太子的儒学修养。不论如何，孝武帝对皇太子是寄予了厚望的。王雅（334-400）曾任丹杨尹、领太子左卫率，他是孝武帝朝具有重要影响的官员。《晋书·王雅传》：

　　雅性好接下，敬慎奉公，孝武帝深加礼遇，虽在外职，侍见甚数，朝廷大事多参谋议。帝每置酒宴集，雅未至，不先举觞，其见重如此。然任遇有过其才，时人被以佞幸之目。帝起清暑殿于后宫，开北上阁，出华林园，与美人张氏同游止，惟雅与焉。会稽王道子领太子太傅，以雅为太子少傅。……雅既贵幸，威权甚震，门下车骑常数百，而善应接，倾心礼之。帝以道子无社稷器干，虑晏驾之后皇室倾危，乃选时望以为藩屏，将擢王恭、殷仲堪等，先以访雅。……迁领军、尚书、散骑常侍，方大崇进之，将参副相之重，而帝崩，仓卒不获顾命。……虽在孝武世，

①《晋书》卷九一《儒林·徐邈传》，第八册，第2356-2358页。
②《晋书》卷九《孝武帝纪》，第一册，第236页。

亦不能犯颜廷争，凡所谋谟，唯唯而已。寻迁左仆射。①

王雅在任丹杨尹、领太子左卫率之前的职务为侍中、左卫将军，这表明晋孝武帝立太子之后很可能是将一部分朝廷禁卫军转给东宫作为其禁卫部队的。无论是左卫率王雅还是前卫率徐邈，都是晋孝武帝非常宠幸的大臣，而右卫率郗恢也不例外。史载郗恢为"给事黄门侍郎、领太子右卫率。恢身长八尺，美须髯，孝武帝深器之，以为有藩伯之望。会朱序自表去职，擢恢为梁秦雍司荆扬并等州诸军事、建威将军、雍州刺史、假节，镇襄阳"②。毫无疑问，晋孝武帝以其亲信担任或兼领东宫禁卫长官是一个基本原则，这样既可以保证对皇太子的有效保护、教育，也有利于皇权的加强。

前秦苻坚欲倾其全部兵力征伐东晋，史载"坚引群臣会议"，秘书监朱肜力赞之，左仆射权翼则认为人和在晋，"未可图也"。时太子左卫率石越提出了如下看法：

> 吴人恃险偏隅，不宾王命，陛下亲御六师，问罪衡越，诚合人神四海之望。但今岁镇星守斗牛，福德在吴。悬象无差，弗可犯也。且晋中宗，藩王耳，夷夏之情，咸共推之，遗爱犹在于人。昌明，其孙也，国有长江之险，朝无昏贰之衅。臣愚以为利用修德，未宜动师。孔子曰："远人不服，修文德以来之。"愿保境养兵，伺其虚隙。③

对前秦朝廷最重大的政治决策发表意见，表明太子左卫率石越在当时朝臣中是有较高地位的。

宋文帝从其弟彭城王义康手中夺取大权后便极力加强太子权力，东宫禁卫力量得到迅速扩充。太子卫率往往又以朝廷大臣兼任，对朝政决策具有发言权。侍中、右卫将军沈演之在向宋文帝告密除掉太子詹事、左卫将军范晔后，"迁领国子祭酒、本州大中正，转吏部尚书、领太子右卫率"。史称其"虽未为宰相，任寄不异也"④。在元嘉二十四年关于通货的议论中，侍中、太子左

---

① 《晋书》卷八三《王雅传》，第七册，第3179—3180页。
② 《晋书》卷六七《郗恢传》，第六册，第1805页。
③ 《晋书》卷一一四《苻坚载记下》，第九册，第2912页。
④ 《宋书》卷六三《沈演之传》，第六册，第1686页。

卫率萧思话发表了重要意见。《宋书·何尚之传》：

> 先是，患货重，铸四铢钱，民间颇盗铸，多翦凿古钱以取铜，上患之。（元嘉）二十四年，录尚书江夏王义恭建议，以一大钱当两，以防翦凿，议者多同。尚之议曰：……吏部尚书庾炳之、侍中·太子左卫率萧思话、中护军赵伯符、御史中丞何承天、太常都敬叔，并同尚之议。中领军沈演之以为：……上从演之议，遂以一钱当两，行之经时，公私非便，乃罢。①

无论是以六部尚书与太子右卫率叠任还是以侍中与太子左卫率叠任，都充分体现了当时太子卫率职位之重要。宋文帝末年担任太子左卫率的袁淑是当时政治上有影响的人物，史载张"穆之少方雅，有识鉴。宋元嘉中，为员外散骑侍郎。与吏部尚书江湛、太子左率袁淑善，淑荐之于始兴王濬，濬深引纳焉"②。宋文帝对袁淑的任命应该是一个正确的选择，他大概是希望"文冠当时"的袁淑能够以其才学对太子刘劭产生积极的影响。如前所述，袁淑虽然对刘劭谋反的决定提出谏阻，但未能阻止其行动。

蔡兴宗在宋明帝及前废帝时期"掌吏部"，《宋书·蔡兴宗传》的记载涉及东宫、皇宫禁卫长官的任用问题：

> 时薛安都为散骑常侍、征虏将军、太子左率，殷常为中庶子。兴宗先选安都为左卫将军，常侍如故；殷炽为黄门，领校。太宰嫌安都为多，欲单为左卫，兴宗曰："率、卫相去，唯阿之间。且已失征虏，非乃超越，复夺常侍，顿为降贬。若谓安都晚达微人，本宜裁抑，令名器不轻，宜有贯序。谨依选体，非私安都。"义恭曰："若宫官宜加超授者，殷炽便应侍中，那得为黄门而已。"兴宗又曰："中庶、侍中，相去实远。且安都作率十年，殷常中庶百日，今又领校，不为少也。"使选令史颜祎之、薛庆先等往复论执，义恭然后署案。……既中旨以安都为右卫、加给事中，由是大忤义恭及（戴）法兴等，出兴宗吴郡太守。③

---

① 《宋书》卷六六《何尚之传》，第六册，第1735、1736页。
② 《梁书》卷七《后妃·太祖张皇后传》，第一册，第156页。
③ 《宋书》卷五七《蔡兴宗传》，第五册，第1576页。

这样的记载在魏晋南北朝时期仅此一见，可谓弥足珍贵。按"太宰"即江夏王义恭，时为录尚书事、中书监、太宰①，执掌朝政大权。薛安都为自北魏南降之蜀薛，故蔡兴宗有"晚达微人"之说。他在宋孝武帝孝建元年（454）或二年即为太子左卫率，"七年，又加征虏将军。为太子左卫率十年，终世祖世不转。前废帝即位，迁右卫将军，加给事中"②。在刘义恭看来，蔡兴宗欲以散骑常侍、征虏将军、太子左率薛安都"为左卫将军，常侍如故"的选任过高，显然在他眼中左卫将军远比太子左卫率位高权重。蔡兴宗的看法并不相同，他认为"率、卫相去，唯阿之间"，意即两职并无太大差别，若在迁任左卫将军的同时夺其原任散骑常侍，则属"降贬"而非升迁。蔡兴宗主要着眼于制度层面，而刘义恭则是从实际权力和荣宠程度而论，反映了经过太子刘劭篡弑事件之后太子东宫地位的下降。当然，这一事件实际上反映的是刘义恭与宋前废帝之间的权力之争，最后蔡兴宗虽然做了让步，改以薛安都为右卫将军、加给事中，但还是触怒了刘义恭。

齐武帝以吏部尚书徐孝嗣领太子左卫率，"台阁事多以委之"③。又以吏部尚书王晏领太子右卫率，"终以旧恩见宠。时〔尚书〕令王俭虽贵而疏，晏既领选，权行台阁，与俭颇不平"④。王亮在齐明帝"建武（494-498）末，为吏部尚书"，"频加通直散骑常侍、太子右卫率"⑤。此与徐孝嗣以吏部尚书领太子左卫率的情形相类似。永明十一年（493），王晏"迁右仆射、领太孙右卫率。世祖崩，遗旨以尚书事付晏及徐孝嗣，令久于其职"⑥。以位高权重的朝廷重臣吏部尚书及尚书右仆射领太子（孙）卫率，充分显示出齐武帝对东宫安保的重视，这种做法同时也使得东宫权力完全纳入皇权控制之下。吕安国在齐武帝永明五年为"都官尚书、领太子左率"⑦，王晏在永明九年"迁侍中、领太子詹事"，齐明帝建武元年以侍中、尚书令"领太子少傅"⑧，崔慧景在建

---

① 参见《宋书》卷七《前废帝纪》，第一册，第144页；卷六一《武三王·江夏王义恭传》，第六册，第1649页。
② 《宋书》卷八八《薛安都传》，第八册，第2218页。
③ 《南齐书》卷四四《徐孝嗣传》，第三册，第772页。
④ 《南齐书》卷四二《王晏传》，第三册，第742页。
⑤ 《梁书》卷一六《王亮传》，第一册，第267、268页。
⑥ 《南齐书》卷四二《王晏传》，第三册，第742页。
⑦ 《南齐书》卷二九《吕安国传》，第二册，第538页。
⑧ 《南齐书》卷四二《王晏传》，第三册，第742页。

武"四年，迁度支尚书、领太子左率"①，均可看作皇权对东宫军权进行控制的例证。太子卫率既是东宫臣僚，同时也属于朝廷大臣，因此就朝政提出建议也是其职责所在。家居青州的余姚人陈胤叔为萧道成元从亲信，"官至太子左率。启世祖以锻箭镞用铁多，不如铸作。东治令张候伯以铸镞钝，不合用，事不行"。时当齐武帝初年。② 吴郡钱唐人杜京产，其家"世传五斗米道"，"与同郡顾欢同契，始宁东山开舍授学"。永明十年太子右率沈约与孔稚珪（时任御史中丞）及光禄大夫陆澄、祠部尚书虞悰等"表荐京产"，谓其"学遍玄、儒，博通史、子，流连文艺，沈吟道奥"，希望朝廷征召其入仕。③

梁代太子卫率大多数在任职前已有很高的地位，其中担任州级地方军政长官者为数不少，如梁武帝从父弟萧昺在梁朝初年出任使持节、北兖徐青冀四州都督、冠军将军、南兖州刺史，率军参与了天监四年（505）的北伐，"五年，班师，除太子右卫率"④。任太子卫率前为朝廷文职大臣者亦不乏其人，如：梁武帝长兄萧懿之子长沙王业，天监"六年，转散骑常侍、太子右卫率"⑤。之前他先后迁任秘书监、侍中。徐勉在除散骑常侍、领太子右卫率之前曾任侍中、五兵尚书、吏部尚书等要职，其为侍中时曾负责天监四年北伐相关军事文书的制定，史称"勉参掌军书，劬劳夙夜，动经数旬，乃一还宅"⑥。御史中丞任昉弹奏征虏将军、太子左卫率萧颖达，谓其"备位大臣，预闻执宪"云云⑦。可知太子卫率位居朝廷大臣之列，乃是时人的共识。羊侃于梁武帝大通三年（529）自北魏南降，后任至太子左卫率，"大同三年（537），车驾幸乐游苑，侃预宴"⑧。这一情况也可作为太子卫率"备位大臣"的例证。

当然，作为朝廷大臣参与朝政显得更为重要。曾任太子右卫率和左卫率的周捨是梁武帝前期最为倚重的亲信大臣，史称其"虽居职屡徙，而常留省内，罕得休下，国史诏诰，仪体法律，军旅谋谟，皆兼掌之。日夜侍上，预机密，二十余年未尝离左右"⑨。在其任职前期中书通事舍人、中书侍郎是体现

① 《南齐书》卷五一《崔慧景传》，第三册，第873页。
② 《南齐书》卷三〇《陈胤叔传》，第二册，第557页。
③ 《南齐书》卷五四《高逸·杜京产传》，第三册，第942页。
④ 《梁书》卷二四《萧景传》，第二册，第368页。
⑤ 《梁书》卷二三《长沙王业传》，第二册，第360页。
⑥ 《梁书》卷二五《徐勉传》，第二册，第377页。
⑦ 《梁书》卷一〇《萧颖达传》，第一册，第189页。
⑧ 《梁书》卷三九《羊侃传》，第二册，第559页。
⑨ 《梁书》卷二五《周捨传》，第二册，第376页。

权力的主要方式，而在后期担任东宫和皇宫禁卫武（长）官是其受到重视和权力得以体现的主要方式。与皇宫禁卫武（长）官一样，太子卫率也具有"直殿省"的职责，《梁书·康绚传》："（天监）十八年，征为员外散骑常侍、领长水校尉，与护军韦叡、太子右卫率周捨直殿省。"①

徐摛曾长期担任简文帝萧纲藩邸幕府（晋安王府）僚佐，后又成为其东宫臣僚，既而又为皇宫禁卫长官。其仕履如下：太学博士→左卫司马→晋安王侍读→晋安王云麾府记室参军→晋安王平西府中记室（参军）→晋安王安北中录事参军、带郯令（母忧去职）→秣陵令（晋安王时为丹阳尹）→晋安王谘议参军→兼宁蛮府长史→太子家令（兼掌管记，寻带领直）→新安太守→中庶子、加戎昭将军→太子左卫率→左卫将军（固辞不拜）。徐摛为晋安王谘议参军时正当萧纲出镇襄阳，史载"大通（527-529）初，王总戎北伐，以摛兼宁蛮府长史，参赞戎政，教命军书，多自摛出"。其在萧纲幕府地位权力之重，于此可见一斑。"太清三年（549），侯景攻陷台城。时太宗居永福省，贼众奔入，举兵上殿，侍卫奔散，莫有存者。摛独嶷然侍立不动，徐谓景曰：'侯公当以礼见，何得如此？'凶威遂折。侯景乃拜，由是常惮摛。太宗嗣位，进授左卫将军，固辞不拜。"②虽然是在非常时期，但从徐摛由太子左卫率迁职左卫将军的事例仍可感受到，太子即位后皇宫禁卫军与其原东宫卫队之间的继承关系。

与徐摛的经历非常相似，韦粲入仕后也几乎一直是在简文帝萧纲幕府任职："初为云麾晋安王行参军，俄署法曹，迁外兵参军、兼中兵。""及王迁镇雍州，随转记室，兼中兵如故。"萧纲被立为皇太子后，韦粲亦随其入朝任职东宫："王立为皇太子，粲迁步兵校尉，入为东宫领直。丁父忧去职，寻起为招远将军，复为领直。服阕，袭爵永昌县侯，除安西湘东王谘议，累迁太子仆、左卫率，领直并如故。"史称"粲以旧恩，任寄绸密，虽居职屡徙，常留宿卫，颇擅威名，诞倨，不为时辈所平"。深受梁武帝宠幸的右卫将军朱异尝于酒席厉色谓粲曰："卿何得已作领军面向人！"③言外之意，韦粲虽然是东宫禁卫长官，却像朝廷最高禁卫长官领军将军一样盛气凌人，指责其有着追求非分权力的意图。这也从一个侧面证明，太子左卫率在东宫内部具有和领军将军在皇宫相当的职能。

---

① 《梁书》卷一八《康绚传》，第二册，第292页。
② 《梁书》卷三〇《徐摛传》，第二册，第448页。
③ 《梁书》卷四三《韦粲传》，第三册，第605页。

赵知礼"涉猎文史，善隶书"，在梁末为陈霸先亲信幕僚，"恒侍左右，深被委任，当时计画莫不预焉，知礼亦多所献替"，陈霸先最为重要的政治军事文书即出自其手。"高祖入辅，迁给事黄门侍郎、兼卫尉卿。高祖受命，迁通直散骑常侍，直殿省。寻迁散骑常侍、守太府卿，权知领军事。""王琳平，授持节、督吴州诸军事、明威将军、吴州刺史。知礼沈静有谋谟，每军国大事，世祖辄令玺书问之。秩满，为明威将军、太子右卫率。迁右卫将军、领前军将军。"①由此可见，赵知礼由陈霸先霸府幕僚转任新朝之内侍文官兼禁卫武官，在一度出任吴州军政长官后又入朝相继担任东宫及皇宫禁卫长官。蔡景历"少俊爽，有孝行，家贫好学，善尺牍，工草隶"，在梁末为陈霸先幕僚亲信，"高祖受禅，迁秘书监、中书通事舍人，掌诏诰"。陈武帝驾崩之际，协助稳定政局，扶持陈文帝即位，"世祖即位，复为秘书监，舍人如故"。"累迁散骑常侍。世祖诛侯安都，景历劝成其事。天嘉三年（562），以功迁太子左卫率，进爵为侯，增邑百户，常侍、舍人如故。"后经免官、收监及担任地方官等曲折经历，在陈宣帝时"入为通直散骑常侍、中书通事舍人，掌诏诰，仍复封邑。迁太子左卫率，常侍、舍人如故"。②

荥阳阳武人毛喜"少好学，善草隶"，为陈宣帝（陈顼）最重要的亲信，其经历与赵知礼颇为相似。梁末陈霸先镇京口时"命喜与高宗（宣帝）俱往江陵"，"及江陵陷，喜及高宗俱迁关右"。毛喜先于陈顼自北周返回，"及高宗反国，喜于郢州奉迎，又遣喜入关"，请迎宣帝家属，"仍迎柳皇后及后主还"。随即为陈顼骠骑将军"府谘议参军、领中记室，府朝文翰，皆喜词也"。毛喜为陈顼政变篡位划策，"高宗即位，除给事黄门侍郎、兼中书舍人，典军国机密。高宗将议北伐，敕喜撰军制，凡十三条，诏颁天下，文多不载。寻迁太子右卫率、右卫将军"。③

类似上述蔡景历的事例，陈代太子卫率兼任中书舍人的现象较为普遍。与前代不同，陈代中书舍人权位甚重④，故此现象乃是太子卫率地位重要性的

---

① 《陈书》卷一六《赵知礼传》，第一册，第223、224页。

② 《陈书》卷一六《蔡景历传》，第一册，第227页。

③ 《陈书》卷二九《毛喜传》，第二册，第388、389页。

④ 《隋书》卷二六《百官志上》："国之政事，并由中书省。有中书舍人五人，领主事十人、书吏二百人。书吏不足，并取助书，分掌二十一局事，各当尚书诸曹，并为上司，总国内机要，而尚书唯听受而已。被委此官，多擅威势。"（第三册，第742页）关于陈代舍人省及其职能，参见祝总斌：《两汉魏晋南北朝宰相制度研究》，中国社会科学出版社，1998年，第346-349页。

反映。司马申的事例对认识陈代太子卫率的地位颇具典型性。司马申与陈后主渊源颇深，关系极为密切。《陈书·司马申传》：

> （太建）九年（577），除秣陵令……秩满，顷之，预东宫宾客。寻兼东宫通事舍人。迁员外散骑常侍，舍人如故。及叔陵之肆逆也，事既不捷，出据东府，申驰召右卫萧摩诃帅兵先至，追斩之，因入城中，收其府库，后主深嘉之。以功除太子左卫率，封文始（招）县伯，邑四百户，兼中书通事舍人。寻迁右卫将军，加通直散骑常侍。以疾还第，就加散骑常侍、右卫、舍人如故。[1]

按"叔陵之肆逆"指陈宣帝驾崩后始兴王叔陵与后主叔宝争夺帝位的未遂事变，太建"十四年（582）正月甲寅（初十，2.17），高宗崩。乙卯（十一，2.18），始兴王叔陵作逆，伏诛。丁巳（十三，2.20），太子即皇帝位于太极前殿"[2]。司马申原为陈后主东宫府亲信，在平定始兴王叔陵之乱协助后主即位的斗争中立下了汗马功劳，故在后主即位之初，原本地位不高的司马申被任命为东宫禁卫长官，既而又迁任皇宫禁卫长官，同时兼中书通事舍人且加通直散骑常侍→散骑常侍，集权力、机要、荣显于一身。继司马申为太子左卫率的周罗睺也是陈后主宠幸的亲信大臣。《隋书·周罗睺传》：

> 至德（583-586）中，除持节、都督南川诸军事。……军还，除太子左卫率，信任逾重，时参宴席。陈主曰："周左率武将，诗每前成，文士何为后也？"都官尚书孔范对曰："周罗睺执笔制诗，还如上马入阵，不在人后。"自是益见亲礼。[3]

按"罗睺年十五，善骑射，好鹰狗，任侠放荡，收聚亡命，阴习兵书"[4]，故后主有"周左率武将"之语。

北魏孝文帝决定任用太子步兵校尉张烈出任南境顺阳太守，谓"太子步

---

① 《陈书》卷二九《司马申传》，第二册，第387页。
② 《陈书》卷六《后主纪》，第一册，第105页。
③ 《隋书》卷六五《周罗睺传》，第五册，第1524页。
④ 《隋书》卷六五《周罗睺传》，第五册，第1523页。

兵张烈每论军国之事，时有会人意处"云云。时"彭城王勰称赞之，遂敕除陵江将军、顺阳太守"。其背景是"萧宝卷将陈显达治兵汉南，谋将入寇。时顺阳太守王青石世官江南，荆州刺史广阳王嘉虑其有异，表请代之"。①太子步兵校尉经常参论军国之事，其长官太子卫率自然更可以参与国政，只是史书中并无相关记载，因而具体情况也就无从知晓。奚康生"以勋除中坚将军、太子三校、西台直后。吐京胡反，自号辛支王，康生为军主，从章武王彬讨之"②。杨津"迁太子步兵校尉。高祖南征，以津为都督征南府长史，至悬瓠，征加直阁将军"③。韩务"稍迁太子翊军校尉。时高祖南征，行梁州刺史杨灵珍谋叛。以务为统军，受都督李崇节度以讨灵珍"④。从此三例推测，北魏大概并无太子卫率直接率军出征的情况，若要命其出征，则是重新任命新的职务。

三、率军出征

卞敦在东晋建立前夕为镇东大将军王敦军司，"中兴建，拜太子左卫率。时石勒侵逼淮泗，帝备求良将可以式遏边境者，公卿举敦，除征虏将军、徐州刺史，镇泗口"⑤。卞敦可能是东晋第一任太子左卫率。晋元帝太兴二年（319）八月，"徐龛寇东莞，遣太子左卫率羊鉴行征虏将军，统徐州刺史蔡豹讨之"⑥。史载"会太山太守徐龛反，帝访可以镇抚河南者，导举太子左卫率羊鉴。既而鉴败，抵罪"⑦。《晋书·羊鉴传》：

> 累迁太子左卫率。时徐龛反版，司徒王导以鉴是龛州里冠族，必能制之，请遣北讨。鉴深辞才非将帅。太尉郗鉴亦表谓鉴非才，不宜妄使。导不纳，强启授以征讨都督，果败绩。导以举鉴非才，请自贬，帝不从。有司正鉴斩刑，元帝诏以鉴太妃外属，特免死，除名。久之，为少府。及王敦反，明帝以鉴敦舅，又素相亲党，微被嫌责。及

---

① 《魏书》卷七六《张烈传》，第五册，第1685、1686页。
② 《魏书》卷七三《奚康生传》，第五册，第1630页。
③ 《魏书》卷五八《杨津传》，第四册，第1296页。
④ 《魏书》卷四二《韩务传》，第三册，第953页。
⑤ 《晋书》卷七〇《卞敦传》，第六册，第1874页。
⑥ 《晋书》卷六《元帝纪》，第一册，第152页。
⑦ 《晋书》卷六五《王导传》，第六册，第1749页。

成帝即位，豫讨苏峻，以功封丰城县侯，徙光禄勋，卒。[①]

羊鉴既是帝室姻亲，又与琅邪王氏有姻亲关系，为王敦舅父，王导大概希望他通过此行以建立功业，结果却适得其反。永昌元年（322）三月，"以太子右卫率周莚行冠军将军，统兵三千讨沈充"[②]。周莚"迁太子右卫率。及王敦作难，加冠军将军、都督会稽吴兴义兴晋陵东阳军事，率水军三千人讨沈充，未发而王师败绩。莚闻札开城纳敦，愤咤慷慨形于辞色。寻遇害"[③]。周莚出征所率军队虽然未必全是东宫兵，但必定包括其所领东宫卫队。

奋武将军、淮南内史褚翜在晋元帝时受征西将军戴若思之命参与平定王敦之乱，"明帝即位，征拜屯骑校尉，迁太子左卫率。成帝初，为左卫将军。苏峻之役，朝廷戒严，以翜为侍中，典征讨军事"[④]。阮孚在晋元帝时为太子中庶子、左卫率，领屯骑校尉，"明帝即位，迁侍中。从平王敦，赐爵南安县侯"[⑤]。二人参与平叛，既是侍中职能的体现，更因其不久前曾担任东宫禁卫长官兼领皇宫禁卫武官。凡此，均体现了太子卫率作为朝廷一支重要禁卫部队首长的职能。

太子卫率可受命率军平叛，这是其作为东宫禁卫长官职能的一种特殊体现形式。宋文帝元嘉二十七年（450），檀和之"自太子左卫率为世祖（武陵王骏）镇军司马、辅国将军、彭城太守"[⑥]。同年宋文帝决定北伐，下诏进行军事部署，其中包括"太子左卫率始兴县五等侯臧质勒东宫禁兵，统骁骑将军安复县开国侯王方回、建武将军安蛮司马新康县开国男刘康祖、右军参军事梁坦，步骑十万，迳造许、洛"[⑦]。可见其时臧质已担任太子左卫率，应该是接替檀和之于元嘉二十七年迁任太子左卫率的。按臧质为外戚，其父臧熹为"武敬皇后弟也"[⑧]。《宋书·薛安都传》：

---

① 《晋书》卷八一《羊鉴传》，第七册，第3112、3113页。
② 《晋书》卷六《元帝纪》，第一册，第155页。又，《魏书》卷九六《僭晋司马叡传》："（王）敦又移告州郡，以沈充为大都督，护东吴诸军。""叡以其司空王导为前锋大都督，尚书陆晔为军司；以广州刺史陶侃为江州，梁州刺史甘卓为荆州，使其率众掎蹑敦后；以太子右率周莚率中军三千人讨沈充。"（第六册，第2094页）
③ 《晋书》卷五八《周莚传》，第五册，第1578页。
④ 《晋书》卷七七《褚翜传》，第七册，第2032页。
⑤ 《晋书》卷四九《阮孚传》，第五册，第1365页。
⑥ 《宋书》卷九七《夷蛮·南夷林邑国传》，第八册，第2379页。
⑦ 《宋书》卷九五《索虏传》，第八册，第2348页。又可参见《魏书》卷九七《岛夷刘义隆传》，第六册，第2138页。
⑧ 《宋书》卷七四《臧质传》，第七册，第1909页。

转太子左卫率。大明元年（457），虏向无盐，东平太守刘胡出战失利。二月，遣安都领马军北讨，东阳太守沈法系水军向彭城，并受徐州刺史申坦节度。……时天旱，水泉多竭，人马疲困，不能远追，安都、法系并白衣领职，坦系尚方。①

同书《申坦传》载，"大明元年，虏寇兖州，世祖遣太子卫率薛安都、新除东阳太守沈法系北讨，至兖州，虏已去"云云②。申坦是由太子右卫率出任宁朔将军、徐州刺史的。外戚褚渊在宋明帝时为吏部尚书、领太子右卫率，"司徒建安王休仁南讨义嘉贼，屯鹊尾，遣渊诣军，选将帅以下勋阶得自专决"③。

宋明帝初年豫州刺史殷琰反叛，太子左卫率刘勔受命讨伐。《宋书·刘勔传》："琰初求救索虏，虏大众屯据汝南。泰始三年（467），以勔为征虏将军、督西讨前锋诸军事、假节、置佐，本官如故。"④《魏书·岛夷刘彧传》记述其事，谓"彧又遣其中领军沈攸之、太子左卫率刘勔寇彭城"云云⑤，可见刘勔在出征时其所任太子左卫率之职并未卸任。吴喜于宋明帝泰始四年"除右军将军、淮陵太守，假辅师将军，兼太子左卫率。五年，转骁骑将军，假号、太守、兼率如故。其年，虏寇豫州，喜统诸军出讨，大破虏于荆亭，伪长社公遁走，戍主帛乞奴归降"⑥。按吴喜出征一事同时体现了骁骑将军和太子左卫率的职能。刘秀之为尚书右仆射、领太子右卫率，大明"五年（461），雍州刺史海陵王休茂反，为土人所诛，遣秀之以本官慰劳，分别善恶"⑦。沈勃"太宗泰始中，为太子右卫率，加给事中。时欲北讨，使勃还乡里募人"⑧。此二例亦可作为太子卫率执行平叛使命的例证。太子卫率所领三校及左、右积弩将军等职亦可统兵出征，如上文所述太子步兵校尉沈庆之征蛮、太子左积弩将军刘康祖随射声校尉裴方明西征仇池，其中沈庆之征蛮之事影响甚大。

太子卫率可受命率军出征，南齐时期此类事例较多。戴僧静在齐高帝时

① 《宋书》卷八八《薛安都传》，第八册，第2218页。
② 《宋书》卷六五《申坦传》，第六册，第1725页。
③ 《南齐书》卷二三《褚渊传》，第二册，第425页。
④ 《宋书》卷八六《刘勔传》，第八册，第2192页。
⑤ 《魏书》卷九七《岛夷刘彧传》，第六册，第2148页。
⑥ 《宋书》卷八三《吴喜传》，第七册，第2115页。
⑦ 《宋书》卷八一《刘秀之传》，第七册，第2075页。
⑧ 《宋书》卷六三《沈勃传》，第六册，第1686页。

任至太子左卫率，齐武帝初出任北徐州军政长官，"迁给事中、太子右率，寻加通直常侍"。"永明五年（487），隶护军陈显达讨荒贼桓天生于比阳。僧静与平西司马韩孟度、华山太守康元隆前进，未至比阳四十里，顿深桥。天生引房步骑十万奄至，僧静合战大破之，杀获万计。天生退还比阳，僧静进围之。天生军出城外，僧静又击破之，天生闭门不复出，僧静力疲乃退。"① 按戴僧静出征所率当即其所领东宫禁卫军。名将周"盘龙胆气过人，尤便弓马"，南齐初年率军抵御北魏军队对淮阳的进攻。"建元二年（480），虏寇寿春，以盘龙为军主、假节，助豫州刺史垣崇祖决水漂渍。盘龙率辅国将军张倪马步军于西泽中奋击，杀伤数万人，获牛马辎重。""转太子左率。改授持节，军主如故。"② 周盘龙虽然是以持节、军主的身份出征，但也可看作太子卫率职能的体现，此次出征所率军队很可能就包括东宫禁卫军。

纵观崔慧景一生之仕履，是在禁卫军（皇宫及东宫）与地方军政长官两个系统任职，在禁卫军系统曾任长水校尉、羽林监、太子左率、右卫将军、左卫将军、护军将军，其中太子左率、右卫将军均为两度担任。建武"四年（497），迁度支尚书、领太子左率。冬，虏主攻沔北五郡，假慧景节，率众二万，骑千匹，向襄阳。雍州众军并受节度。永泰元年（498），慧景至襄阳，五郡已没。加慧景平北将军，置佐史，分军助戍樊城"。③ 其"率众二万"自然不可能都是其太子左率所领东宫卫队，但至少应该有一部分来自东宫禁卫军系统。萧谌与其兄萧谌一同参与废郁林废帝而拥立齐明帝的政变，建武初"转太子左率。领军解司州围"④。其"领军解司州围"应该就是率领东宫卫队出征的。北魏安南将军李佐"被敕与征南将军城阳王鸾、安南将军卢渊等军攻赭阳"，"属萧鸾遣其太子右卫率垣历生率众来援，咸以势弱不敌，规欲班师。

---

① 《南齐书》卷三〇《戴僧静传》，第二册，第556页。

② 《南齐书》卷二九《周盘龙传》，第二册，第543、544页。

③ 《南齐书》卷五一《崔慧景传》，第三册，第873页。

④ 《南齐书》卷四二《萧谌传》，第三册，第747页。按同书卷五七《魏虏传》对此役有具体记载："王奂之诛，子肃奔虏，宏以为镇南将军、南豫州刺史。遣肃与刘昶号二十万众，围义阳。司州刺史萧诞拒战，虏筑围堑栅三重，烧居民净尽，并力攻城，城中负楯而立。王广之都督救援，虏遣三万余人逆攻太子右率萧季敞于下梁，季敞战不利。司州城内告急，王广之遣军主黄门侍郎梁王间道先进，与太子右率萧谌、辅国将军徐玄庆、荆州军主鲁休烈据贤首山，出虏不备。"（第三册，第994页）

佐乃简骑二千逆贼，为贼所败”①。

太子卫率率军出征的事例在梁代也可见到。太子右卫率张惠绍参与了天监四、五年梁朝对北魏的北伐，《梁书·张惠绍传》：

> 天监四年（505），大举北伐，惠绍与冠军长史胡辛生、宁朔将军张豹子攻宿预，执城主马成龙，送于京师，使部将蓝怀恭于水南立城为掎角。俄而魏援大至，败陷怀恭，惠绍不能守，是夜奔还淮阴，魏复得宿预。六年，魏军攻钟离，诏左卫将军曹景宗督众军为援，进据邵阳，惠绍与冯道根、裴邃等攻断魏连桥，短兵接战，魏军大溃。以功增邑三百户，还为左骁骑将军。②

按“张惠绍克魏宿预城”是在天监五年五月辛未（初七，6.13）③。天监十三年冬，“高祖遣太子右卫率康绚督众军作荆山堰。明年，魏遣将李昙定大众逼荆山，扬声欲决堰，诏假义之节，帅太仆卿鱼弘文、直阁将军曹世宗、徐元和等救绚，军未至，绚等已破魏军”④。《梁书·康绚传》：

> 时魏降人王足陈计，求堰淮水以灌寿阳。……高祖以为然，使水工陈承伯、材官将军祖 视地形，咸谓淮内沙土漂轻，不坚实，其功不可就。高祖弗纳，发徐、扬人，率二十户取五丁以筑之。假绚节、都督淮上诸军事，并护堰作，役人及战士，有众二十万。于钟离南起浮山，北抵巉石，依岸以筑土，合脊于中流。十四年，堰将合，淮水漂疾，辄复决溃，众患之。……十一月，魏遣将杨大眼扬声决堰，绚命诸军撤营露次以待之。遣其子悦挑战，斩魏咸阳王府司马徐方兴，魏军小却。十二月，魏遣其尚书仆射李昙定督众军来战，绚与徐州刺史刘思祖等距之。高祖又遣右卫将军昌义之、太仆卿鱼弘文、直阁曹世宗、徐元和相次距守。十五年四月，堰乃成。……其月，魏军竟溃而归。水之所及，夹淮

---

① 《魏书》卷三九《李佐传》，第三册，第894页。又，《南齐书》卷二八《垣荣祖传附从弟历生传》："历官太子右率。性苛暴，好行鞭捶。与始安王遥光同反，伏诛。"（第二册，第531页）虽不载其出征事，但其"苛暴，好行鞭捶"必定是在出征时发生的。

② 《梁书》卷一八《张惠绍传》，第二册，第286页。

③ 《梁书》卷二《武帝纪中》，第一册，第43页。

④ 《梁书》卷一八《昌义之传》，第二册，第295页。

方数百里地。魏寿阳城戍稍徙顿于八公山，此南居人散就冈垄。①

康绚是以假节、都督淮上诸军事之名出任荆山淮堰工程总指挥的，不过都督淮上诸军事之职只是临时差遣，其正式官职仍然是太子右卫率。虽然有别于一般的受命出征，但也可看作太子卫率出征的事例。

普通五年（524），北魏徐州刺史元法僧遣使请降，梁武帝指示相关机构商议对策，太子右卫率、加员外散骑常侍朱异参与了这次决策，并受命指挥接应行动。《梁书·朱异传》：

> 普通五年，大举北伐，魏徐州刺史元法僧遣使请举地内属，诏有司议其虚实。异曰："自王师北讨，克获相继，徐州地转削弱，咸愿归罪法僧，法僧惧祸之至，其降必非伪也。"高祖仍遣异报法僧，并敕众军应接，受异节度。既至，法僧遵承朝旨，如异策焉。②

才干超群的朱异为梁武帝最宠幸的朝臣，令其负责接应元法僧以徐州归降的军事行动，自然是合适的人选。梁武帝统治的绝大多数时间，政局稳定，一直到侯景之乱前，京师地区没有受到来自外部的任何威胁，可以比较放心地派出包括东宫禁卫长官在内的禁卫军将领率宫廷精锐部队出征。当然，大多数场合太子卫率并不是以本官出征，而往往是被任命为地方军政长官担负一方军政事务。因此，在近半个世纪里关于太子卫率出征的事例总体上还是比较少见，而太子卫率出任地方军政长官的事例较多往往与此有关。

颍川颍阴人荀"朗少慷慨，有将帅大略"，梁武帝末年"起家梁庐陵王行参军"，在侯景之乱的混乱局势下"招致部曲"，拥众数万，"率部曲万余家济江，入宣城郡界立顿"，成为当时建康附近地区一支重要的武装力量。梁元帝任命其为南兖州军政长官，江陵失陷后协助陈霸先击退北齐军队在建康的军事行动。"永定元年（557）……以朗兄昂为左卫将军，弟暠为太子右卫率。寻遣朗随世祖拒王琳于南皖。"③荀暠虽然被任命为太子右卫率，但其实并未参与东宫事务，陈武帝意图用左卫将军和太子右卫率这样的官职笼络荀朗兄

---

① 《梁书》卷一八《康绚传》，第二册，第291、292页。
② 《梁书》卷三八《朱异传》，第二册，第538页。
③ 《陈书》卷一三《荀朗传》，第一册，第202页。

弟，借用其家族武力以协助其稳定动荡的局势。类似情形还有周铁虎的事例。梁陈之际，周铁虎为太子左卫率，作为陈霸先阵营的一员猛将率军东西征战，后被俘就义。《陈书·周铁虎传》：

> 绍泰二年（556），迁散骑常侍、严威将军、太子左卫率。寻随周文育于南江拒萧勃，恒为前军。文育又命铁虎偏军，于苦竹滩袭勃前军欧阳颜。又随文育西征王琳，于沌口败绩，铁虎与文育、侯安都并为琳所擒。琳引见诸将，与之语，唯铁虎辞气不屈。故琳尽宥文育之徒，独铁虎见害，时年四十九。①

按绍泰二年为梁敬帝年号，其时陈霸先尚未称帝，亦未立太子，次年十月陈霸先即位正式建立陈朝，以"世子克为孝怀太子"②。因此，周铁虎于此前一年所任太子左卫率仅为名义职务，并无实质内涵。尽管如此，也可作为太子卫率出征的一个特殊事例看待。

程灵洗在陈武帝时期"迁太子左卫率。高祖崩，王琳前军东下，灵洗于南陵破之，虏其兵士，并获青龙十余乘。以功授持节、都督南豫州缘江诸军事、信武将军、南豫州刺史。侯瑱等败王琳于栅口，灵洗乘胜逐北，据有鲁山。征为左卫将军，余如故"。在迁任太子左卫率前，程灵洗即"镇南陵"，而在迁职后仍然镇守南陵负责缘江防务。③陈朝建立之际，外部形势异常严峻，因此对京师建康城及其周边的防卫便成为禁卫军职责的重中之重。正是在这种情况下，程灵洗虽然迁任太子左卫率，但实际却并未入宫任职。

北魏孝文帝时期，高聪为通直散骑常侍、兼太子左率，"聪微习弓马，乃以将用自许。高祖锐意南讨，专访王肃以军事，聪托肃愿以偏裨自效，肃言之于高祖，故假聪辅国将军，统兵二千，与刘藻、傅永、成道益，任莫问俱受肃节度，同援涡阳"④。按高聪出征时有可能已经卸任太子左卫率，这一记载只能作为北魏太子卫率具有率军出征职能的间接例证。太子卫率部下东宫武官出征的事例亦于史可见。韩务"稍迁太子翊军校尉。时高祖南征，行梁州

---

① 《陈书》卷一〇《周铁虎传》，第一册，第170页。
② 《陈书》卷二《高祖纪下》，第一册，第34页。
③ 《陈书》卷一〇《程灵洗传》，第一册，第172页。
④ 《魏书》卷六八《高聪传》，第四册，第1521页。

刺史杨灵珍谋叛,以务为统军,受都督李崇节度以讨灵珍"①。杨津"迁太子步兵校尉。高祖南征,以津为都督征南府长史,至悬瓠,征加直阁将军"②。奚康生"后以勋除中坚将军、太子三校、西台直后。吐京胡反,自号辛支王。康生为军主,从章武王彬讨之"③。《魏书·张烈传》:

> 迁洛,除尚书仪曹郎,彭城王功曹史,太子步兵校尉。萧宝卷将陈显达治兵汉南,谋将入寇。时顺阳太守王青石世官江南,荆州刺史广阳王嘉虑其有异,表请代之。高祖诏侍臣各举所知,互有申荐者。高祖曰:"此郡今当必争之地,须得堪济之才,何容泛举也。太子步兵张烈每论军国之事,时有会人意处,朕欲用之,何如?"彭城王勰称赞之,遂敕除陵江将军、顺阳太守。④

从以上事例推测,北魏太子卫率可能并不像南朝一样直接受命率军出征,而在命其率军出征之际,大概会任命其为新的职务。

西魏时期,太子卫率参与征战的事例于史亦有所见。侯莫陈琼于大统三年(537)拜太子右卫率,"从独孤信征梁仚定"⑤。于寔为"太子右卫率,加都督。又从太祖战于邙山"⑥。王勇为通直散骑常侍、兼太子武卫率,"邙山之战(537),勇率敢死之士三百人,并执短兵,大呼直进,出入冲击,杀伤甚多,敌人无敢当者。是役也,大军不利,唯勇及王文达、耿令贵三人力战,皆有殊功"⑦。当其时,太子的保卫并不重要,重要的是宇文泰集团与高欢集团之间的战争,不论身为何职,参与征战无疑是当时官员的主要职责。

① 《魏书》卷四二《韩务传》,第三册,第953页。
② 《魏书》卷五八《杨津传》,第四册,第1296页。
③ 《魏书》卷七三《奚康生传》,第五册,第1630页。
④ 《魏书》卷七六《张烈传》,第五册,第1685-1686页。
⑤ 《周书》卷一六《侯莫陈琼传》,第一册,第270页。
⑥ 《周书》卷一五《于寔传》,第一册,第251页。
⑦ 《周书》卷二九《王勇传》,第二册,第491页。

第三章　太子卫率迁转关系探究

一、两晋太子卫率迁转

西晋时期，有关太子卫率的记载本来就不多，而其中涉及迁转关系者则更少，其具体情形如下[①]：

表 10　西晋太子卫率迁转关系表

姓名	迁入官	本官	迁出官	任职时间
刘 卞	并州刺史	左卫率	轻车将军、雍州刺史	惠帝
郭 奕	中庶子	右卫率、骁骑将军	雍州刺史、鹰扬将军	武帝
缪 胤	尚书郎	太弟左（右）卫率	魏郡太守	惠帝
邓 倩	冀州刺史	太子右卫率		?
武 韶	吏部郎	太子右卫率	? 散骑常侍	?

如上表所示，西晋可见到有迁转关系的太子（弟）卫率共有五例（左卫率一例，右卫率四例），其中一例迁出官不明。其迁入官可分为三类，即州刺史、尚书郎和太子中庶子；其迁出官为两类，即地方州郡长官和散骑常侍，而武韶的事例中散骑常侍不排除为太子右卫率加官的可能性。刘卞的事例反映了从州刺史入朝任太子卫率再出任州刺史的任职途径；邓倩的事例反映了州

---

① 按表中史料出处在上文考述中俱已标明，此处从略。下同。

118

刺史入朝任太子卫率的任职途径；郭弈的事例反映了东宫文官中庶子经太子右卫率兼任朝廷禁卫武官骁骑将军而后出任州刺史的任职途径；缪胤的事例反映了尚书郎经太子（弟）卫率而出任郡太守的任职途径；武韶的事例反映了尚书郎迁任太子卫率的任职途径。《山公启事》云："太子〔左〕卫率缺，侍卫威重，宜得其才无疾患者。城阳太守石崇忠笃有文武，河东太守焦胜清贞著信义，皆其选也。"① 按《山公启事》是吏部尚书山涛就官缺人选向晋武帝所奏表启，从中可以看出当时基本的用人原则，其中由郡太守迁任太子左卫率看来是比较常规的迁转途径。不过总的来看，由于事例太少，很难得出更为具体的认识。

与西晋相比，史书所载东晋时期太子卫率迁转的事例有所增加，其具体情形可列表如下：

表 11　东晋太子卫率迁转关系表

姓名	迁入官	本官	迁出官	任职时间
阮孚	黄门侍郎、散骑常侍	左卫率、太子中庶子、领屯骑校尉	侍中	元帝
卞敦	镇东大将军王敦军司	太子左卫率	征虏将军、徐州刺史	元帝
羊鉴	东阳太守	太子左卫率（累迁）	征讨都督	元帝
孔夷吾	侍中	太子左卫率	【卒于任】	元帝
褚翜	屯骑校尉	太子左卫率	左卫将军	明帝
丁潭	广武将军、东阳太守	太子左卫率（不拜）	散骑常侍、侍中	明帝
王雅	侍中、左卫将军	丹杨尹、领太子左卫率	太子少傅	孝武帝

---

① 〔唐〕杜佑撰，王文锦等点校：《通典》卷三〇《职官一二》，中华书局，1986年，第一册，第835页；〔宋〕李昉等撰：《太平御览》卷二四七《职官部四五》，中华书局，1985年，第二册，第1168页。按《北堂书钞》卷六五《设官部十七·太子左右卫率》"侍卫威重宜得其才"条引《山涛启事》云："左卫率缺，侍卫威重，宜得其才无疾患者。""石崇孙尹皆其选也"条引《山涛启事》云："太子左卫率缺，石崇、孙尹忠笃有文武，皆其选也。"（〔唐〕虞世南撰、〔明〕陈禹谟补注：《北堂书钞》，《景印四库全书·子部一九五·类书类》，台湾商务印书馆，1986年，第八八九册，第289页）

续表

姓名	迁入官	本官	迁出官	任职时间
周莚	黄门侍郎	太子右卫率	加（行）冠军将军、都督会稽吴兴义兴晋陵东阳军事①	元帝
张茂	元帝掾属	太子右卫率	吴国内史	元帝
吴隐之②	中书侍郎、国子博士	太子右卫率	散骑常侍、领著作郎	孝武帝
郗恢	散骑侍郎	给事黄门侍郎、领太子右卫率	梁秦雍司荆扬并等州都督、建威将军、雍州刺史、假节	孝武帝
徐邈	中书侍郎	太子前卫率、领本郡大中正	骁骑将军	孝武帝

东晋太子卫率迁转的事例共有十二例（左卫率七例，右卫率四例，前卫率一例），其中一人卒于任。其具体迁转情况可作如下分类。

1. 迁入官

东晋太子卫率的迁入官十二例，集中于东晋初年元帝、明帝和中叶孝武帝三朝，可分为六类。

1.1 门下侍中、黄门侍郎。各有二例：孔夷吾由侍中徙任太子左卫率，王雅由侍中、左卫将军转任丹杨尹、领太子左卫率；阮孚由黄门侍郎、散骑常侍转任左卫率、太子中庶子、领屯骑校尉，周莚由黄门侍郎迁任太子右卫率。因兼职与否之别，孔夷吾与王雅、阮孚与周莚的情形实际上又有一定差别，如在王雅的事例中，存在着侍中→丹杨尹、左卫将军→太子左卫率的迁转关系。

1.2 中书侍郎。共有二例：吴隐之由中书侍郎、国子博士迁任太子右卫率，徐邈由中书侍郎迁任太子前卫率、领本郡大中正。这表明，东晋中书侍郎地位低于太子卫率。

---

① 《晋书》卷五八《周莚传》："迁太子右卫率。及王敦作难，加冠军将军、都督会稽吴兴义兴晋陵东阳军事，率水军三千人讨沈充，未发而王师败绩。莚闻札开城纳敦，愤咤慷慨形于辞色。寻遇害。敦平后，与札同被复官。"（〔唐〕房玄龄等撰：《晋书》，中华书局，1974年，第五册，第1578页）卷六《元帝纪》：永昌元年（322）三月，"以太子右卫率周莚行冠军将军，统兵三千讨沈充"（第一册，第155页）。按〔北齐〕魏收撰：《魏书》卷九六《僭晋司马睿传》亦载此，中华书局，1974年，第六册，第2094页。应该说，周莚受命讨伐沈充时本官仍为太子右卫率。这是战时特殊情况下的产物，并非正常制度。

② 又，《太平御览》卷二四七《职官部四五》引《晋中兴书》曰："吴隐字处默，太元（376—396）中以国子博士为太子右卫率。"（第二册，第1168页）

1.3 散骑常侍、侍郎。各有一例：阮孚由黄门侍郎、散骑常侍转任左卫率、太子中庶子、领屯骑校尉，郗恢由散骑侍郎迁任给事黄门侍郎、领太子右卫率。这表明，东晋（给事）黄门侍郎地位略低于太子左卫率而与右卫率相当，散骑侍郎略低于太子右卫率，而散骑常侍与右卫率相当而略低于左卫率。这种情况既可能反映了制度常规，也可能仅为一时特例。

1.4 霸府僚佐。卞敦由镇东大将军王敦军司转任太子左卫率，张茂由元帝（琅邪王司马睿）掾属转任太子右卫率。由霸府僚佐转任新建立的东晋王朝的官吏是当时官僚阶层的重要来源，也是东晋初年官员最重要的入仕途径之一，这两个事例也是这一现实的反映。

1.5 禁卫武官。仅有一例：褚翜由屯骑校尉迁任太子左卫率。

1.6 郡太守。有二例：羊鉴由东阳太守迁任太子左卫率，丁潭由广武将军、东阳太守迁任太子左卫率。按丁潭迁职"不拜"，实际上并未上任；羊鉴则是由东阳太守"累迁"太子左卫率，期间有可能还担任过其他官职，但更可能是直接迁任。值得注意的是，两例都是东阳太守迁任太子左卫率，不过可能只是巧合而已。

总的来看，东晋太子卫率的迁入官比较分散，虽然看不出明显的特征，但由中央文武官吏特别是内侍文官（门下长、次官居多）迁任太子卫率的情况比较普遍，应该在一定程度上反映了东晋时期的制度常态。

2. 迁出官

东晋太子卫率的迁出官共有十一例，可分为四类。

2.1 地方军政长官。共有五例：卞敦由太子左卫率迁任征虏将军、徐州刺史，郗恢由给事黄门侍郎、领太子右卫率出任梁秦雍司荆扬并等州都督、建威将军、雍州刺史、假节，太子右卫率周楚为冠军将军、都督会稽吴兴义兴晋陵东阳军事，张茂由太子右卫率出任吴国内史，太子左卫率羊鉴出任征讨都督亦可归入此类。既有州级军政长官，亦有郡级军政长官；并无太子左卫率出任郡级军政长官的事例，表明左卫率地位至少不低于郡太守。

2.2 侍中、散骑常侍。各有二例（共三人）：阮孚由左卫率、太子中庶子、领屯骑校尉迁任侍中，吴隐之由太子右卫率转任散骑常侍、领著作郎；丁潭由东阳太守迁任太子左卫率，但"不拜"，再转散骑常侍、侍中，也可作为太子卫率与散骑常侍、侍中之间迁转的事例。

2.3禁卫武官。褚裒由太子左卫率迁任左卫将军，徐邈由太子前卫率迁任骁骑将军。

2.4太子少傅。王雅由丹杨尹、领太子左卫率迁任太子少傅。虽仅此一见，却反映了本部门内部官吏升迁的一种模式。

从不多的太子卫率迁出官的事例可以看出，出任地方军政长官、内侍文官、禁卫武官及更高一级东宫长官大概是东晋太子卫率迁转的主要途径，其迁转的基本途径具有明显的常规性特征。

迁入官与迁出官合观，也可以看出当时人事制度的一些特征：阮孚的事例反映了从低一级内侍文官（门下次官）经太子左卫率及中庶子而升迁为最高一级内侍文官（侍中）的任职途径；吴隐之的事例反映了朝廷文秘之职（内侍文官）经太子卫率而迁转的例证；徐邈的事例反映了朝廷文秘之职经太子卫率而转任朝廷禁卫武（长）官的任职途径；王雅的事例反映了从朝廷禁卫长官转任东宫禁卫长官进而升迁为东宫长官的任职途径；褚裒的事例反映了从低一级皇宫禁卫武官经太子卫率而迁任更高一级禁卫长官的任职途径，是具有相同性质的皇宫禁卫武（长）官与东宫禁卫武（长）官之间迁转的实例；郗恢、周莚的事例反映了朝廷内侍文官经（兼）太子卫率而出任地方军政长官的任职途径；丁潭的事例反映了从地方行政长官经太子卫率再迁任朝廷高级内侍文官的任职途径；卞敦、张茂的事例反映了从霸府僚佐经太子卫率再出任地方行政长官的任职途径。以上情形既可能在一定程度上具有普遍性、常规性，也可能仅仅属于一时的特例而已。

二、刘宋太子卫率迁转

表 12　刘宋太子卫率迁转关系表

姓名	迁入官	本官	迁出官	任职时间
谢灵运	宋国黄门侍郎 散骑常侍	相国从事中郎、 世子左卫率 太子左卫率	【免官】 永嘉太守	宋台 武帝、少帝
段　宏	刘义真谘议参军	宋台黄门郎、 领太子右卫率	征虏将军、 青冀二州刺史	宋台～文帝

续表

姓名	迁入官	本官	迁出官	任职时间
虞丘进	刘义康右将军司马	太子右卫率	【卒官】	晋末～武帝
向 靖	督北青州诸军事、北青州刺史（晋末）	太子左卫率、加散骑常侍	【卒官】	武帝
刘义宗	黄门侍郎	太子左卫率	【免官】	文帝
刘贞之	黄门侍郎	宁朔将军、江夏内史、太子右卫率		文帝？
沈演之	侍中、领国子祭酒、本州大中正	吏部尚书、领太子右卫率	【卒】	文帝
檀和之		太子左卫率	世祖镇军司马、辅国将军、彭城太守	文帝
袁 淑	御史中丞	太子左卫率	【被杀】	文帝
臧 质	南谯王义宣司马、宁朔将军、南平内史（未之职）	太子左卫率	【免官】	文帝
王 锡	中书郎	太子左卫率	江夏内史	？
胡 藩	行府州事（南兖州，刺史为长沙王义欣）	太子左卫率	【卒】	文帝
薛安都	辅国将军、竟陵内史散骑常侍	太子左卫率征虏将军、太子左卫率	右卫将军、加给事中	孝武帝
张淹①	黄门郎	太子右（左）卫率	东阳太守	孝武帝
建平王景素	太子中庶子、领步兵校尉	太子左卫率、加给事中	冠军将军、南兖州刺史	明帝②

---

① 按今本沈约《宋书》有两篇《张畅传》，卷五九载张淹为太子右卫率（〔梁〕沈约撰：《宋书》，中华书局，1974年，第六册，第1607页），卷四六载其为太子左卫率（第五册，第1400页），未审孰是。

② 《宋书》卷八《明帝纪》：泰始二年（466）九月"庚戌（廿六，10.20），以太子左卫率建平王景素为南兖州刺史"（第一册，第158页）。

续表

姓名	迁入官	本官	迁出官	任职时间
吴喜	前军将军	右军将军、淮陵太守、假辅师将军、兼太子左卫率	骁骑将军，假号、太守、兼率（兼太子卫率） 以本位（骁骑将军、假辅师将军、淮陵太守）兼左卫将军	明帝
刘勔	屯骑校尉	太子左卫率、征虏将军、督西讨前锋诸军事	右卫将军	明帝
颜竣	吏部尚书、领骁骑将军	吏部尚书、领太子左卫率（未拜，丁忧）		明帝
萧道成	冠军将军、督南兖兖徐青冀五州诸军事、南兖州刺史	散骑常侍、太子左卫率	右卫将军、领卫尉	明帝
谢弘微	侍中、右卫将军	侍中、领太子右卫率		文帝
王球	义兴太守、加宣威将军	太子右卫率	侍中、领冠军将军	文帝
刘遵考②		太子右卫率、加给事中①	督南徐兖州之江北淮南诸军事、征虏将军、南兖州刺史、领广陵太守	文帝
	丹阳尹、加散骑常侍	尚书右仆射、领太子右卫率	领军将军、加散骑常侍	孝武帝
袁粲	世祖（武陵王骏）记室参军	尚书吏部郎、太子右卫率、侍中	廷尉、太子中庶子、领右军将军③	孝武帝

① 《宋书》卷五一《宗室·营浦侯遵考传》："元嘉二年，出为征虏将军、淮南太守。明年，转使持节，领护军，入直殿省。出为使持节、督雍梁南北秦四州荆州之南阳竟陵顺阳襄阳新野随六郡诸军事、征虏将军、宁蛮校尉、雍州刺史、襄阳新野二郡太守。遵考为政严暴，聚敛无节。五年，为有司所纠，上不问，赦还郡。七年，除太子右卫率，加给事中。明年，督南徐兖州之江北淮南诸军事、征虏将军、南兖州刺史，领广陵太守。"（第五册，第1481页）

② 《宋书》卷五《文帝纪》：元嘉八年二月，"以太子右卫率刘遵考为南兖州刺史"（第一册，第79页）。

③ 《宋书》卷八九《袁粲传》："初为扬州从事，世祖安北、镇军、北中郎行参军，南中郎主簿。世祖伐逆，转记室参军。及即位，除尚书吏部郎、太子右卫率、侍中。孝建元年……免官。二年，起为廷尉、太子中庶子、领右军将军。"（第八册，第2229、2230页）由此可见，袁粲任廷尉等职实际上是降级任用，并不真正构成严格意义上的迁转关系。

续表

姓名	迁入官	本官	迁出官	任职时间
刘秀之	尚书右仆射	尚书右仆射、领太子右卫率	使持节、散骑常侍、都督雍梁南北秦四州郢州之竟陵随二郡诸军事、安北将军、宁蛮校尉、雍州刺史	孝武帝
王景文①	黄门侍郎	秘书监、太子右卫率、侍中	安陆王子绥冠军长史、辅国将军、江夏内史、行郢州事	孝武帝
张永②	廷尉	太子右卫率、兼将作大匠	右卫将军	孝武帝
申　坦	假辅国将军	太子右卫率	宁朔将军、徐州刺史	明帝
庞秀之	徐州刺史	太子右卫率	【卒】	明帝
张兴世	游击将军、假辅国将军	太子右卫率、领骁骑将军	左卫将军	明帝
张　畅	都官尚书	侍中、领太子右卫率	会稽太守	明帝
沈　勃	尚书殿中郎	太子右卫率、加给事中	【徙付梁州】	明帝
褚　渊	侍中、知东宫事	吏部尚书、领太子右卫率、加骁骑将军③	侍中、领右卫将军	明帝
沈文季	宁朔将军	太子右卫率、建安王司徒司马	宣威将军、庐江王太尉长史	明帝

① 其后王景文又历任侍中、领射声校尉，右卫将军、加给事中，太子中庶子、右卫（如故）等职。
② 《宋书》卷五三《张永传》："（大明）三年，迁廷尉。""加宁朔将军、尚书吏部郎、司徒右长史、寻阳王子房冠军长史。四年，立明堂，永以本官兼将作大匠。事毕，迁太子右卫率。七年，为宣贵妃殷氏立庙，复兼将作大匠。转右卫将军。"（第五册，第1513页）按宁朔将军等四职当为其任廷尉时的兼职，"永以本官兼将作大匠"时之"本官"即廷尉，迁太子右卫率后应该仍加宁朔将军之号，但尚书吏部郎等职则不清楚是否仍然兼任。
③ 《南齐书》卷二三《褚渊传》："转吏部尚书，寻领太子右卫率，固辞。"（〔梁〕萧子显撰：《南齐书》，中华书局，1972年，第二册，第425页）《宋书》卷八五《王景文传》载"太宗翦除暴主，又平四方，欲引朝望以佐大业，乃下诏曰"，其中有"吏部尚书、领太子左卫率渊，器情闲茂，风业韶远"之语（第八册，第2179页），表明褚渊虽有"固辞"领太子右（左？）卫率之举，但实际上还是就任其职。

刘宋太子卫率迁转的事例共有三十三人三十六例（左卫率十九人二十例，右卫率十四人十六例），其中卒于任者五人，免官者四例（其中薛安都"白衣领职"），一人在任上被杀，一人罪徙，一人"未拜，丁忧"，二人迁出官不明，二人免官或丁忧后再任太子卫率，因此，迁入官实际为三十二例，迁出官为二十二例，有较大的出入。总的来看，在两晋南北朝全部事例中刘宋的事例最多，如果考虑到朝代存亡的时间，则南齐的事例应该保存得更多。其具体迁转情况可作如下分类。

1. 迁入官

总的来看，刘宋太子卫率的迁入官比较分散，而分散中又体现着集中，其特征还是比较明显的。具体而言，可分为六类。

1.1门下侍中、黄门侍郎。门下侍中、黄门侍郎迁任太子卫率的事例在刘宋时期所有事例中所占比例较大，共有七例，占二成以上：谢灵运由宋国黄门侍郎迁任相国从事中郎、世子左卫率，沈演之由侍中、领国子祭酒、本州大中正迁任吏部尚书、领太子右卫率，谢弘微由侍中、右卫将军转任侍中、领太子右卫率，褚渊由侍中、知东宫事迁任吏部尚书、领太子右卫率；王景文由黄门侍郎迁任秘书监、太子右卫率、侍中，刘义宗由黄门侍郎迁任太子左卫率，张淹由黄门郎迁任太子右（左）卫率。[①]

1.2禁卫武官。由皇宫禁卫武官迁转东宫禁卫长官太子卫率的事例所占比例也比较可观，共有六例，接近二成：建平王景素由太子中庶子、领步兵校尉迁任太子左卫率、加给事中，吴喜由前军将军迁任右军将军、淮陵太守、假辅师将军、兼太子左卫率，刘勔由屯骑校尉迁任太子左卫率、征虏将军、督西讨前锋诸军事，张兴世由游击将军、假辅国将军迁任太子右卫率、领骁骑将军，申坦由假辅国将军迁任太子右卫率，颜竣由吏部尚书、领骁骑将军转任吏部尚书、领太子左卫率。辅国将军似非禁卫武官，但参照张兴世的情况申坦的事例也可归入此类。颜竣虽然"未拜，丁忧"，但不影响作为例证进行考察。这些事例虽然都可看作是皇宫禁卫武官迁转为东宫禁卫长官太子卫率的例证，但严格说来除刘勔、颜竣外其他几位的情况都比较特殊：建平

---

① 此外，担任南兖州军政长官的萧道成在泰始"六年，除黄门侍郎、领越骑校尉，不拜。复授冠军将军，留本任"，次年入朝任太子左卫率。（《南齐书》卷一《高帝纪上》，第一册，第6页）也可以看作是此类情况。

王景素的事例，实际上太子左卫率对应的迁入官是太子中庶子，而领步兵校尉与加给事中之间具有对应关系；吴喜的事例，前军将军对应的是右军将军，而兼太子左卫率则是其职权的扩展；张兴世的事例，太子右卫率对应的是游击将军，领骁骑将军对应的是假辅国将军，但也可能游击将军与领骁骑将军之间具有对应关系。

1.3 地方军政长官。由地方军政长官迁任太子卫率的事例较为普遍，共有六（5+1）例，亦接近二成，仅次于担任门下侍中、黄门侍郎而与禁卫武官的事例相当：向靖在东晋末年担任督北青州诸军事、北青州刺史，刘宋初年迁任太子左卫率、加散骑常侍，庞秀之由徐州刺史迁任太子右卫率，胡藩由行（南兖州）府州事（刺史为长沙王义欣）迁任太子左卫率，王球由义兴太守、加宣威将军迁任太子右卫率，薛安都由辅国将军、竟陵内史迁任太子左卫率，刘贞之由宁朔将军、江夏内史迁任太子右卫率。臧质被任命为南谯王义宣司马、宁朔将军、南平内史，"未之职"，改任太子左卫率，也可看作地方军政长官迁任太子卫率的事例。

1.4 尚书省官职。共有四例：刘秀之由尚书右仆射转任尚书右仆射、领太子右卫率，颜竣由吏部尚书、领骁骑将军转任吏部尚书、领太子左卫率（未拜，丁忧），张畅由都官尚书迁任侍中、领太子右卫率，沈勃由尚书殿中郎迁任太子右卫率、加给事中。严格说来，刘秀之和颜竣的事例均不能真正算作尚书省官职迁转太子卫率的事例，刘秀之只是在其所任尚书右仆射基础上领太子右卫率，属于职权的扩大；颜竣所任吏部尚书并未改变，而是将其原本所领骁骑将军转为太子左卫率，如上所述实际上是皇宫禁卫武官转任东宫禁卫长官的例证。

1.5 开府僚佐。共有四例，除了上述臧质的事例外，还有：段宏由刘义真谘议参军迁任宋台黄门郎、领太子右卫率，虞丘进由刘义康右将军司马迁任太子右卫率，袁粲由世祖（武陵王骏）记室参军迁任尚书吏部郎、太子右卫率、侍中。

1.6 其他官职（中央文官为主）。除以上类型外，还有个别由其他官职迁任太子卫率的事例：谢灵运由散骑常侍转任太子左卫率，建平王景素由太子中庶子、领步兵校尉迁任太子左卫率、加给事中，张永由廷尉转任太子右卫率、兼将作大匠，袁淑由御史中丞转任太子左卫率，王锡由中书郎迁任太子左卫率，沈文季由宁朔将军迁任太子右卫率、建安王司徒司马。除禁卫武官外，单纯由将军迁任太子卫率的事例仅沈文季一例。这一类事例表明，虽然不排除由上述而外的中央文官迁任太子卫率的情况，但应该说都是特例，不可能是常规制度。

2. 迁出官

与迁入官不同，刘宋太子卫率的迁出官比较集中，其特征非常清晰。具体可分为三类。

2.1 地方军政长官。共有十一例，占迁出官全部事例的一半。建平王景素由太子左卫率、加给事中出任冠军将军、南兖州刺史，段宏由黄门郎、领太子右卫率出任征虏将军、青冀二州刺史，刘遵考由太子右卫率、加给事中出任督南徐兖州之江北淮南诸军事、征虏将军、南兖州刺史、领广陵太守，刘秀之由尚书右仆射、领太子右卫率出任使持节、散骑常侍、都督雍梁南北秦四州郢州之竟陵随二郡诸军事、安北将军、宁蛮校尉、雍州刺史，申坦由太子右卫率出任宁朔将军、徐州刺史，王景文由秘书监、太子右卫率、侍中出任安陆王子绥冠军长史、辅国将军、江夏内史、行郢州事，谢灵运由太子左卫率出任永嘉太守，檀和之由太子左卫率出任世祖镇军司马、辅国将军、彭城太守，王锡由太子左卫率出任江夏内史，张淹由太子右（左）卫率出任东阳太守，张畅由侍中、领太子右卫率出任会稽太守。其中州刺史或刺史都督兼任者五例，内史行州事一例，郡太守、内史五例。

2.2 禁卫长官。太子卫率迁任皇宫禁卫长官的事例较多，共有九例，占迁出官全部事例的四成以上。薛安都由加征虏将军、太子左卫率迁任右卫将军、加给事中，吴喜由右军将军、淮陵太守、假辅师将军、兼太子左卫率迁任骁骑将军〔假号、太守、兼率如故，又以本位〔骁骑将军、假辅师将军、淮陵太守〕兼左卫将军〕，刘勔由太子左卫率、征虏将军、督西讨前锋诸军事转任右卫将军，萧道成由散骑常侍、太子左卫率迁任右卫将军、领卫尉；刘遵考由尚书右仆射、领太子右卫率迁任领军将军、加散骑常侍，张永由太子右卫率、兼将作大匠迁任右卫将军，张兴世由太子右卫率、领骁骑将军迁任左卫将军，褚渊由吏部尚书、领太子右卫率、（后）加骁骑将军迁任侍中、领右卫将军。此外，袁粲在孝武帝即位之初为尚书吏部郎、太子右卫率、侍中，以故免官，既而又被任命为廷尉、太子中庶子、领右军将军，严格说来是降级任用，而非迁任。其中右卫将军五例，左卫将军二例，领军将军及右军将军各一例，可见太子卫率迁任左、右卫将军近于制度常态。

值得注意的是，因兼领之职而使得各人的迁转关系并非单线式由此及彼，而是情况各异：吴喜的事例，右军将军与骁骑将军的迁转关系明确，但兼左卫将军却并非由同一系统的骁骑将军迁任，而是由兼太子左卫率迁任；刘遵考的事例，领军将军既有可能是由尚书右仆射迁转，也有可能是原有领太子右卫率职能的转换；张兴世的事例，左卫将军更应该是原有领骁骑将军的升迁；褚渊的事例，吏部尚书转任侍中，领太子右卫率迁任领右卫将军，其迁转关系清楚，尽管不完全排除骁骑将军与右卫将军之间构成迁转关系的因素；袁粲的事例，其迁转对应关系则比较明确，即尚书吏部郎与廷尉、太子右卫率与太子中庶子、侍中与右军将军构成迁转关系，因为属于免官后降级任用，应该反过来认识其迁转关系的内涵。前废帝时期吏部尚书蔡兴宗与太宰、录尚书事江夏王义恭在太子左卫率薛安都职务升迁问题上发生的争论①，表明以东宫禁卫长官太子卫率迁任皇宫禁卫长官左、右卫将军是当时官职升迁的常规途径。

2.3其他官职。除以上两类外，还有几例特殊情况：王球由太子右卫率迁任侍中、领冠军将军，沈文季由宁朔将军、太子右卫率、建安王司徒司马转任宣威将军、庐江王太尉长史。王球的事例与上述褚渊的事例有一定相似性；沈文季的事例，宁朔将军与宣威将军、司徒司马与太尉长史之间构成迁转关系，而太子右卫率则并未进行相应的迁转，其职能自行终止。上述袁粲的事例，太子右卫率与太子中庶子之间似构成了迁转关系，可以看作太子卫率转任本系统文官的事例。

无论就迁入官还是迁出官而论，地方军政长官和禁卫长官的比例都较大。在迁入官中，两者合计得近四成，而在迁出官中两者合计占九成。迁入官中门下、尚书省官职所占比例较大，合计占三分之一以上，若加上其他零星的中央文官，则其共占一半以上。而在迁出官中，除一、二例侍中兼职外几乎不见门下、尚书省官职的踪影。总的来看，迁入官的类型比较分散，但分散中体现着集中，而迁出官的类型则相当集中，具有明显的常规性和制度化倾向。

---

① 参见《宋书》卷五七《蔡兴宗传》，第五册，第1576页。

　　就迁入官和迁出官综合来看，各人的任职经历可作如下认识：谢灵运的事例反映了由刘裕霸府高级僚佐兼任宋王世子禁卫长官，以及由内侍文官转任太子卫率再出任地方长官的任职途径；向靖的事例反映了由地方军政长官迁任太子卫率的任职途径；刘义宗的事例反映了由内侍文官转任太子卫率的任职途径；檀和之的事例反映了太子卫率出任地方军府上佐并兼任郡太守的任职途径；袁淑的事例反映了中央监察机构长官转任太子卫率的任职途径；臧质的事例勉强可算作地方军府上佐兼任郡国内史迁任太子卫率的例证；王锡的事例反映了中央文秘之职迁任太子卫率然后出任地方郡国内史的任职途径；胡藩的事例反映了地方行政长官（行府州事）迁任太子卫率的任职途径；薛安都的事例反映了地方行政长官（郡国内史）迁任太子卫率，以及内侍文官转任太子卫率而后迁任皇宫禁卫长官的任职途径；张淹的事例反映了内侍文官迁任太子卫率再出任地方行政长官（郡太守）的任职途径；建平王景素的事例反映了东宫文官兼任皇宫禁卫武官迁任太子左卫率加任内侍文官而后出任地方行政长官（州刺史）的任职途径；吴喜的事例反映了皇宫禁卫武官之间的迁转（前军将军→右军将军→骁骑将军→兼左卫将军），以及皇宫禁卫武官兼太子卫率且同时授予假号、太守的任职途径；刘勔的事例反映了皇宫禁卫武官屯骑校尉迁任太子卫率并出任征讨将领，然后迁任皇宫禁卫长官的任职途径；颜竣的事例反映了吏部尚书领皇宫禁卫武官并迁任领太子卫率的任职途径；段宏的事例反映了王府僚佐迁任内侍文官领太子卫率然后出任地方行政长官（州刺史）的任职途径；虞丘进的事例反映了诸王军府僚佐迁任太子卫率的任职途径；刘贞之的事例反映了地方行政长官（内史）迁任太子卫率的任职途径；沈演之的事例反映了中央文官门下省长官侍中与尚书省部门长官吏部尚书之间的迁转以及吏部尚书领太子卫率的任职途径；谢弘微的事例反映了门下长官侍中兼任禁卫长官以及皇宫禁卫长官转任东宫禁卫长官太子卫率的任职途径；王球的事例反映了地方行政长官（郡太守）迁任太子卫率而后迁任门下长官侍中的任职途径；刘遵考的事例反映了太子卫率加内侍文官出任地方军政长官（督军、刺史、领太守），以及京尹加散骑常侍迁任尚书省长官领太子卫率而后迁任最高禁卫长官加散骑常侍的任职途径；刘秀之的事例反映了尚书省长官领太子卫率出任地方军政长官（都督、刺史）的任职途径；王景文的事例反映了内侍文官转任秘书监兼任太子右卫率、侍中而后出任地方王府上佐兼任内史、行州事的任职途径；张永的事例反映了诸卿迁任太子卫率兼将作大匠而后迁任皇宫禁卫长官的任职途径；申坦的事例反映了太子卫率出任地方行政长官州刺史的任职途径；庞秀之的事例反映了地方行政长官州刺史迁任太子卫率的任职途径；张兴世的事例反映了皇宫禁卫武官迁任太子卫率领高一级禁卫武官再迁任禁卫长官的任职途径；张畅的事例反映了尚书省部门长官迁任侍中领太子右卫率而后出任地方行政长官（太守）的任职途径；沈勃的事例反映了尚书郎迁任太子卫率加内侍文官的任职途径。

在刘宋太子卫率迁转关系的事例中，吴喜和刘勔的任职经历暨迁转关系比较特殊。《宋书·吴喜传》：

> 迁前军将军，增邑三百户。泰始四年（468），改封东兴县侯，户邑如先。仍除使持节、督交州广州之郁林宁浦二郡诸军事、辅国将军、交州刺史。不行，又除右军将军、淮陵太守、假辅师将军、兼太子左卫率。五年，转骁骑将军，假号、太守、兼率如故。其年，虏寇豫州，喜统诸军出讨……军还，复以本位兼左卫将军。六年，又率军向豫州拒索虏，加节、督豫州诸军事、假冠军将军，骁骑、太守如故。[①]

按“使持节……交州刺史”之职并未实际到任，可忽略不计，则其所任官职有三个序列：a. 禁卫武官：前军将军→右军将军→骁骑将军（职位一）；b. 文武加官：淮陵太守、假辅师将军（禄位）；c. 兼职：兼太子左卫率→兼左卫将军（职位二）。

刘勔的任职经历亦颇为特殊，《宋书·刘勔传》：

> 前废帝即位，起为振威将军、屯骑校尉，入直阁。太宗即位，加宁朔将军，校尉如故。江州刺史晋安王子勋为逆，四方响应，勔以本官领建平王景素辅国司马，进据梁山。会豫州刺史殷琰反叛，征勔还都，假辅国将军，率众讨琰，甲仗三十人入六门，复兼山阳王休祐骠骑司马，

---

① 《宋书》卷八三《吴喜传》，第七册，第2115、2116页。

余如故。……除辅国将军、山阳王休祐骠骑谘议参军、梁郡太守、假节、不拜。……复除使持节、督广交二州诸军事、平越中郎将、广州刺史、将军如故，不拜。……改督益宁二州诸军事、益州刺史、持节、将军如故，又不拜。还京都，拜太子左卫率，封鄱阳县侯，食邑千户。……泰始三年，以勔为征虏将军、督西讨前锋诸军事、假节、置佐，本官如故。[①]……除勔右卫将军，仍以为使持节、都督豫司二州诸军事、征虏将军、豫州刺史，余如故。四年，除侍中、领射声校尉，又不受。进号右将军。[②]

按刘勔所任官职有四个序列：a.军号加官：振威将军→宁朔将军→假辅国将军→辅国将军→征虏将军→右将军（禄位一）；b.本官一：屯骑校尉→太子左卫率→右卫将军→侍中、领射声校尉（不受）（职位一）；c.本官二：梁郡太守、假节（不拜）→使持节、督广交二州诸军事、平越中郎将、广州刺史→（不拜）→督益宁二州诸军事、益州刺史、持节（不拜）→督西讨前锋诸军事、假节、置佐→使持节、都督豫司二州诸军事、豫州刺史（禄位二）；d.兼领：领建平王景素辅国司马→兼山阳王休祐骠骑司马→山阳王休祐骠骑谘议参军（职位二）。

三、南齐太子卫率迁转

表13　南齐太子卫率迁转关系表

姓名	迁入官	本官	迁出官	任职时间
萧景先	宁朔将军、世祖抚军中军二府司马、兼左卫将军	〔宁朔将军、〕太子左卫率	持节、督司州军事、宁朔将军、司州刺史、领义阳太守	高帝

① 按其时刘勔的本官仍为太子左卫率，《魏书》卷九七《岛夷刘彧传》："或又遣其中领军沈攸之、太子左卫率刘勔寇彭城，兖州刺史申纂守无盐。"（〔北齐〕魏收撰：《魏书》，中华书局，1974年，第六册，第2148页）

② 《宋书》卷八六《刘勔传》，第八册，第2193页。

续表

戴僧静	骁骑将军，加员外常侍	太子左卫率 给事中、太子右率、加通直常侍	持节、督徐州诸军事、冠军将军、北徐州刺史 征虏将军、南中郎司马、淮南太守	高帝 武帝
徐孝嗣	太子中庶子、领长水校尉（未拜）宁朔将军、闻喜公子良征虏长史 吏部尚书、加右军将军	尚书吏部郎（？）、太子右卫率 吏部尚书、领太子左卫率	长史？ 右仆射	高帝 武帝
胡谐之	守卫尉、加给事中、本州中正 都官尚书	散骑常侍、太子右率 太子中庶子、领左卫率	左卫将军，加给事中、中正如故 卫尉（中庶子如故）	武帝
刘　悛	散骑常侍、右卫将军	五兵尚书、领太子左卫率（未拜）	散骑常侍、领骁骑将军（尚书如故）	明帝
薛　渊	直阁将军、冠军将军	太子左率	左卫将军	高帝
崔文仲	黄门郎、领越骑校尉	太子左率	征虏将军、冠军司马、汝阴太守	武帝
吕安国	光禄大夫、加散骑常侍	都官尚书、领太子左率	领军将军	武帝
周盘龙	军主、假节	太子左率	持节、军主	武帝
曹　虎	冠军将军，骁骑如故	太子左率	西阳王冠军司马、广陵太守	武帝
崔慧景	持节、督司州军事、冠军将军、司州刺史〔征虏将军→加冠军将军〕散骑常侍、左卫将军	本号（冠军）、太子左率、加通直常侍 度支尚书、领太子左率	右卫将军、加给事中 假节出征→加平北将军；改领右卫将军	武帝 明帝
萧　谌	宁朔将军、东莞太守→西中郎司马	太子左率	【伏诛】	明帝
沈文季	侍中、领祕书监	侍中、太子右卫率	征虏将军（侍中如故）→散骑常侍、左卫将军（征虏如故）	高帝
庾杲之	尚书吏部郎	太子右卫率、加通直常侍	【卒】	武帝

续表

王晏	丹阳尹、散骑常侍 散骑常侍、金紫光禄大夫	吏部尚书、领太子右卫率 右仆射、领太孙右卫率	改领右卫将军 左仆射	武帝
王亮	吏部尚书	（吏部尚书）加通直散 骑常侍、太子右卫率	尚书右仆射、中护军	明帝
王广之	使持节、都督淮北军 事、平北将军、 徐州刺史（免）	征虏将军、加散骑常侍、 太子右率	长沙王镇军司马、 南东海太守	高帝
王玄邈	冠军将军、临川内史	前军司徒司马、散骑常 侍、太子右率	持节、都督兖州缘淮 军事、平北将军、兖 州刺史（未之任）①	武帝
柳世隆	侍中、护军将军	尚书右仆射、领太子右 率、雍州大中正（不拜）	改授散骑常侍，尚书 左仆射，中正如故	武帝
虞悰	黄门郎	散骑常侍、太子右率	侍中	武帝
萧懿	征虏将军、督益宁二 州军事、益州刺史	太子右卫率、尚书吏 部郎、卫尉卿	持节、征虏将军、督豫 州诸军事、豫州刺史、 领历阳南谯二郡太守	武帝

　　南齐太子卫率迁转的事例共有二十一人二十六例（左、右卫率各十二人十三例），其中一人卒于任，一人在任上被杀，一例迁出官记载疑误。此外，周盘龙在齐高帝时"为军主、假节"，率军出征，"转太子左率，改授持节，军主如故"②。这一事例属于特例，并不真正反映太子卫率的迁转关系，可忽略不计。还有一例迁入官比较特殊，亦可不计。故迁入官实为二十二例，迁出官实为二十三例。就任职频度而言，在两晋南北朝全部事例中南齐最多，主要缘于《南齐书》记载相对比较详细，并不意味着南齐太子卫率的迁转频率原本就一定快于其他朝代。其具体迁转情况可作如下分类。

　　1. 迁入官

　　南齐太子卫率的迁入官大体可分为三类。

---

① 《南齐书》卷二七《王玄邈传》："世祖即位，转右将军、豫章王太尉司马，出为冠军将军、临川内史，秩中二千石。还为前军司徒司马、散骑常侍、太子右率。永明七年（489），为持节、都督兖州缘淮军事、平北将军、兖州刺史，未之任，转大司马、加后将军。八年，转太常，迁散骑常侍、右卫将军。"（第二册，第511页）
② 《南齐书》卷二九《周盘龙传》，第二册，第544页。

1.1 禁卫武官。共有十例，接近全部事例的一半。萧景先由宁朔将军、世祖抚军中军二府司马、兼左卫将军转任太子左卫率（军号未迁转），戴僧静由骁骑将军、加员外常侍迁任太子左卫率，胡谐之由守卫尉、加给事中迁任散骑常侍、太子右率，刘悛由散骑常侍、右卫将军迁任五兵尚书、领太子左卫率（未拜），薛渊由直阁将军、冠军将军迁任太子左率，崔文仲由黄门郎、领越骑校尉迁任太子左率，曹虎由冠军将军、骁骑将军迁任太子左率，崔慧景由散骑常侍、左卫将军迁任度支尚书、领太子左率，柳世隆由侍中、护军将军转任尚书右仆射、领太子右率、雍州大中正（不拜），徐孝嗣由吏部尚书、加右军将军迁任吏部尚书、领太子左卫率也可归入此类。刘悛、柳世隆虽然均"不拜"，但作为迁转关系的事例还是可行的。其中左卫将军、骁骑将军各二例，护军将军、右卫将军、直阁将军、右军将军、越骑校尉、卫尉各一例，应该说比较分散，其中护军将军及左、右卫将军的地位高于太子卫率，所占比例较少也是合乎常规的。

1.2 地方军政长官。共有六例，接近三成：崔慧景由持节、督司州军事、冠军将军、司州刺史迁任太子左率、加通直常侍（军号未变），王广之由使持节、都督淮北军事、平北将军、徐州刺史迁任征虏将军、加散骑常侍、太子右率，萧懿由征虏将军、督益宁二州军事、益州刺史迁任太子右卫率、尚书吏部郎、卫尉卿，王玄邈由冠军将军、临川内史迁任前军司徒司马、散骑常侍、太子右率；萧谌、徐孝嗣的事例亦可归入此类，萧谌由西中郎司马迁任太子左率[①]，徐孝嗣由宁朔将军、闻喜公子良征虏长史迁任尚书吏部郎、太子右卫率[②]。其中由州级军政长官迁任者三例，郡级一例，担任地方军政长官的王公军府上佐（相当于郡太守一级）迁任者二例。

1.3 中央文官。共有六例，亦接近三成：庾杲之由尚书吏部郎迁任太子右卫率、加通直常侍；沈文季由侍中、领祕书监转任侍中、太子右卫率，虞悰由黄门郎迁任散骑常侍、太子右率；王晏由丹阳尹、散骑常侍迁任吏部尚书、

---

① 《南齐书》卷四二《萧谌传》："与谌同豫废立，为宁朔将军、东莞太守，转西中郎司马。建武初，封西昌侯，邑千户。转太子左率。"（第三册，第747页）据同书卷五〇《文二王·巴陵王昭秀传》："隆昌元年（494），为使持节、都督荆雍益梁南北秦七州军事、西中郎将、荆州刺史。"（第861页）可知萧谌为西中郎司马是在巴陵王昭秀担任荆州刺史之时。

② 萧子良于齐高帝建元二年为征虏将军、丹阳尹，参见《南齐书》卷四〇《武十七王·竟陵王子良传》，第三册，第694页。

领太子右卫率，后由散骑常侍、金紫光禄大夫迁任右仆射、领太孙右卫率；吕安国由光禄大夫、加散骑常侍迁任都官尚书、领太子左率。结合虞悰的迁出官侍中来看，则其实际的迁转关系为黄门郎→散骑常侍、太子右率→侍中，太子右率并不体现迁转关系；王晏、吕安国的事例性质相近，皆为散骑、光禄兼（加）官迁任尚书长官领太子（孙）卫率。

　　2. 迁出官

　　南齐太子卫率的迁出官也可分为三类①。

　　2.1 禁卫武官。共有九人十例，接近全部事例的一半：胡谐之由散骑常侍、太子右率迁任左卫将军、加给事中，后又为太子中庶子、领左卫率并迁任卫尉（中庶子如故）；王晏为吏部尚书、领太子右卫率，改领右卫将军；刘悛由散骑常侍、右卫将军"转五兵尚书、领太子左卫率"，因故"未拜"，"改授散骑常侍、领骁骑将军，尚书如故"②；薛渊由太子左率迁任左卫将军；吕安国由都官尚书、领太子左率迁任领军将军；崔慧景由太子左率、加通直常侍转任右卫将军、加给事中，后又为度支尚书、领太子左率，假节，率军出征，加平北将军，"改领右卫将军，平北、假节如故，未拜。永元元年，迁护军将军，寻加侍中"③；沈文季由侍中、太子右卫率迁征虏将军（侍中如故），又迁散骑常侍、左卫将军（征虏如故）；王亮为吏部尚书、加通直散骑常侍、太子右卫率，迁任尚书右仆射、中护军。刘悛、崔慧景、沈文季的迁转虽然比较曲折，但无疑应该归入此一类型。其中迁任左卫将军三例，右卫将军二例（一例或为护军将军），领军将军、中护军、骁骑将军、卫尉各一例，则由太子卫率转任左、右卫将军属于此类常态。在此类迁出官中，领军将军、中护军及左、右卫将军地位均高于太子卫率，所占比例较多是合乎常规的。

　　2.2 地方行政长官。共有八人九例，接近全部事例的四成：萧景先由太子左卫率（宁朔将军）迁任持节、督司州军事、宁朔将军、司州刺史、领义阳太守；萧懿由太子右卫率、尚书吏部郎、卫尉卿出任持节、征虏将军、督豫州诸军事、豫州刺史、领历阳南谯二郡太守；王玄邈由前军司徒司马、散

---

① 记载迁出官的七兵尚书虽然只有二十五人，但李崇、卢同、元景安均曾任兼七兵尚书及七兵尚书，故相关的事例共有二十九例（裴询改任，实际为二十八任）。
② 《南齐书》卷三七《刘悛传》，第二册，第654页。
③ 《南齐书》卷五一《崔慧景传》，第三册，第874页。

骑常侍、太子右率转持节、都督兖州缘淮军事、平北将军、兖州刺史（未之任）；戴僧静由太子左卫率迁任持节、督徐州诸军事、冠军将军、北徐州刺史，后又为给事中、太子右率、加通直常侍，出任征虏将军、南中郎司马、淮南太守；崔文仲由太子左率出任征虏将军、冠军司马、汝阴太守；曹虎由太子左率出任西阳王冠军司马、广陵太守；王广之由征虏将军、加散骑常侍、太子右率出任长沙王镇军司马、南东海太守。其中转任州级军政长官者五例，郡级军政长官（太守兼刺史军府司马）者四例，相差不大。

2.3 中央文官。柳世隆由侍中、护军将军迁尚书右仆射、领太子右率、雍州大中正，"不拜"，"改授散骑常侍，尚书左仆射，中正如故"，[①] 太子右率与散骑常侍之间构成迁转关系；虞悰由黄门郎迁散骑常侍、太子右率而后迁任侍中，王晏由右仆射、领太孙右卫率迁任左仆射，徐孝嗣由吏部尚书、领太子左卫率迁任右仆射，太子卫率并不真正反映迁转关系，真正反映迁转关系的是黄门郎→散骑常侍→侍中、右仆射→左仆射、吏部尚书→右仆射，尽管如此，仍可勉强作为太子卫率迁任中央文官的事例。

综上所述，可见南齐太子卫率的迁转已经制度化，其迁入官和迁出官基本上可分为三类，其中绝大多数为禁卫武（长）官和地方军政长官，两者合计在迁入官中达七成以上，在迁出官中更高达到九成左右。换言之，南齐太子卫率担任者的来源和去向主要集中在皇宫禁卫武（长）官和地方行政长官两个系统。这究竟是当时官吏迁转的常规性制度，还是仅为东宫禁卫长官太子卫率的迁转特征，目前还难以得出明确的认识。事实上，这种情形在刘宋时已经基本形成，特别是在迁出官中表现得比较突出。仅就太子卫率的迁转关系而论，可以看出南齐继承刘宋制度且更加规范化。就禁卫武官而论，左、右卫将军所占比例较大，在迁出官中更为明显，迁入官中地位低于太子卫率者居多，迁出官中地位高于太子卫率者居多，基本合乎制度常规。就地方军政长官而论，州级和郡级所占比例大致相同，可能与各州、郡的等级及其在当时的重要程度有关。

在南齐太子卫率的迁转关系中，最值得关注的是太子卫率与皇宫禁卫武（长）官之间的迁转。萧景先在宋末"为世祖（齐武帝萧赜）征虏府司马、领新蔡太守，随上镇盆城"，后"还都，除宁朔将军、骁骑将军，仍为世祖抚军

---

① 《南齐书》卷二四《柳世隆传》，第二册，第452页。

中军二府司马、兼左卫将军。建元元年，迁太子左卫率"。① 实际上，在宋、齐易代之际的特殊政局下，萧景先一直担任萧赜府僚属，为其亲信幕僚。徐孝嗣曾为齐台世子庶子，南齐建立后出任晋陵太守，"还为太子中庶子、领长水校尉。未拜，为宁朔将军、闻喜公子良征虏长史。迁尚书吏部郎、太子右卫率"。后任至吏部尚书，"寻加右军将军，转领太子左卫率"。② 可以看出，徐孝嗣主要是在太子东宫府任职，特别是以太子文武官属兼任禁卫武官为主。胡谐之在齐高帝时曾任给事中、骁骑将军，黄门郎、领羽林监，齐武帝时期历任守卫尉，加给事中，散骑常侍、太子右率，左卫将军、加给事中，都官尚书，太子中庶子、领左卫率，卫尉（中庶子如故）。③ 除了都官尚书一职外，胡谐之所任近十个官职全都是在皇宫禁卫军和东宫系统，这在整个南齐一代都是颇为罕见的。刘悛在齐明帝时期历任左民尚书、领骁骑将军，散骑常侍、右卫将军，五兵尚书、领太子左卫率，"未拜，明帝崩，东昏即位，改授散骑常侍、领骁骑将军，尚书如故"。④ 可知刘悛任职的主要特点是以尚书与皇宫及东宫禁卫武（长）官兼任。齐武帝永明四年（486），崔慧景迁任随王东中郎司马、加辅国将军，"出为持节、督司州军事、冠军将军、司州刺史"。"九年，以本号征还，转太子左率、加通直常侍。明年，迁右卫将军、加给事中。"为防北魏南侵，"上出慧景为持节、督豫州郢州之西阳司州之汝南二郡诸军事、冠军将军、豫州刺史。郁林即位，进号征虏将军"。齐明帝初，"征还，为散骑常侍、左卫将军"。建武二年（495），北魏南寇，"慧景以本官假节向锺离，受王玄邈节度。寻加冠军将军。四年，迁度支尚书、领太子左率"。同年，为抵御北魏孝文帝对沔北五郡的进攻，"假慧景节，率众二万、骑千匹向襄阳，雍州众军并受节度"。既而"加慧景平北将军，置佐史，分军助戍樊城"。"东昏即位，改领右卫将军，平北、假节如故。未拜，永元元年（499），迁护军将军，寻加侍中。"⑤ 可知自永明九年以后崔慧景的仕途分为两条路线：一是在朝廷担任皇宫及东宫禁卫长官，主要以内侍文官兼领；一是率军出征抵御北魏军队的南侵，这与其在永明九年之前担任司州军政长官的经历有关。

---

① 《南齐书》卷三八《萧景先传》，第二册，第661、662页。
② 《南齐书》卷四四《徐孝嗣传》，第三册，第772页。
③ 《南齐书》卷三七《胡谐之传》，第二册，第656页。
④ 《南齐书》卷三七《刘悛传》，第二册，第654页。
⑤ 《南齐书》卷五一《崔慧景传》，第三册，第874页。

四、梁代太子卫率迁转

表14 梁代太子卫率迁转关系表

姓名	迁入官	本官	迁出官
萧颖达	侍中	征虏将军、太子左卫率	散骑常侍、左卫将军
张惠绍	骁骑将军，直阁、细仗主（左细仗主）如故	太子右（左）卫率	左骁骑将军
范岫	散骑常侍、光禄大夫（侍皇太子）	领太子左卫率	通直散骑常侍、右卫将军
马仙琕	豫章王云麾司马、加振远将军	太子左卫率	持节、督豫北豫霍三州诸军事、信武将军、豫州刺史、领南汝阴太守
周捨	尚书吏部郎侍中、领步兵校尉（未拜）	太子右卫率员外散骑常侍、太子左卫率	右卫将军加散骑常侍、本州大中正、太子詹事→右骁骑将军、知太子詹事
张澄	卫尉卿	太子左卫率	司徒左长史
裴之礼	都督北徐仁睢三州诸军事、信武将军、北徐州刺史	太子左卫率、兼卫尉卿	少府卿
李元真		东宫左卫率	东梁衡二州刺史
羊侃	云麾将军、晋安太守	太子左卫率	
羊鸦仁	持节、都督谯州诸军事、信威将军，谯州刺史	太子左卫率	持节、都督南北司豫楚四州诸军事、轻军将军、北司州刺史
韦粲	太子仆、东宫领直	太子左卫率、东宫领直	通直散骑常侍（未拜）→持节、督衡州诸军事、安远将军、衡州刺史
杨华	太仆卿	太子左卫率	
徐摛	太子中庶子、加戎昭将军	太子左卫率	左卫将军（固辞不拜）

姓名	迁入官	本官	迁出官
韦叡	廷尉	太子右卫率	辅国将军、豫州刺史、领历阳太守
宗夬	征虏长史、东海太守	太子右卫率	五兵尚书
萧景（昺）	使持节、都督北兖徐青冀四州诸军事、冠军将军、南兖州刺史	太子右卫率	辅国将军、卫尉卿→左骁骑将军、兼领军将军
柳忱	安西长史、冠军将军、南郡太守	员外散骑常侍、太子右卫率（未到任）	持节、督湘州诸军事、辅国将军、湘州刺史
萧业	侍中	散骑常侍、太子右卫率	左骁骑将军
徐勉	吏部尚书→散骑常侍、领游击将军（未拜）	散骑常侍、领太子右卫率	左卫将军、领太子中庶子，侍东宫（知宫事）
王珍国	使持节、都督梁秦二州诸军事、征虏将军、南秦梁二州刺史	员外散骑常侍、太子右卫率、加后军〔将军〕	左卫将军
昌义之	左骁骑将军、朱衣直阁	太子右卫率、领越骑校尉	持节、督湘州诸军事、征远将军、湘州刺史
张稷	护军将军、扬州大中正（以事免）	度支尚书、前将军、太子右卫率（以公事免）	祠部尚书
冯道根	贞毅将军、假节、督豫州诸军事、豫州刺史、领汝阴太守	太子右卫率	信武将军、宣惠司马、新兴永宁二郡太守
康绚	朱衣直阁	太子右卫率	假节、都督淮上诸军事→持节、都督司州诸军事、信武将军、司州刺史，领安陆太守
夏侯亶	信武将军、安西长史、江夏太守	通直散骑常侍、太子右卫率	左卫将军、领前军将军
王份	宁朔将军、北中郎豫章王长史、兰陵太守、行南徐府州事	太常卿、太子右率、散骑常侍（侍东宫）	金紫光禄大夫

续表

姓名	迁入官	本官	迁出官
明山宾	持节、督缘淮诸军事、征远将军、北兖州刺史	太子右卫率、加给事中	御史中丞
萧琛	宗正卿	左民尚书、领南徐州大中正、太子右卫率	度支尚书、左骁骑将军→领军将军
韦放	明威将军、云麾南康王长史、寻阳太守	太子右卫率	通直散骑常侍→持节、督梁南秦二州诸军事、信武将军、梁南秦二州刺史
朱异	尚书仪曹郎、兼中书通事舍人	（累迁）鸿胪卿、太子右卫率、加员外常侍	散骑常侍→右卫将军
薛法护		太子右卫率	平北将军、司州牧

梁代太子卫率迁转的事例共有三十一人三十二例（左卫率十二人十三例，右卫率十九人），其中二人任前职务不明，二人太子卫率为其最后任职，故迁入官及迁出官实际各为三十例。与宋、齐两朝相比，频度高于宋而低于齐。担任者的事例从梁武帝天监初年持续到侯景之乱发生的太清三年（502－549），长达近半个世纪之久。其具体迁转情况可做如下分类。

1. 迁入官

梁代太子卫率的迁入官可分为三类。

1.1 地方行政长官。共有十三例，接近全部事例的一半：萧景（昺）由使持节、都督北兖徐青冀四州诸军事、冠军将军、南兖州刺史迁任太子右卫率，王珍国由使持节、都督梁秦二州诸军事、征虏将军、南秦梁二州刺史迁任员外散骑常侍、太子右卫率、加后军〔将军〕，冯道根由贞毅将军、假节、督豫州诸军事、豫州刺史、领汝阴太守迁任太子右卫率，裴之礼由都督北徐仁睢三州诸军事、信武将军、北徐州刺史迁任太子左卫率、兼卫尉卿，明山宾由持节、督缘淮诸军事、征远将军、北兖州刺史迁任太子右卫率、加给事中，羊鸦仁由持节、都督谯州诸军事、信威将军、谯州刺史迁任太子左卫率，王份由宁朔将军、北中郎豫章王长史、兰陵太守、行南徐府州事迁任太常卿、太子右率、散骑常侍（侍东宫），宗夬由征虏长史、东海太守迁任太子右卫率，柳忱由安西长史、冠军将军、南郡太守迁任员外散骑常侍、太子右卫率（未到任），夏侯宣由信武将军、安西长史、江夏太守迁任通直散骑常侍、太子右卫率，韦放由明威将军、云麾南康王长史、寻阳太守迁任太子右卫率，羊侃由云麾将军、晋安太守迁任太子左卫率，马仙琕由豫章王云麾司马、加振远将军迁任太子左卫率。在任地方长官时全都兼任将军号，而迁任太子卫率后绝大多数不记兼任将军号，实际上其将军号并未被取消，而应该继续兼任。在十三例中，由州刺史和郡太守迁任者各为六例，郡太守中一例兼任行府州事，亦可看作是州级长官，马仙琕所任豫章王云麾司马亦可看作郡级军政长官①。除了兼任将军号外，州刺史均兼任都督（督），郡太守均兼任本州刺史府（或军、国府）上佐。此种情形，正是当时地方长官兼职通则的反映②。值得注意的是，作为太子卫率迁入官的州刺史和郡太守几乎都是在北部边境地区任职，究竟是巧合还是制度难以确知。

1.2 禁卫武官。共有六例，占近二成：张惠绍由骁骑将军、直阁、左细仗主转任太子右卫率；康绚由朱衣直阁转任太子右卫率；昌义之由左骁骑将军、朱衣直阁转任太子右卫率、领越骑校尉；周捨为侍中、领步兵校尉（未拜），转任员外散骑常侍、太子左卫率；徐勉为散骑常侍、领游击将军（未拜），转任散骑常侍、领太子右卫率；张稷为护军将军、扬州大中正，"以事免"，起为度支尚书、前将军、太子右卫率。周捨、徐勉、张稷的事例虽有特殊性，但作为禁卫武官迁任太子卫率的事例还是可行的。张稷的事例严格来说并非禁卫武官直接迁任太子卫率的情况，而周捨、徐勉是在迁任内侍文官领步兵校尉、游击将军"未拜"之后改领太子卫率的，表明太子卫率比之更受欢迎。其他三例则为具有南朝特色的朱衣直阁、直阁（二例与骁骑、左骁骑将军兼任）。按左、右骁骑（游击）及朱衣直阁将军是梁武帝天监六年（507）改革

---

① 按豫章王即梁武帝第二子萧综，时任郢州军政长官，《梁书》卷五五《豫章王综传》："（天监）十年，迁都督郢司霍三州诸军事、云麾将军、郢州刺史。"（〔唐〕姚思廉撰：《梁书》，中华书局，1973年，第三册，第823页）

② 严耕望云："西晋之末，即令都督兼领治所之州刺史……自此以后，都督例兼领治所之州刺史"；"长史、司马为上佐。长史多带州治所之郡太守，司马亦带大郡，且皆常代府主行州府事"。（《中国地方行政制度史·魏晋南北朝地方行政制度史（上）》，上海古籍出版社，2007年，第106、179页）

时所置，朱衣直阁往往"以左右骁、游带领"。①

1.3 中央文官。这一类事例不太多，且所属部门颇为分散，大体可归为以下四类：

1.3.1 尚书、尚书郎。徐勉由吏部尚书迁任散骑常侍、领游击将军，"未拜"，转散骑常侍、领太子右卫率；周捨由尚书吏部郎迁任太子右卫率；朱异由尚书仪曹郎、兼中书通事舍人迁任鸿胪卿、太子右卫率、加员外常侍。

1.3.2 侍中。萧颖达由侍中转任征虏将军、太子左卫率；萧业由侍中转任散骑常侍、太子右卫率。此外，范岫由散骑常侍、光禄大夫（侍皇太子）转领太子左卫率，其迁转关系应该是光禄大夫→太子左卫率。

1.3.3 诸卿。张澄由卫尉卿迁任太子左卫率，杨华由太仆卿迁任太子左卫率，韦叡由廷尉迁任太子右卫率，萧琛由宗正卿迁任左民尚书、领南徐州大中正、太子右卫率。萧琛的事例，构成迁转关系的严格来说应为宗正卿→左民尚书。

1.3.4 东宫官属。韦粲由太子仆、东宫领直迁任太子左卫率（东宫领直如故），徐摛由太子中庶子、加戎昭将军迁任太子左卫率→左卫将军（固辞不拜）。

2. 迁出官

梁代太子卫率的迁出官亦可分为三类。

2.1 禁卫武官。共有十二例，占四成：萧颖达由征虏将军、太子左卫率迁任散骑常侍、左卫将军，张惠绍由太子右卫率迁任左骁骑将军，范岫由散骑常侍、领太子左卫率转任通直散骑常侍、右卫将军，徐摛由太子左卫率迁任左卫将军（固辞不拜），萧业（渊业）由散骑常侍、太子右卫率迁任左骁骑将军，徐勉由散骑常侍、领太子右卫率迁任左卫将军、领太子中庶子，王珍国由员外散骑常侍、太子右卫率、加后军〔将军〕迁任左卫将军，夏侯亶由通直散骑常侍、太子右卫率迁任左卫将军、领前军将军，萧琛由左民尚书、领南徐州大中正、太子右卫率迁任度支尚书、左骁骑将军，朱异由鸿胪卿、太子右卫率、加员外常侍迁任散骑常侍→右卫将军，周捨由太子右卫率迁任右卫将军，萧景（昺）由太子右卫率转任辅国将军、卫尉卿。其中迁任左卫将

---

① 〔唐〕魏徵等撰：《隋书》卷二六《百官志上》，中华书局，1973年，第三册，第726页。关于南朝的直阁将军制度，参见拙作：《南朝直阁将军制度考》，《中国史研究》2002年第2期；亦可参见拙著《魏晋南北朝禁卫武官制度研究》（中华书局，2004年）第四编相关部分。

军五例（一例领前军将军），右卫将军三例，左骁骑将军三例，卫尉卿一例，可以说任职颇为集中。如上所述，左骁骑将军是梁朝独有的官职。

2.2地方行政长官。共有十例，占三分之一：昌义之由太子右卫率、领越骑校尉、假节出任持节、督湘州诸军事、征远将军、湘州刺史，韦放由太子右卫率、通直散骑常侍出任持节、督梁南秦二州诸军事、信武将军、梁南秦二州刺史，李元真由东宫左卫率转任东梁衡二州刺史，韦叡由太子右卫率出任辅国将军、豫州刺史、领历阳太守，马仙琕由太子左卫率出任持节、督豫北豫霍三州诸军事、信武将军、豫州刺史、领南汝阴太守，韦粲由太子左卫率、东宫领直迁任通直散骑常侍（未拜），又出任持节、督衡州诸军事、安远将军、衡州刺史，柳忱由员外散骑常侍、太子右卫率（未到任）出任持节、督湘州诸军事、辅国将军、湘州刺史，太子右卫率康绚为假节、都督淮上诸军事，又为持节、都督司州诸军事、信武将军、司州刺史、领安陆太守，冯道根由太子右卫率出任信武将军、宣惠司马、新兴永宁二郡太守，薛法护由太子右卫率迁任平北将军、司州牧。韦粲、柳忱、康绚的事例虽然特殊，但无疑可归入此类。薛法护的事例亦比较特殊，他在中大通四年正月被任命"为平北将军、司州牧，卫送元悦入洛"，其实是梁武帝欲趁北魏内乱之机护送降梁的北魏宗室元悦北上入洛称帝，薛法护完成护送之命后即作为河洛地区军政长官负责保卫北魏新的傀儡皇帝。当然，由于这一计划最终未能实现，薛法护的司州牧之职也就只是徒有其名而已。在全部事例中，迁任州级军政长官者八例，郡级长官者一例；州级长官除二例外都兼任将军（一例未知）及都督或督诸军事（以督军为主，只有一例都督），其中领郡（首郡）太守者三例。

2.3中央文官。事例不多，大体可分为三类。

2.3.1尚书。宗央由太子右卫率转任五兵尚书；张稷为度支尚书、前将军、太子右卫率，"以公事免"，起为祠部尚书；萧琛由左民尚书、领南徐州大中正、太子右卫率迁任度支尚书、左骁骑将军。严格来说，张稷的事例构成迁转关系的是度支尚书→祠部尚书，萧琛的事例构成迁转关系的是左民尚书→度支尚书与太子右卫率→左骁骑将军。

2.3.2诸卿。裴之礼由太子左卫率、兼卫尉卿转任少府卿，萧景（昺）由太子右卫率转任辅国将军、卫尉卿。裴之礼的事例，卫尉卿→少府卿构成迁转关系。

2.3.3东宫官属等。周捨为员外散骑常侍、太子左卫率，后加散骑常侍、本州大中正、太子詹事；王份为太常卿、太子右率、散骑常侍，"侍东宫"，转金紫光禄大夫。

此外，还有明山宾由太子右卫率、加给事中转任御史中丞。

综上所述，可见梁代太子卫率的迁转与南齐相似，也体现出明显的制度化特征，其迁入官和迁出官同样可分为三类，其中绝大多数为禁卫长（武）官和地方军政长官，两者合计在迁入官中达六成以上，在迁出官中达七成以上，亦即梁代太子卫率担任者的来源和去向主要以皇宫禁卫武（长）官和地方行政长官两个系统为主。就禁卫武官而论，左、右卫将军及梁朝新设的左骁骑将军（或与朱衣直阁、直阁兼领）所占比例较大，在迁出官中更为明显，迁入官中地位低于太子卫率者居多，迁出官中地位高于太子卫率者居多，基本合乎制度常规。就地方军政长官而论，州级和郡级所占比例大致相同，可能与各州、郡的等级及其在当时的重要程度有关。

太子卫率与皇宫禁卫武（长）官之间的迁转关系最值得关注。典型的事例如：萧景（昺）在天监四年为南兖州军政长官（刺史、北兖徐青冀四州都督），天监五年"除太子右卫率，迁辅国将军、卫尉卿。七年，迁左骁骑将军、兼领军将军"[①]。长沙王业（渊业）天监六年前历任秘书监、侍中，"六年，转散骑常侍、太子右卫率，迁左骁骑将军，寻为中护军、领石头戍军事"。七年，出任南兖州军政长官（刺史、南兖兖徐青冀五州都督）。"普通三年，征为散骑常侍、护军将军。四年，改为侍中、金紫光禄大夫。"[②]徐勉在天监六年后历任五兵尚书、吏部尚书，后"除散骑常侍、领游击将军，未拜，改领太子右卫率。迁左卫将军、领太子中庶子，侍东宫"。"转太子詹事、领云骑将军，寻加散骑常侍。迁尚书右仆射，詹事如故。又改授侍中，频表解宫职，优诏不许。"[③]名将昌义之在天监六年免官不久（原为督南兖兖徐青冀五州诸军事、辅国将军、南兖州刺史）即入"补朱衣直阁。除左骁骑将军，直阁如故。迁太子右卫率、领越骑校尉、假节。八年，出为持节、督湘州诸军事、征远将军、湘州刺史。九年，以本号还朝，俄为司空临川王司马，将军如故。十

---

① 《梁书》卷二四《萧景传》，第二册，第368页。
② 《梁书》卷二三《长沙王业传》，第二册，第361页。
③ 《梁书》卷二五《徐勉传》，第二册，第378页。

年，迁右卫将军。十三年，徙为左卫将军"①。康绚在天监"九年，迁假节、督北兖州缘淮诸军事、振远将军、北兖州刺史"。"征骠骑临川王司马、加左骁骑将军。寻转朱衣直阁。十三年，迁太子右卫率，甲仗百人，与领军萧景直殿内。"颇为梁武帝所亲信。史载"绚身长八尺，容貌绝伦，虽居显官，犹习武艺。高祖幸德阳殿戏马，敕绚马射，抚弦贯的，观者悦之"。②周捨"博学多通，尤精义理"，在二十余年（502-524）的仕宦生涯中，历任：尚书祠部郎→后军记室参军、秣陵令→中书通事舍人→太子洗马→散骑常侍→中书侍郎→鸿胪卿→尚书吏部郎→太子右卫率→右卫将军→明威将军、右骁骑将军→侍中、领步兵校尉（未拜）→员外散骑常侍、太子左卫率，加散骑常侍、本州大中正→太子詹事→右骁骑将军、知太子詹事。在其所任十四任官职中，禁卫武（长）官即占六任，尤其在后期七任中几乎全都是在东宫或皇宫禁卫武（长）官任上。周捨是梁武帝前期最倚重的机要之臣，史称其"虽居职屡徙，而常留省内，罕得休下，国史诏诰，仪体法律，军旅谋谟，皆兼掌之。日夜侍上，预机密，二十余年未尝离左右"。③其所以位高权重，担任东宫或皇宫禁卫武（长）官是最重要的表现方式，这也充分体现了梁武帝对他的信任和重视。萧琛在仕途中后期所任官职几乎都是朝廷重要文官与东宫及皇宫禁卫武（长）官（或两者兼任）："普通元年，征为宗正卿。迁左民尚书、领南徐州大中正、太子右卫率。徙度支尚书、左骁骑将军，领军将军。转秘书监、后军将军，迁侍中。"④徐摛"起家太学博士，迁左卫司马"，晋安王（简文帝萧纲）"出戍石头"，"以摛为侍读"。后历任其云麾、平西、安北等府属及其丹阳尹下之秣陵令。"普通四年，王出镇襄阳，摛固求随府西上，迁晋安王谘议参军。大通初，王总戎北伐，以摛兼宁蛮府长史，参赞戎政，教命军书，多自摛出。王入为皇太子，转家令，兼掌管记，寻带领直。中大通三年，遂出为新安太守。""秩满，还为中庶子、加戎昭将军。""除太子左卫率。太清三年，侯景攻陷台城。""太宗嗣位，进授左卫将军，固辞不拜。太宗后被幽闭，摛不获朝谒，因感气疾而卒，年七十八。"⑤除短时间出任新安太守外，

---

① 《梁书》卷一八《昌义之传》，第二册，第294、295页。
② 《梁书》卷一八《康绚传》，第二册，第291页。
③ 《梁书》卷二五《周捨传》，第二册，第376页。
④ 《梁书》卷二六《萧琛传》，第二册，第397页。
⑤ 《梁书》卷三〇《徐摛传》，第二册，第447页。

徐摛一生的仕途可以说不离萧纲左右。冯道根于天监"八年，迁贞毅将军、假节、督豫州诸军事、豫州刺史、领汝阴太守"。"十一年，征为太子右卫率。十三年，出为信武将军、宣惠司马、新兴永宁二郡太守。十四年，征为员外散骑常侍、右游击将军、领朱衣直阁。十五年，为右卫将军。"①虽然不是直接由太子卫率迁任皇宫禁卫长官，但其出任宣惠司马、新兴永宁二郡太守仅一年左右，显然只是临时过渡，也可以看作这种情况的一种变通。

五、陈代太子卫率迁转

表 15　陈代太子卫率迁转关系表

姓名	迁入官	本官	迁出官	任职时间
程灵洗	高唐太原二郡太守（镇南陵）	太子左卫率	持节、都督南豫州缘江诸军事、信武将军、南豫州刺史→左卫将军	武帝
蔡景历	散骑常侍 通直散骑常侍、中书通事舍人	太子左卫率（常侍、舍人如故） 太子左卫率（常侍、舍人如故）	【坐妻兄违法免官】 宣远将军、豫章内史（未行，徙居会稽）	文帝 宣帝
徐俭	太子中庶子	贞威将军、太子左卫率，舍人如故	和戎将军、宣惠晋熙王长史、行丹阳郡国事	宣帝
周确	太子家令（父忧去职）→贞威将军、吴令（固辞不之官）	太子左卫率、中书舍人	散骑常侍、加贞威将军→信州南平王府长史→行扬州事	后主
司马申	员外散骑常侍、东宫通事舍人	太子左卫率、兼中书通事舍人	右卫将军，加通直散骑常侍→加散骑常侍（右卫、舍人如故）	后主
周罗睺	持节、都督南川诸军事	太子左卫率	督湘州诸军事→散骑常侍	后主

---

① 《梁书》卷一八《冯道根传》，第二册，第288页。

续表

姓名	迁入官	本官	迁出官	任职时间
韦 载	轻车将军、通直散骑常侍	散骑常侍、太子右卫率，将军（轻车将军）如故	【以疾去官】	武帝
赵知礼	持节、督吴州诸军事、明威将军、吴州刺史	明威将军、太子右卫率	右卫将军、领前军将军	文帝
毛 喜	给事黄门侍郎、兼中书舍人	太子右卫率、右卫将军	本官行江夏、武陵、桂阳三王府国事	宣帝
徐敬成	持节、都督南豫州诸军事、壮武将军、南豫州刺史	太子右卫率	贞威将军、吴兴太守	宣帝

1. 迁入官

陈代太子卫率的迁入官可分为三类。

1.1 地方军政长官。共有四例，占三分之一。程灵洗由高唐太原二郡太守（镇南陵）迁任太子左卫率，周罗睺由持节、都督南川诸军事转任太子左卫率，赵知礼由持节、督吴州诸军事、明威将军、吴州刺史迁任明威将军、太子右卫率，徐敬成由持节、都督南豫州诸军事、壮武将军、南豫州刺史迁任太子右卫率。

1.2 内侍文官。蔡景历由散骑常侍转任太子左卫率，"常侍、（中书通事）舍人如故"，"坐妻兄违法免官"；起为通直散骑常侍、中书通事舍人，转任太子左卫率，"常侍、舍人如故"。韦载由轻车将军、通直散骑常侍迁任散骑常侍、太子右卫率，"将军如故"。司马申由员外散骑常侍、东宫通事舍人迁任太子左卫率、兼中书通事舍人。此外，毛喜由给事黄门侍郎、兼中书舍人迁任太子右卫率、右卫将军也可归入此类。

1.3 东宫文官。徐俭由太子中庶子迁任贞威将军、太子左卫率，司马申由员外散骑常侍、东宫通事舍人迁任太子左卫率、兼中书通事舍人；周确本为太子家令，"父忧去职"，起为贞威将军、吴令，"固辞不之官"，后授太子左卫率、中书舍人，也可归入此类。

2. 迁出官

陈代太子卫率的迁出官基本上可分为两类。

2.1地方军政长官。此类事例共有八例，占八成：程灵洗由太子左卫率出任持节、都督南豫州缘江诸军事、信武将军、南豫州刺史，徐俭由贞威将军、太子左卫率（舍人如故）转任和戎将军、宣惠晋熙王长史、行丹阳郡国事，周罗睺由太子左卫率出任督湘州诸军事，徐敬成由太子右卫率出任贞威将军、吴兴太守。蔡景历由太子左卫率（散骑常侍、中书通事舍人如故）转任宣远将军、豫章内史，虽然"未行，徙居会稽"，但还是可以作为迁转事例来认识的。周确为太子左卫率、中书舍人，转散骑常侍，贞威将军、信州南平王府长史、行扬州事，实际上并未出藩。毛喜为太子右卫率、右卫将军，又以"本官行江夏、武陵、桂阳三王府国事"，但事实上并未出藩。周确的事例亦可看作是太子卫率转任散骑常侍的类型，周罗睺在出任督湘州诸军事后又为散骑常侍，也可归入同一类型。

2.2禁卫武（长）官。司马申由太子左卫率、兼中书通事舍人迁任右卫将军、加通直散骑常侍，赵知礼由明威将军、太子右卫率迁任右卫将军、领前军将军；程灵洗由太子左卫率转任持节、都督南豫州缘江诸军事、信武将军、南豫州刺史，又转任左卫将军。程灵洗为都督南豫州缘江、南豫州刺史时实际上也在负责京师防务，承担着禁卫职责。

总的来看，陈代太子卫率的迁转具有明显的规则，反映了比较规范化的人事制度。无论就迁入官还是迁出官而论，地方军政长官所占比例都较大，尤其是迁出官绝大多数为地方军政长官，迁入官与迁出官中既有州刺史也有郡太守（南朝州郡等级制度已经规范化，上郡太守位阶高于下州刺史），还有纯粹的军事长官。就迁入官而论，散骑常侍之职及东宫较低级别的文职亦有一定的比例，而就迁出官而论，除地方军政长官外便是皇宫禁卫武（长）官。这与宋、齐、梁三代的情形既有相似之处，又有所差别，主要是地方军政长官的比例更大，而禁卫武（长）官的比例则远比前三朝要小。

程灵洗的事例反映了从地方郡太守经太子卫率迁任州刺史、再迁任朝廷禁卫长官的任职途径；蔡景历的事例反映了由朝廷文秘之职经太子卫率然后出任地方长官的任职途径；毛喜的事例反映了朝廷机要文秘之职经太子卫率然后转任皇宫禁卫长官的任职途径；赵知礼的事例反映了地方军政长官经太子卫率而后迁任皇宫禁卫长官的任职途径；徐俭的事例反映了由东宫文官经太子卫率再出任地方长官的任职途径；周确的事例类此，只是其途径稍微迁曲；司马申的事例反映了东宫文官经太子卫率再迁任皇宫禁卫长官的任职途径，其在各个阶段任职时同时还兼任内侍文官散骑之职，随着其主职的迁转散骑之职也同时进行迁转；周罗睺的事例反映了地方军事长官经太子卫率再出任地方军事长官的任职途径；徐敬成的事例反映了地方军政长官经太子卫率然后出任地方行政长官的任职途径。各人的职务迁转未必一定就是升迁，也可能反映的是平调或降级任用。当然，各个事例既可能反映的是某种实际的制度状况，也可能仅为个别的特例。

徐俭、周确、司马申的仕履有较强的典型性。徐俭自陈武帝"永定初，为太子洗马"，其后至陈后主初年，历任：镇东从事中郎，中书侍郎，镇北鄱阳王谘议参军、兼中书舍人，国子博士、大匠卿（余并如故），黄门侍郎，太子中庶子、加通直散骑常侍、兼尚书左丞（以公事免）；中卫始兴王限外谘议参军、兼中书舍人，太子中庶子，贞威将军、太子左卫率（舍人如故），和戎将军、宣惠晋熙王长史、行丹阳郡国事。[①] 在其所任十一次职务中，有四任即为东宫官职，在免官前后各二次，其中两次出任太子中庶子。周确，"高祖受禅，除尚书殿中郎"，其后至后主"祯明（587-588）初，遘疾，卒于官"，历任：安成王限内记室，东宫通事舍人（丁母忧，去职）；中书舍人，太常卿，太子中庶子，尚书左丞，太子家令（以父忧去职）；贞威将军、吴令（固辞不之官）；太子左卫率、中书舍人，散骑常侍、加贞威将军，信州南平王府长史，行扬州事，都官尚书。[②] 在其所任十三次（其中一次未到任）职务中，东宫官职亦有四次。司马申于陈宣帝太建"九年（577），除秣陵令"，其后至后主时期，历任：兼东宫通事舍人，员外散骑常侍（舍人如故），太子左卫率、兼中书通事舍人，右卫将军、加通直散骑常侍，加散骑常侍（右卫、舍人如故）。[③] 在其所任六次职务中，东宫官职有三次，在其出任兼东宫通事舍人前即"预东宫宾客"，也可算作一任，足见东宫官职在其十年左右的仕履中占有重要地位，同时其经历也是东宫禁卫长官迁任皇宫禁卫长官的典型事例。

① 参见〔唐〕姚思廉撰：《陈书》卷二六《徐俭传》，中华书局，1972年，第二册，第334-336页。
② 参见《陈书》卷二四《周确传》，第二册，第311页。
③ 参见《陈书》卷二九《司马申传》，第二册，第387页。

六、北朝太子卫率迁转

表 16　北魏（东魏附）太子卫率迁转关系表

姓名	迁入官	本官	迁出官	任职时间
司马悦	宁朔将军、司州别驾	太子左卫率	河北太守	孝文帝
高聪	通直散骑常侍、兼太府少卿	通直散骑常侍、兼太子左率		孝文帝
封静	征虏将军、武卫将军	征虏将军、太子左卫率	平北将军、恒州刺史	宣武帝
穆祁	上谷河内二郡太守、司州治中	太子右卫率		宣武帝？

北魏可见有迁转关系的太子卫率共有四人，其中孝文帝时期二例，宣武帝时期二例（一例时间明确，另一例记载不明，估计是在宣武帝时期）。不仅事例少，而且二例仅知迁入官，迁出官不明。就迁入官而论，二例为司州府上佐别驾、治中（其中一例兼司州辖郡太守），反映太子卫率具有与郡太守相当或略高的地位，另外二例分别为太府少卿、武卫将军。就迁出官而论，一为郡太守，一为州刺史，与迁入官所反映的情形基本一致。封静的事例反映了从朝廷禁卫武官迁任东宫禁卫长官、再出任地方州刺史的迁转途径，大概有一定的典型性。

表 17　西魏太子卫率迁转关系表

姓名	迁入官	本官	迁出官	任职时间
王懋	城门校尉	抚军将军、兼太子左率	右率→尚食典御、领左右、武卫将军→右卫将军	大统初
于寔	通直散骑常侍	太子右卫率、加都督	大都督	大统年间
侯莫陈琼	太祖直荡都督→尚药典御	太子右卫率	（累迁）北秦州刺史	大统三年
侯莫陈凯	太子庶子、都督	东宫武卫率、尚书右丞	左丞	大统末

姓名	迁入官	本官	迁出官	任职时间
尉迟纲	平远将军、步兵校尉	加通直散骑常侍、太子武卫率、前将军	帅都督	大统八年
王 勇	卫大将军、殷州刺史	加通直散骑常侍、兼太子武卫率	上州刺史	大统初

西魏太子卫率迁转的事例共有六人七例，其迁转关系似难看出明显的规则。迁入官分别为城门校尉、尚药典御、通直散骑常侍、殷州刺史、步兵校尉、太子庶子，迁出官分别为太子右率、尚食典御·领左右·武卫将军、北秦州刺史、大都督、上州刺史、帅都督、尚书左丞。由于有五例太子卫率任职时还兼领他职，故其迁入官和迁出官未必一定对应的是太子卫率之职，而可能是其他兼领之职。六位太子卫率担任者的迁转途径各具特色：王懋的仕履反映了其在朝廷和东宫禁卫武官系统迁转的典型事例，太子右率的迁出官为三个官职，但具有对应关系的应该是武卫将军，即其迁转的主线为城门校尉→兼太子左率→右率→武卫将军→右卫将军。于寔的迁出官大都督对应的是太子右卫率的加官都督，其迁入官通直散骑常侍对应的亦应该是都督之职。侯莫陈琼的仕履反映了由宇文泰亲信侍官转任朝廷内侍职官，进而转任东宫禁卫长官，然后出任地方行政长官州刺史的途径。侯莫陈凯的迁出官尚书左丞对应的是尚书右丞，而其迁入官太子庶子对应的则是东宫武卫率，其迁入官和迁出官因太子卫率的兼职而别为两个系统。尉迟纲的事例中，其军号由平远将军迁任前将军，武职由步兵校尉迁任太子武卫率、再转任帅都督，反映了由朝廷禁卫武官到东宫禁卫长官、再到更高一级朝廷禁卫武官（统帅宇文泰霸府亲兵）的仕履。王勇的事例反映了由州刺史入朝任东宫禁卫长官、再出朝任州刺史的迁转途径。以上情形既可能在一定程度上反映了当时制度的实际状况，或者说有其普遍性和常规性，也可能仅为个别事例，属于特殊情况。

七、隋代太子诸率迁转

表18　隋代太子诸率迁转关系表

姓名	迁入官	本官	迁出官	任职时间
苏孝慈	兵部尚书	太子右卫率，尚书如故；领太子右庶子	左卫率，判工部、民部二尚书→大将军，工部尚书，率如故→浙州刺史	开皇
杨处纲	开府、督武候事	太子宗卫率	左监门郎将	开皇
于宣道	内史舍人、车骑将军、兼左卫长史	太子左卫副率	上仪同	开皇
宇文述	右卫大将军→安州总管→寿州刺史、总管	太子左卫率	左卫大将军	仁寿
郭衍	蒋州刺史	左监门率→左宗卫率	左武卫大将军	仁寿
于仲文	行军总管→督晋王军府事	太子右卫率	右翊卫大将军	仁寿
周罗睺	水军总管→大将军	东宫右虞候率→右卫率	右武候大将军	仁寿
权武	检校潭州总管、大将军	太子右卫率	右武卫大将军	仁寿
李浑	晋王杨广"骠骑领亲信"→大将军	左武卫将军，领太子宗卫率	右骁卫将军→右骁卫大将军	仁寿
段达	车骑将军、兼晋王参军	太子左卫副率	左翊卫将军	仁寿

1. 迁入官

在苏孝慈的迁转关系中，存在着尚书和东宫官职两条线索，即：兵部尚书→判工部、民部二尚书→工部尚书；太子右卫率→太子右庶子→左卫率。其中太子右卫率很可能与太子右庶子是先后兼领关系，而非迁转关系。苏孝慈在任兵部尚书、太子右卫率之前为司农卿，司农卿是兵部尚书的迁入官，而非太子右卫率的迁入官。比较确定的是，太子右卫率与左卫率存在迁转关系，则其所任太子左卫率的迁入官为右卫率。

杨处纲由开府、督武候事迁任太子宗卫率，是由朝廷禁卫武官迁任东宫禁卫武官的事例。宇文述由寿州刺史、总管迁任太子左卫率，其在开皇初曾任右卫大将军，虽然是在多年前，但也不可忽视。郭衍由蒋州刺史迁任太子左监门率，又转左宗卫率，前者同于宇文述之例，后者同于苏孝慈之例。于仲文由督晋王军府事迁任太子右卫率，从负责晋王军府事到执掌东宫禁卫事，其职位的变化与杨广身份的转变相对应。周罗睺由大将军迁任东宫右虞候率，再转右卫率，前者与于仲文相似，二人在之前都担任行军总管率军征战，后者同于苏孝慈、郭衍之例。权武在担任太子右卫率前亦为大将军，之前也是担任过行军总管参与征战，又历豫州刺史、检校潭州总管，既同于仲文、周罗睺之例，也与宇文述、郭衍之例有相似之处。李浑由晋王杨广军府骠骑领亲信进位大将军，迁任左武卫将军、领太子宗卫率，与于仲文、周罗睺和权武的事例相当。段达本为车骑将军、兼晋王参军，迁任太子左卫副率，与于仲文、李浑的事例相似。可以看出，杨广为皇太子时的东宫禁卫武官，尽管各人入宫前所任官职并不完全相同，但无一不是来自他在扬州时的江南旧部或亲信。其中有人在任职后又迁任更高一级的东宫禁卫武官，也有个别人是由朝廷禁卫武官兼领东宫禁卫武官的。

此外，于宣道由车骑将军、兼左卫长史迁任太子左卫副率，属于朝廷禁卫武官僚佐迁任东宫禁卫武官的事例。阎毗本为车骑"宿卫东宫"，后兼太子宗卫率长史，亦是相似的事例。

2. 迁出官

苏孝慈多年以尚书兼领太子左、右卫率，是皇太子杨勇最为信任的宫臣，当隋文帝考虑废黜太子时，"惮其在东宫，出为浙州刺史"。这是特殊局势引发的贬谪，自然不足以作为考察太子诸率迁转关系的正常事例。其由太子右卫率转授左卫率，可以将左卫率当作右卫率的迁出官看待，即东宫禁卫武官系统内部存在着由低到高的迁转关系。杨处纲先是由太子宗卫率"转左监门郎将。后数载，起授右领军将军"。按左右监门府各将军一人"掌宫殿门禁及守卫事"，各置郎将二人，当协助将军负责宫殿门禁及守卫。杨处纲所任三职皆为禁卫之职，具有明显的同质性或本系统内迁转的特征。

杨广东宫的太子诸率的迁出官具有非常一致的特征，几乎都在隋炀帝即位后迁任朝廷禁卫武（长）官。太子左卫率宇文述，"炀帝嗣位，拜左卫大将军"。郭衍由太子左监门率转左宗卫率，"大业元年，拜左武卫大将军"。太子右卫率于仲文，"炀帝即位，迁右翊卫大将军"。周罗睺由东宫右虞候率转右卫率，"炀帝即位，授右武候大将军"。太子右卫率权武，"炀帝即位，拜右武卫大将军"。李浑为左武卫将军、领太子宗卫率"，"大业初，转右骁卫将军"。"九年，迁右骁卫大将军。"段达在隋文帝初年"为左直斋，累迁车骑将军、兼晋王参军"。"仁寿初，太子左卫副率。大业初，以蕃邸之旧，拜左翊卫将军。"[①] 按"蕃邸之旧"是指其曾任兼晋王参军，亦是指其为太子左卫副率的经历。从太子卫率诸职的迁转可以看出，隋炀帝为皇太子时包括禁卫武官在内的东宫官僚主要来自他在扬州的军府僚佐和部属，而在他称帝后他们悉数转任朝廷禁卫武（长）官。"蕃邸之旧"可以说是隋炀帝用人的一条根本原则。与杨处纲的事例相似，李浑在隋炀帝即位后先转任右骁卫将军，大业"九年，迁右骁卫大将军"，表明系统内部的迁转是隋代禁卫武官迁转的一个基本规则。权武在右武卫大将军任上"坐事免，授桂州刺史，俄转始安太守。久之，征拜右屯卫大将军"。虽然比较曲折，所反映的迁转规则还是一致的。

① 《隋书》卷八五《段达传》，第六册，第1899页。

第四章　太子卫率兼领加官分析

一、太子卫率兼领加官事例

兹将史书中有关两晋南北朝太子卫率兼、领、加官的记载列表如下：

表 19　两晋南北朝太子卫率兼、领、加官表

姓名	兼职情况	任职朝代
郭　弈	右卫率、骁骑将军	西晋
孙　琰	武威将军、领太子左率	西晋
阮　孚	左卫率、太子中庶子、领屯骑校尉	东晋
王　雅	丹杨尹、领太子左卫率	东晋
徐　邈	太子前卫率、领本郡大中正	东晋
郗　恢	给事黄门侍郎、领太子右卫率	东晋
谢灵运	相国从事中郎、世子左卫率	宋台
王仲德	散骑常侍、领太子左卫率	宋
向　靖	太子左卫率、加散骑常侍	宋
萧思话	侍中、太子左卫率	宋
薛安都	加征房将军、太子左卫率	宋
颜　竣	吏部尚书、领太子左卫率	宋
刘　勔	太子左卫率、征房将军、督西讨前锋诸军事	宋
建平王景素	太子左卫率、加给事中	宋

续表

姓名	兼职情况	任职朝代
吴 喜	右军将军、淮陵太守、假辅师将军、兼太子左卫率	宋
萧道成	散骑常侍、太子左卫率	宋
段 宏	宋台黄门郎、领太子右卫率	宋
刘贞之	太子右卫率、宁朔将军、江夏内史	宋
沈演之	吏部尚书、领太子右卫率	宋
刘遵考	太子右卫率、加给事中 尚书右仆射、领太子右卫率	宋
谢弘微	侍中、领太子右卫率	宋
袁 粲	尚书吏部郎、太子右卫率、侍中	宋
刘秀之	尚书右仆射、领太子右卫率	宋
张 畅	侍中、领太子右卫率	宋
王景文	秘书监、太子右卫率、侍中	宋
张 永	太子右卫率、兼将作大匠	宋
沈 勃	太子右卫率、加给事中	宋
张兴世	太子右卫率、领骁骑将军	宋
褚 渊	吏部尚书、领太子右卫率、（后）加骁骑将军	宋
沈文季	太子右卫率、建安王司徒司马	宋
萧景先	宁朔将军、太子左卫率	南齐
崔慧景	冠军将军、太子左率、加通直常侍 度支尚书、领太子左率	南齐
徐孝嗣	尚书吏部郎（？）、太子右卫率 吏部尚书、领太子左卫率	南齐
胡谐之	散骑常侍、太子右率 太子中庶子、领左卫率	南齐
刘 俊	五兵尚书、领太子左卫率（未拜）	南齐
戴僧静	给事中、太子右率、加通直常侍	南齐
庾杲之	太子右卫率、加通直常侍	南齐

续表

姓名	兼职情况	任职朝代
王 晏	吏部尚书、领太子右卫率 右仆射、领太孙右卫率	南齐
王 亮	（吏部尚书）加通直散骑常侍、太子右卫率	南齐
王广之	征虏将军、加散骑常侍、太子右率	南齐
王玄邈	前军司徒司马、散骑常侍、太子右率	南齐
柳世隆	尚书右仆射、领太子右率、雍州大中正（不拜）	南齐
虞 悰	散骑常侍、太子右率	南齐
萧 懿	太子右卫率、尚书吏部郎、卫尉卿	南齐
萧颖达	征虏将军、太子左卫率	梁
周 捨	员外散骑常侍、太子左卫率	梁
裴之礼	太子左卫率、兼卫尉卿	梁
柳 忱	员外散骑常侍、太子右卫率（未到任）	梁
萧 业	散骑常侍、太子右卫率	梁
徐 勉	散骑常侍、领太子右卫率	梁
王珍国	员外散骑常侍、太子右卫率、加后军〔将军〕	梁
昌义之	太子右卫率、领越骑校尉	梁
张 稷	度支尚书、前将军、太子右卫率	梁
夏侯亶	通直散骑常侍、太子右卫率	梁
明山宾	太子右卫率、加给事中	梁
萧 琛	左民尚书、领南徐州大中正、太子右卫率	梁
朱 异	鸿胪卿、太子右卫率、加员外常侍	梁
王 份	太常卿、太子右率、散骑常侍（侍东宫）	梁
周铁虎	散骑常侍、严威将军、太子左卫率	陈
徐 俭	贞威将军、太子左卫率，舍人如故	陈
周 确	太子左卫率、中书舍人	陈
司马申	太子左卫率、兼中书通事舍人	陈

姓名	兼职情况	任职朝代
蔡景历	太子左卫率、（散骑）常侍、（中书通事）舍人如故	陈
韦载	散骑常侍、太子右卫率，将军如故	陈
赵知礼	明威将军、太子右卫率	陈
毛喜	太子右卫率、右卫将军	陈
高聪	通直散骑常侍、兼太子左率	北魏
封静	征虏将军、太子左卫率	北魏
高普	安南将军、太子左卫率	北魏
元阿成	北中郎将、太子右率	北魏
王懋	抚军将军、兼太子左率	西魏
于寔	太子右卫率、加都督	西魏
王勇	加通直散骑常侍、兼太子武卫率	西魏
尉迟纲	加通直散骑常侍、太子武卫率、前将军	西魏
侯莫陈凯	东宫武卫率、尚书右丞	西魏

反映两晋南北朝太子卫率兼、领、加官的事例共有八十例（七十五人），其中西晋二例，东晋四例，刘宋二十五例（二十四人，其中宋台世子左、右卫率各一人），南齐十八例（十四人），梁代十四例，陈代八例，北魏四例，西魏五例。南朝的事例共有六十五例（六十人），占全部事例的四分之三以上，就各朝代时间长短比较而言，以南齐的事例居多。这与南朝皇位更迭频繁、太子暨东宫较多的现实有关，亦与现存南朝正史对列传人物仕履的记载比较全面有关。因此本节的考察实际上主要体现的还是南朝相关制度的状况，而两晋和北朝的情况则较少反映。就太子左、右卫率或其他卫率的比例来看，其在不同朝代的分布情形分别是：

表20　两晋南北朝太子卫率兼、领、加官事例时代分布表

	西晋	东晋	刘宋	南齐	梁代	陈代	北魏	西魏	合计
太子左卫率	1	2	10	6（5）	3	5	3	1	31（30）

	西晋	东晋	刘宋	南齐	梁代	陈代	北魏	西魏	合计
太子右卫率	1	1	15（14）	12（11）	11	3	1	1	45（43）
太子前卫率		1							1
太子武卫率								3	3
合计	2	4	25（24）	18（14）	14	8	4	5	80（75）

二、太子卫率兼领加官分类

在太子卫率的兼、领、加官中，绝大多数事例属于兼任一个官职，也有个别事例兼任两个或两个以上的官职；太子卫率有的并非主职，而是兼、领、加官。其具体情况如下。

1. 集书（散骑）省官职

太子卫率与散骑（集书）诸职的兼、领、加官最为普遍，共有三十例二十九人，接近四成。

1.1 散骑常侍。散骑常侍与太子卫率兼、领、加官的事例共有十四例（十三人），分别是：刘宋王仲德（懿）为散骑常侍、领太子左卫率，向靖为太子左卫率、加散骑常侍，萧道成为散骑常侍、太子左卫率；陈代周铁虎为散骑常侍、严威将军、太子左卫率，蔡景历为太子左卫率、散骑常侍、中书通事舍人（二次）。南齐胡谐之、虞悰为散骑常侍、太子右率，王广之为征虏将军、加散骑常侍、太子右率，王玄邈为前军司徒司马、散骑常侍、太子右率；梁代萧业为散骑常侍、太子右卫率，徐勉为散骑常侍、领太子右卫率，王份为太常卿、太子右率、散骑常侍"侍东宫"①；陈代韦载为轻车将军、散骑常侍、太子右卫率。除刘宋王仲德、梁代徐勉分别为散骑常侍领太子左、右卫率外，其他人所任太子左、右卫率皆当为主职，而散骑常侍为加官或兼职。

1.2 通直散骑常侍。共有八例，南北朝均有，分别是：南齐崔慧景为冠军

---

① 《隋书》卷二六《百官志上》："天监初，又置东宫常侍，皆散骑常侍为之。"（〔唐〕魏徵等撰：《隋书》，中华书局，1973年，第三册，第726页）按王份"侍东宫"实即担任东宫常侍之职。

将军、太子左率、加通直常侍，北魏高聪为通直散骑常侍、兼太子左率；南齐戴僧静为给事中、太子右率、加通直常侍，王亮为吏部尚书、加通直散骑常侍、太子右卫率，庾杲之为太子右卫率、加通直常侍，梁代夏侯亶为通直散骑常侍、太子右卫率；西魏王勇为加通直散骑常侍、兼太子武卫率，尉迟纲为加通直散骑常侍、太子武卫率、前将军。其中通直散骑常侍明确为加官者多达五例，太子卫率为兼职者二例，且均与加通直散骑常侍叠任。

1.3员外散骑常侍。共有四例，且全都是梁代的事例：周捨为员外散骑常侍、太子左卫率，王珍国为员外散骑常侍、太子右卫率、加后军将军，朱异为太子右卫率、加员外常侍，柳忱为员外散骑常侍、太子右卫率，但"未到任"而改任他职。

1.4给事中。共有五例，分别是：刘宋建平王景素为太子左卫率、加给事中，刘遵考、沈勃为太子右卫率、加给事中，南齐戴僧静为给事中、太子右率、加通直常侍，梁代明山宾为太子右卫率、加给事中。给事中明确为加官者四例，戴僧静的情况亦当如此，表明给事中在当时仅仅是以加官的情形出现的，并非一独立官职。①

2. 尚书省官职

太子卫率与尚书省官职兼领的现象比较普遍，一般是尚书省官职兼领太子卫率，共有十七人，占全部事例的二成以上。

2.1尚书仆射。共有四例，宋、齐各二例：刘宋刘遵考、刘秀之为尚书右仆射、领太子右卫率，南齐王晏为右仆射、领太孙右卫率，柳世隆为尚书右仆射、领太子右率、雍州大中正（不拜）。全都是右仆射领太子右卫率，尽管不排除左仆射领左卫率的可能性，但就目前所能看到的事例而言，只能说太子卫率与尚书省官职兼领的最高位阶是尚书右仆射，而且全都是尚书右仆射

---

① 《汉书》卷一九上《百官公卿表上》记秦、西汉制度，谓"给事中亦加官，所加或大夫、博士、议郎，掌顾问应对，位次中常侍"。（〔东汉〕班固撰，〔唐〕颜师古注：《汉书》，中华书局，1962年，第三册，第739页）《续汉书·百官志三》记述东汉官制，在侍中、中黄门、黄门侍郎之后记"给事中，关通中外，及诸王朝见于殿上，引王就坐"（〔南朝宋〕范晔撰，〔唐〕李贤等注：《后汉书》/〔西晋〕司马彪撰，〔梁〕刘昭注补：《续汉书·志》，中华书局，1965年，第一二册，第3593页）。《晋书》卷二四《职官志》在散骑常侍后依次记给事中、通直散骑常侍及员外散骑常侍（〔唐〕房玄龄等撰：《晋书》，中华书局，1974年，第三册，第733页），给事中与散骑诸职当属同一部门。《宋书》卷四〇《百官志下》在散骑诸职（散骑常侍、通直散骑常侍、员外散骑常侍、散骑侍郎）之后记给事中（〔梁〕沈约撰：《宋书》，中华书局，1974年，第四册，第1244、1245页），似亦可看作给事中属于散骑系统的证据。

领太子右卫率。

2.2吏部尚书。在列曹尚书中，以吏部尚书的事例最多，共有六例：刘宋颜竣及南齐徐孝嗣为吏部尚书、领太子左卫率；刘宋沈演之、褚渊及南齐王晏为吏部尚书、领太子右卫率，南齐王亮为吏部尚书、加通直散骑常侍、太子右卫率。与尚书右仆射领太子右卫率相似，所有事例全都是吏部尚书领太子卫率。

2.3其他尚书。除吏部尚书外，也还有列曹尚书与太子卫率兼领的零星事例：南齐崔慧景为度支尚书、领太子左率，刘悛为五兵尚书、领太子左卫率（未拜），梁代张稷为度支尚书、前将军、太子右卫率，萧琛为左民尚书、领南徐州大中正、太子右卫率。

2.4尚书右丞。仅见一例，西魏侯莫陈凯为东宫武卫率、尚书右丞。

2.5尚书吏部郎。仅见二例尚书吏部郎与太子右卫率兼领的事例，分别是：南齐徐孝嗣为尚书吏部郎、太子右卫率，萧懿为太子右卫率、尚书吏部郎、卫尉卿。

3. 门下、中书省官职

太子卫率与门下、中书省官职兼领的情况也是存在的，但与散骑诸职及尚书省官职相比，则显得较为零星，共有十二例十一人，而且时代特征比较明显。

3.1侍中。共有五人，全都是刘宋的事例：萧思话为侍中、太子左卫率，谢弘微、张畅为侍中、领太子右卫率，袁粲为尚书吏部郎、太子右卫率、侍中，王景文为秘书监、太子右卫率、侍中。就刘宋而言，侍中与太子卫率兼领的事例同本朝尚书省长官（尚书右仆射、吏部尚书）兼领的事例相当，且远比散骑常侍的事例（二例）为多，表明刘宋时期尚书省、门下省长官兼领太子卫率属制度常态，也反映出当时太子卫率地位之高，这与刘宋加强东宫禁卫权力的国策相吻合。

3.2黄门侍郎。东晋郗恢为给事黄门侍郎、领太子右卫率，刘宋建立前夕段宏为宋台黄门郎、领太子右卫率。相关的事例颇为零星，且都是在刘宋建立之前，南北朝时期不再见到（给事）黄门侍郎与太子卫率兼领的事例。

3.3中书舍人。共有五例（四人），全都是陈代的事例：徐俭为贞威将军、太子左卫率、中书舍人，周确为太子左卫率、中书舍人，司马申为太子左卫率、兼中书通事舍人，蔡景历为太子左卫率、散骑常侍、中书通事舍人（二次）。所任中书（通事）舍人均当为兼职，但有实际职任。陈代继承梁制，中书舍人权力甚重，君主的不少亲信往往是多年兼任中书舍人掌机要，如在以上事例中：徐俭在之前任中卫始兴王限外谘议参军时即"兼中书舍人"，"又为太子中庶子，迁贞威将军、太子左卫率，舍人如故"。①蔡景历在陈朝建立之初"迁秘书监、中书通事舍人，掌诏诰"，"世祖即位，复为秘书监，舍人如故"，"累迁散骑常侍"，又"以功迁太子左卫率"，"常侍、舍人如故"。②不仅如此，陈代一度出现了舍人省，职权及机构均有大量扩充，颇有成为中央决策执行机构之势。

4. 禁卫武官

太子卫率与禁卫武官兼领的现象并不多见，具体情形如下：太子卫率与皇宫禁卫武官兼领的事例共有七例，占全部事例的近一成。陈代毛喜为太子右卫率、右卫将军，西晋郭弈为〔太子〕右卫率、骁骑将军，刘宋张兴世为太子右卫率、领骁骑将军，褚渊为吏部尚书、领太子右卫率、（后）加骁骑将军，梁代王珍国为员外散骑常侍、太子右卫率、加后军〔将军〕，东晋阮孚为〔太子〕左卫率、太子中庶子、领屯骑校尉，梁代昌义之为太子右卫率、领越骑校尉。此外，北魏元阿成为北中郎将、太子右率，西魏于寔为太子右卫率、加都督，似也可归入此类。由此可见，太子卫率所兼领的禁卫武官主要是军校骁游，以骁骑将军与五校尉较突出，陈代毛喜以右卫将军与太子右卫率兼领属于特例，因毛喜是颇受君主（陈宣帝）宠幸的亲信大臣。这种情况也从一个侧面反映了东宫禁卫长官地位低于皇宫禁卫长官的现实。

此外，东宫禁卫武官率领东宫禁卫军出征，于史并不少见，但东宫禁卫长官率军出征的事例则颇为罕见，仅见刘宋时期刘勔为太子左卫率、征房将军、督西讨前锋诸军事一例。

5. 散号将军

太子卫率与散号将军兼领的事例共有十四例，接近全部事例的二成，虽然也有一定数量，但其比例远比大多数中央官职要低。所能见到的记载既可能是现实情况的反映，也不排除史书记载缺漏的可能性，但前者应该仍是起决定作用的因素。具体情况是：西晋孙琰为武威将军领太子左率；刘宋薛安都为太子左卫率加征房将军；南齐萧景先为宁朔将军、太子左卫率，王广之

---

① 〔唐〕姚思廉撰：《陈书》卷二六《徐俭传》，中华书局，1972年，第二册，第336页。
② 《陈书》卷一六《蔡景历传》，第二册，第226-227页。

为征虏将军加散骑常侍、太子右率；梁代萧颖达为征虏将军、太子左卫率，张稷为度支尚书、前将军、太子右卫率；陈代周铁虎为散骑常侍、严威将军、太子左卫率，徐俭为贞威将军、太子左卫率（中书舍人如故），韦载为轻车将军、散骑常侍、太子右卫率，赵知礼为明威将军、太子右卫率，徐敬成为太子右卫率、贞威将军；北魏封静为征虏将军、太子左卫率，高普为安南将军、太子左卫率；西魏王懋为抚军将军兼太子左率，尉迟纲为太子武卫率、前将军加通直散骑常侍。由此可见，太子卫率所兼将军号共有十种，分别是：征虏将军四例，前将军、贞威将军各二例，武威将军、宁朔将军、严威将军、轻车将军、明威将军、安南将军、抚军将军各一例。很显然，以征虏将军较为常见。表面看来抚军将军在这九号中位阶最高，但这是经过北魏末年军号勋散化后的西魏制度。总的来看，太子卫率所兼将军号都是杂号将军，即轻号将军，这与其在王朝官僚制度中所处地位是相当的。就朝代的分布来看，两晋没有相关事例（当与《晋书》记载简略有一定关系），刘宋一例，南齐、梁代及北魏、西魏各二例，陈代五例。陈代的事例最多，这是具有时代特征的一个现象，同时也表明太子卫率兼任将军号在其他朝代属于特例，并非制度常态。

　　6. 其他官职

　　作为在京师任职的东宫禁卫长官，太子卫率所兼文官无疑应该是中央机构的官职，不过也有兼任地方官的情况，属于特殊情形。

　　6.1东宫官职——太子中庶子。东晋阮孚为〔太子〕左卫率、太子中庶子、领屯骑校尉，南齐胡谐之为太子中庶子、领〔太子〕左卫率。

　　6.2诸卿。南齐萧懿为太子右卫率、尚书吏部郎、卫尉卿，梁代裴之礼为太子左卫率、兼卫尉卿，朱异累迁鸿胪卿、太子右卫率、加员外常侍，王份为太常卿、太子右率、散骑常侍（侍东宫），刘宋张永为太子右卫率、兼将作大匠。

　　6.3府佐。谢灵运在刘宋建立前夕为刘裕相国从事中郎、世子左卫率，刘宋沈文季为太子右卫率、建安王司徒司马，南齐王玄邈为前军司徒司马、散骑常侍、太子右率。

　　6.4京尹。东晋王雅为丹杨尹、领太子左卫率。

　　6.5地方官。刘宋吴喜为右军将军、淮陵太守、假辅师将军、兼太子左卫率，刘贞之为太子右卫率、宁朔将军、江夏内史。所兼郡级行政长官只是君主为表尊崇而授予，并不实际到地方任职，大概与"带帖"之职相似，也可能额外得到一份俸禄。

6.6 州中正。东晋徐邈为太子前卫率、领本郡大中正，南齐柳世隆为尚书右仆射、领太子右率、雍州大中正（不拜），梁代萧琛为左民尚书、领南徐州大中正、太子右卫率。

以上事例虽然并无常规可言，却有助于从一个侧面加深对两晋南北朝太子卫率地位的认识。可以看出，太子卫率与东宫太子中庶子、司徒府司马、诸卿等中央文官地位相当，也与地方郡国太守、内史有着大体相当的地位。

三、太子卫率兼领加官的时代性

若以朝代而论，太子卫率的兼、领、加官体现了不同的时代特点。两晋时期六个事例，二例与禁卫武官兼领，占三分之一；其中一例同时又与东宫文职太子中庶子兼领。其他四例则是与将军号、大中正及丹阳尹和给事黄门侍郎兼领，除大中正外，太子卫率都是被领之职。总的来说，由于事例太少，难以看出两晋太子卫率兼、领、加官的通则。

刘宋太子卫率兼、领、加官的事例有二十四人二十五例（包括宋台二例），其中左卫率十例，右卫率十五例。所兼领官职以尚书、门下和集书（散骑）省官职居多，具有比较明显的聚集性特征。尚书省六例：尚书右仆射、领太子右卫率二例，吏部尚书、领太子左卫率一例，领太子右卫率二例，尚书吏部郎兼太子右卫率一例，其中吏部尚书、右卫率一例又加骁骑将军，吏部郎、右卫率又兼侍中。门下省五例：侍中、领太子左卫率一例，太子右卫率四例，宋台黄门郎、领右卫率一例，侍中、领右卫率又有两例还分别兼任尚书吏部郎、秘书监。集书（散骑）省六例：散骑常侍、领太子左卫率三例；太子左卫率、加给事中一例，右卫率、加给事中二例[①]。其他事例比较分散，

---

① 《晋书》卷二四《职官志》将给事中置于散骑常侍与通直散骑常侍之间，云："给事中，秦官也。所加或大夫、博士、议郎，掌顾问应对，位次中常侍。汉因之。及汉东京省，魏世复置，至晋不改。在散骑常侍下，给事黄门侍郎上，无员。"（第三册，第733页）《宋书》卷四〇《百官志下》《南齐书》卷一六《百官志》并置于散骑诸职之下，奉朝请之上。《宋志》云："给事中，无员。汉西京置。掌顾问应对。位次中常侍。汉东京省，魏世复置。"（第四册，第1245页）《隋书》卷二六《百官志上》载梁制（第三册，第722页），卷二七《百官志中》载北齐制（第754页），明确给事中为集书省官职。

没有明显的特征。

南齐太子卫率兼、领、加官的事例有十四人十八例（一例太孙右卫率），左卫率五人六例，右卫率十一人十二例。所兼领官职主要是尚书省和集书省两类，聚集特征更为明显。尚书省官职有：度支尚书领太子左率及吏部尚书、五兵尚书（未拜）领太子左卫率各一例；吏部尚书领太子右卫率二例（一例加通直散骑常侍），尚书吏部郎兼太子右卫率二例（一例兼卫尉卿），尚书右仆射、领太子右率、雍州大中正（不拜）一例，右仆射领太孙右卫率一例。与刘宋相比，尚书省官职与太子卫率兼领的比例更大，占全部事例的一半，并且除了尚书右仆射、吏部尚书和吏部郎之外，还有度支和五兵尚书兼领的事例。与集书省官职兼领的事例有：散骑常侍兼太子右率四例（一例又兼征虏将军，一例又兼前军司徒司马），太子右卫率（右率）加通直常侍二例（一例又兼给事中），太子左率加通直常侍一例（又兼冠军将军）。还有一例太子中庶子领左卫率，一例宁朔将军兼太子左卫率。

梁代太子卫率兼、领、加官的事例有十四例，其中左卫率三例，右卫率十一例。最明显的聚集特征是，太子右卫率兼任集书省官职多达九例（无左卫率兼任的事例），接近三分之二的比例。具体是：散骑常侍三例（一例又兼太常卿），通直散骑常侍一例，员外散骑常侍四例（一例未到任，一例加后军，一例兼鸿胪卿），一例加给事中。尚书兼领者二例：一例度支尚书又兼前将军，一例左民尚书又领南徐州大中正。此外又有太子左卫率兼卫尉卿、征虏将军各一例，太子右卫率领越骑校尉一例。通而观之，与诸卿兼领的事例共有三例，也可以看作是一个特征。与宋、齐时代相比，梁代太子卫率兼领的官职无论就官位还是重要性而言，应该说都有明显的下降，这与梁武帝统治时期长期的安定局面密切相关。政局稳定，太子成年，东宫暨太子的保卫自然无需过分强调。

陈代太子卫率兼、领、加官的事例有八例，其中左卫率五例，右卫率三例。在南朝四代，唯有陈代左卫率兼领的事例多于右卫率兼领的事例。陈代太子卫率兼领的事例最明显的聚集特征是中书舍人（通事舍人）与太子卫率兼领的事例较多，共有四例，占一半，且全都是左卫率（一例又兼散骑常侍，一例又兼贞威将军）。除了同时兼任中书通事舍人的一例外，还有太子左、右卫率与散骑常侍兼任的事例各一例，同时又兼将军号（严威、轻车）。与散骑常侍兼任也可以看作是陈代太子卫率兼领的一个特征。此外还有太子右卫率与右卫将军和明威将军兼领的事例各一例。陈代中书舍人"掌诏诰"①，"参掌机密"②，"掌机密用事"③，"典军国机密"④，是朝廷最为机要的官职。《隋书·百官志上》载陈代官制，有云："国之政事，并由中书省。有中书舍人五人，领主事十人，书吏二百人。书吏不足，并取助书。分掌二十一局事，各当尚书诸曹，并为上司，总国内机要，而尚书唯听受而已。被委此官，多擅威势。"⑤陈代中书通事舍人虽然只是八品之官⑥，但却拥有相当大的权力，甚至不亚于尚书省长官。因此，太子卫率与中书舍人（通事舍人）的兼领并不意味着其地位的下降，反而是其重要性的体现。

北朝太子卫率兼领的事例太少，也看不出明显的聚集性特征，兹不具论。

隋朝官职兼领的现象远不如魏晋南北朝普遍，有关太子诸率兼领的记载只有二人：苏孝慈以兵部尚书兼太子右卫率，以左卫率判工部民部二尚书，工部尚书兼左卫率；李浑以左武卫将军领太子宗卫率。前者是以尚书兼任太子卫率，后者是以禁卫武官兼任太子卫率，两者的职能颇有相通之处。苏孝慈所任兵部尚书自是武职，而其工部尚书负责运河开凿等事务，也具有一定的军事职能。

---

① 《陈书》卷一六《刘师知传》，第一册，第229页；卷二一《孔奂传》，第二册，第285页；卷三四《文学·颜晃传》，第456页。
② 《陈书》卷三四《文学·陆琰传》，第二册，第465页。
③ 《陈书》卷六《后主纪》，第一册，第116页。
④ 《陈书》卷二九《毛喜传》，第二册，第389页。
⑤ 《隋书》卷二六《百官志上》，第三册，第742页。
⑥ 《隋书》卷二六《百官志上》，第三册，第745页。

上篇结语

　　秦汉以后两千余年的帝制时期，太子作为国家的储君，在统治集团中具有仅次于君主的尊崇地位，太子宫殿——东宫有一套专门的职官建制以承担太子的保卫和教育功能。秦西汉时期，东宫官职最尊者为太子太傅、少傅，其属官有太子门大夫、庶子、先马、舍人；又有太子詹事为东宫总管，属官有太子率更、家令丞及仆、中盾、卫率、厨厩长丞。东汉东宫官制进一步完善，设太子太傅、少傅等十四个官职，太子少傅为东宫长官，所辖东宫十二属官分为七个部门，而其中涉及太子保卫的六个官职则分为四个部门。魏晋南北朝东宫官制虽然对汉制有所继承，但变化更大，而且在数百年间一直都处于演变之中，负责太子及其宫殿保卫的东宫禁卫武官制度同时也在发生着相应的变化。

　　曹魏一代不设东宫，应该也没有东宫职官建制。《通典》所载"魏官品"中的东宫官制并非曹魏现实制度，很可能在曹魏职官制度中原本就不存在。西晋东宫初设中卫率，晋武帝"泰始五年（269），分为左、右，各领一军"，晋惠帝时又"加前、后二率"，"八王之乱"时还曾加置中卫率。太子卫率统领东宫禁卫军（卫队）承担保卫东宫之责。西晋后期政治斗争多与储君及皇位争夺有关，东宫官制因之亦有较大变化。东晋前、后二率或置或不置。此外，还有太子常从虎贲督、千人督、校尉等东宫禁卫武官隶属于太子卫率。太子率更令"主宫殿门户及赏罚事，职如光禄勋、卫尉"，亦属东宫禁卫武官之列。太子率更令属于继承秦汉旧制，太子卫率则是在秦汉旧制基础上加以变革的结果。刘宋初年对东宫禁卫武官制度进行了大规模的扩充，除"职如二卫（左、右卫将军）"的太子左、右卫率（左卫率七人，右卫率二人）外，又置太子屯骑校尉、太子步兵校尉、太子翊军校尉及太子冗从仆射各七人，太子旅贲中郎将十人，太子左积弩将军十人，太子右积弩将军二人，殿中将军十人，殿中员外将军二十人。刘宋东宫禁卫武官官职的增多和员额的扩大意味着东宫禁卫兵力的加强，表明君主对皇位继承人保卫的高度重视。刘宋太子詹事既是东宫行政长官，又是禁卫长官，统领营兵的太子左、右卫率等职均隶属于太子詹事，类似于朝廷左、右卫将军与领军将军的关系。宋文帝时期扩充东宫禁卫兵力的政策为太子发动政变提供了条件，孝武帝夺权后，对东宫官职及禁卫兵力进行了裁减。除太子常从虎贲督不见于刘宋外，南齐东宫禁卫官制几乎完全继承了刘宋制度，但员额远比刘宋要少。梁朝东宫官制在继承南齐制度的基础上也进行了调整，具体包括：左、右卫率各一人（各有丞），殿中将军、员外将军各十人，正员司马四人，员外司马督，屯骑、步兵、翊军三校尉各一人（三校），旅贲中郎将、冗从仆射各一人（二将），左、右积弩将军各一人。正员司马、员外司马督不见于宋、齐，或与宋、齐时期的太子常从虎贲督类似。刘宋左卫率七人、右卫率二人，可能各自领一营承担东宫禁卫职能，梁朝虽然左、右卫率各一人，但共领十一营（左率领果毅等七营，右率领崇荣等四营），实与刘宋制度相似。此外，梁朝东宫监局也可能与朝廷监局一样具有一定的禁卫职能。陈代东宫官制基本上是对梁朝制度的继承，东宫禁卫武官制度也没有新的变化。

北魏孝文帝太和年间制定的两个《职员令》中，东宫禁卫武官包括：太子左、右卫率及其主簿、丞，太子屯骑校尉、太子步兵校尉、太子翊军校尉（太子三校），太子常从虎贲督。很显然是参照南齐制度而设。北齐太子詹事为东宫长官，其所领左、右卫率二坊为禁卫武官，坊置司马、功曹、主簿，各领骑官备身正副都督、骑官备身五职、骑官备身员、内直备身正副都督、内直备身五职、内直备身员、备身正副都督、备身五职员，直阁（阁）、直前、直后员；还有旅骑、屯卫、典军等校尉各二人，骑尉三十人。太子二卫队主、副及太子诸队主、副，应该是左、右卫率坊的主要领兵武官。此外，率更令所领中盾署令、丞各一人"掌周卫禁防、漏刻钟鼓"，与汉代执金吾之职能相似；家令寺所领内坊令、丞"掌知阁（阁）内诸事"，与朝廷门下省领左右局"领左右各二人，掌知朱华阁（阁）内诸事"的职能相当。门下坊所领殿内局之内直监二人、副直监四人及斋帅局之斋帅、内阁帅各二人，亦相当于朝廷门下省领左右局领左右所辖左右直长四人之职。与朝廷禁卫武官制度相一致，北齐东宫禁卫武官制度在整个魏晋南北朝时期是最为复杂的。西魏末年官制改革后的东宫官制中，属于禁卫武官的有太子左右宫正□（上／中？）大夫、太子宫尹下大夫、太子小宫尹上士·中士，左右司卫上大夫、中大夫、上士、中士，左宗卫、左亲卫、左勋卫、左屯卫，太子司旅下大夫、太子车右中士等职。隋朝东宫官制以承袭北齐制度为主，同时也有比较显著的变化——废罢太子詹事，文职门下坊等、武职左右卫率府等机构均成为独立机构。隋朝东宫禁卫武官机构有了很大的扩充，北齐仅有左、右卫率坊两个机构，而隋朝则有左右卫、左右宗卫、左右虞候、左右内、左右监门率共十个机构，这一变化与朝廷禁卫武官制度的变化是同步的。

"侍东宫""直殿省（东宫）"为太子卫率的基本职能，也是其实现禁卫权力的最主要途径。太子卫率在东宫内部具有和领军将军在皇宫相当的职能。换言之，太子卫率统领东宫禁兵，负责保卫东宫特别是皇太子的人身安全，位居东宫最重要的臣僚之列。太子卫率也负有辅导谏诤太子的职责。作为未来的皇位继承人，太子的品德和才能是攸关王朝兴衰存亡的大计，东宫官僚肩负着太子培养、训导和保护的重任，即便是负责东宫禁卫的太子卫率，一般也须由具备较高文化修养的士人充任，以便对太子产生积极的影响。太子卫率为东宫禁卫长官，统领一支数量可观的精锐卫队，在争夺皇权的斗争中往往也可以看到其身影，如西晋"八王之乱"时太子的保卫和废立成为斗争的一个焦点，而负责太子保卫、执掌东宫禁卫部队的太子卫率也就成为斗争的重要参与者。太子卫率还具有参议朝政的职能，因其既是东宫臣僚，同时也是朝臣，故就朝政提出建议也是其职责所在。在京师及皇宫受到威胁时，太子卫率也会受命出任指挥官率军进行防守，同时也会受皇帝派遣承担其他军事任务，如率军平叛、抵御敌军入侵等。

西晋所见太子卫率迁转的事例仅有五个，迁入官包括州刺史、尚书郎和太子中庶子，迁出官为地方州郡长官和散骑常侍。从《山公启事》来看，由郡太守迁任太子卫率大概是比较常规的途径。东晋太子卫率迁转的事例共有十二例，迁入官集中于元帝、明帝和孝武帝三朝，由中央文武官吏特别是内侍文官（门下省长、次官居多）迁任太子卫率的情况比较普遍，具体包括六类：门下侍中、黄门侍郎，中书侍郎，散骑常侍、侍郎，霸府僚佐，禁卫武官，郡太守。迁出官的事例显示，出任地方军政长官、内侍文官、禁卫武官及更高一级东宫长官是东晋太子卫率迁转的基本途径，具有明显的常规性特征。刘宋太子卫率迁转的事例远多于两晋时期，可见到迁入官三十二例，迁出官二十二例。刘宋太子卫率的迁入官共包括六类：门下侍中、黄门侍郎，禁卫武（长）官，地方军政长官，尚书省官职，府佐，其他（中央文官为主）；迁出官比较集中，其特征非常清晰，具体包括地方军政长官、禁卫长官及其他三类。地方军政长官和禁卫长官在太子卫率的迁入官和迁出官中所占比例都较大，迁入官中合计占近四成，迁出官中合计占九成。迁入官中门下、尚书官职所占比例较大，合计占三分之一以上，迁出官中除一、二例侍中兼职外几乎不见门下、尚书官职的踪影。总的来看，迁入官类型较分散，但分散中体现着集中，迁出官类型却相当集中，具有明显的常规性和制度化倾向。南齐太子卫率迁转的事例较多，就任职频度而言，在两晋南北朝全部事例中南齐最多，可见到迁入官二十二例，迁出官二十三例。南齐太子卫率的迁转已经制度化，迁入官和迁出官均包括禁卫武官、地方军政长官和中央文官三类，其中禁卫武（长）官和地方军政长官占绝大多数，迁入官中两者合计达七成以上，迁出官中更高达九成左右。也就是说，南齐太子卫率担任者的来源和去向主要集中在皇宫禁卫武（长）官和地方行政长官两个系统，太子卫率与皇宫禁卫武（长）官之间的迁转尤其值得关注。梁代太子卫率迁转的事例也比较普遍，可见到迁入官及迁出官各为三十例，频度高于宋而低于齐。迁入官包括三类：地方行政长官，禁卫武（长）官，中央文官（尚书、尚书郎，侍中，诸卿，东宫官属）；迁出官亦包括三类：禁卫武（长）官，地方行政长官，中央文官（尚书，诸卿，东宫官属等）。与南齐相似，梁代太子卫率的迁转也体现出明显的制度化特征，迁入官和迁出官同样包括三类，其中禁卫武（长）官和地方军政长官占绝大多数，迁入官中达六成以上，迁出官中达七成以上。梁代太子卫率的来源和去向主要也是皇宫禁卫武（长）官和地方行政长官两个系统，而太子卫率与皇宫禁卫武（长）官之间的迁转同样最值得关注。陈代太子卫率的迁入官包括地方军政长官、内侍文官、东宫文官三类，迁出官包括地方军政长官和禁卫武（长）官两类，地方军政长官所占比例都较大，尤其是迁出官绝大多数为地方军政长官。陈代太子卫率的迁转具有明显的规则，反映了比较规范化的人事制度，与宋、齐、梁三代既有相似之处，又有一定差别：地方军政长官的比例更大，禁卫武（长）官的比例远小于前三朝。与南朝相比，北朝太子卫率迁转的事例很少，看不出明显的特征。北魏太子卫率迁转的事例共有四人，迁入官包括司州府上佐别驾、治中（一例兼司州辖郡太守）及太府少卿、武卫将军，迁出官包括郡太守、州刺史各一例。西魏太子卫率迁转的事例共有七例，迁入官分别为城门校尉、尚药典御、通直散骑常侍、殷州刺史、步兵校尉、太子庶子，迁出官分别为太子右率、尚食典御·领左右·武卫将军、北秦州刺史、大都督、上州刺史、帅都督、尚书左丞。由于有五例太子卫率任职时还兼领他职，故迁入官和迁出官所对应的未必一定为太子卫率。

反映两晋南北朝太子卫率兼领的事例共有八十例（七十五人），其中南朝的事例为六十六例（六十一人），占全部事例的四分之三以上，主要当与现存南朝正史对列传人物仕履的记载比较全面有关，对太子卫率兼领的考察实际上主要反映了南朝相关制度的情况。太子卫率兼领的官职可分为五类：散骑诸职（散骑常侍、通直散骑常侍、员外散骑常侍、给事中），尚书诸职（尚书仆射、吏部尚书、其他尚书、尚书右丞、尚书吏部郎），门下、中书省官职（侍中、黄门侍郎、中书舍人），武官（禁卫武官、散号将军、出征将领），其他中央文官（太子中庶子、诸卿、府佐、京尹、地方官、州中正）。太子卫率与散骑诸职的兼领最为普遍，共有三十一例三十人，接近四成。其中太子卫率与散骑常侍兼领的事例共有十四例（十三人），在全部事例中所占比例最大；其他较多的事例还有通直散骑常侍（八例）、皇宫禁卫武官（七例）、吏部尚书（六例）及侍中、给事中、中书舍人（各五例）。太子卫率兼任的散号将军一共有十四例，包括九个名号，所占比例较低。若以不同朝代而论，太子卫率的兼、领、加官也体现了各自的时代特点。两晋六个事例中，禁卫武官二例，其中一例同时又与太子中庶子兼领，其他分别是将军号、大中正及丹阳尹和给事黄门侍郎。刘宋二十四人、二十五例（包括宋台二例）中，太子左、右卫率分别为十、十五例，兼、领、加官对象主要是尚书、门下和集书（散骑）省官职，聚集性特征比较明显。尚书省六例包括尚书右仆射、吏部尚书和尚书吏部郎，门下省五例包括侍中、宋台黄门郎，集书省六例包括散骑常侍、给事中。南齐十四人十八例（一例太孙右卫率）中左、右卫率分别为六例（五人）、十二例（十一人），兼、领、加官对象主要是尚书省和集书省两类，具有更明显的聚集性特征。尚书省官职包括尚书右仆射、吏部尚书、度支尚书、五兵尚书、尚书吏部郎，集书省官职包括散骑常侍、通直常侍。梁代十四例中左、右卫率分别为三、十一例，太子右卫率兼任集书省官职多达九例，这是梁代太子卫率兼、领、加官最明显的时代特点，具体包括散骑常侍、通直散骑常侍一例，员外散骑常侍和给事中。此外，与诸卿兼领者三例，与度支尚书、左民尚书兼领各一例。与宋、齐两代相比，梁代太子卫率的兼、领、加官地位明显下降，从一个侧面体现了梁武帝统治时期的安定政局。陈代八例中左、右卫率分别为五、三例，左卫率兼、领、加官事例多于右卫率，这是陈代的一个特点。陈代太子卫率兼、领、加官最明显的特征是中书舍人（通事舍人）与左卫率兼领，共有四例，占全部事例的一半。陈代中书舍人发展成为朝廷最为机要的官职，"总国内机要，而尚书唯听受而已"，其机构也大为扩充，虽然官品不高，但却可以与高品级的官职兼领。隋朝官职兼领远不如魏晋南北朝普遍，可见到的事例有苏孝慈以兵部尚书兼太子右卫率、左卫率判工部民部二尚书、工部尚书兼左卫率，李浑以左武卫将军领太子宗卫率，职能相通似为隋代太子卫率兼领的一个原则。

下篇　太子詹事

第五章　太子詹事任职人员钩沉

一、唐前太子詹事及其沿革

《汉书·百官公卿表上》："詹事，秦官，掌皇后、太子家，有丞。属官有太子率更、家令丞、仆、中盾、卫率、厨廐长丞。"注引应劭曰："詹，省也，给也。"臣瓒曰："《茂陵书》：詹事秩真二千石。"师古曰："皇后、太子各置詹事，随其所在以名官。"①

《唐六典》"太子詹事府"条："詹事一人，正三品。"本注："魏复置詹事，品第三，掌东宫内外众务。"②《通典》"太子詹事"条："后汉省詹事，而太子官悉属少傅。魏复置詹事，领东宫众务。"③按"掌东宫内外众务""领东宫众务"是对太子詹事职掌的准确概括，但谓"魏复置詹事"则是唐人的误判。遍考《三国志》，并无任何关于曹魏太子詹事的信息。曹操为魏王时，其子曹丕于建安"二十二年（217），立为魏太子"④。曹丕太子府被称为东宫，但并未见到有詹事之官。

---

① 〔东汉〕班固撰，〔唐〕颜师古注：《汉书》卷一九上《百官公卿表上》，中华书局，1964年，第三册，第734页。

② 〔唐〕李林甫等撰，陈仲夫点校：《唐六典》卷二六《太子三师三少詹事府左右春坊内官》，中华书局，1992年，第662页。

③ 〔唐〕杜佑撰，王文锦等点校：《通典》卷三〇《职官十二·东宫官》，中华书局，1988年，第一册，第823页。

④ 〔西晋〕陈寿撰，〔南朝宋〕裴松之注：《三国志》卷二《魏书·文帝纪》，中华书局，1959年，第一册，第57页。

《魏志·毌丘俭传》："明帝即位，为尚书郎，迁羽林监。以东宫之旧，甚见亲待。"①似魏明帝曹叡在魏文帝时亦曾被立为太子并为之建立东宫。毌丘俭在魏明帝即位前的官职是"平原侯（王？）文学"②，并不曾在太子东宫任职。《魏志·明帝纪》："明皇帝讳叡字元仲，文帝太子也。""黄初二年（221）为齐公，三年为平原王。七年夏五月，帝病笃，乃立为皇太子。丁巳（十七，6.29），即皇帝位，大赦。"③由此可见，魏明帝在即位前虽被立为皇太子，但尚未建立东宫便即位称帝了，自然也就不可能设置太子詹事"领东宫众务"。毌丘俭"以东宫之旧，甚见亲待"，实指其在曹叡平原王府任职的经历。魏明帝也是到临终前才确立太子。《魏志·明帝纪》未载立太子事，景初"三年（239）春正月丁亥"条注引《魏氏春秋》曰："时太子芳年八岁，秦王九岁，在于御侧。帝执宣王手，目太子曰：'死乃复可忍，朕忍死待君，君其与爽辅此。'"其日驾崩。④魏明帝无子，养曹芳和曹询为子。曹芳于"青龙三年（235），立为齐王。景初三年正月丁亥朔，帝病甚，乃立为皇太子。是日，即皇帝位"⑤。魏明帝之所以直到临终前才确立太子，很显然是希望在有生之年能够有自己的亲生儿子，并在其身后继承皇位。曹芳在立为太子当天便即位，自然也就不可能建立东宫。⑥

关于秦汉以降太子詹事的沿革，《宋书·百官志下》有比较简明的记载：

---

① 《三国志》卷二八《魏书·毌丘俭传》，第三册，第761页。

② 《三国志》卷二八《魏书·毌丘俭传》，第三册，第761页。

③ 《三国志》卷三《魏书·明帝纪》，第一册，第91页。按本卷注引《魏略》曰："文帝始以帝不悦，有意欲以他姬子京兆王为嗣，故久不拜太子。"（同上）

④ 《三国志》卷三《魏书·明帝纪》，第一册，第1140页。

⑤ 《三国志》卷四《魏书·三少帝纪·齐王芳纪》，第一册，第117页。

⑥ 《艺文类聚·职官部五》"太子舍人"条："《魏略》曰：张茂上便宜，擢为太子舍人。"（〔唐〕欧阳询撰：《艺文类聚》卷四九，上海古籍出版社，1965年，上册，第891页）《太平御览》卷二四六《职官部四四》"太子舍人"条亦引此（〔宋〕李昉等撰：《太平御览》，中华书局，1960年，第一册，第1165页），《职官分纪》卷二八《太子右春坊》"中舍人"条"张茂"后多"字彦林"三字（〔宋〕孙逢吉撰：《职官分纪》，《景印文渊阁四库全书》"子部二二九·类书类"，台湾商务印书馆，1986年，第九二三册，第570页）。此盖本于《三国志》卷三《魏书·明帝纪》青龙三年三月注引《魏略》，谓"太子舍人张茂以吴、蜀数动，诸将出征，而帝盛兴宫室，留意于玩饰……乃上书谏曰"。谏书中有云："臣昔上《要言》，散骑奏臣书，以《听谏篇》为善，诏曰'是也'，擢臣为太子舍人。"（第一册，第105—106页）这是曹魏时期有关太子官属的唯一一条记载，却存在很大问题，因为其时并无太子暨东宫，张茂为太子舍人显然不大可能。清代四库馆臣云："三国蜀、魏所置东宫官，大抵皆沿两汉之旧。"（〔清〕纪昀等撰：《历代职官表》卷二六《詹事府表》"三国"条案语，上海古籍出版社，1960年，上册，第493页）蜀国制度姑且不论，但就曹魏而言自是臆断。

太子詹事，一人。丞，一人。职比台尚书令、领军将军。詹，省也。汉西京则太子门大夫、庶子、洗马、舍人属二傅，率更令、家令、仆、卫率属詹事。皆秦官也。后汉省詹事，太子官属悉属少傅，而太傅不复领官属。晋初，太子官属通属二傅。咸宁元年（275），复置詹事，二傅不复领官属。詹事二千石。①

由此可见，太子詹事始置于秦，西汉沿置，东汉不设，西晋武帝咸宁元年复置。西汉时期，东宫官职分属二傅和詹事，二傅所领以文官为主，詹事所领以武官为主。东汉精简机构，太子詹事被裁撤，本由二傅和詹事统领的东宫官属全部转归太子少傅②。东汉太子太傅"职掌辅导太子。礼如师，不领官属"③。似乎并未被废罢，但在现实中却极少见到，几乎形同虚设。曹魏不建东宫，自然也就没有太子二傅和太子詹事等东宫官职。晋武帝于泰始初年立太子，按理应该在当时就已设置东宫，然而从统领东宫官属的太子詹事始置于咸宁元年的记载推断，东宫真正设立似乎也在此时。

《唐六典》"詹事一人正三品"下本注："晋初不置詹事，东宫诸署悉隶二傅。后以保、傅位尊，不宜亲务，武帝咸宁初，用黄门侍郎杨珧为詹事，掌东宫之任。"④《晋书·武帝纪》：咸宁元年（275）六月"戊申（廿四，8.2），置太子詹事官"⑤。此与上引《宋志》的记载是一致的。然而《晋书·职官志》载"泰始（266-274）中，唯太子詹事杨珧加给事中、光禄大夫"⑥，表明泰始年间已有太子詹事之职。《晋书》本传只载杨珧"历位尚书令、卫将军"⑦，但他是否于泰始年间担任太子詹事已难得其详。《太平御览》引《晋公卿礼秩》

---

① 〔梁〕沈约撰：《宋书》卷四〇《百官志下》，中华书局，1974年，第四册，第1253页。按"二千石"原作"一千石"，中华书局点校本据《职官分纪》改，参见本卷"校勘记"〔一七〕，第1267页。

② 《续汉书·百官志四》："太子少傅，二千石。本注曰：亦以辅导为职，悉主太子官属。"（〔南朝宋〕范晔撰，〔唐〕李贤等注：《后汉书》/〔西晋〕司马彪撰，〔梁〕刘昭注补：《续汉书·志》，中华书局，1965年，第一二册，第3608页）。

③ 《续汉书·百官志四》，《后汉书》，第一二册，第3606页。

④ 《唐六典》卷二六《太子三师三少詹事府左右春坊内官》，第662页。

⑤ 〔唐〕房玄龄等撰：《晋书》卷三《武帝纪》，中华书局，1974年，第一册，第65页。

⑥ 《晋书》卷二四《职官志》，第三册，第728页。

⑦ 《晋书》卷四〇《杨珧传》，第四册，第1180页。

曰："太始中，立詹事，掌宫事。"① 若此记载无误，则杨珧在泰始年间东宫设置之初担任太子詹事的可能性是存在的。关于晋武帝以后太子詹事的沿革，《唐六典》本注云："（杨）珧迁为少傅，复省（詹事）。惠帝元康（291-299）中，复置。永康（300-301）中，齐王冏辅政，复省。太安（303-304）中，复置。怀帝（307-313）又省。江左复置。"②

关于晋代太子詹事的品秩仪服，《唐六典》本注对此亦有记载："《晋令》：詹事，品第三，银章青绶，绛朝服，两梁冠。局事拟尚书令，位视领·护将军、中书令。长三令、四率、中庶子、庶子、洗马、舍人。其后用人渐重，或以令、仆射领之。"③ 唐玄宗时代大概已难见到《晋令》原本，《唐六典》所引内容很大可能还是因袭类书所转引的文字。《北堂书钞》引《晋令》云："詹事，品第三，旧规（视？）中领、护。""詹事，两梁冠，绛朝服，银章青绶。"④《唐六典》本注所引《晋令》几乎完全相同。《北堂书钞》引《晋公卿礼秩》云："掌一宫事务。"引《晋起居注》载东晋孝武帝时王恭《让太子詹事表》，谓其职"四方是式，总司之任，崇替所宜"。王珉《答徐邈书》曰："詹事弹肃一宫，如尚书令、中丞也。"⑤

《宋书·百官志下》载太子詹事为第三品。同品中居其前者有：侍中，散骑常侍，尚书令、仆射、尚书，中书监、令，秘书监，诸征、镇至龙骧将军，光禄大夫，诸卿、尹，太子二傅，大长秋；居其后者有：领、护军，县侯。⑥ 同书《礼志五》："光禄大夫、卿、尹，太子保·傅、大长秋、太子詹事，银章青绶，给五时朝服，进贤两梁冠，佩水苍玉。"⑦《南齐书·百官志》：太子

---

① 《太平御览》卷二四五《职官部四三·太子詹事》，第二册，第1159页。
② 《唐六典》卷二六《太子三师三少詹事府左右春坊内官》，第662页。
③ 《唐六典》卷二六《太子三师三少詹事府左右春坊内官》，第662页。按"三令、四率"原作"三率"，点校本据《通典》增补，参见本卷"校勘记"〔五七〕，第680页。
④ 〔唐〕虞世南撰，〔明〕陈禹谟补注：《北堂书钞》卷六五《设官部十七·太子詹事》，《景印文渊阁四库全书》"子部一九五·类书类"，台湾商务印书馆，1986年，第八八九册，第289页。
⑤ 《北堂书钞》卷六五《设官部十七·太子詹事》，《景印文渊阁四库全书》"子部一九五·类书类"，第八八九册，第289页。
⑥ 《宋书》卷四〇《百官志下》，第四册，第1261页。
⑦ 《宋书》卷一八《礼志五》，第二册，第508页。

少傅，"府置丞、功曹、五官、主簿"。太子詹事，"府置丞一人以下"。^①由此可见，南齐太子少傅开府置佐，应该是东宫常设官职，与太子詹事共掌东宫事务。《太平御览》引《齐职仪》曰："詹事，品第三。……银章青绶。局拟尚书令，位视领、护将军。"^②

《唐六典》"詹事一人正三品"下本注："梁秩中二千石，品第三。后定十八班，班第十四。"^③《隋书·百官志上》载梁太子詹事为十四班，介于中领·护军、吏部尚书与金紫光禄大夫、太常卿之间。^④与《宋志》记载相比，相对太子詹事而言，领、护军地位上升，而光禄大夫、卿地位下降。《隋书·礼仪志五》："天监二年（503）令，三公、开府、尚书令，则给鹿幡轺，施耳，后户，皂辆。尚书仆射、左右光禄大夫、侍中、中书监·令、秘书监，则给凤辖轺，后户，皂辆。领、护、国子祭酒、太子詹事、尚书、侍中、列卿、散骑常侍，给聊泥轺，无后户，漆轮。"^⑤这表明，梁代太子詹事属于官员礼仪序列的第三级，一定程度上反映了其在朝中的地位。同书《礼仪志六》："光禄、太中、中散大夫，太常、光禄、弘训太仆、太仆、廷尉、宗正、大鸿胪、大司农、少府、大匠诸卿，丹阳尹，太子保、傅，大长秋，太子詹事，银章龟钮，青绶，兽头鞶，朝服，进贤冠二梁，佩水苍玉。"^⑥据此可进一步认识梁代太子詹事所享有的礼仪。

《隋书·百官志上》载陈代太子詹事为第三品、中二千石，但低于中二千石的领·护军、吏部尚书、列曹尚书、金紫光禄大夫、光禄大夫等职，也低

① 《资治通鉴》卷一三八《齐纪四》：武帝永明十一年（493）"夏四月甲午（十四，5.15），立南郡王昭业为皇太孙，东宫文武悉改为太孙官属"。胡注："东宫官属，文则太傅、少傅、詹事、率更令、家令、仆、门大夫、中庶子、中舍人、庶子、洗马、舍人，武则左·右卫率、翊军·步兵、屯骑三校尉、旅贲中郎将、左·右积弩将军、殿中将军、员外殿中将军、常从虎贲督。"（〔宋〕司马光编著，〔元〕胡三省音注，"标点资治通鉴小组"校点：《资治通鉴》，中华书局，1956年，第九册，第4328页）
② 《太平御览》卷二四五《职官部四三·太子詹事》，第二册，第1159页。
③ 《唐六典》卷二六《太子三师三少詹事府左右春坊内官》，第662页。
④ 〔唐〕魏徵等撰：《隋书》卷二六《百官志上》，中华书局，1973年，第三册，第730页。按同书卷二四《食货志》："京官文武，月别唯得禀食，多遥带一郡县官而取其禄秩焉。扬、徐等大州，比令、仆班。宁、桂等小州，比参军班。丹阳、吴郡、会稽等郡，同太子詹事、尚书班。"（第675页）
⑤ 《隋书》卷一〇《礼仪志五》，第一册，第193页。
⑥ 《隋书》卷一一《礼仪志六》，第一册，第221页。

于二千石的左右卫将军、御史中丞以及中二千石的诸卿。① 由此可见，陈制与梁制差别较大，更接近于晋、宋之制。《隋书·食货志》："京官文武，月别唯得禀食，多遥带一郡县官而取其禄秩焉。扬、徐等大州，比令、仆班。……丹阳、吴郡、会稽等郡，同太子詹事、尚书班。"② 可以推断，虽然梁代京官和地方官属于不同的官班序列，但"比令、仆班"的扬、徐等大州显然高于"太子詹事、尚书班"，而陈代太子詹事位列扬州刺史之前③，与梁制亦有较大差别。

《魏书·官氏志》载北魏孝文帝太和十七年《职员令》，其中有"太子左、右詹事"，位于第二品下，排在散骑常侍之前；列曹尚书、中书令、领军、护军为第二品中，均高于太子左、右詹事。④ 太子左、右詹事虽然见于前《职员令》，但在现实中未见其职。由于不久之后前《职员令》被后《职员令》所取代，太子左、右詹事制度并未实施。在太和二十三年《职员令》中有"太子詹事"，为第三品。在同品中，吏部尚书、中领军、中护军、中书令等职在太子詹事之前，侍中、列曹尚书、左右卫将军等职在太子詹事之后。⑤ 前、后令相比，太子詹事品级略有下降，而从比较的角度来看，太子詹事的地位实际上有所提高。

《隋书·百官志中》载后齐太子詹事亦为第三品，居于侍中、列曹尚书、四平将军、太宗正·大仆·大理·鸿胪·司农·太府卿、左右卫将军、秘书监、银青光禄大夫等职之前，居于吏部尚书、四安将军、中领·护、太常·光禄·卫尉卿、太子三少、中书令之后。⑥ 比较来看，北齐太子詹事的位次与梁制相近，而略高于陈制。⑦《唐六典》本注：北齐太子詹事"总东宫内外众务，事无大小皆统之。领家令、率更、仆三寺，左、右卫二坊"⑧。《通典》

---

① 《隋书》卷二六《百官志上》，第三册，第742页。

② 《隋书》卷二四《食货志》，第三册，第675页。

③ 参见《隋书》卷二六《百官志上》，第三册，第142页。

④ 〔北齐〕魏收撰：《魏书》卷一一三《官氏志》，中华书局，1974年，第八册，第2978页。

⑤ 《魏书》卷一一三《官氏志》，第八册，第2995页。

⑥ 《隋书》卷二七《百官志中》，第三册，第765页。

⑦ 《北齐书》卷三〇《高德政传》："至五月初，帝发晋阳。德政又录在邺诸事条进于帝，帝令陈山提驰驿赍事条并密书与杨愔。大略令撰仪注，防察魏室诸王。山提以五月至邺，杨愔即召太常卿邢邵、七兵尚书崔㥄、度支尚书陆操、詹事王昕、黄门侍郎阳休之、中书侍郎裴让之等议撰仪注。"（第二册，第408页）这是北齐篡位前夕的情况，可以看出太子詹事排在太常卿和七兵、度支尚书之后，黄门侍郎、中书侍郎之前，与《隋志》的排序有较大出入。应该说，这一排序更能反映其实际地位。

⑧ 《唐六典》卷二六《太子三师三少詹事府左右春坊内官》，第662页。按原无"务"字，点校本据《隋书·百官志》增补，参见本卷"校勘记"〔六〇〕，第680页。

"太子詹事"条的记载略同："北齐东宫众事，无大小皆统之，领三寺、二坊及左、右卫。"[1] 考《隋书·百官志中》，太子詹事所领东宫官，包括左、右卫率坊和门下坊、典书坊[2]，则《通典》的记载更为准确。

《唐六典》本注："后周置太子宫正、宫尹。"[3] 唐人的这一判断于史可征，后文将作具体考察，兹不具述。《资治通鉴》载 "周太子伐吐谷浑，至伏俟城而还。宫尹郑译、王端等皆有宠于太子"。其下胡三省注云："周置太子宫尹，盖即詹事之职。"[4] 按其说可从。这从武则天时期的改名亦可加以证明。《通典》"太子詹事"条："垂拱元年（685），又改詹事为宫尹，少詹事为少尹。"[5]《旧唐书·职官志一》有相同记载：垂拱元年二月，改 "詹事府为宫尹府，詹事为太尹，少詹事为少尹"[6]。《唐会要》所载詹事府及詹事、少詹事改名的时间有异："光宅元年（684），改为宫尹府。神龙元年（705），又改为詹事府。"詹事，"天授（690-692）中，改为宫尹。神龙元年，复为詹事"。[7] 比较而言，以垂拱元年改名、神龙元年复旧的可能性更大。不管怎样，都不影响作出北周宫尹本即詹事之职的判断。

《隋书·百官志下》："开皇初，置詹事。二年（582）定令，罢之。"[8] 也就是说，隋朝一代并不存在掌东宫众务的太子詹事，从《隋书》的相关记载中也看不到太子詹事担任者的信息。隋代东宫官制在继承北齐制度的基础上做了进一步改革：太子三太和三少（师、傅、保）应该只是负责辅导太子，并不掌管东宫文武众务；门下坊和典书坊以及家令、率更令、仆三寺主要负责行政事务；左右卫、宗卫、虞候、内、监门率、副率负责东宫禁卫，保卫太子安全。这些官职之间虽有地位高下前后之别，但似无明确的统属关系。和两晋南北朝制度相比，可以说在领导体制上发生了重大变化。

---

[1] 《通典》卷三○《职官十二·东宫官》，第一册，第823页。

[2] 《隋书》卷二七《百官志中》，第三册，第759页。

[3] 《唐六典》卷二六《太子三师三少詹事府左右春坊内官》，第662页。按《通典》卷三○《职官十二·东宫官》"太子詹事"条有相同记载，第一册，第823页。

[4] 《资治通鉴》卷一七二《陈纪六》宣帝太建八年（576）八月，第一二册，第5350页。

[5] 《通典》卷三○《职官十二·东宫官》"太子詹事"条，第一册，第824页。

[6] 〔后晋〕刘昫等撰：《旧唐书》卷四二《职官志一》，中华书局，1975年，第六册，第1788页。

[7] 〔宋〕王溥撰《唐会要》卷六七《东宫官》"詹事府"条，中华书局，1955年，下册，第1167页。

[8] 《隋书》卷二八《百官志下》，第三册，第779页。

二、两晋十六国太子詹事

晋武帝时期的太子詹事，仅知上文所见泰始或咸宁年间的杨珧一人。晋惠帝以后的乱局中，可见到六位太子詹事。孙旂曾任黄门侍郎、荆州刺史，"永熙（290）中，征拜太子詹事，转卫尉"。八王之乱赵王伦时期，孙旂之侄（弟子）孙髦"为武卫将军，领太子詹事"。① 赵王伦篡位前夕，"以太子詹事裴劭、左军将军卞粹等二十人为从事中郎"；篡位之后，"伦复授太子詹事刘琨节，督河北将军，率步骑千人催诸军战"。②《金石录·目录二》："第二百九十八晋太子詹事裴权碑（元康九年十二月）。"③ 按元康九年（299）十二月，时当赵王伦篡位前夕，正与《晋书》所见"太子詹事裴劭"的任职时间吻合，则"裴权"与"裴劭"为同一人也。八王之乱后期，阎鼎"行豫州刺史事，屯许昌"。"值京师失守，秦王出奔密中"，雍州刺史贾"疋遣人奉迎秦王，遂至长安，而与大司马南阳王保、卫将军梁芬、京兆尹梁综等并同心推戴，立王为皇太子，登坛告天，立社稷宗庙，以鼎为太子詹事，总摄百揆。梁综与鼎争权，鼎杀综，以王毗为京兆尹"。④ 祖纳为东晋北伐名将祖逖之兄，西晋末年"为中护军、太子詹事，封晋昌公。以洛下将乱，乃避地东南。元帝作相，引为军谘祭酒"⑤。

东晋一朝百年间，可见到六人担任七任太子詹事。卞壶为东晋第一任太子詹事。他在东晋建立前即任"明帝（司马绍）东中郎长史"。司马绍为世子，卞壶"为世子师"。史称"壶前后居师佐之任，尽匡辅之节，一府贵而惮焉。

① 〔唐〕房玄龄等撰：《晋书》卷六〇《孙旂传》，中华书局，1974年，第六册，第1633页。

② 《晋书》卷五九《赵王伦传》，第五册，第1601、1604页。

③ 〔宋〕赵明诚撰，金文明校证：《金石录校证》卷二《目录二》，广西师范大学出版社，2005年，第28页。又，〔宋〕郑樵《通志》卷七三《金石略·晋》："太子詹事裴权碑（元康九年，有碑阴，西京）。裴权后碑（有碑阴，未详）。"（《景印文渊阁四库全书》"史部一三二·别史类"，台湾商务印书馆，1986年，第三七四册，第509页）

④ 《晋书》卷六〇《阎鼎传》，第六册，第1646-1647页。

⑤ 《晋书》卷六二《祖纳传》，第六册，第1698页。

中兴建，补太子中庶子，转散骑常侍，侍讲东宫。迁太子詹事，以公事免"。①
陆晔在东晋初年"累迁散骑常侍、本郡大中正。太兴元年（318），迁太子詹
事。时帝以侍中皆北士，宜兼用南人，晔以清贞著称，遂拜侍中，徙尚书，
领州大中正。明帝即位，转光禄勋，迁太常。代纪瞻为尚书左仆射，领太子
少傅。寻加金紫光禄大夫，代卞壶为领军将军"。"帝不豫，晔与王导、卞壶、
庾亮、温峤、郗鉴并受顾命，辅皇太子，更入殿将兵直宿。"遗诏有云，"既
委以六军，可录尚书事，加散骑常侍"。②陆晔是东晋初年地位最高、最受重
用的吴姓高门，在当时统治集团中有着独特地位。

　　王恭在孝武帝太元中"为丹杨尹，迁中书令、领太子詹事。孝武帝以恭
后兄，深相钦重"。"帝将擢时望以为藩屏，乃以恭为都督兖青冀幽并徐州晋
陵诸军事、平北将军、兖青二州刺史、假节，镇京口"，"改号前将军"。③宗
室司马恬（谯敬王）在孝武帝时任至"侍中、领左卫将军，补吴国内史，又
领太子詹事。恬既宗室勋望，有才用，孝武帝时深杖之，以为都督兖青冀幽
并扬州之晋陵徐州之南北郡军事，领镇北将军、兖青二州刺史、假节。太元
十五年（390），薨"④。太元十六年（391）九月癸未（十四，10.27），"以太子
詹事谢琰为尚书右仆射"⑤。谢琰在淝水之战后"除征虏将军、会稽内史。顷
之，征为尚书右仆射、领太子詹事，加散骑常侍，将军如故"⑥。在谢琰为尚书
右仆射时、王珣由尚书右仆射迁任左仆射。他在东晋孝武帝后期任至"尚书
右仆射，领吏部。转左仆射，加征虏将军，复领太子詹事"。"隆安初，国宝
用事，谋黜旧臣，迁珣尚书令。"⑦

---

① 《晋书》卷七〇《卞壶传》，第六册，第1868页。又，《北堂书钞》卷六五《设官部十七·太子詹
　事》"卞壶裁断朝廷"下引干宝《晋纪》云："卞壶迁太子詹事，世称壶裁断朝廷，实忠于事上也。"
　（〔唐〕虞世南撰，〔明〕陈禹谟补注：《北堂书钞》，《景印文渊阁四库全书》"子部一九五·类
　书类"，台湾商务印书馆，1986年，第八八九册，第289页）《太平御览》卷二四五《职官部
　四三·太子詹事》引《晋书》曰："卞壶为詹事，世称卞壶裁断切直敷实，忠于事上者也。"（〔宋〕
　李昉等撰：《太平御览》，中华书局，1960年，第二册，第1159页）结合传世唐修《晋书》本传
　记载，可知"裁断切直敷实，忠于事上"云云，乃是指其担任御史中丞时的表现，而非其为太
　子詹事时。
② 《晋书》卷七七《陆晔传》，第七册，第2023-2024页。
③ 《晋书》卷八四《王恭传》，第七册，第2183-2184页。
④ 《晋书》卷三七《宗室·敬王恬传》，第四册，第1107页。
⑤ 《晋书》卷九《孝武帝纪》，第一册，第238页。
⑥ 《晋书》卷七九《谢琰传》，第七册，第2077页。
⑦ 《晋书》卷六五《王珣传》，第六册，第1756-1757页。

十六国时期亦可见到太子詹事之职。后赵石虎时期有"太子詹事孙珍"见于记载①。苻坚篡夺前秦君位，"称大秦天王"，以"子宏为皇太子"。在所任命的最高官僚集团成员中包括"席宝为丞相长史、行太子詹事"，位于尚书左仆射、右仆射及领军将军、尚书领选（吏部尚书）之后，司隶校尉、中书侍郎和给事黄门侍郎之前。②后王猛"迁尚书左丞、咸阳内史、京兆尹。未几，除吏部尚书、太子詹事。又迁尚书左仆射、辅国将军、司隶校尉，加骑都尉，居中宿卫。""尚书仇腾、丞相长史席宝数谮毁之，坚大怒，黜腾为甘松护军，宝白衣领长史。"③仇腾、席宝之所以"谮毁"王猛，正是因为他们所任吏部尚书和太子詹事转由王猛担任之故。可以看出，前秦太子詹事的地位与吏部尚书相当。史载梁代名将康绚，"其先出自康居"，"曾祖因为苻坚太子詹事"④。北魏《王悦暨妻郭氏墓志》："曾祖，符（苻）氏东宫中庶子、秘书监，太子詹事、仪曹尚书，使持节、平远将军、益州刺史，文乡侯。清晖令誉，声播于秦朝。"⑤后秦姚兴时期，"太子詹事王周亦虚襟引士，树党东宫。（姚）弼恶之，每规陷害周。周抗志确然，不为之屈。兴嘉其守正，以周为中书监"⑥。《新唐书·宰相世系表一下》"高氏"条："隐，晋玄菟太守。生庆，北燕太子詹事、司空。"⑦

由于十六国大多数政权存在时间很短，加之传世史料比较有限，关于十六国东宫官职的记载颇为零星。尽管如此，认为十六国存在类似西晋制度的东宫官制应该与实际相去不远。

三、刘宋太子詹事

刘宋建立前夕，刘裕便已为世子设置了官属，王惠由宋国郎中令"迁世

---

① 《晋书》卷一〇六《石季龙载记上》，第九册，第2776页。
② 《晋书》卷一一三《苻坚载记上》，第九册，第2884页。
③ 《晋书》卷一一四《苻坚载记下附王猛传》，第九册，第2931页。
④ 〔唐〕姚思廉撰：《梁书》卷一八《康绚传》，中华书局，1973年，第二册，第290页。
⑤ 赵超：《汉魏南北朝墓志汇编》，天津古籍出版社，2008年，第310页。
⑥ 《晋书》卷一一八《姚兴载记下》，第一〇册，第3000页。
⑦ 《新唐书》卷七一下《宰相世系表一下》，第八册，第2387页。

子詹事"①。刘宋第一任太子詹事由宋武帝佐命功臣傅亮担任。永初三年（422）正月癸丑（初十，2.16），以"太子詹事傅亮为尚书仆射"②。傅亮任太子詹事始于永初元年东宫建立之初。宋武帝即位之初所下褒奖佐命功臣诏，其中傅亮的官衔是"中书令、领太子詹事"③。《宋书·傅亮传》："宋国初建，令书除侍中、领世子中庶子。徙中书令，领中庶子如故。""永初元年（420），迁太子詹事，中书令如故。""二年（421），亮转尚书仆射，中书令、詹事如故。明年，高祖不豫，与徐羡之、谢晦并受顾命，给班剑二十人。"④据此，则傅亮任尚书仆射是在永初二年，而非永初三年，《宋书》本纪系于永初三年有误⑤。此外，傅亮由太子詹事转任尚书仆射的记载亦不准确。事实上傅亮在任尚书仆射时，其所任原职中书令、太子詹事并未卸任。尚书仆射是在其原官职基础上所加任，而非由原职太子詹事所转任。之前，傅亮总管东宫事务并负责诏令起草，之后又作为长官之一参与执掌尚书省事务。

王昙首为宋文帝朝第一任太子詹事。宋文帝即位后，"以昙首为侍中，寻领右卫将军，领骁骑将军"。"诛徐羡之等，平谢晦，昙首及（王）华之力也。"元嘉四年（427），"迁太子詹事，侍中如故"。元嘉七年卒。⑥其后刘湛接任太子詹事。江夏王义恭为抚军将军、荆州刺史，刘湛"为使持节、南蛮校尉、领抚军长史，行府州事"⑦。《宋书·刘湛传》："先是，王华既亡，昙首又卒，领军将军殷景仁以时贤零落，白太祖征湛。八年，召为太子詹事，加给事中、本州大中正，与景仁并被任遇。""明年，景仁转尚书仆射、领选、护军将军，湛代为领军将军⑧。十二年，又领詹事。"皇弟彭城王义康专断朝政，极受倚重，"义康擅势专朝，威倾内外，湛愈推崇之，无复人臣之礼"。后"迁丹杨

① 《晋书》卷五八《王惠传》，第五册，第1590页。

② 〔梁〕沈约撰：《宋书》卷三《武帝纪下》，中华书局，1974年，第一册，第58页。

③ 《宋书》卷四三《徐羡之传》，第五册，第1330页。

④ 《宋书》卷四三《傅亮传》，第五册，第1336-1337页。

⑤ 按《建康实录》卷一一《宋·高祖武皇帝》亦载，永初二年"以太子詹事傅亮为仆射"（〔唐〕许嵩撰，张忱石点校：《建康实录》，中华书局，1986年，上册，第389页）。

⑥ 《宋书》卷六三《王昙首传》，第六册，第1679页。又，同书卷五七《蔡兴宗传》："元嘉初，中书舍人狄当诣太子詹事王昙首，不敢坐。"（第五册，第1584页）大明五年，宋孝武帝"游幸"经王弘墓时下诏，其中有"故散骑常侍、左光禄大夫、太子詹事豫章文侯昙首，夙尚恬素，理心贞正"之语。（《宋书》卷四二《王弘传》，第五册，第1322页）

⑦ 《宋书》卷六九《刘湛传》，第六册，第1816-1817页。

⑧ 《宋书》卷五《文帝纪》：元嘉九年七月"庚午（廿八，9.8），以领军将军殷景仁为尚书仆射，太子詹事刘湛为领军将军"（第一册，第81页）。

尹，金紫光禄大夫，加散骑常侍，詹事如故"。[①] 由此可见，一直到元嘉十七年宋文帝发动的夺权政变中被杀，刘湛曾两度长时间兼领太子詹事。元嘉十二年，彭城王义康"又领太子太傅"[②]，表明刘义康此时已完全控制了东宫。

　　刘湛被杀，刘义康被黜，宋文帝夺取了朝廷军政大权，也夺取了对东宫的控制权。[③] 作为宋文帝最主要的亲信，也是政变的主要执行者，殷景仁受到特别重用，也包括让他担任太子詹事。《建康实录》载，元嘉十七年十月"甲戌（十九，11.29），以殷景仁为扬州刺史、尚书仆射、领太子詹事"[④]。据《宋书·殷景仁传》，迁职前所任官职为护军将军、尚书仆射、领吏部尚书，转任扬州刺史后，"仆射、领吏部如故"[⑤]。元嘉十七年十一月"癸丑（廿九，440.1.9），尚书仆射、扬州刺史殷景仁卒"[⑥]。可见殷景仁担任扬州刺史、尚书仆射、吏部尚书、太子詹事只有四十天时间，并未实际发挥什么作用。《宋书·王球传》："迁光禄大夫，加金章紫绶，领卢陵王师。"元嘉"十七年，球复为太子詹事，大夫、王师如故，未拜。会殷景仁卒，因除尚书仆射，王师如故"。[⑦] 看来以殷景仁领太子詹事只是一时之计，当时还曾任命王球担任太子詹事，只是没有正式拜官。之后担任太子詹事者当为宗室刘义宗，《宋书·文帝纪》：元嘉二十一年（444）正月"辛酉（廿五，2.29），以太子詹事刘义宗为南兖州刺史"[⑧]。刘义宗曾任黄门侍郎、太子左卫率，"又为侍中、太子詹事；加散骑常侍，征虏将军、南兖州刺史。二十一年，卒"[⑨]。

---

① 《宋书》卷六九《刘湛传》，第六册，第1818页。同书卷六八《武二王·彭城王义康传》："内外众务，一断之义康。太子詹事刘湛有经国才，义康昔在豫州，湛为长史，既素经情款，至是意委特隆，人物雅俗，举动事宜，莫不咨访之。故前后在藩，多有善政，为远近所称。"（第六册，第1790页）

② 《宋书》卷六八《武二王·彭城王义康传》，第六册，第1790页。

③ 关于此次政变的相关情况，参见拙著《治乱兴亡——军权与南朝政权演进》，商务印书馆，2016年，第103～104页。

④ 《建康实录》卷一二《宋·太祖文皇帝》，下册，第434页。按《宋书》卷五《文帝纪》、卷六三《殷景仁传》，俱未载其"领太子詹事"之职。

⑤ 《宋书》卷六三《殷景仁传》，第六册，第1683页。

⑥ 《宋书》卷五《文帝纪》，第一册，第87页。

⑦ 《宋书》卷五八《王球传》，第五册，第1594～1595页。

⑧ 《宋书》卷五《文帝纪》，第一册，第91页。

⑨ 《宋书》卷五一《宗室·刘义宗传》，第五册，第1468页。

元嘉二十一年刘义宗死后，左卫将军范晔受命兼任太子詹事。^①范晔曾任扬州"始兴王濬后军长史、领南下邳太守"，时濬"未亲政事，悉以委晔。寻迁左卫将军、太子詹事"^②。《宋书·文帝纪》：元嘉二十二年"十二月乙未（十一，445.1.23），太子詹事范晔谋反，及党与皆伏诛。丁酉（十三，1.25），免大将军彭城王义康为庶人"^③。范晔被诛后，太子詹事由孟颢接任。《建康实录》载元嘉"二十三年正月庚申（初六，445.2.17），以孟颢为光禄大夫，领太子詹事"^④。《宋书·何尚之传》载孟颢"历吴郡、会稽、丹阳三郡，侍中、仆射，太子詹事。复为会稽太守，卒官"^⑤。孟颢担任太子詹事只有一年时间，便由徐湛之接替。《建康实录》载元嘉"二十四年春正月壬寅，以徐湛之为中书令、领太子詹事"^⑥。然本月无壬寅，徐湛之何日任职已难确知。孟颢卸任太子詹事当在此前不久。不过，此次徐湛之担任太子詹事的时间更短，《宋书·文帝纪》载元嘉二十四年九月"辛未（廿六，10.21），以太子詹事徐湛之为南兖州刺史"^⑦。元嘉"六年，东宫始建"，徐湛之"起家补太子洗马"。后任至"中护军，未拜。又迁太子詹事，寻加侍中"。"湛之迁冠军将军、丹阳尹，进号征虏将军，加散骑常侍。""二十四年，服阕，转中书令、领太子詹事。出为前军将军、南兖州刺史。"^⑧据此记载，徐湛之在元嘉二十四年任太子詹事前就曾经担任过一次太子詹事，具体时间难以确知，推测是在刘义宗任职之前。其后，徐湛之第三次担任太子詹事，元嘉"二十六年，复入为丹

---

① 参见《宋书》卷六三《沈演之传》所载宋文帝诏，第六册，第1686页。按诏文云"右卫将军晔"，其时范晔为左卫将军，沈演之为右卫将军，此当为形近而讹，乃后世流传所致。参见拙著：《魏晋南北朝禁卫武官制度研究》，中华书局，2004年，下册，第449-450页。

② 《宋书》卷六九《范晔传》，第六册，第1820页。范晔为太子詹事又见〔北齐〕魏收撰：《魏书》卷九七《岛夷刘义隆传》，中华书局，1974年，第六册，第2137页；〔唐〕姚思廉撰：《陈书》卷二一《孔奂传》，中华书局，1972年，第二册，第286页；〔唐〕魏徵等撰：《隋书》卷三三《经籍志二》，中华书局，1973年，第四册，第954页。

③ 《宋书》卷五《文帝纪》，第一册，第93页。《建康实录》卷一二《宋·太祖文皇帝》：元嘉二十二年"十月己未，太子詹事范晔、员外散骑常侍孔熙先等奉大将军谋反，伏诛"（下册，第441页）。按本月无己未，此乃乙未之形讹。据《宋书·文帝纪》，当为十二月乙未。关于范晔"谋反"事件，参见拙著《治乱兴亡——军权与南朝政权演进》，第114-125页。

④ 《建康实录》卷一二《宋·太祖文皇帝》，下册，第442页。

⑤ 《宋书》卷六六《何尚之传》，第六册，第1737页。

⑥ 《建康实录》卷一二《宋·太祖文皇帝》，下册，第444页。

⑦ 《宋书》卷五《文帝纪》，第一册，第95页。

⑧ 《宋书》卷七一《徐湛之传》，第六册，第1844、1845、1847页。按禁卫武官前军将军与州刺史兼领不合常规，疑此本作前将军。

阳尹、领太子詹事，将军如故"①。二十八年五月"戊申（廿五，7.9），以尚书
左仆射何尚之为尚书令，太子詹事徐湛之为尚书仆射、护军将军"②。徐湛之所
任太子詹事同时转由何尚之兼领，《宋书·何尚之传》载元嘉"二十八年，转
尚书令、领太子詹事。二十九年，致仕"。何尚之曾任左卫将军、领太子中庶
子，"迁侍中，中庶子如故"。"女适刘湛子黯"，但二人关系不睦，"湛诛，迁
吏部尚书"。范晔被诛事件，何尚之也是告密者之一。③

　　元嘉三十年二月甲子（廿一，3.16），太子刘劭发动兵变，宋文帝被害于
含章殿。其时何人担任太子詹事，史无明载。刘劭称帝后，来自统治集团特
别是宗室内部的反对者纷纷兴兵征讨，很快便将其推翻。四月己巳（廿七，
5.20），孝武帝刘骏即皇帝位。十二月"癸未（十五，454.1.29），以将置东宫，
省太子率更令、步兵、翊军校尉、旅贲中郎将、冗从仆射、左右积弩将军官，
中庶子、中舍人、庶子、舍人、洗马，各减旧员之半"④。刘劭政变的成功，与
宋文帝在废黜彭城王义康之后过度加强东宫实力特别是禁卫力量的举措有关，
孝武帝在东宫确立前裁减东宫官职，表明其要吸取宋文帝死亡的教训，避免
重蹈因储君实力强大从而威胁皇位的覆辙。

　　孝建元年（454）正月"丙寅（廿八，3.13），立皇子子业为皇太子"。三
月"癸卯（初六，4.19），以太子左卫率庞秀之为徐州刺史"。⑤最初担任太子
詹事的是柳元景。柳元景是随孝武帝平定刘劭的重要将领，"上至新亭即位，
以元景为侍中、领左卫将军"。后"徙领军将军，加散骑常侍"。"复为领军、
太子詹事，加侍中。寻转骠骑将军，本州大中正，领军、侍中如故。"大明三
年（466），"迁尚书令，太子詹事、侍中、中正如故"。"五年，又命左光禄大
夫、开府仪同三司，侍中、令、中正如故。"⑥刘延孙曾长期在孝武帝刘骏幕府
任职，征讨刘劭时"转补长史、寻阳太守，行留府事"，是其最重要的亲信幕
僚之一。后任至侍中、护军、领徐州大中正。"大明元年（464），除金紫光禄
大夫、领太子詹事，中正如故。其年，又出为镇军将军、南徐州刺史。"⑦大明

① 《宋书》卷七一《徐湛之传》，第六册，第1847页。
② 《宋书》卷五《文帝纪》，第一册，第100页。
③ 《宋书》卷六六《何尚之传》，第六册，第1736、1733、1734页。
④ 《宋书》卷六《孝武帝纪》，第一册，第113页。
⑤ 《宋书》卷六《孝武帝纪》，第一册，第114页。
⑥ 《宋书》卷七七《柳元景传》，第七册，第1988-1989页。
⑦ 《宋书》卷七八《刘延孙传》，第七册，第2019页。

元年八月甲辰（廿七，10.1），"太子詹事刘延孙为镇军将军、南徐州刺史"①。孝武帝时期的太子詹事，见于记载者仅柳元景和刘延孙二人，是否还有其他人担任难以得知。

宋明帝时期太子詹事可考者有袁顗等五人，远多于孝武帝时期，不过实际上任者只有三人。《宋书·袁顗传》："太宗即位，召顗为太子詹事，遣故佐平西司马庾业为右军司马，代顗行会稽郡事。"②按袁顗时为使持节、督雍梁南北秦四州郢州之竟陵随二郡诸军事、领宁蛮校尉、雍州刺史，是晋安王子勋的主要支持者，"子勋即位，进顗号安北将军，加尚书左仆射"。作为实际掌控上流军政事务的主要人物之一，宋明帝篡位后以太子詹事征召袁顗入朝，以示对其高度信任，欲化解其反抗心理，瓦解上流可能的反抗力量。对于这种调虎离山之计，有更大政治野心的袁顗自然也不可能接受。泰始二年（466）三月"壬辰（初五，4.5），以新除太子詹事张永为青冀二州刺史"③。《宋书·张永传》："以将军（冠军）、假节，徙为吴郡太守，率军东讨。又为散骑常侍、太子詹事，未拜。迁使持节、监青冀幽并四州诸军事、前将军、青冀二州刺史，统诸将讨徐州刺史薛安都，累战克捷，破薛索儿等。"④由此来看，张永虽被任命为太子詹事，实际也并没有上任。

王景文本为使持节、散骑常侍、都督江州郢州之西阳豫州之新蔡晋熙三郡诸军事、安南将军、江州刺史、领豫章太守，"征为尚书左仆射，领吏部、扬州刺史，加太子詹事，常侍如故。不愿还朝，求为湘州刺史，不许"。"固辞詹事、领选，徙为中书令，常侍、仆射、扬州如故。"⑤看来他也不太愿意担任太子詹事。泰始三年五月"壬戌（十二，6.29），以太子詹事袁粲为尚书仆射"⑥。《宋书·袁粲传》："（泰始）二年，迁领军将军，仗士三十人入六门。其年，徙中书令、领太子詹事，增封三百户，固辞不受。三年，转尚书仆射，寻领吏部。"⑦袁粲"固辞不受"者究为"中书令、领太子詹事"之职，还是"增

---

① 《宋书》卷六《孝武帝纪》，第一册，第120页。
② 《宋书》卷八四《袁顗传》，第七册，第2156、2134页。
③ 《宋书》卷八《明帝纪》，第一册，第156-157页。
④ 《宋书》卷五三《张永传》，第五册，第1513页。
⑤ 《宋书》卷八五《王景文传》，第八册，第2180-2181页。按"领选徙为"原作"徙领"，中华书局点校据《南史》订正，参见本卷"校勘记"〔一六〕，第2187页。
⑥ 《宋书》卷八《明帝纪》，第一册，第161页。
⑦ 《宋书》卷八九《袁粲传》，第八册，第2231页。

封三百户",难以确定。在宋明帝初年政局动荡险恶之时,官员不愿担任东宫总管太子詹事之职,一方面是吸取幼帝被废杀的教训,以防日后受到牵连,另一方面皇位尚且岌岌可危,储君之位自然更是摇摇欲坠。即便袁粲不中意太子詹事之职,但他还是不得不接受了任命,不过其任职时间也是很短。其后,张永"又迁散骑常侍、镇军将军、太子詹事,权领徐州刺史,又都督徐兖青冀四州诸军事"①。这次张永任太子詹事的时间较长,泰始六年三月"丁丑(十三,4.29),以太子詹事张永为护军将军"②。据《宋书》本传记载,期间张永先后被任命为"使持节、都督南兖徐二州诸军事、南兖州刺史","使持节、督雍梁南北秦四州郢之竟陵随二郡诸军事、右将军、雍州刺史",但均"未拜,停为太子詹事,加散骑常侍、本州大中正。六年,又加护军将军、领石头戍事"。③泰始七年七月"辛未(十五,8.16),以太子詹事刘秉为南徐州刺史"④。《宋书·刘秉传》:"太宗泰始初,为侍中,频徙左卫将军、丹阳尹、太子詹事、吏部尚书"。泰始"五年,出为前将军、淮南宣城二郡太守,不拜,还复本任。复为侍中,守秘书监,领太子詹事。未拜,迁使持节、都督南徐徐兖豫青冀六州诸军事、后将军、南徐州刺史,加散骑常侍"。⑤看来刘秉曾较长时间担任太子詹事。张永与刘秉任太子詹事的时间有重合,具体如何难以作出判断。袁粲于泰始"五年,加中书令,又领丹阳尹"。六年,"又知东宫事,徙为右仆射。七年,领太子詹事,仆射如故。未拜,迁尚书令,丹阳尹如故。坐前选武卫将军江柳为江州刺史,柳有罪,降为守尚书令"。⑥看来,泰始七年只有太子詹事的任命,而袁粲实际上也没有到任。

四、南齐太子詹事

齐高帝在位四年间,先后任命了两位太子詹事。何戢在南齐建立前夕任

① 《宋书》卷五三《张永传》,第五册,第1513页。
② 《宋书》卷八《明帝纪》,第一册,第166页。
③ 《宋书》卷五三《张永传》,第五册,第1513–1514页。
④ 《宋书》卷八《明帝纪》,第一册,第168页。
⑤ 《宋书》卷五一《宗室·刘秉传》,第五册,第1468页。
⑥ 《宋书》卷八九《袁粲传》,第八册,第2231页。

至"中书令、太祖相国左长史。建元元年（479），迁散骑常侍、太子詹事。寻改侍中，詹事如故。上欲转戢领选，问尚书令褚渊，以戢资重，欲加常侍"。褚渊认为"顷选职方昔小轻，不容顿加常侍"，"若帖以骁、游，亦为不少"。"乃以戢为吏部尚书，加骁骑将军"。[①]王俭在齐高帝时为尚书左仆射、领选，又加散骑常侍，"寻以本官领太子詹事，加兵二百人。上崩，遗诏以俭为侍中、尚书〔令〕、镇军将军"[②]。

　　沈文季在齐高帝时任至征虏将军、散骑常侍、左卫将军，"世祖即位，转太子詹事，常侍如故。永明元年（483），出为左将军、吴郡太守"。"文季固让会稽之授，转都官尚书，加散骑常侍。"[③]永明三年（485）八月"戊午（廿四，9.18），以尚书令王俭领太子少傅，太子詹事萧顺之为领军将军"[④]。按萧顺之在南齐时"历官侍中、卫尉、太子詹事、领军将军、丹阳尹，赠镇北将军"[⑤]。萧顺之很可能是在张绪迁职后接任太子詹事的，其任职时间应该很短。萧赤斧在齐武帝时"迁散骑常侍，左卫将军"。又"迁给事中，太子詹事。赤斧凤患渴利，永明三年，会世祖使甲仗卫三厢，赤斧不敢辞，疾甚，数日卒，年五十六"。[⑥]萧赤斧担任太子詹事，当是接替萧顺之。张绪在齐武帝永明元年由吏部尚书、国子祭酒"迁金紫光禄大夫、领太常。明年，领南郡王师、加给事中，太常如故。三年，转太子詹事，师、给事如故"。颇得齐武帝敬重，"迁散骑常侍，金紫光禄大夫、师如故。给亲信二十人，复领中正"。[⑦]萧景先在齐武帝时"征为侍中、领左军将军。寻兼领军将军"。"转中领军。"又"领太子詹事，本官如故。遭母丧，诏超起为领军将军。迁征虏将军、丹阳尹"[⑧]。其任太子詹事可能在萧赤斧或张绪之后。永明五年，安陆王萧缅"为侍中、领骁骑将军，仍迁中领军。明年，转散骑常侍、太子詹事。出为会稽太守，

---

① 〔梁〕萧子显撰：《南齐书》卷三二《何戢传》，中华书局，1972年，第二册，第583–584页。
② 《南齐书》卷二三《王俭传》，第一册，第436页。按"尚书令""镇军"原作"尚书""左镇军"，中华书局点校本"据《南史》（卷二二《王俭传》）及《文选》任昉《王文宪集序》增删"（"校勘记"〔四一〕，第443页）
③ 《南齐书》卷四四《沈文季传》，第二册，第776、778页。
④ 《南齐书》卷三《武帝纪》，第一册，第50页。
⑤ 《梁书》卷一《武帝纪上》，第一册，第1页。按《建康实录》卷一七《梁高祖武皇帝》所载同（第665页）。
⑥ 《南齐书》卷三八《萧赤斧传》，第二册，第665页。
⑦ 《南齐书》卷三三《张绪传》，第二册，第601页。
⑧ 《南齐书》卷三八《萧景先传》，第二册，第662页。

常侍如故"①。王晏于"建元（479-482）初，转太子中庶子"。后为冠军将军、卫尉。永明"四年，转太子詹事，加散骑常侍。六年，转丹阳尹，常侍如故。晏位任亲重，朝夕进见，言论朝事，自豫章王嶷、尚书令王俭皆降意以接之，而晏每以疏漏被上呵责，连称疾久之。上以晏须禄养，七年，转为江州刺史，晏固辞不愿出外，见许，留为吏部尚书、领太子右卫率。终以旧恩见宠"。"八年，改领右卫将军，陈疾自解。""明年，迁侍中、领太子詹事，本州中正，又以疾辞。十年，改授散骑常侍、金紫光禄大夫，给亲信二十人，中正如故。十一年，迁右仆射、领太孙右卫率。""世祖崩，遗旨以尚书事付晏及徐孝嗣，令久于其职。郁林即位，转左仆射，中正如故。"②徐孝嗣为吴兴太守，"会王俭亡，上征孝嗣为五兵尚书"。"明年，迁太子詹事。""转吏部尚书。寻加右军将军，转领太子左卫率。台阁事多以委之。世祖崩，遗诏转右仆射。"③齐武帝末年，沈文季为散骑常侍，领军将军，"以疾迁金紫光禄大夫，加亲信二十人，常侍如故。转侍中，领太子詹事。迁中护军，侍中如故"④。

沈文季在海陵王"延兴元年（494），迁尚书右仆射。明帝即位（494），加领太子詹事，增邑五百户"。"寻加散骑常侍，仆射如故。"⑤江祏在齐明帝"建武二年（495），迁右卫将军，掌甲仗廉察。四年，转太子詹事"。"上寝疾，永泰元年（498），转祏为侍中、中书令，出入殿省。上崩，遗诏转右仆射。"东昏侯"永元元年（499），领太子詹事"。⑥谢瀹在齐明帝时为吏部尚书、领右军将军，"转侍中、领太子中庶子、豫州中正。永泰元年（498），转散骑常侍、太子詹事。其年卒"⑦。褚蓁曾任义兴太守，齐明帝"建武末，为太子詹事、度支尚书、领军将军。永元元年，卒"⑧。永元元年九月"辛未（廿

---

① 《南齐书》卷四五《安陆昭王缅传》，第二册，第794页。

② 《南齐书》卷四二《王晏传》，第二册，第741-742页。

③ 《南齐书》卷四四《徐孝嗣传》，第二册，第772页。

④ 《南齐书》卷四四《沈文季传》，第二册，第779页。

⑤ 《南齐书》卷四四《沈文季传》，第二册，第779页。

⑥ 《南齐书》卷四二《江祏传》，第二册，第751页。《梁书》卷三六《江革传》：济阳考城人，"幼而聪敏，早有才思，六岁便属文"。"解褐奉朝请，仆射江祏深相引接。祏为太子詹事，启革为府丞。祏时权倾朝右，以革才堪经国，令参掌机务，诏诰文檄，皆委以具。革防杜形迹，外人不知。祏诛，宾客皆罹其罪，革独以智免。除尚书驾部郎。"（第二册，第522-523页）

⑦ 《南齐书》卷四三《谢瀹传》，第二册，第7643页。

⑧ 《南齐书》卷二三《褚蓁传》，第一册，第432页。

九，11.17），以太子詹事王莹为中领军"①。《梁书·王莹传》载其曾任太子中庶子，后为吴兴太守，"还为太子詹事、中领军"。"永元初……迁尚书左仆射，未拜。"②孔稚珪在"永元元年，为都官尚书。迁太子詹事，加散骑常侍"。三年，以疾卒。③蔡约曾任齐台世子中舍人，南齐建立后转任太子中舍人，后任至"通直常侍、领骁骑将军，太子中庶子、领屯骑校尉"。齐明帝建武年间历任侍中、都官尚书等职，"迁邵陵王师、加给事中，江夏王车骑长史、加征虏将军，并不拜"。"迁太子詹事。永元二年（500），卒。"④此外，何胤曾任"左民尚书、领骁骑，中书令、领临海巴陵王师"，"永元中，征太常、太子詹事，并不就"。⑤

又，国家图书馆藏拓北魏孝昌元年十二月《元宝月墓志》："嫔南兰陵萧氏，齐太祖高皇帝曾孙。父子贤，齐太子詹事、平乐侯。"⑥按齐高帝孙辈确以"子"字为名，见于史者如齐武帝第十七子⑦、齐高帝第三子临川王映之长子、二子⑧，但萧子贤其人于史无考。

五、梁代太子詹事

梁武帝天监元年（502）十一月"甲子（初十，12.24），立皇子统为皇太子"⑨。《梁书·昭明太子统传》："天监元年十一月，立为皇太子。时太子年幼，依旧居于内，拜东宫官属，文武皆入直永福省。""五年五月庚戌（庚辰：

---

① 《南齐书》卷七《东昏侯纪》，第一册，第99页。
② 《梁书》卷一六《王莹传》，第一册，第273页。
③ 《南齐书》卷四八《孔稚珪传》，第二册，第840页。按同书卷二二《豫章文献王嶷传》："建武中，第二子恪托（沈）约及太子詹事孔稚珪为文。"（第一册，第419页）据此，则孔稚珪在齐明帝时亦曾任太子詹事。但亦不排除以其所任最后或最高官职追叙之可能。
④ 《南齐书》卷四六《蔡约传》，第二册，第805页。
⑤ 《梁书》卷五一《处士·何胤传》，第三册，第735—736页。又，同书卷一五《谢朓传》：永元三年，朝廷征召曾任国子祭酒的庐江何胤为散骑常侍、太子詹事，"时东昏皆下在所，使迫遣之，值义师已近，故并得不到"。（第一册，第263页）
⑥ 赵超：《汉魏南北朝墓志汇编》，第178页。
⑦ 参见《南齐书》卷四〇《武十七王传》，第二册，第713页。
⑧ 参见《南齐书》卷三五《高帝十二王·临川献王映传》，第二册，第622—623页。
⑨ 《梁书》卷二《武帝纪中》，第一册，第38页。

十六，6.22），始出居东宫。”①柳恢是所见梁朝第一任太子詹事。天监三年正月癸丑（初六，2.6），以“太子詹事柳恢为尚书右仆射”②。柳恢在南齐末年“为西戎校尉、梁南秦二州刺史”，“和帝即位（501），以为侍中、领前军将军。高祖践阼，征为护军将军，未拜。仍迁太子詹事，加散骑常侍”。“寻迁尚书右仆射。”③沈约在梁朝建立后历任内外要职，后由镇军将军、丹阳尹“迁侍中、右光禄大夫，领太子詹事、扬州大中正，关尚书八条事。迁尚书令，侍中、詹事、中正如故。累表陈让，改授尚书左仆射，领中书令、前将军，置佐史，侍中如故。寻迁尚书令，领太子少傅。九年，转左光禄大夫，侍中、少傅如故，给鼓吹一部”④。考诸本纪，天监五年正月乙亥（初九，2.17），以“镇军将军沈约为右光禄大夫”；六年四月丁巳（廿八，5.25），以“右光禄大夫沈约为尚书左仆射”⑤。沈约领太子詹事即在这一时段。天监七年正月乙酉（初一，2.17），“中卫将军、领太子詹事王茂进号车骑将军”⑥。王茂于天监“六年，迁尚书右仆射，常侍如故，固辞不拜。改授侍中、中卫将军、领太子詹事。七年，拜车骑将军，太子詹事如故。八年，以本号开府仪同三司、丹阳尹，侍中如故”⑦。天监八年四月戊申（初一，5.5），以“车骑将军、领太子詹事王茂即本号开府仪同三司”⑧。天监十年五月己卯（？），以“太子詹事柳庆远为领军将军”⑨。柳庆远在天监七年由雍州军政长官“征为护军将军、领太子庶子。未赴职，仍迁通直散骑常侍、右卫将军、领右骁骑将军”。“假节守淮阴”防备魏军，“八年，还京师，迁散骑常侍、太子詹事、雍州大中正。十年，迁侍中、领军将军”⑩。韦叡在天监九年由江州刺史“征员外散骑常侍、右卫将军。累迁左卫将军、太子詹事，寻加通直散骑常侍。十三年，迁智武将军、

① 《梁书》卷八《昭明太子统传》，第一册，第165页。
② 《梁书》卷二《武帝纪中》，第一册，第40页。
③ 《梁书》卷一二《柳恢传》，第一册，第217、218页。
④ 《梁书》卷一三《沈约传》，第一册，第235页。
⑤ 《梁书》卷二《武帝纪中》，第一册，第43、45页。
⑥ 《梁书》卷二《武帝纪中》，第一册，第46页。
⑦ 《梁书》卷九《王茂传》，第一册，第176页。
⑧ 《梁书》卷二《武帝纪中》，第一册，第48页。
⑨ 《梁书》卷二《武帝纪中》，第一册，第51页。按本月所记四干支日均非是，疑为四月或六月条误植。
⑩ 《梁书》卷九《柳庆远传》，第一册，第183页。

丹阳尹"①。天监十八年正月甲申（初四，2.18），以"太子詹事徐勉为尚书右仆射"②。徐勉曾以散骑常侍"领太子右卫率。迁左卫将军、领太子中庶子，侍东宫"。"转太子詹事、领云骑将军，寻加散骑常侍。迁尚书右仆射，詹事如故。又改授侍中，频表解宫职，优诏不许。""寻授宣惠将军，置佐史，侍中、仆射如故。"③对照本传的记载，知其在迁任尚书右仆射后仍兼任太子詹事。梁《永阳昭王敷墓志铭》《永阳昭王妃王氏墓志铭》并载，"尚书右仆射、太子詹事臣徐勉奉敕撰"。萧敷为梁武帝次兄，死于南齐建武四年（497）八月六日，其妃王氏死于普通元年（520）十一月九日，"其月廿八日举祔葬之典"。④则墓志铭即撰于是时，徐勉仍在太子詹事任上。

　　普通三年十一月"辛丑（十三，12.16），以太子詹事萧深藻为领军将军"⑤。萧深藻（483-549）本名渊藻，史书避唐讳而改名深藻或藻。天监十二年出任兖州军政长官，后"征为太子詹事"⑥。其始任太子詹事的时间难以确定，最大可能是接替徐勉。周捨在梁朝初年曾任太子洗马，累"迁尚书吏部郎，太子右卫率，右卫将军"。后"迁员外散骑常侍、太子左卫率。顷之，加散骑常侍、本州大中正，迁太子詹事"。普通五年，"迁右骁骑将军，知太子詹事。以其年卒，时年五十六"。梁武帝诏曰："太子詹事、豫州大中正捨"云云。⑦萧子恪在梁武帝普通四年为吏部尚书，"六年，迁太子詹事。大通二年（528），出为宁远将军、吴郡太守"⑧。中大通三年（531）"六月丁未（初九，7.8），以前太子詹事萧深猷（渊猷）为中护军"。"九月庚午（初三，9.29），以太子詹事萧深藻（渊藻）为征北将军、南兖州刺史。"⑨《梁书·长沙嗣王业传附弟藻传》：天监十二年，萧藻（渊藻）为使持节、都督南兖兖徐青冀五州诸军事、

　① 《梁书》卷一二《韦叡传》，第一册，第224页。
　② 《梁书》卷二《武帝纪中》，第一册，第59页。
　③ 《梁书》卷二五《徐勉传》，第二册，第378、379页。按徐勉为太子詹事又见《梁书》卷五〇《文学下·何思澄传》，第三册，第714页。
　④ 赵超：《汉魏南北朝墓志汇编》，第28、29页。
　⑤ 《梁书》卷三《武帝纪下》，第一册，第66页。
　⑥ 《梁书》卷二三《长沙嗣王业传附弟藻传》，第二册，第362页。
　⑦ 《梁书》卷二五《周捨传》，第二册，第376页。周捨为太子詹事，又见同书卷三〇《裴子野传》，第二册，第443页；卷三六《孔休源传》，第二册，第520页；《陈书》卷八《周文育传》，第一册，第137页；卷三三《顾越传》，第二册，第445页；〔唐〕李百药撰：《北齐书》卷三三《徐之才传》，中华书局，1972年，第二册，第444页；《隋书》卷三四《经籍志三》，第四册，第999页。
　⑧ 《梁书》卷三五《萧子恪传》，第二册，第509页。
　⑨ 《梁书》卷三《武帝纪下》，第一册，第75页。

兖州刺史（仁威将军），"征为太子詹事。普通三年，迁领军将军，加侍中"。"中大通元年，迁护军将军，中权（将军）如故。三年，为中军将军、太子詹事，出为丹阳尹。"① 中大通四年"九月乙巳（十四，10.28），以太子詹事南平王世子恪为领军将军"②。此外，桂阳王象为"给事黄门侍郎、兼领军。又以本官兼宗正卿。寻迁侍中、太子詹事，未拜。改授持节、督江州诸军事、信武将军、江州刺史"③。大同九年（543）"三月，以太子詹事谢举为尚书仆射"④。谢举为云麾将军、吴郡太守，大同"六年，入为侍中、中书监。未拜，迁太子詹事、翊左将军，侍中如故"。"九年，迁尚书仆射，侍中、将军如故。"⑤

何敬容于梁武帝末年"为金紫光禄大夫，未拜，又加侍中"。"太清元年（547），迁太子詹事，侍中如故。二年，侯景袭京师，敬容自府移家台内。""三年正月，敬容卒于围内，诏赠仁威将军，本官并如故。"⑥《梁书·柳敬礼传》："开府仪同三司庆远之孙。父津，太子詹事。"⑦《资治通鉴》载太清三年二月，侯景叛军包围建康宫城，梁武帝被迫签订城下之盟。"己亥（十三，3.27），设坛于西华门外"，时"太子詹事柳津出西华门，景出栅门遥相对，更杀牲歃血为盟"。⑧ 裴之平为谯州长史、阳平太守，"拒侯景，城陷后，迁散骑常侍、右卫将军、太子詹事"⑨。王筠在梁武帝末年为云旗将军、司徒左长史。"太清二年（548），侯景寇逼，筠时不入城。明年（549），太宗即位，为太子詹事。"⑩

此外，《陈书·徐陵传》载其"父摛，梁戎昭将军、太子左卫率，赠侍中、太子詹事"⑪。

---

① 《梁书》卷二三《长沙嗣王业传附弟藻传》，第二册，第362页。
② 《梁书》卷三《武帝纪下》，第一册，第76页。按同书卷二二《太祖五王·南平王伟传》仅云"世子恪嗣"（第二册，第348页），而无传文。〔唐〕李延寿撰：《南史》卷五二《梁宗室下·南平王伟传》附载《世子恪传》，中华书局，1975年，第四册，第1292页。
③ 《梁书》卷二三《桂阳嗣王象传》，第二册，第364页。
④ 《梁书》卷三《武帝纪下》，第一册，第87页。
⑤ 《梁书》卷三七《谢举传》，第二册，第530页。
⑥ 《梁书》卷三七《何敬容传》，第二册，第532、533页。
⑦ 《梁书》卷四三《柳敬礼传》，第三册，第611页。
⑧ 〔北宋〕司马光主编，〔元〕胡三省注，顾颉刚等点校：《资治通鉴》卷一六二《梁纪一八》，中华书局，1956年，第一一册，第5004页。
⑨ 《梁书》卷二八《裴之平传》，第二册，第417页。
⑩ 《梁书》卷三三《王筠传》，第二册，第486页。
⑪ 《陈书》卷二六《徐陵传》，第二册，第325页。

六、陈代太子詹事

周弘正在陈朝建立前夕任太常卿、都官尚书，"高祖受禅（557），授太子詹事。天嘉元年（560），迁侍中、国子祭酒，往长安迎高宗"①。谢哲在陈武帝末年为中书令，"世祖嗣位（559），为太子詹事。出为明威将军、衡阳内史"②。孔奂在陈武帝时曾任太子中庶子，陈文帝末年为五兵尚书、散骑常侍、扬东扬二州中正。"天康元年（566），乃用奂为太子詹事，二州中正如故。世祖崩，废帝即位，除散骑常侍、国子祭酒。""太建三年（571），征为度支尚书、领右军将军。五年，改领太子中庶子，与左仆射徐陵参掌尚书五条事。"③王劢在陈文帝天嘉元年由中书令"迁太子詹事，行东宫事、侍中并如故。加金紫光禄大夫，领度支尚书"④。

陈宣帝太建元年五月丁巳（廿九，6.28），以"太子詹事、驸马都尉沈君理为吏部尚书"⑤。沈君理在陈文帝时历任内外要职，天嘉"六年，出为仁威将军、东阳太守"。丁忧，"夺情"三起（信威将军、左卫将军；持节、都督东衡衡二州诸军事、仁威将军、东衡州刺史，领始兴内史；明威将军、中书令）"并不就"。"太建元年，服阕，除太子詹事，行东宫事。迁吏部尚书。"⑥太建七年十二月壬戌（十二，576.1.28），以"太子詹事、扬州大中正陆缮为尚书右仆射"⑦。陆缮原为散骑常侍、御史中丞，"太建初，迁度支尚书、侍中、太子詹事，行东宫事，领扬州大中正。及太子亲莅庶政，解行事，加散骑常侍。改加侍中，迁尚书右仆射"⑧。太建八年"十二月丁卯（廿三，577.1.27），以新除太子詹事徐陵为右光禄大夫"⑨。十年正月己巳朔（初一，1.24），以"翊左将军、右光禄大夫、领太子詹事徐陵为领军将军"⑩。十三年正月壬午（初一，

---

① 《陈书》卷二四《周弘正传》，第二册，第309页。
② 《陈书》卷二一《谢哲传》，第二册，第277页。
③ 《陈书》卷二一《孔奂传》，第二册，第285-286页。
④ 《陈书》卷一七《王劢传》，第二册，第239页。
⑤ 《陈书》卷五《宣帝纪》，第一册，第77页。
⑥ 《陈书》卷二三《沈君理传》，第二册，第300页。
⑦ 《陈书》卷五《宣帝纪》，第一册，第89页。
⑧ 《陈书》卷二三《陆缮传》，第二册，第303页。
⑨ 《陈书》卷五《宣帝纪》，第一册，第90页。
⑩ 《陈书》卷五《宣帝纪》，第一册，第91页。

1.21），以"右将军、丹阳尹徐陵为中书监、领太子詹事"①。徐陵在太建七年"除领军将军。八年，加翊右将军、太子詹事，置佐史。俄迁右光禄大夫，余并如故。十年，重为领军将军，寻迁安右将军、丹阳尹。十三年，为中书监、领太子詹事"，"侍中、将军、右光禄、中正如故"。②衡阳王伯信在太建"六年，为宣毅将军、扬州刺史。寻加侍中、散骑常侍。十一年，进号镇前将军、太子詹事，余并如故。祯明元年（587），出为镇南将军、西衡州刺史"③。江总曾任"司徒右长史，掌东宫管记，给事黄门侍郎，领南徐州大中正。授太子中庶子、通直散骑常侍，东宫、中正如故。迁左民尚书，转太子詹事，中正如故"。"寻为侍中、领左骁骑将军。"④

陈后主祯明二年六月"庚子（初三，7.1），废皇太子胤为吴兴王，立军师将军、扬州刺史始安王深为皇太子"。辛丑（初四），"云麾将军、太子詹事袁宪为尚书仆射"⑤。沈君公在隋朝"历中书·黄门侍郎、御史中丞。自都官尚书为义兴王瓛师。从瓛奔陈，授侍中、太子詹事。隋平陈，以瓛同谋度江，伏诛"⑥。

七、北朝太子詹事（北周宫正、宫尹附）

北魏孝文帝太和十七年《职员令》官品表中，第二品下有太子左、右詹事，位居散骑常侍之上；太和二十三年（499）《职员令》官品表中则改为太子詹事，为第三品。⑦有关北魏前期东宫官职的记载很少，太子詹事亦于史无闻。《尒朱绍墓志》《尒朱袭墓志》并载其"祖东宫詹事、内都大官、使持节、

---

① 《陈书》卷五《宣帝纪》，第一册，第98页。
② 《陈书》卷二六《徐陵传》，第二册，第334页。
③ 《陈书》卷二八《世祖九王·衡阳王伯信传》，第二册，第362页。
④ 《陈书》卷二七《江总传》，第二册，第345页。按江总为太子詹事，又见《隋书》卷五八《许善心传》，第五册，第1424页。
⑤ 《陈书》卷六《后主纪》，第一册，第115页。
⑥ 《周书》卷四八《沈君游传附第君公传》，第三册，第115页。《陈书》卷七《后妃·后主沈皇后传》："后叔君公，自梁元帝败后，常在江陵。祯明中，与萧瓛、萧岩率众叛隋归朝，后主擢为太子詹事。君公博学有才辩，善谈论，后主深器之。陈亡，隋文帝以其叛己，命斩于建康。"（第一册，第131页）
⑦ 《魏书》卷一一三《官氏志》，第八册，第2995页。

黄龙镇大将、镇南将军、安并二州刺史、始昌侯真之孙"①，则北魏前期当有詹事之职（东宫詹事或太子詹事）。《魏书·薛辩传附孙凤子传》："自徙都洛邑，凤子兄弟移属华州河西郡焉。太和二年，为太子詹事丞、本州中正。世宗登阼，转太尉府铠曹参军，稍迁治书侍御史。"②按此似为史书所见北朝最早的一例东宫官职，然此"太和二年"记载有误，薛凤子"任太子詹事丞的时间应为太和二十年"③。其实，在薛凤子之前，已有太子詹事见于记载。陆琇"以功臣子孙为侍御长、给事中。迁黄门侍郎，转太常少卿、散骑常侍、太子左詹事、领北海王师、光禄大夫。转祠部尚书、司州大中正"④。李韶为给事黄门侍郎、兼大鸿胪卿，"高祖将创迁都之计，诏引侍臣访以古事。韶对……高祖称善。迁太子右詹事，寻罢左、右，仍为詹事、秦州大中正。出为安东将军、兖州刺史"⑤。陆琇、李韶任太子左、右詹事在孝文帝前《职员令》颁布之初。按《魏书·高祖纪下》：太和十七年（493）六月乙巳（廿六，7.25），诏颁《职员令》二十一卷，"立皇子恂为皇太子"⑥。陆琇、李韶任职即在其时。史载后《职员令》制定于孝文帝太和二十三年，宣武帝同年即位后颁布，然而宣武帝即位十余年之后方有东宫之设，李韶转任詹事及出任兖州刺史均在宣武帝即位前，则太子左、右詹事合并为太子詹事是在后《职员令》颁布之前。据《魏书·官氏志》记载，在两《职员令》颁布之间还有两次小规模改革："太和十八年十二月，降车·骠将军、侍中、黄门秩，依魏晋旧事。十九年八月，初置直斋、御仗左右武官。"⑦太子詹事的合并最大可能就在太和十八年十二月或十九年八月。宣武帝延昌元年（512）"冬十月乙亥（十八，11.12），立皇子诩为皇太子"⑧。御医王显在北魏宣武帝时期任至太府卿、御史中尉，"东宫既建，以为太子詹事"⑨。

---

① 赵超：《汉魏南北朝墓志汇编》，第263、265页。

② 《魏书》卷四二《薛辩传附孙凤子传》，第三册，第944页。

③ 参见拙著：《北魏政治与制度论稿》，甘肃教育出版社，2003年，第463页。

④ 《魏书》卷四〇《陆琇传》，第三册，第905页。

⑤ 《魏书》卷三九《李韶传》，第三册，第886页。

⑥ 《魏书》卷七下《高祖纪下》，第一册，第172页。

⑦ 《魏书》卷一一三《官氏志》，第八册，第2993页。

⑧ 《魏书》卷八《世宗纪》，第一册，第212页。

⑨ 《魏书》卷九一《术艺·王显传》，第六册，第1969页。

王昕，东魏"武定（543-550）末，太子詹事"①。魏收于东魏武定"八年（550）夏，除太子少傅"，"仍兼太子詹事"。"十年，除仪同三司。"② 卢正思曾任北齐"北徐州刺史、太子詹事、仪同三司"，武平（570-576）中"以后舅""得优赠"③。卢叔武曾任都官尚书、合州刺史，北齐后主"武平中，迁太子詹事、右光禄大夫"④。高元海，"及孝昭崩，武成即位，除元海侍中、开府仪同三司、太子詹事"⑤。此外，北齐太子詹事可考者还有李希宗。《新唐书·宰相世系表二上》"赵郡李氏"："希仁字景山，北齐太子詹事、灵武文昭公。"⑥ 按《北史》载李"希仁字景山，有学识，卒于侍中、太子詹事"⑦。

娄宝于北魏"明帝（孝明帝）时，仕至朔州刺史"。西魏"大统元年（535），诏领著作郎，监修国史事"。"后授国子祭酒、侍中，进仪同三司，兼太子太傅，摄东宫詹事。"⑧ 从太子太傅官名推测，娄宝所摄东宫詹事仍应为太子詹事，而非别有一专名"东宫詹事"。赵善西魏时"迁车骑大将军、仪同三司、尚书右仆射"，"大统三年，转左仆射、兼侍中，监著作，领太子詹事"。"太祖亦雅敬重焉。九年，从战邙山，属大军不利，善为敌所获，遂卒于东魏。"⑨ 侯莫陈崇西魏时"累迁车骑大将军、仪同三司、骠骑大将军、开府仪同三司"。大统"七年，稽胡反，崇率众讨平之。寻除雍州刺史，兼太子詹事。十五年，进位柱国大将军，转少傅"。⑩

李穆，"建德初，迁少侍伯大夫，转少承御大夫、摄太子宫正。周武帝平齐，引参谋议"⑪。《周书·宇文孝伯传》："（晋公）护诛，授开府仪同三司，历

---

① 《魏书》卷三三《王宪传》附，第三册，第776页。按《北齐书》卷三一《王昕传》未载任太子詹事，卷三〇《高德政传》可见"詹事王昕"（第二册，第408页）。

② 《北齐书》卷三七《魏收传》，第二册，第490页。

③ 《北齐书》卷四二《卢潜传》附，第二册，第557页。

④ 《北齐书》卷四二《卢叔武传》，第二册，第560页。

⑤ 《北齐书》卷一四《高元海传》，第一册，第184页。

⑥ 《新唐书》卷七二上《宰相世系表二上》，第八册，第2517页。

⑦ 《北史》卷三三《李敷传》附，第四册，第1217页。

⑧ 〔唐〕李延寿撰：《北史》卷二〇《娄宝传》，中华书局，1974年，第三册，第756、757页。按《魏书》卷三〇《楼伏连传》所载姓氏有异，第三册，第718页。

⑨ 《周书》卷三四《赵善传》，第二册，第587、588页。按《魏书》卷一二《孝静帝纪》：武定元年（543）三月戊申（十八，5.7），高欢与宇文泰"战于邙山，大破之"，擒获西魏将领多人，其中包括"太子詹事赵善"。（第一册，第306页）

⑩ 《周书》卷一六《侯莫陈崇传》，第一册，第269页。

⑪ 《隋书》卷三七《李崇传》，第四册，第1122页。

司会中大夫、左右小宫伯、东宫左宫正。建德之后，皇太子稍长，既无令德，唯昵近小人。孝伯白高祖曰：'皇太子四海所属，而德声未闻……请妙选正人，为其师友，调护圣质，犹望日就月将。如或不然，悔无及矣。'……于是以尉迟运为右宫正，孝伯仍为左宫正。寻拜宗师中大夫。及吐谷浑入寇，诏皇太子征之。军中之事，多决于孝伯。"①《尉迟运传》："建德元年（572），授右侍伯，转右司卫。时宣帝在东宫，亲狎谄佞，数有罪失。高祖于朝臣内选忠谅鲠正者以匡弼之。于是以运为右宫正。三年，帝幸云阳宫，又令运以本官兼司武，与长孙览辅皇太子居守。"②《资治通鉴》载"周主之为太子也，上柱国尉迟运为宫正，数进谏，不用"。胡三省云："此太子宫正也。"③

周武帝建德二年二月"壬戌（廿六，4.13），遣司会侯莫陈凯、太子宫尹郑译使于齐"④。周武帝时，郑译"起家给事中士，拜银青光禄大夫。转左侍上士，与仪同刘昉恒侍帝侧"。"及帝亲总万机，以为御正下大夫，俄转太子宫尹。"⑤ 按"宫尹郑译"又见《周书·斛斯徵传》："帝之为太子也，宫尹郑译坐不能以正道调护，被谪除名。而帝雅亲爱译，至是拜译内史中大夫，甚委任之。"⑥《王轨传》："宣帝之征吐谷浑也，高祖令轨与宇文孝伯并从。军中进取，皆委轨等，帝仰成而已。时宫尹郑译、王端等并得幸帝。帝在军中颇有失德，译等皆预焉。"⑦ 郑译所任"宫尹"之职，全称为"宫尹下大夫"。《周书·郑译传》：

> 高祖即位，除都督，稍迁御正下大夫，颇被顾待。东宫建，以译为宫尹下大夫，特被太子亲爱。建德二年，为聘齐使副。及太子西征，多有失德，王轨、宇文孝伯等以闻。高祖大怒，宫臣亲幸者咸被谴责，译坐除名。后例复官，仍拜吏部下大夫。宣帝嗣位，授开府仪同、大将军、内史中大夫，封归昌县公，邑千户。既以恩旧，任遇甚重，朝政机密，并得参详。寻迁内史上大夫，进爵沛国公。上大夫之官，自译始

---

① 《周书》卷四〇《宇文孝伯传》，第三册，第717页。
② 《周书》卷四〇《尉迟运传》，第三册，第709—710页。按"三年"原作"二年"，点校本据《北史》改正，参见本卷"校勘记"〔一〕，第725页。
③ 《资治通鉴》卷一七三《陈纪七》太建十一年（579）二月，第一二册，第5395页。
④ 《周书》卷五《武帝纪上》，第一册，第81—82页。
⑤ 《隋书》卷三八《郑译传》，第四册，第1135页。
⑥ 《周书》卷二六《斛斯徵传》，第二册，第432页。
⑦ 《周书》卷四〇《王轨传》，第三册，第712页。

也。及宣帝大渐，御正下大夫刘昉乃与译谋，以隋公受遗辅少主。隋文帝执政，拜柱国、大丞相府长史、内史如故。寻进位上柱国。①

担任过北周"太子宫尹"者还有杨尚希、元善及柳机。杨尚希"仕明、武世，历太学博士、太子宫尹、计部中大夫"②。元善本为梁征北大将军、青冀二州刺史，"及侯景之乱，善归于周。武帝甚礼之，以为太子宫尹，赐爵江阳县公。每执经以授太子"③。《隋书》载柳机为"太子宫尹"④。《周书》载柳弘在"建德初"任"小宫尹"⑤。皇甫绩"精心好学，略涉经史"，"周武帝为鲁公时，引为侍读。建德初，转宫尹中士"。"迁小宫尹。宣政初"，"拜畿伯下大夫"⑥。卢贲"后历鲁阳太守、太子小宫尹、仪同三司。平齐有功"⑦。

根据以上所考，兹将晋南北朝不同朝代（政权）太子詹事（包括北魏太子左、右詹事及北周宫尹、小宫尹）担任者可考事例（人数）列表如下：

表21　晋南北朝太子詹事任职人数（事例）统计表

朝代（政权）	西晋	东晋	后赵	前秦	后秦	北燕	宋	齐	梁	陈	北魏	东魏	西魏	北齐	北周	合计
人数（事例）	6	6	1	4	1	1	16（21）	17（21）	17（18）	11	4（5）	2	3	4	7	100（111）

① 《周书》卷三五《郑译传》，第三册，第611页。
② 《隋书》卷四六《杨尚希传》，第五册，第1252页。
③ 《隋书》卷七五《儒林·元善传》，第六册，第1707页。
④ 《隋书》卷四七《柳机传》，第五册，第1271页。
⑤ 《周书》卷二二《柳庆传附子机传》，第二册，第373页。
⑥ 《隋书》卷三八《皇甫绩传》，第四册，第1139、1140页。
⑦ 《隋书》卷三八《卢贲传》，第四册，第1141页。

第六章　太子詹事身份状况考察

一、两晋太子詹事身份

西晋第一任太子詹事杨珧（文琚），弘农华阴人，官至尚书令、卫将军。其兄文宗为武元杨皇后（艳）之父，杨骏（文长）为武悼杨皇后（芷）之父。[①]杨文宗并未活到西晋建国，而其诸弟则受到晋武帝重用，成为当时最有影响的政治势力之一。史称晋武帝太康（280-289）年间"始宠后党，请谒公行。而骏及珧、济势倾天下，时人有'三杨'之号"[②]。晋武帝以杨珧为太子詹事，总管东宫众事，体现了晋武帝特别是两位杨皇后和外戚杨氏家族对稳定司马衷太子地位的意图。

晋惠帝时期的太子詹事孙旂及其侄孙髦为乐安人，旂父、髦祖孙历在魏晋之际为幽州刺史、右将军[③]。他们受到重用主要与其同赵王伦亲信孙秀合族有关。裴劭出身河东裴氏，是魏晋时期最有影响的大族之一，尤其在西晋后期和两晋之际的政局更替中发挥过重大作用。史称"裴、王二族盛于魏晋之世，时人以为'八裴'方'八王'"。按"王"即琅邪王氏。裴茂和裴潜在汉末和曹魏均任至尚书令，潜子秀、秀子頠均为西晋名臣。潜弟徽任至曹魏冀州刺史，徽子楷亦为西晋名臣。楷兄康，康子"邵字道期，元帝为安东将军，

---

① 参见〔唐〕房玄龄等撰：《晋书》卷三一《后妃上·武元杨皇后传》《武悼杨皇后传》，中华书局，1974年，第四册，第952、955页；卷四〇《杨骏传》《杨珧传》，第1177、1180页；卷九三《外戚·杨文宗传》，第八册，第2412页。

② 《晋书》卷四〇《杨骏传》，第四册，第1177页。

③ 《晋书》卷六〇《孙旂传》，第六册，第1633页。

以邵为长史，王导为司马，二人相与为深交。征为太子中庶子，复转散骑常侍，使持节、都督扬州江西淮北诸军事、东中郎将，随（东海王）越出项，而卒于军中。及王导为司空，既拜，叹曰：'裴道期、刘王乔在，吾不得独登此位。'"[1] 赵王伦当政时担任太子詹事的"裴劭"即此裴邵。裴氏与皇室司马氏和外戚杨氏均有姻亲关系。东海王越裴妃即出自河东裴氏，"东海王越，盾妹夫也"[2]。裴盾为裴邵之兄。"元帝镇建邺，裴妃之意也，帝深德之。"[3]"楷长子舆先娶（汝南王）亮女"，又"楷子瓒娶杨骏女"。[4] 此外，裴氏与外戚贾氏及太原郭氏、河东卫氏等大族亦有姻亲关系[5]。范阳遒人祖纳，"世吏二千石，为北州旧姓"[6]，"能清言，文义可观"。西晋末年"为中护军、太子詹事"前，担任太子中庶子。[7] 从祖纳身上可以看到，太子詹事的任职体现了三个原则：较高的家族出身；良好的学识修养；东宫任官的经历。天水人阎鼎在西晋晚期同南阳王保和梁芬、梁综等推戴秦王邺为皇太子，以太子詹事之职"总摄百揆"[8]，这是在特殊政局下出现的情况，似与太子詹事的任职条件和身份特征关系不大。

东晋第一任太子詹事卞壸（281-328）为济阴冤句人，其家族在西晋后期颇具影响力。祖统任至琅邪内史，父粹"兄弟六人，并登宰府，世称'卞氏六龙，玄仁（粹字）无双'"。卞粹为名臣张华女婿，八王之乱时期"齐王冏辅政，为侍中、中书令，进爵为公"，随即被长沙王乂所害。卞壸妻兄为徐州刺史裴盾，而东海王越妻裴妃与壸妻为姊妹关系。裴盾遂"以壸行广陵相"，又为镇建邺之琅邪王睿（元帝）从事中郎，司马绍（明帝）东中郎长史。卞壸遂与晋明帝建立了密切的主佐君臣关系："为世子师。壸前后居师佐之任，尽匡辅之节，一府贵而惮焉。中兴建，补太子中庶子，转散骑常侍，侍讲东

---

① 《晋书》卷三五《裴楷传》，第四册，第1052页。

② 《晋书》卷三五《裴楷传附盾传》，第四册，第1052页。

③ 《晋书》卷五九《东海王越传》，第五册，第1626页。关于河东裴氏与两晋之际政治的关系，参见拙作《魏晋南北朝禁卫武官制度研究》，中华书局，2004年，上册，第341-342页注①。

④ 《晋书》卷三五《裴楷传》，第四册，第1049页。

⑤ 史载"贾充即（裴）頠从母夫也"，頠"从母广城君"即"充妇广城君郭槐"，为晋惠帝贾皇后南风之母。（参见《晋书》卷三五《裴頠传》，第四册，第1041页；卷五三《愍怀太子遹传》，第四册，第1170页）郭槐当出太原郭氏，应该是先嫁裴頠从父（裴徽或其兄弟？）又，裴楷"女适卫瓘子"（《晋书》卷三五《裴楷传》，第1049页）。

⑥ 《晋书》卷六二《祖逖传》，第六册，第1693页。按祖纳为祖逖之兄。

⑦ 《晋书》卷六二《祖纳传》，第六册，第1698页。

⑧ 《晋书》卷六〇《阎鼎传》，第六册，第1647页。

宫。迁太子詹事，以公事免。"①卞壶任太子詹事时当为三十七岁。卞壶后来担任太子詹事，与其在世子府和东宫的任职经历颇有关系，当然他本人的家族出身及与张华和裴頠的姻亲关系也很重要。此外，其祖父卞统为琅邪内史的经历，与琅邪王司马睿及其首席幕僚和谋士王导之间应该早有联系，也是不可忽视的一个因素。

陆晔（261-334）"少有雅望"，"以清贞著称"，出身江南大族吴郡陆氏，其伯父喜为孙吴吏部尚书，父英为高平相、员外散骑常侍。"元帝初镇江左，辟为祭酒，寻补振威将军、义兴太守，以疾不拜。"可见作为江南士族的重要代表人物，陆晔对于司马睿的笼络并未给予积极的配合。东晋建立以来，陆晔逐渐受到重用，"累迁散骑常侍、本郡大中正。太兴元年（318），迁太子詹事"。晋明帝时期任至尚书左仆射、领太子少傅，继顾荣、纪瞻之后位居吴士之首。明帝临终，领军将军陆"晔与王导、卞壶、庾亮、温峤、郗鉴并受顾命，辅皇太子，更入殿将兵直宿"。遗诏有云，"既委以六军，可录尚书事，加散骑常侍"。②陆晔担任太子詹事时五十八岁。他是东晋初年地位最高、最受重用的吴姓高门，其以"尚书左仆射领太子少傅""为领军将军"及遗诏为"录尚书事"辅政，充分显示了他的独特地位。陆晔以江南士族出身，而得以担任包括太子詹事在内的朝廷要职，可以说是其家族出身、个人才望以及时势发展诸因素共同影响的结果。

王恭（?-398）出身太原王氏，为晋哀靖皇后之侄，孝武定皇后之兄。"少有美誉，清操过人，自负才地高华，恒有宰辅之望。"孝武帝太元中，"为丹杨尹，迁中书令、领太子詹事。孝武帝以恭后兄，深相钦重"。"帝将擢时望以为藩屏，乃以恭为都督兖青冀幽并徐州晋陵诸军事、平北将军、兖青二州刺史、假节，镇京口"，"改号前将军"。③王恭生年史无明载，据其父王蕴和妹定皇后年龄推算，当在355年前后，则其担任太子詹事时应在三十五岁

---

① 《晋书》卷七〇《卞壶传》，第六册，第1867、1868页。
② 《晋书》卷七七《陆晔传》，第七册，第2023-2024页。按陆晔受重用与作为吴士之首的顾荣的推荐密不可分，同书卷六八《顾荣传》："时南土之士未尽才用，荣又言：'陆士光（晔）贞正清贵，金玉其质……凡此诸人，皆南金也。'书奏，皆纳之。"（第六册，第1814页）
③ 《晋书》卷八四《王恭传》，第七册，第2183、2184页。

左右①。王恭出身大族太原王氏，其姑、妹皆为皇后，他本人又颇富才学，声望甚高②。《晋中兴书》云："太原王恭为中书令、领詹事，学问清操过人。"③作为东宫职僚之长，太子詹事除了总管东宫事务外，还有用其言行影响教化太子的职责，"学问清操过人"应该是一个基本的任职标准。《晋起居注》云："（孝）武帝以王恭丹阳尹领詹事，恭让表曰：'今皇储始建，四方是式，总司之任，崇替所由。宜妙简才贤，尽一时之胜，岂臣最庸，所可叨忝？'"④按"妙简才贤，尽一时之胜"，与"学问清操过人"自可划上等号。谯王司马恬（恬之？－390）为太子詹事，"恬既宗室勋望，有才用，孝武帝时深杖之"⑤。司马恬之为司马懿弟玄孙，于孝武帝为族父，史称"恬忠正有干局，在朝惮之"。桓温废海西公、立简文帝之时，御史中丞"恬奏劾温大不敬，请科罪"。这在仰桓温鼻息的朝臣中显得特别突出。谢琰出身陈郡谢氏，为谢安之子，淝水之战前夕任至散骑常侍、侍中，在淝水之战中建立了重大功勋。史载其"弱冠，以贞干称，美风姿"。在担任尚书右仆射、领太子詹事时，父兄已没，谢琰即是陈郡谢氏的代表人物。⑥王珣（350-401）出身琅邪王氏，任太子詹事前为尚书仆射、左仆射。王、谢二族通姻，其时已离婚而生隙："王珣娶万

---

① 《晋书》卷九《孝武帝纪》：太元十五年（390）"二月辛巳（初二，3.4），以中书令王恭为都督青兖幽并冀五州诸军事、前将军、青兖二州刺史"（第一册，第238页）。据同书卷三二《后妃下·孝武定王皇后传》："太元五年（380）崩，年二十一。"（第四册，第983页）则其生于360年，此乃王恭生年的下限。卷九三《外戚·王蕴传》："太元九年（384）卒，年五十五。"（第八册，第2421页）则其生于330年，恭为蕴次子，故推断其年龄在355年左右。《孝武定王皇后传》载"恭以弱冠见仆射谢安"云云（第982页）。据《孝武帝纪》：宁康元年（373）九月景申（十二，10.14），以"吏部尚书谢安为尚书仆射"。三年五月甲寅（初十，6.24），以"尚书仆射谢安领扬州刺史"。太元元年（376）正月景午（初五，2.11），"加尚书仆射谢安中书监、录尚书事"。二年八月"丁未（十六，10.4），以尚书仆射谢安为司徒"。（第225、227、228页）则王恭的生年当在354至358年之间，此与通过其父、妹年龄所做的推断相吻合。进一步推断，王恭见谢安的时间以宁康元年九月至三年五月之间可能性最大。

② 《晋书》卷九三《外戚传序》云，"庾亮世族羽仪，王恭高门领袖"（第八册，第2410页）。卷六四《简文三王·会稽王道子传》载时人诗云，王珣、王恭乃"盛德之流"（第六册，第1735页）。卷六五《王珣传》："时帝雅好典籍，珣与殷仲堪、徐邈、王恭、郗恢等并以才学文章见昵于帝。"（第1756页）卷七五《王忱传》："弱冠知名，与王恭、王珣俱流誉一时。"（第七册，第1972页）

③ 《北堂书钞》卷六五《设官部十七·太子詹事》"王恭清操过人"下引，《景印文渊阁四库全书》"子部一九五·类书类"，第八八九册，第289页。

④ 《太平御览》卷二四五《职官部四三》"太子詹事"条引，第二册，第1159页。

⑤ 《晋书》卷三七《宗室·敬王恬传》，第四册，第1107页。按同书卷九《孝武帝纪》：太元十三年（388）四月戊午（廿九，6.19），以"谯王恬之为镇北将军、青兖二州刺史"。"十五年春正月乙亥（廿六，2.26），镇北将军、谯王恬之薨"。（第一册，第236页）。

⑥ 《晋书》卷七九《谢琰传》，第七册，第2077页。

女，珣弟珉娶安女，并不终，由是与谢氏有隙。"[1] "珣兄弟皆谢氏婿，以猜嫌致隙。太傅安既与珣绝婚，又离珉妻，由是二族遂成仇衅。"[2] 王珣领太子詹事时，"时帝雅好典籍，珣与殷仲堪、徐邈、王恭、郗恢等并以才学文章见昵于帝。及王国宝自媚于会稽王道子，而与珣等不协，帝虑晏驾后怨隙必生，故出恭、恢为方伯，而委珣端右"。"俄而帝崩，哀册谥议，皆珣所草。隆安初，国宝用事，谋黜旧臣，迁珣尚书令。"当其死后，桓玄与会稽王道子书曰："珣神情朗悟，经史明彻，风流之美，公私所寄。"[3] 其才学概可想见。王珣任太子詹事时四十二岁。谢琰的年龄史书未载，估计与王珣相差不大[4]。

二、刘宋太子詹事身份

王惠（385-426）在刘宋建立前夕即担任"世子詹事"，从其身上颇能看出刘裕选用东宫官员的标准。王惠出身高门琅邪王氏，为王导曾孙，"祖劭，车骑将军。父默，左光禄大夫"。惠叔父王谧，更是东晋末年地位最为显赫的高门人物。史载"惠幼而夷简，为叔父司徒谧所知。恬静不交游，未尝有杂事。陈郡谢瞻才辩有风气，尝与兄弟群从造惠，谈论锋起，文史间发，惠时相酬应，言清理远，瞻等惭而退。高祖闻其名，以问从兄诞，诞曰：'惠后来秀令，鄙宗之美也。'"王惠曾任"行太尉参军事，府主簿、从事中郎"，可以说早就为刘裕所笼络，成为其亲信。之后"世子建府，以为征虏长史，仍转中军长史。世子为荆州，惠长史如故，领南郡太守，不拜"。[5] 他在担任世子詹事前就已在世子府任职，迁任詹事乃是在本系统内部的进一步提升。王惠任世子詹事时年纪较轻，不到三十五岁。出身大族，有才学，声望高，与刘裕和世子渊源深厚，为二府亲信僚佐，这是从王惠身上得出的詹事任职的条件，亦即其身份特征。刘宋建立后太子詹事的选用条件或身份标准在遵循这

---

① 《晋书》卷七九《谢琰传》，第七册，第2078页。

② 《晋书》卷六五《王珣传》，第六册，第1756页。

③ 《晋书》卷六五《王珣传》，第六册，第1756-1757页。

④ 《晋书》卷九《孝武帝纪》：太元十年八月"丁酉（廿二，10.12），使持节、侍中、中书监、大都督十五州诸军事、卫将军、太保谢安薨"（第一册，第234页）。同书卷七九本传载谢安薨"时年六十六"（第七册，第2076页）。则其生卒年为320-385，推断谢安次子谢琰的生年在345至350年间，应该与实际相去不远。若然，则其任太子詹事时当在四十岁左右。

⑤ 〔梁〕沈约撰：《宋书》卷五八《王惠传》，中华书局，1974年，第五册，第1589页。

一原则的同时，在不同的政局环境中亦有所调整和变化。

刘宋建立后第一任太子詹事为宋武帝刘裕最重要的亲信之一傅亮（474-426）。傅亮出身北地傅氏，虽非一流高门，但也不是普通士族出身。其曾祖为西晋名臣傅玄，"祖咸，司隶校尉。父瑗，以学业知名，位至安成太守"。其兄傅迪"亦儒学，官至五兵尚书。永初二年（421）卒"。"亮博涉经史，尤善文词"，因"博学有文采"而为时所重，刘裕专政时代长期"典掌诏命"。为刘裕"太尉从事中郎，掌记室"，"宋国初建，令书除侍中、领世子中庶子。徙中书令，领中庶子如故"。[①] 傅亮也是从刘裕太尉府转至世子府任职，并在刘宋建立后迁任太子詹事。与王惠相比，傅亮的门第较为逊色，但其才学更为突出，与刘裕的关系更为亲近。永初二年傅亮升任尚书仆射，"中书令、詹事如故"。直到次年宋武帝临终前夕被任命为顾命大臣，与徐羡之、谢晦共同辅佐太子即位。谢晦任太子詹事时四十七岁。

宋文帝朝首任太子詹事为王昙首（394-430）。王昙首亦出身琅邪王氏，为太保王弘少弟，世子詹事王惠从祖弟。他是宋文帝的藩邸亲信（镇西长史），也是宋文帝初年最受信任的重臣之一。宋文帝诛杀徐羡之等顾命大臣，王昙首为其主谋。元嘉四年（427）"迁太子詹事，侍中如故"。[②] 时年三十四岁，和王惠任世子詹事的年龄相当。王昙首亦颇有才学，史载宋武帝刘裕"至彭城，大会戏马台，赋诗，昙首文先成"。又谓"昙首有智局，喜愠不见于色，闺门内雍雍如也。手不执金玉，妇女亦不得以为饰玩。自非禄赐，一毫不受于人"。[③]

元嘉七年王昙首卒，刘湛（392-440）接任太子詹事。刘湛出身南阳刘氏，是一个常被治史者所忽视的晋代显赫家族。《宋书·刘湛传》载其"祖耽，父柳，并晋左光禄大夫、开府仪同三司"[④]。这一记载远不能反映其家世地位。刘湛高祖刘乔是西晋后期影响甚大的风云人物。《晋书·刘乔传》："祖廙，魏侍中；父阜，陈留相。"乔以秘书郎起家，在晋灭吴之役中建立了功业。八王之乱爆发以后，历任散骑常侍，御史中丞，豫州刺史，冀州刺史，都督豫州

---

① 《宋书》卷四三《傅亮传》，第四册，第1335、1336页。
② 《宋书》卷六三《王昙首传》，第六册，第1680、1679页。又，同书卷五七《蔡兴宗传》："元嘉初，中书舍人秋当诣太子詹事王昙首，不敢坐。"（第五册，第1584页）大明五年，宋孝武帝"游幸"经王弘墓时下诏，其中有"故散骑常侍、左光禄大夫、太子詹事豫章文侯昙首，凤尚恬素，理心贞正"之语。（《宋书》卷四二《王弘传》，第五册，第1322页）
③ 《宋书》卷六三《王昙首传》，第五册，第1322页。
④ 《宋书》卷六九《刘湛传》，第六册，第1815页。

诸军事、镇东将军、豫州刺史。他长期镇守豫州，为一方霸主。"愍帝末，追赠司空。"其"子挺，颍川太守。挺子耽"。[①]刘耽"博学，明习《诗》《礼》、三史。历度支尚书，加散骑常侍"。"桓玄，耽女婿也。及玄辅政，以耽为尚书令，加侍中。不拜，改授特进、金紫光禄大夫。寻卒，追赠左光禄大夫、开府。耽子柳。"[②]刘柳"亦有名誉，少登清官。历尚书左、右仆射，时右丞傅迪好广读书而不解其义，柳唯读《老子》而已"。"出为徐、兖、江三州刺史。卒，赠右光禄大夫、开府仪同三司。乔弟义，始安太守。义子成，丹阳尹。"[③]《晋书》本传的记载颇有遗漏，考之史载可知：孝武帝宁康二年（374）七月时刘耽为吏部郎，其时谢安为尚书仆射[④]。太元十九年（394）"八月辛巳（廿八，10.9），帝临轩，遣兼太保刘耽尊为皇太后，称崇训宫"[⑤]。从桓玄年龄推断，其时桓玄已娶刘耽之女为妻。刘柳曾任后将军、吴国内史[⑥]，尚书右仆谢[⑦]，江州刺史[⑧]。《晋书·安帝纪》：义熙十二年（416）六月"己酉（初三，7.13），新除尚书令、都乡亭侯刘柳卒"[⑨]。《宋书·刘湛传》载其父死于江州任上，表明其被任命为尚书令后并未到任便死亡了。作为桓玄岳父，刘耽家族成员按理应该成为刘裕压制和打击的对象，但事实并非如此。从所能考见的任职来看，刘柳在刘裕掌控东晋政权的时代颇受重用。也正因如此，其子刘湛才能够在少年时代成为刘裕"太尉行参军，赏遇甚厚"。接着又"为相国参军。谢晦、王弘并称其器干。高祖入受晋命，以第四子义康为冠军将军、豫州刺史，留镇寿阳。以湛为长史、梁郡太守"。[⑩]若本传所载其年龄无误，则刘湛出任太尉行参军时仅有十四岁，出任刘义康府长史、梁郡太守时仅有十九岁，可谓少年得志。刘裕的这种做法应该不排除笼络刘柳及其家族势力的意图。史载刘湛"少有局力，不尚浮华，博涉史传，谙前代旧典。弱

---

① 《晋书》卷六一《刘乔传》，第六册，第1672—1676页。

② 《晋书》卷六一《刘耽传》，第六册，第1676页。

③ 《晋书》卷六一《刘柳传》，第六册，第1676页。

④ 《晋书》卷二〇《礼志中》，第三册，第617页。

⑤ 《晋书》卷三二《后妃下·孝武文李太后传》，第四册，第981—982页。

⑥ 《宋书》卷七三《颜延之传》，第七册，第1891页。

⑦ 《宋书》卷五二《袁豹传》，第五册，第1500页。按其时尚书左丞为徐羡之。同书卷六三《沈演之传》载"尚书仆射"（第六册，第1685页）盖即同职异书，未审何者为是。

⑧ 《宋书》卷九三《隐逸·周续之传》，第八册，第2280页。

⑨ 《晋书》卷一〇《安帝纪》，第一册，第265页。

⑩ 《宋书》卷六九《刘湛传》，第六册，第1815页。

年便有宰物情，常自比管夷吾、诸葛亮。不为文章，不喜谈议"①。刘湛一生极具政治抱负，与其祖上的荣光和家族背景应该说有密切关系。刘湛仕途一路顺畅，后成为其旧府主彭城王义康专断朝政的得力助手。元嘉八年担任太子詹事时刘湛为四十岁，十二年领詹事时四十四岁。其时彭城王义康"又领太子太傅"②，表明义康和刘湛在专政的同时还加强对太子的控制，以便在将来太子即位后仍然能够掌控朝政。也可以说，在义康专政的十余年间，宋文帝不仅丧失了对朝政的绝对主导权，应该也丧失了对东宫的控制力。

殷景仁（390-440）协助宋文帝发动政变夺取最高统治权后，成为首席大臣，元嘉十七年（440）十月十九（11.29）被任命为扬州刺史、尚书仆射、领太子詹事。殷景仁是当时宋文帝最重要的亲信，陈郡殷氏也是东晋以来有一定影响的家族。景仁"曾祖融，晋太常。祖茂，散骑常侍、特进、左光禄大夫"③。殷融在东晋所任官职可考者有：庾亮司马（平西府司马）④，丹阳尹⑤，太常⑥。殷茂所任官职可考者有：散骑侍郎⑦，国子祭酒⑧，太常⑨。"景仁少有大成之量，司徒王谧见而以女妻之。""景仁学不为文，敏有思致，口不谈义，深达理体，至于国典朝仪，旧章记注，莫不撰录，识者知其有当世之志也。"殷景仁与其从父殷穆同时受到宋文帝重用。殷景仁从祖允亦任至晋太常，其子穆（379-438）晋末曾任五兵尚书、刘裕相国左长史，刘宋建立后历任要职。穆子淳（403-434）任至黄门侍郎"早有清尚，爱好文义"，"在秘书阁，撰《四部书目》凡四十卷，行于世"。淳弟冲亦曾任太子中庶子。皇太子刘劭妃即殷淳女。⑩殷景仁担任太子詹事时五十二岁⑪。出身琅邪王氏的王球（393-441）

① 《宋书》卷六九《刘湛传》，第六册，第1815页。
② 《宋书》卷六八《武二王·彭城王义康传》，第六册，第1790页。
③ 《宋书》卷六三《殷景仁传》，第六册，第1680页。
④ 《晋书》卷六六《陶侃传》，第六册，第1778页。按时当咸和七年，据同书卷七《成帝纪》、卷七三《庾亮传》，庾亮为平西将军（第一册，第174页；第六册，第1921页）。
⑤ 《晋书》卷三一《后妃上·武悼杨皇后传》，第四册，第957页；卷六九《刁协传》，第六册，第1843页。
⑥ 《晋书》卷三一《后妃下·康献皇后传》，第四册，第975页。
⑦ 《晋书》卷二〇《礼志中》，第三册，第617页。
⑧ 《宋书》卷一四《礼志一》，第二册，第365页。
⑨ 《晋书》卷一〇《安帝纪》，第一册，第251页。
⑩ 《宋书》卷五九《殷淳传》，第六册，第1597页。
⑪ 据本传，殷景仁在刘宋建立前后曾任宋世子洗马及太子中庶子，距其任太子詹事虽然已是二十年前的事，东宫主人已不同，但作为东宫任职经历则无疑义。

也在殷景仁为太子詹事之际被任命为太子詹事，然"未拜"①。"球少与惠（从父兄）齐名，美容止。""球公子简贵，素不交游"，"颇好文义，唯与稂邪颜并之相善"。其时王球四十八岁。王球为宋台世子詹事王惠从弟，其父王谧在东晋末年曾任最高行政长官。宗室刘义宗（？-444）当在殷景仁死后接任太子詹事。刘义宗为宋武帝中弟长沙王道怜第四子，曾任太子左卫率，元嘉二十一年正月辛酉（廿五，2.29）由太子詹事迁任南兖州刺史②。义宗"爱士乐施，兼好文籍，世以此称之"③。其生年史无明载，从其兄义欣、义庆年龄推测，当在405年前后出生④。则其任太子詹事时近四十岁。

元嘉二十一年，左卫将军范晔（398-445）受命兼任太子詹事。范晔"少好学，博涉经史，善为文章，能隶书，晓音律"。出身于顺阳范氏，也是晋宋时期一个有影响的世家。曾祖范汪，"雍州刺史晷之孙也"，"汪少孤贫，六岁过江，依外家新野庾氏"。范汪"博学多通，善谈名理"，任至中领军、本州（豫州）大中正，除都督徐兖青冀四州扬州之晋陵诸军事、安北将军、徐兖二州刺史。⑤祖范甯，任至豫章太守，官位不高，但学识突出，为时所重。"少笃学，多所通览"，"崇儒仰俗"，反对"浮虚相扇"的社会风气。当朝权臣王国宝为范甯之甥。"甯以《春秋·谷梁氏》未有善释，遂沉思积年，为之集解。其义精审，为世所重。"⑥范晔"少好学，博涉经史，善为文章，能隶书，晓音律"⑦。其父范泰为宋初三朝重臣，元嘉三年（426）任至特进、侍中、左光禄大夫、国子祭酒、领江夏王师⑧，属于位阶最高的官僚阶层成员。范晔以左卫

---

① 《宋书》卷五八《王球传》，第五册，第1595页。

② 《宋书》卷五《文帝纪》，第一册，第91页。

③ 《宋书》卷五一《宗室·刘义宗传》，第五册，第1468页。

④ 《宋书》卷五一《宗室·刘义欣传》：元嘉"十六年，薨，时年三十六"（第五册，第1465页）。《刘义庆传》：元嘉"二十一年，薨于京邑，时年四十二"（第1480页）。义庆长于其兄义欣，必无是理，未审孰是孰非。

⑤ 《晋书》卷七五《范汪传》，第七册，第1982、1983页。按范汪曾任吏部尚书，见同书卷七九《谢安传》，第七册，第2072页。范晷之又作范晷，同书卷九〇《良吏·范晷传》："南阳顺阳人也。少游学清河，遂徙家侨居。郡命为五官掾，历河内郡丞。太守裴楷雅知之，荐为侍御史。调补上谷太守，遭丧，不之官。后为司徒左长史，转冯翊太守，甚有政能，善于绥抚，百姓爱悦之。征拜少府，出为凉州刺史，转雍州。于时西土荒毁，氐羌蹈藉，田桑失收，百姓困弊，晷倾心化导，劝以农桑，所部赖之。元康中，加左将军，卒于官。"（第八册，第2336页）

⑥ 《晋书》卷七五《范甯传》，第七册，第1984、1985、1989页。按同卷《王国宝传》云，"中书郎范甯，国宝舅也，儒雅方直"（第1971页）。

⑦ 《宋书》卷六九《范晔传》，第六册，第1819页。

⑧ 《宋书》卷六〇《范泰传》，第六册，第1621页。

将军兼任太子詹事，正是他受到宋文帝信任和重视之时。宋文帝在任命范晔为太子詹事诏中曰："右（左）卫将军晔，才应通敏，理怀清要。"[①] "时晔与沈演之（右卫将军）并为上所知待，每被见多同。"[②] 范晔任太子詹事时四十七岁。

范晔之后，孟顗以光禄大夫领太子詹事[③]。平昌安人孟顗为宋武帝创业功臣孟昶之弟，在任太子詹事前曾历任东阳、吴郡、会稽、丹阳诸郡太守及侍中、仆射等内外要职。他是一位重要的外戚成员，与皇室之间有双向姻亲关系。"子劭，尚太祖第十六女南郡公主，女适彭城王义康、巴陵哀王休若。"[④] 孟顗的年龄难以确定，但从其兄为宋武帝创业功臣及以光禄大夫兼领等因素推断，其任太子詹事时至少也应在六十岁。其后另一位外戚徐湛之（410-453）接任太子詹事。东海郯人徐湛之为刘宋开国功臣徐羡之兄孙，徐羡之是宋初地位最高的大臣。湛之"父达之，尚高祖长女会稽公主"，死于刘裕征讨司马休之之役。宋文帝元嘉"六年，东宫始建"，徐湛之"起家补太子洗马"。多年后迁太子詹事、加侍中，元嘉二十四年以中书令领太子詹事，两年后又以丹阳尹领太子詹事。[⑤] 徐湛之三次担任太子詹事，虽然每次时间都不太长，但合计来看仍然是宋文帝朝任职时间最长的人。徐湛之是宋文帝后期最高统治集团重要成员，这与徐羡之及其家族对刘宋建国的巨大贡献，特别是徐湛之作为宋文帝长姊之子的外戚身份，有着密切的关系。徐湛之任太子詹事时分别为三十七、三十八、四十岁。

何尚之（382-460）出身大族庐江何氏，其祖恢任至南康太守，父叔度任至金紫光禄大夫、吴郡太守。史称"尚之雅好文义"，"爱尚文义"，曾两次"领国子祭酒"，其多才博识自无疑义。何尚之曾任左卫将军、领太子中庶子，迁任侍中，仍领中庶子。元嘉二十八年，以尚书令领太子詹事。何尚之任太子詹事时七十岁。何尚之家族与皇室有姻亲关系，其弟"悠之，义兴太

---

① 《宋书》卷六三《沈演之传》，第六册，第1686页。
② 《宋书》卷六九《范晔传》，第六册，第1821页。范晔为太子詹事又见〔北齐〕魏收撰：《魏书》卷九七《岛夷刘义隆传》，中华书局，1974年，第六册，第2137页；〔唐〕姚思廉撰：《陈书》卷二一《孔奂传》，中华书局，1972年，第二册，第286页；〔唐〕魏徵等撰：《隋书》卷三三《经籍志二》，中华书局，1973年，第四册，第954页。
③ 〔唐〕许嵩撰，张忱石点校：《建康实录》卷一二《宋·太祖文皇帝》，中华书局，1986年，下册，第442页。
④ 《宋书》卷六六《何尚之传》，第六册，第1737页。
⑤ 《宋书》卷七一《徐湛之传》，第六册，第1843-1847页。

守，侍中，太常"。"悠之子颙之，尚太祖第四女临海惠公主。""悠之弟愉之，新安太守。愉之弟塑之，都官尚书。"又何尚之"女适刘湛子黯"，但二人关系不睦，"湛诛，迁吏部尚书"。[①]范晔被诛事件，何尚之也是告密者之一。何尚之在宋文帝后期受到重用，与皇室的姻亲关系、与亲家刘湛的矛盾、在范晔事件上的站位等因素，都有一定的关系。

宋孝武帝时期的第一位太子詹事是柳元景（407-466）。南迁河东柳氏三代均在雍州担任郡太守，是具有重要影响的襄阳豪族。"元景少便弓马，数随父伐蛮，以勇称，寡言有器质。"曾在孝武帝（武陵王）安北府任中兵参军，后以"建威将军，总统群帅"北伐关中。"世祖入讨元凶，以为谘议参军，领中兵，加冠军将军，太守如故。配万人为前锋，宗悫、薛安都等十三军皆隶焉。""上至新亭即位，以元景为侍中、领左卫将军"，"更以元景为护军将军、领石头戍事，不拜。徙领军将军，加散骑常侍"。"复为领军、太子詹事，加侍中。寻转骠骑将军，本州大中正，领军、侍中如故。大明二年（458），复加开府仪同三司，又固让。明年，迁尚书令，太子詹事、侍中、中正如故。""五年，又命左光禄大夫、开府仪同三司，侍中、令、中正如故，又让开府。""六年，进司空，侍中、令、中正如故，又固让，乃授侍中、骠骑将军、南兖州刺史，留卫京师。世祖晏驾，与太宰江夏王义恭、尚书仆射颜师伯并受遗诏辅幼主。迁尚书令、领丹阳尹，侍中、将军如故，给班剑二十人，固辞班剑。"[②]柳元景任太子詹事时五十三岁。彭城吕人刘延孙为雍州刺史刘道产之子，曾长期在孝武帝刘骏幕府任职，是其最重要的心腹幕僚，所谓"绸缪心膂，自蕃升朝，契阔唯旧"。征讨刘劭时"转补长史、寻阳太守，行留府事"。"世祖即位，以为侍中、领前军将军。"其后历任内外要职，累迁侍中、护军、领徐州大中正。"大明元年（457），除金紫光禄大夫、领太子詹事，中正如故。其年，又出为镇军将军、南徐州刺史。"[③]刘延孙任太子詹事时四十七岁。孝武帝时期的太子詹事，见于记载者仅柳元景和刘延孙二人，是否还有他人担任无从得知。二人都是孝武帝最重要的亲信大臣，在孝武帝平定刘劭夺取政权的过程中，一统兵冲锋陷阵，一留守后方，发挥了至关重要的作用。

① 《宋书》卷六六《何尚之传》，第六册，第1738页。
② 《宋书》卷七七《柳元景传》，第七册，第1981-1989页。
③ 《宋书》卷七八《刘延孙传》，第七册，第2019页。

孝武帝以之兼领太子詹事，可以保证太子暨东宫的安全无虞。

　　宋明帝时期太子詹事可考者有袁顗等五人，多于孝武帝时期的任职者，不过实际到任者只有三人。宋明帝初年所任命的太子詹事袁顗、张永二人实际都没有到任。第三位被任命为太子詹事的袁粲也是"固辞不受"，但应该是不得不接受了任命。其后张永（410-475）又被任命为太子詹事，这次任太子詹事的时间较长。张永出身大族吴郡张氏，为张良之后，祖先在晋、宋多任高位。他本人能文能武，极具才干。"尚书中条制繁杂"，"欲加治撰"，宋文帝元嘉十八年（441），"徙永为删定郎，掌其任"，"有称绩"。"永涉猎书史，能为文章，善隶书，晓音律，骑射杂艺，触类兼善，又有巧思，益为太祖所知。纸及墨皆自营造，上每得永表启，辄执玩咨嗟，自叹供御者了不及也。二十三年，造华林园、玄武湖，并使永监统。凡诸制署，皆受则于永。"孝武帝大明四年（460）至七年曾任太子右卫率。宋明帝初年张永担任江淮地方军政长官，指挥征讨行动。又两度兼任本州大中正。张永于泰始四年为太子詹事，时年五十九岁。[①] 刘秉（433-477）为宋武帝弟道怜之孙，在宋明帝朝亦较长时间担任太子詹事，"时宗室虽多，材能甚寡。秉少自砥束，甚得朝野之誉，故为太宗所委"[②]。从他后来舍生取义，为了维护刘宋政权而与萧道成抗衡，可以看出他的为人秉性。刘秉曾两度为太子詹事，分别为三十四、三十七岁。宋明帝时两度被任命为领太子詹事并"知东宫事"的袁粲（420-477），出身陈郡袁氏，为太尉袁淑兄子，"母琅邪王氏，太尉长史诞之女也"。"少好学，有清才"，"蚤以操立志行见知"。"清整有风操，自遇甚厚。尝著《妙德先生传》以续嵇康《高士传》以自况。"他曾任太子右卫率、太子中庶子等东宫官职。[③] 袁粲在刘宋末年与刘秉一起冒死反抗萧道成，企图保住摇摇欲坠的刘宋政权，其为人可想而知。可以说，袁粲身上充分体现出刘宋太子詹事担任者的几个基本条件：出身名门，富于才学，为人正派，有东宫任职经历。袁粲任太子詹事时为四十七、五十二岁。

---

① 《宋书》卷五三《张永传》，第五册，第1511页。
② 《宋书》卷五一《宗室·刘秉传》，第五册，第1468页。
③ 《宋书》卷八九《袁粲传》，第八册，第2229-2230页。

三、南齐太子詹事身份

南齐第一任太子詹事何戢（447-482），出身庐江何氏，为宋孝武帝女山阴公主之夫，女为宋郁林王皇后。祖尚之、父偃为刘宋名臣。刘宋末年二十九岁时就已担任侍中，投靠萧道成而成为其亲信。史称"戢美容仪，动止与褚渊相慕，时人呼为'小褚公'"；"家业富盛，性又华侈，衣被服饰，极为奢丽"。[①]活脱脱一幅贵公子形象。其时太子（齐武帝）早已成年，以才学影响太子已非东宫官职的职责。齐高帝对何戢的重用，只是对这位强力支持其篡位的刘宋外戚和大族代表人物的酬劳，并不指望他在巩固统治上能有多少贡献。何戢担任太子詹事时三十六岁。王俭（452-489）出身琅邪王氏，祖昙首、父僧绰亦为刘宋名臣，"俭生而僧绰遇害，为叔父僧虔所养"。嫡母为宋武康公主，他本人又尚宋明帝女阳羡公主。他是南齐最为杰出的才学之士，"幼有神彩，专心笃学，手不释卷"。"依《七略》撰《七志》四十卷"，"又撰定《元徽四部书目》"。"俭长礼学，谙究朝仪"；"手笔典裁，为当时所重。少撰《古今丧服集记》并文集，并行于世"。[②]王俭与叔父王僧虔俱为齐高帝亲信，在南齐建立后均受重用，官位显赫，荣宠为侪辈所瞩目。王俭领太子詹事时三十四岁，不仅是南齐也是整个南朝年龄最小的太子詹事担任者。齐武帝初年，王俭又领国子祭酒，领太子少傅。

沈文季（442-499）出身吴兴沈氏，其为刘宋名臣沈庆之之子，在南齐时期曾三次担任太子詹事。他在刘宋时曾任太子舍人、太子右卫率等职，具有东宫任职的经历。南齐建立之初再次为太子右卫率，只是其所保卫的对象已发生了根本变化。齐武帝即位后又以沈文季担任太子詹事，时年四十一岁。齐武帝末年沈文季第二次担任太子詹事，时已年逾五十。因其"豫废郁林"而为齐明帝所重，又以尚书右仆射"加领太子詹事"，时年沈文季五十三岁。史称"文季虽不学，发言必有辞采"；"文季风采稜岸，善于进止"。[③]看来他的学养虽然不高，但亦非不学无术之辈。齐武帝永明三年（485）担任太子詹事的张绪（422-489），出身江南大族吴郡张氏，刘宋时曾任太子洗马、太子

---

① 〔梁〕萧子显撰：《南齐书》卷三二《何戢传》，中华书局，1972年，第二册，第584页。
② 《南齐书》卷二三《王俭传》，第一册，第433、436、438页。
③ 《南齐书》卷四四《沈文季传》，第二册，第775-779页。

中舍人、太子中庶子等东宫官职。刘宋末年任职高位的张绪投靠萧道成而成为其亲信,"齐台建,转散骑常侍、世子詹事",足见齐高帝对他的高度信任。"绪善言,素望甚重。太祖深加敬异。"与齐武帝关系深厚,故在即位后颇受敬重。他在齐高帝和齐武帝时期两次"领国子祭酒",显示其学养深厚。史称"绪长于《周易》,言精理奥,见宗一时"。为世子詹事时五十八岁,任太子詹事时六十四岁。①

永明三年(485)八月太子詹事萧顺之迁任领军将军,可能是在张绪迁职后担任太子詹事的,任职时间应该很短。萧顺之为齐高帝族弟、梁武帝之父,史载"吴郡张绪常称:'文武兼资,有德有行,吾敬萧顺之。'"②足见其能文能武,但就史书所见任职和行事来看,他在南齐主要还是以武职荣显,"历官侍中,卫尉,太子詹事,领军将军,丹阳尹,赠镇北将军"③。萧顺之生年不明,从齐高帝(427-482)、梁武帝(464-549)生年推测,萧顺之可能的生年当在430-435年前后,则其任太子詹事时约在五十至五十五岁之间。齐高帝从祖弟萧赤斧(430-485),齐武帝时由散骑常侍、左卫将军"迁给事中,太子詹事",时当永明三年。④任太子詹事时五十六岁。萧赤斧担任太子詹事,当是接替迁职后的萧顺之。萧赤斧之才学修养史无明载,但其为人"和谨",为官清廉,"不营产利,勤于奉公",死后"家无储积"⑤。齐高帝从子萧景先(438-487),早年即被萧道成"委以心腹",南齐建立后即迁任太子左卫率。齐武帝时"事上尽心,故恩宠特密",为侍中、兼领军将军、领太子詹事。⑥其任太子詹事或在萧赤斧之后,约为四十八、九岁。萧景先受重用,主要还在于其为"勋戚"⑦。萧缅(455-491),齐高帝次兄道生之子、齐明帝之弟,齐武帝永明六年(488)由侍中、中领军"转散骑常侍、太子詹事"。任太子詹事时三十四岁。其在刘宋末年入仕之初曾任祕书郎、宋邵陵王文学、中书郎,应该具有一定的学识和文学素养。担任地方长官,或"大著风绩",

① 《南齐书》卷三三《张绪传》,第二册,第600、601页。
② 〔唐〕李延寿撰:《南史》卷六《梁本纪上·武帝纪上》,中华书局,1975年,第一册,第167页。
③ 〔唐〕姚思廉撰:《梁书》卷一《武帝纪上》,中华书局,1973年,第一册,第1页。
④ 《南齐书》卷三八《萧赤斧传》,第二册,第665页。
⑤ 《南齐书》卷三八《萧赤斧传》,第二册,第665页。
⑥ 《南齐书》卷三八《萧景先传》,第二册,第662页。
⑦ 《南齐书》卷三八《萧毅传》,第二册,第662页。

或"为百姓所畏爱",死后"百姓缘沔水悲泣设祭,于岘山为立祠"。①足见其具有很强的统治能力,且为人正派。

王晏(? -494)出身琅邪王氏,"建元(479-482)初,转太子中庶子。世祖在东宫,专断朝事,多不闻启,晏虑及罪,称疾自疏"。"世祖即位,转长兼侍中,意任如旧。"永明四年(486)由冠军将军、卫尉"转太子詹事,加散骑常侍。六年,转丹阳尹,常侍如故。晏位任亲重,朝夕进见,言论朝事,自豫章王嶷、尚书令王俭皆降意以接之,而晏每以疏漏被上呵责,连称疾久之。上以晏须禄养,七年,转为江州刺史,晏固辞不愿出外,见许,留为吏部尚书、领太子右卫率。终以旧恩见宠"。永明十一年,以尚书右仆射"领太孙右卫率"。王晏为齐武帝故旧,多年为藩邸僚佐,或"专心奉事,军旅书翰皆委焉",或"常在上府,参议机密"。②王晏生年不明,史载其于宋大明(457-464)末起家,以二十岁计,则其担任太子詹事时在五十岁左右。徐孝嗣(446-499)出身东海徐氏,为刘宋司空徐湛之之孙,尚宋孝武帝女康乐公主。由五兵尚书"迁太子詹事","转吏部尚书。寻加右军将军,转领太子左卫率。台阁事多以委之"。与王晏等受遗诏辅幼主。徐孝嗣任太子詹事在"王俭亡"之次年,即齐武帝永明八年(490)。③元嘉三十年(453)宋孝武帝即位时徐孝嗣八岁,则其生于446年,故担任太子詹事时为四十五岁。史称"孝嗣爱好文学,赏托清胜,器量弘雅",又云"孝嗣文人"。曾任齐台世子庶子及太子中庶子,是齐武帝东宫旧臣。④王晏、徐孝嗣属于最受齐武帝重用的大臣,主要是因为他们都曾在东宫任职,与齐武帝有深厚的渊源。另一方面,他们的文学修养及大族身份也不可忽视。

江祏(? -499)出身济阳江氏,是齐明帝时期有重要影响的外戚成员。"祏姑为齐高帝兄始安贞王道生妃,追谥景皇后,生齐明帝。祏少为明帝所亲,恩如兄弟"。"明帝辅政,委以腹心,引为骠骑谘议参军,领南平昌太守。""及即位,迁守卫尉,安陆县侯。""建武二年(495),迁左卫将军,掌

---

① 《南齐书》卷四五《宗室·安陆昭王缅传》,第二册,第794、795页。
② 《南齐书》卷四二《王晏传》,第二册,第741、742页。
③ 《南齐书》卷四四《徐孝嗣传》,第二册,第772页。按同书卷三《武帝纪》:永明七年"五月乙巳,尚书令、卫将军、开府仪同三司王俭薨"(第一册,第57页)。
④ 《南齐书》卷四四《徐孝嗣传》,第二册,第751、771、773、774页。

甲仗廉察。四年，转太子詹事。祐以外戚亲要，权冠当时。"①"上寝疾，永泰元年（498），转祐为侍中、中书令，出入殿省。上崩，遗诏转右仆射，祐弟卫尉祀为侍中，敬皇后弟刘暄为卫尉。东昏即位，参掌选事。高宗虽顾命群公，而意寄多在祐兄弟。""永元元年（499），领太子詹事。刘暄迁散骑常侍，右卫将军。祐兄弟与暄及始安王遥光、尚书令徐孝嗣、领军萧坦之六人，更日帖敕，时呼为'六贵'。"② 很显然，江祐是作为一位重要的外戚成员而受到齐明帝重用。江祐年龄未见史载，其生年当与齐明帝（452-498）相近，若以生于452年计，则其两次出任太子詹事的年龄为四十五、四十八岁。谢瀹（444-498）出身陈郡谢氏，祖弘微、父庄俱刘宋名臣。曾任齐台太子中舍人，南齐建立后不断升进，齐明帝时为吏部尚书、领右军将军，"转侍中、领太子中庶子、豫州中正。永泰元年（498），转散骑常侍、太子詹事"③。谢瀹担任太子詹事时四十五岁。史书虽未具体记载其才学如何，但从其年少即有大名，宋孝武帝曾欲以之尚主，后被褚渊选为女婿，"卫军王俭引为长史，雅相礼遇"，"上（齐武帝）起禅灵寺，勅瀹撰碑文"，④ 均可感觉到他属于当时高门士族中深具才望者。褚蓁（？-499）出身河南褚氏，为南齐开国元勋褚渊（435-482）之子。齐明帝"建武（494-498）末，为太子詹事，度支尚书，领军将军。永元元年（499），卒"⑤。褚蓁并非褚渊长子，其于"永明（483-493）中，解褐为员外郎"，结合褚渊年龄推断⑥，其生年或在460年前后，则其担任太子詹事时当不到四十岁。

东昏侯时期担任太子詹事的王莹（450？-516？）出身琅邪王氏，为宋临淮公主之夫。曾任太子中庶子，后为吴兴太守，"还为太子詹事、中领军。

---

① 《南史》卷四七《江祐传》，第二册，第1181页。按《南齐书》卷四二《江祐传》未载景皇后原委，载江祐所任官职为"右卫将军"（第二册，第751页）。"左卫将军江祐"又见《南史》卷五〇《明山宾传》，第四册，第1243页。《南齐书》卷五四《高逸·吴苞传》载"右卫江祐"云云，第二册，第945页。左、右形近而讹，从齐明帝与江祐的关系推断，《南史》所载似更可信。

② 《南齐书》卷四二《江祐传》，第二册，第751页。

③ 《南齐书》卷四三《谢瀹传》，第二册，第764页。

④ 《南齐书》卷四三《谢瀹传》，第二册，第763、764页。

⑤ 《南齐书》卷二三《褚蓁传》，第一册，第432页。

⑥ 《南齐书》卷三《武帝纪》：建元四年"八月癸卯，司徒褚渊薨"（第一册，第46页）。按同书卷二三《褚渊传》未载其年岁，《南史》卷二八《褚彦回传》载其"薨年四十八"（第二册，第753页）。

永元初，政由群小，莹守职而不能有所是非"。^① 王莹生年不明，从他在刘宋时就已被"选尚宋临淮公主，拜驸马都尉"，并在随后担任一系列官职，于萧道成担任骠骑将军时被"引为从事中郎"等经历推断，其起家应不晚于470年，推断其生年不晚于450年。以450年计，则其担任太子詹事时在五十岁左右。王莹的才学本传并无明确记载，但《梁书·徐勉传》的一则记事可窥其一斑："尝于殿内讲《孝经》，临川静惠王、尚书令沈约备二傅，勉与国子祭酒张充为执经，王莹、张稷、柳憕、王暕为侍讲。时选极亲贤，妙尽时誉。"^② 孔稚珪（447-501）出身吴会大族山阴孔氏，齐武帝时曾任太子中庶子。东昏侯"永元元年，为都官尚书。迁太子詹事，加散骑常侍。三年，稚珪疾，东昏屏除，以床舁走，因此疾甚，遂卒"。孔稚珪担任太子詹事时五十三岁。史载"稚珪少学涉，有美誉"，"太祖为骠骑，以稚珪有文翰，取为记室参军，与江淹对掌辞笔"。"稚珪风韵清疏，好文咏。"^③ 蔡约（457-500）出身济阳蔡氏，尚宋孝武女安吉公主，祖廓、父兴宗俱刘宋名臣。曾任齐台世子中舍人，南齐建立后转任太子中舍人，后任至"通直常侍、领骁骑将军，太子中庶子、领屯骑校尉"。齐明帝建武年间历任侍中、都官尚书等职，后"迁太子詹事。永元二年卒"。^④ 其任太子詹事当在建武末或永元元年，为四十三四岁。

此外，何胤（446-531）曾任"左民尚书、领骁骑，中书令、领临海巴陵王师"，"永元中，征太常、太子詹事，并不就"。何胤出身庐江何氏，为何尚之之孙，史载其"好学"，曾"师事沛国刘瓛，受《易》及《礼记》《毛诗》，又入钟山定林寺听内典，其业皆通"。^⑤ 何胤以太子詹事被征时为四十五岁。何胤虽然并未实际到任，但仍然可作为认识南齐太子詹事身份特征的一个事例，体会南齐选用太子詹事的人选标准。

① 《梁书》卷一六《王莹传》，第一册，第273页。《南史》卷二三《王莹传》："少子实嗣。起家秘书郎，尚梁武帝女安吉公主。"（第二册，第623页）
② 《梁书》卷二五《徐勉传》，第二册，第378页。
③ 《南齐书》卷四八《孔稚珪传》，第二册，第835、840页。
④ 《南齐书》卷四六《蔡约传》，第二册，第804、805页。
⑤ 《梁书》卷五一《处士·何胤传》，第三册，第735、736页。

四、梁代太子詹事身份

梁代第一任太子詹事柳惔（462-507），出身晚渡北方大族河东柳氏，为南齐名臣柳世隆之子。梁武帝打起反抗南齐东昏侯旗号时，西戎校尉、梁南秦二州刺史柳"惔举汉中应义"。柳惔具有一定的文才，"惔著《仁政传》及诸诗赋，粗有辞义"。[①]其任太子詹事时为四十一至四十三岁。沈约（441-513）出身吴兴沈氏，与梁武帝萧衍同在南齐竟陵王子良西邸任职，属于"竟陵八友"之列。萧衍控制建康朝政设立梁台伊始，沈约入朝担任要职，一直到其临终的十余年间，都是梁朝地位最高的官员之一。他是梁代乃至南朝最杰出的才学之士。幼年时"笃志好学，昼夜不倦"，"遂博通群籍，能属文"。著述极为丰富，包括《晋书》一百一十卷，《宋书》一百卷，《齐纪》二十卷，《高祖纪》十四卷，《迩言》十卷，《谥例》十卷，《宋文章志》三十卷，《文集》一百卷，此外还有《四声谱》。[②]沈约领太子詹事是在六十六至六十七岁。王茂（456-515）出身大族太原王氏，然其父祖在南朝官位不高，属于没落家族。作为梁武帝萧衍心腹之一，王茂参与了梁朝开国战争。其人武质而少文，"时天下无事，高祖方信仗文雅，茂心颇怏怏，侍宴醉后，每见言色，高祖常宥而不之责也"。[③]其任太子詹事时为五十二至五十四岁。天监八年（509）王茂卸任太子詹事后，当由柳庆远（468-514）接任，至天监十年迁职。其时柳庆远为五十一至五十三岁。柳庆远出身河东柳氏，为刘宋宰相柳元景之侄，亦为梁武帝亲信和梁代开国功臣。他在梁代主要是担任朝廷禁卫武官和地方军政长官。在担任太子詹事前曾任护军将军、领太子庶子，有东宫任职的经历。[④]其人武质而少文，史家称其与王茂"世为将家"[⑤]。韦叡（442-520）出身"三辅著姓"京兆韦氏，属于晚渡北人，为梁武帝建国功臣。其在天监九年至十三年的某一时段担任太子詹事，其时韦叡约在七十岁左右。史载韦叡幼年"好学"，应该有一定的文化素养，但观其一生无疑是一员武将，其在梁

---

① 《梁书》卷一二《柳惔传》，第一册，第217、218页。
② 《梁书》卷一三《沈约传》，第一册，第233、243页。
③ 《梁书》卷九《王茂传》，第一册，第176页。
④ 《梁书》卷九《柳庆远传》，第一册，第183页。
⑤ 《梁书》卷九"史臣曰"，第一册，第184页。

代所任官职也以朝廷禁卫武官和地方军政长官为主。①

东海郯人徐勉（466-535），其父祖在宋、齐官位不高，其家族门第相当于低级士族。他六岁能文，"笃志好学"，在南齐为国子生时深得国子祭酒王俭赏识，"射策举高第"，"迁太学博士"。南齐末年即与梁武帝结识并在占领建康前夕"于新林谒见，高祖甚加恩礼，使管书记"。梁朝建立后徐勉仕途顺畅，一路升迁，属于最受梁武帝信任的大臣之一。转任太子詹事前大约有十年时间在东宫任职，先是以散骑常侍领太子右卫率，"迁左卫将军、领太子中庶子，侍东宫。昭明太子尚幼，敕知宫事。太子礼之甚重，每事询谋"。"转太子詹事、领云骑将军，寻加散骑常侍。迁尚书右仆射，詹事如故。又改授侍中，频表解宫职，优诏不许。"② 天监十八年（519）正月甲申（初四，2.18）迁任尚书右仆射后徐勉仍兼领太子詹事。其始任太子詹事的年龄并不明确，当在五十岁以上。领太子右卫率当在天监七八年前后，而卸任太子詹事可能在天监二十年左右。也就是说徐勉在这十几年时间里，在担任朝廷官职的同时，还一直兼任东宫官职。当其晚年，"两宫参问，冠盖结辙"。当其病卒，"高祖闻而流涕，即日车驾临殡"，"皇太子亦举哀朝堂"。充分反映了他与两宫的密切关系。史载"勉善属文，勤著述，虽当机务，下笔不休。尝以《起居注》烦杂，乃加删撰为《别起居注》六百卷；《左丞弹事》五卷；在选曹，撰《选品》五卷；齐时，撰《太庙祝文》二卷；以孔、释二教殊途同归，撰《会林》五十卷。凡所著前、后二集四十五卷，又为《妇人集》十卷，皆行于世"。③

天监年间，梁武帝的开国功臣大多在世，朝廷内外要职主要由他们把持，除了沈约等西邸故旧外，以梁武帝在雍州担任军政长官时的部将居多，多为当地有实力的家族成员，以晚渡北方大族为主。随着这些老臣的相继离世，梁武帝开始起用宗室和南方士族子弟担任内外要职，太子詹事的人员构成相应地也发生了变化。

汝南安城人周捨（469-524），梁朝初年曾任太子洗马，后任太子右卫率和太子左卫率。普通五年（524）前"迁太子詹事"，又"迁右骁骑将军，知太子詹事"，并于同年死于任上。同徐勉一样，周捨在担任朝廷官职的同时还

① 参见《梁书》卷一二《韦叡传》，第一册，第220-225页。
② 《梁书》卷二五《徐勉传》，第二册，第377、378页。
③ 《梁书》卷二五《徐勉传》，第二册，第387页。

多年兼任东宫官职，是梁武帝前中期最受宠信的大臣之一。周捨"博学多通，尤精义理，善诵书，背文讽说，音韵清辩。起家齐太学博士"。周捨死后，梁武帝下诏，谓"太子詹事、豫州大中正捨"，"其学思坚明，志行开敏，勤劳机要，多历岁年"；又谓其"义该玄儒，博穷文史，奉亲能孝，事君尽忠"。①周捨担任太子詹事时为五十六岁。

在周捨任职前，萧渊藻（483-549）于普通三年十一月前任太子詹事。他是梁武帝长兄萧懿之子，具有较高文化素养，"善属文辞，尤好古体"②。他具有东宫任职的经历，在天监九年曾任太子中庶子。萧渊藻其后再度担任太子詹事，时当中大通三年（531）九月之前。其第一次担任太子詹事时不到四十岁，第二次接近五十岁。萧子恪（478-529）为南齐宗室，具有较高的文化修养，"少亦涉学，颇属文，随弃其本，故不传文集"③。他于普通六年至大通二年（525-528）任太子詹事，时年四十七至五十一岁。中大通三年六月前曾任太子詹事的萧深猷本名应为渊猷，当为萧渊藻兄弟，然其人仅两见于帝纪，事迹难以考知。中大通四年九月其任太子詹事的南平王世子恪（？-552），其父为梁武帝之弟南平王伟（476-533），史称恪"弘雅有风则，姿容端丽"，"后折节学问，所历以善政称"④。从其父年龄推断，萧恪担任太子詹事时当在四十岁左右。桂阳嗣王象（？-536）为梁武帝长兄萧懿第九子，嗣叔父融，其被任命为侍中、太子詹事（未拜）亦当在梁武帝后期。史载"象容止闲雅，善于交游，事所生母以孝闻"。为湘州刺史，"虎暴""静息"，"故老咸称德政所感"。⑤

大同九年（543）三月前任太子詹事的谢举（？-548），出身大族陈郡谢氏，为南齐大臣谢瀹之子、梁朝中书令谢览之弟。史载其"幼好学，能清言"；"少博涉多通，尤长玄理及释氏义"。"举年十四，尝赠沈约五言诗，为约称赏。"与兄谢览在当时谢氏家族中才学最著。谢举大约在梁初即入仕，天

① 《梁书》卷二五《周捨传》，第二册，第375、376页。周捨为太子詹事，又见《梁书》卷三〇《裴子野传》，第二册，第443页；卷三六《孔休源传》，第520页；《陈书》卷八《周文育传》，第一册，第137页；卷三三《儒林·顾越传》，第二册，第445页；〔唐〕李百药撰：《北齐书》卷三三《徐之才传》，中华书局，1972年，第二册，第444页；《隋书》卷三四《经籍志三》，第四册，第999页。

② 《梁书》卷二三《长沙嗣王业传附弟藻传》，第二册，第362页。

③ 《梁书》卷三五《萧子恪传》，第二册，第509页。

④ 《南史》卷五二《梁宗室下·萧恪传》，第四册，第1292页。

⑤ 《梁书》卷二三《桂阳嗣王象传》，第二册，第529、530页。

监十一年（512）已任至侍中，推测他担任太子詹事时当在六十五岁左右。天
监十一年迁任侍中前他曾长期任职东宫，担任过太子舍人，太子庶子、家令，
太子中庶子，任庶子、家令和中庶子时"掌东宫管记，深为昭明太子赏接"。
普通五年又任太子中庶子、领右军将军。[①] 可以说他与太子关系非常之深厚密
切。太清元年（547）迁任太子詹事的何敬容（？-549），出身庐江何氏，其
祖、父任职宋、齐，"并有名前代"。"敬容以名家子，弱冠选尚齐武帝女长城
公主，拜驸马都尉。"从天监初年即开始入朝任职，其中即包括太子舍人、太
子洗马等东宫官职。梁武帝后期长期担任尚书省长官，是当时官僚集团最主
要成员之一。[②] 何敬容生年不详，但从其仕履推断，至少也应该有七十岁。柳
庆远之子柳津亦曾任太子詹事[③]，加上柳恢，河东柳氏共有三人在梁代担任太
子詹事。梁末担任太子詹事的裴之平[④]，出身晚渡河东裴氏，其父祖辈任职宋、
齐、梁三朝，家族成员武质而少文。梁简文帝时期担任太子詹事的王筠（481-
549），出身琅邪王氏，为南齐名臣王僧虔之孙。史载"筠幼警寤，七岁能属
文"，"及长，清静好学，与从兄泰齐名"。二人作为琅邪王氏才学之士的代
表，被认为与陈郡谢览、谢举兄弟并驾齐驱，为时所重。[⑤] 王筠任太子詹事前
为云旗将军、司徒左长史，地位不高。他是在特殊政局下得以担任太子詹事，
时已六十九岁高龄，实际也没有履行太子詹事的职能。

五、陈代太子詹事身份

陈代太子詹事同样主要是由名门望族成员担任。第一任太子詹事周弘正
（496-574）出身汝南周氏，为梁代名臣周捨之侄。"弘正幼孤，及弟弘让、弘
直俱为伯父侍中、护军捨所养。年十岁，通《老子》《周易》"。"河东裴子野

---

① 《梁书》卷三七《谢举传》，第二册，第529、530页。
② 《梁书》卷三七《何敬容传》，第二册，第531页；
③ 《梁书》卷四三《柳敬礼传》，第三册，第611页；〔北宋〕司马光主编，〔元〕胡三省音注，"标
　点资治通鉴小组"点校：《资治通鉴》卷一六二《梁纪一八》，中华书局，1956年，第一一册，
　第5004页。
④ 《梁书》卷二八《裴之平传》，第二册，第417页。
⑤ 《梁书》卷三三《王筠传》，第二册，第484页。

深相赏纳，请以女妻之。""起家梁太学博士。""累迁国子博士。时于城西立士林馆，弘正居以讲授，听者倾朝野焉。"周弘正任太子詹事时为六十二岁。他是陈代前期的儒宗，陈朝建立前后两度以侍中兼领国子祭酒，太建六年死后陈宣帝诏曰："故尚书右仆射、领国子祭酒、豫州大中正弘正，识宇凝深，艺业通备，辞林义府，国老民宗，道映庠门，望高礼阁。"[1]史家称其"雅量标举，尤善玄言，亦一代之国师矣"。[2]

　　陈文帝初年担任太子詹事的谢哲（508-567）出身陈郡谢氏，祖朏、父谖为梁代名臣。"哲美风仪，举止酝藉，而襟情豁然，为士君子所重。"五十二岁时担任太子詹事。[3]孔奂（514-583）出身山阴孔氏，"好学，善属文，经史百家，莫不通涉"。陈朝建立初即任职东宫，为太子中庶子。陈文帝末年，孔奂以散骑常侍、五兵尚书参决"台阁众事"，是当时最高官僚集团五成员之一。在担任太子詹事后于废帝初"除散骑常侍、国子祭酒"。太建五年以度支尚书领太子中庶子，"与左仆射徐陵参掌尚书五条事"。他在五十三岁时担任太子詹事。[4]王劢（506-572）出身琅邪王氏，母为梁武帝妹义兴长公主。"美风仪，博涉书史，恬然清简，未尝以利欲干怀。"陈文帝初年任太子詹事之前为中书令，宣帝初年迁任尚书右仆射并死于任上。他在天嘉元年（560）为太子詹事时五十五岁。[5]

　　陈宣帝时期第一任太子詹事沈君理（524-573），出身吴兴沈氏，为陈武帝亲信，"尚会稽长公主"。"君理美风仪，博涉经史，有识鉴。"陈文帝时历任内外要职，陈宣帝太建元年（569）任太子詹事时四十六岁，次年陈宣帝即"以君理女为皇太子妃"。[6]陆缮（518-580）出身吴郡陆氏，祖惠晓、父倕有名于齐、梁。"缮幼有志尚，以雅正知名。""世祖嗣位，征为太子中庶子、领步兵校尉，掌东宫管记。缮仪表端丽，进退闲雅，世祖使太子、诸王咸取则焉，其趋步蹑履皆令习缮规矩。除尚书吏部郎中，步兵如故，仍侍东宫。"[7]太

① 《陈书》卷二四《周弘正传》，第二册，第305、307、309-310页。按"伯父"原作"叔父"，点校本据《南史》改，参见本卷"校勘记"〔二〕，第315页。
② 《陈书》卷二四"史臣曰"，第二册，第315页。
③ 《陈书》卷二一《谢哲传》，第二册，第277页。
④ 《陈书》卷二一《孔奂传》，第二册，第283、284、285、286页。
⑤ 《陈书》卷一七《王劢传》，第二册，第238、239页。
⑥ 《陈书》卷二三《沈君理传》，第二册，第299、300页。
⑦ 《陈书》卷二三《陆缮传》，第二册，第302页。

建七年底前任太子詹事时陆缮为五十八岁。徐陵（506-583）出身东海徐氏，他在陈宣帝后期多年兼领太子詹事，初任太子詹事时已是七十二岁高龄。其父摛在梁代任至戎昭将军、太子左卫率，死赠侍中、太子詹事。"光宅惠云法师每嗟陵早成就，谓之颜回。八岁，能属文；十二，通《庄》《老》义；既长，博涉史籍，纵横有口辩。""少而崇信释教，经论多所精解。""自有陈创业，文檄军书及禅授诏策，皆陵所制，而《九锡》尤美，为一代文宗。死后后主诏称其"弱龄学尚，登朝秀颖，业高名辈，文曰词宗"。作为陈后期一代文宗，徐陵因对宣帝篡权有特殊贡献而深得信任，担任三省和禁卫长官，也曾兼领国子祭酒。①江总（519-594）出身济阳江氏，"总七岁而孤，依于外氏。幼聪敏，有至性。舅吴平光侯萧劢，名重当时，特所钟爱。""家传赐书数千卷，总昼夜寻读，未尝辍手。"曾以司徒右长史"掌东宫管记"，又曾任太子中庶子，后主时任至尚书令。"好学，能属文，于五言七言尤善。然伤于浮艳，故为后主所爱幸。""有文集三十卷，并行于世焉。"②史家称其"清标简贵，加润以辞采"，"至于九流、《七略》之书，名山石室之记，汲郡、孔堂之书，玉箱金板之文，莫不穷研旨奥，遍探坎井，故道冠人师，搢绅以为准的。既历职贵显，国典朝章，古今疑议，后主皆取先臣断决焉"③。江总为太子詹事在太建八年④，其时为五十七岁。陈宣帝太建十一年任太子詹事的衡阳王伯信，为陈文帝第七子，也是陈代唯一一位担任太子詹事的宗室。⑤

袁宪（529-598）于陈后主祯明二年（588）六月由太子詹事迁任尚书仆射，时年六十岁。袁宪出身汝南袁氏，为"尚书左仆射枢之弟"，"幼聪敏好学，有雅量"，入国子学，深得国子博士周弘正赏识。后"举高第"，"以贵公子选尚南沙公主，即梁简文之女也"。梁末曾任太子舍人。陈宣帝太建二年"除散骑常侍，侍东宫"。陈后主初年以尚书右仆射"领太子中庶子"，"寻除侍中、信威将军、太子詹事。"⑥陈朝最后一任太子詹事为后主沈皇后之叔沈君公，是

① 《陈书》卷二六《徐陵传》，第二册，第325、334页。
② 《陈书》卷二七《江总传》，第二册，第343、345、347页。按《隋书》卷三五《经籍志四》："《开府江总集》三十卷。《江总后集》二卷。"（第四册，第1081页）
③ 《陈书》卷二七"史臣曰"，第二册，第354-355页。
④ 参见《陈书》卷二一《孔奂传》，第二册，第285-286页。
⑤ 《陈书》卷二八《世祖九王·衡阳王伯信传》，第二册，第362页。
⑥ 《陈书》卷二四《袁宪传》，第二册，第311、312、313页。

沈君理兄弟，"有干局，美风仪，文章典正"①。"君公博学有才辩，善谈论，后主深器之。"②

陈代太子詹事的担任者大多出身名门望族，具有深厚的文化修养，甚至是一代儒宗或文宗。多人有东宫任职经历，与太子关系密切，也是受到当朝君主信任的大臣。在十一位太子詹事中，有六人曾兼领其本州大中正：周弘正为豫州大中正，谢哲为豫州大中正，孔奂为扬东扬二州大中正，陆缮为扬州大中正，徐陵为南徐州大中正，江总为南徐州大中正。这种现象在两晋南朝各代最为突出，也正体现出他们作为名门望族和朝廷有影响力的高官的身份地位。

关于陈代太子詹事的职能及其任职标准，可从袁宪和江总的事例得到进一步认识。袁宪早在太建二年就曾"侍东宫"，与后主关系之深可想而知。陈宣帝临终，尚书右仆射袁"宪与吏部尚书毛喜俱受顾命"。在平定始兴王叔陵之乱中发挥了巨大作用。"后主被疮病笃，执宪手曰'我儿尚幼，后事委卿。'"担任太子詹事时，"皇太子颇不率典训，宪手表陈谏凡十条，皆援引古今，言辞切直"。"后主欲立宠姬张贵妃子始安王为嗣，尝从容言之，吏部尚书蔡征顺旨称赏，宪厉色折之曰：'皇太子国家储嗣，亿兆宅心。卿是何人，轻言废立！'夏，竟废太子为吴兴王。后主知宪有规谏之事，叹曰：'袁德章实骨鲠之臣。'即日，诏为尚书仆射。"③

太建六年，孔奂迁任吏部尚书。"八年，改加侍中。"其时就任命江总为太子詹事一事，太子、宣帝和孔奂之间出现了歧见，是认识太子詹事选用标准的典型资料。《陈书·孔奂传》：

> 后主时在东宫，欲以江总为太子詹事，令管记陆瑜言之于奂。"奂谓瑜曰："江有潘、陆之华，而无园、绮之实，辅弼储宫，窃有所难。"瑜具以白后主，后主深以为恨，乃自言于高宗。高宗将许之，奂乃奏曰："江总文华之人，今皇太子文华不少，岂藉于总！如臣愚见，愿选敦重之才，以居辅导。"帝曰："即如卿言，谁当居此？"奂曰："都官尚书王廓，世有懿德，识性敦敏，可以居之。"后主时亦在侧，乃曰："廓，

---

① 〔唐〕令狐德棻等撰：《周书》卷四八《沈君游传》，中华书局，1971年，第三册，第876页。
② 《陈书》卷七《后妃·后主沈皇后传》，第一册，第131页。
③ 《陈书》卷二四《袁宪传》，第二册，第313、314页。

王泰之子，不可居太子詹事。"奂又奏曰："宋朝范晔即范泰之子，亦为太子詹事，前代不疑。"后主固争之，帝卒以总为詹事，由是忤旨。①

可以看出，太子詹事虽然由君主任免，但太子可以对其人选提出自己的选择，不过其主张必须得到主管官员吏部尚书的认同。按正常途径，先由吏部尚书向君主进行推荐。若吏部尚书不认可太子提出的人选，可继续向君主上奏坚持自己的判断。具体就江总的任命而言，吏部尚书孔奂不同意江总任职的理由是，"江总文华之人"，或者说"江有潘、陆之华，而无园、绮之实"。关于"潘、陆之华"与"园、绮之实"，宋人真德秀云："（潘陆之华）谓潘岳、陆机，皆前世文士也。""（园绮之实）谓四皓中园公、绮里季也。"② 胡三省云："晋惠帝为太子，潘岳、陆机皆为东宫官。""园公、绮里季羽翼汉太子盈，高帝遂不易太子。"③ 事实上，有陈一代太子詹事的担任者几乎都是像江总一样的"文华之人"，吏部尚书孔奂似乎也并非反对这种用人标准，在他看来当时"皇太子文华不少"，不需要再由一位"文华之人"来影响他，而应该"选敦重之才，以居辅导"，从而提升太子治理国政的实际能力。最终，孔奂提出的人选未能得到太子的认可，在太子极力争取下，陈宣帝最终还是任命江总为太子詹事。作为总管东宫众务的官员，若任命一位完全不被太子认可的人担任太子詹事，恐怕也是行不通的。除非皇帝不信任太子，或者决意要与太子作对，否则不会置太子意愿于不顾。④

---

① 《陈书》卷二一《孔奂传》，第二册，第286页。

② 〔宋〕真德秀撰：《大学衍义》卷四一《齐家之要三·定国本·谕教之法宜豫》，《景印文渊阁四库全书》"子部一〇·儒家类"，台湾商务印书馆，1986年，第七〇四册，第906页。

③ 《资治通鉴》卷一七二《陈纪六》太建八年六月胡注，第一二册，第5349页。按："潘"当非潘岳，《晋书》卷五五潘岳本传及所著《闲居赋》，并无任职东宫之经历。岳从子尼，"元康初，拜太子舍人，上《释奠颂》"（第五册，第1510页）。据此，则孔奂所言"潘"乃指潘尼无疑。"陆"或指机、陆云，陆机曾任太子洗马，陆云曾任太子中舍人，见《晋书》卷五四陆机、陆云本传，第1473、1484页。又，园公、绮里季事迹见〔东汉〕班固撰，〔唐〕颜师古注：《汉书》卷四〇《张良传》，中华书局，1962年，第七册，第2033-2034页；卷七二《王吉等传序》，第一〇册，第3056页。

④ 真德秀云："孔奂之言可谓忠矣。叔宝资虽阘劣，然使得端良忠信之士辅而翼之，亦未必无补。乃如叔宝之请，竟用江总，其后即位，以总等为狎客，酣醼流连，竟以亡国。盖文士多浮华而少实，以之居辅导之职，其有损无益也。宜哉！"（《大学衍义》卷四一《齐家之要三·定国本·谕教之法宜豫》，《景印文渊阁四库全书》"子部一〇·儒家类"，第七〇四册，第906页）按真氏所言"文士"应该有别于经史之士，虽然陈朝的灭亡与后主重用江总等人不能说一点关系没有，但总归不是主要原因。

六、北朝太子詹事（北周宫尹附）身份

北魏孝文帝迁都前后担任太子左詹事的陆琇，出身鲜卑勋臣八姓步陆孤氏，"母赫连氏"，"沉毅少言，雅好读书"①。看来汉化程度还是较高的，孝文帝任命他掌管东宫应该是考虑到他的家族出身和才学修养两方面因素。担任太子右詹事并在不久后转任太子詹事的李韶（453-524），出身陇西李氏，"学涉，有器量"②，"清简皎然"③。李氏家族为西凉王室后裔，其时入魏已逾半个世纪，李韶为入魏始祖李宝长孙，当朝宰相李冲为其季父，史称"韶又为季父冲所知重"。李韶以中书学生入仕，后为仪曹令，"时修改车服及羽仪制度，皆令韶典焉"，宣武帝时"兼将作大匠，敕参定朝仪、律令"。④可见他是北魏制度改革的重要参与者，其才学盖可想见。太子恂后因反对迁都谋反被处死，李韶时任兖州刺史，"高祖自邺还洛，韶朝于路，言及庶人恂事。高祖曰：'卿若不出东宫，或未至此。'"⑤足见孝文帝对李韶的才学和在东宫的任职还是给予高度认可。李韶担任太子右詹事和太子詹事时，其季父担任地位更高的太子少傅。不可忽视的是，陇西李氏不仅多人担任要职，而且与皇室有密切的姻亲关系。"东宫既建，拜（李冲）太子少傅。高祖初依《周礼》，置夫、嫔之列，以冲女为夫人。"⑥李韶三叔李辅，"太和初，高祖为咸阳王禧纳其女为妃"⑦。李韶始任太子右詹事时四十岁，担任太子詹事时四十一或四十二岁。宣武帝后期担任太子詹事的王显，是当时地位最高的御医，史称其"虽以医术自通，而明敏有决断才用"。"东宫既建，以为太子詹事，委任甚厚。世宗每幸东宫，显常迎侍。出入禁中，仍奉医药。"⑧

北魏孝明帝元诩生于永平三年（510）三月丙戌（十四，4.8）⑨，立为太子时刚过两周岁半。由于宣武帝得子甚晚，且元诩是唯一存活的皇子，故对其

① 《魏书》卷四〇《陆琇传》，第三册，第905页。
② 《魏书》卷三九《李韶传》，第三册，第886页。
③ 《魏书》卷五三《李冲传》，第四册，第1179页。
④ 《魏书》卷三九《李韶传》，第三册，第886页。
⑤ 《魏书》卷三九《李韶传》，第三册，第886页。
⑥ 《魏书》卷五三《李冲传》，第四册，第1181页。
⑦ 《魏书》卷三九《李辅传》，第三册，第893页。
⑧ 《魏书》卷九一《术艺·王显传》，第六册，第1969页。
⑨ 《魏书》卷九《肃宗纪》，第一册，第221页。

宝爱有加，以御医王显担任东宫总管太子詹事，即表明宣武帝对年幼的太子的身体健康的高度关注。太子年纪尚幼，文化教育无关紧要，最关键是要保证他能够健康成长，以便将来有机会承继大统。值得注意的是，当时出身弘农杨氏的太学博士、员外散骑侍郎杨昱"以本官带詹事丞"①，亦从一个侧面体现了宣武帝对太子文化教育的重视，当然褓褓中的太子也不大可能接受教育。杨昱在任上最突出的贡献，就是提出了加强太子安保的建议并为宣武帝所采纳②。其时担任太子中庶子的是鲜卑人侯刚，史称其"本出寒微，少以善于鼎俎，进饪出入"，长期以禁卫武官兼任尝食典御，后为右卫大将军领太子中庶子。③在孝明帝元诩之前，曾有一位皇子出世，但被皇后高氏及外戚高肇谋害，作为唯一的一位皇子，宣武帝对太子的安保可以说万分牵挂，御医王显保证其身体健康，侯刚则保证其安全特别是饮食，以免重蹈已故皇子的覆辙。

东魏北齐时期的五位太子詹事，除宗室高元海外，都是大族出身的才学之士。王昕出身北海王氏，"六世祖猛，秦苻坚丞相，家于华山之鄜城。父云，仕魏朝有名望"。史载"昕少笃学读书"，"昕雅好清言，词无浅俗"，"有文集二十卷。""昕母清河崔氏，学识有风训，九子并风流蕴藉，世号王氏九龙。"他是东魏北齐时期最富学识的士人之一，"杨愔重其德业，以为人之师表"。④王昕与当时最杰出的才士邢邵（子才）和魏收（伯起）并驾齐驱，名望相当。史载邢邵"文章典丽，既赡且速。年未二十，名动衣冠。尝与右北平阳固、河东裴伯茂、从兄晷、河南陆道晖等至北海王昕舍饮。相与赋诗，凡数十首"⑤。魏收（507-572）"年十五，颇已属文"，初"好习骑射，欲以武艺自达"，后"遂折节读书"，"以文华显"，史称"收硕学大才"。北魏晚期"初除太学博士"，后"迁散骑侍郎，寻敕典起居注，并修国史，兼中书侍郎，时年二十六"。主编《魏书》一百三十卷，后列入正史流传至今，"有集七十卷"。

---

① 《魏书》卷五八《杨昱传》，第四册，第1291页。

② 《魏书》卷五八《杨昱传》："于时，肃宗在怀抱之中，至于出入，左右乳母而已，不令宫僚闻知。昱谏曰：'陛下不以臣等凡浅，备位宫臣，太子动止，宜令翼从。然自此以来，轻尔出入，进无二傅辅导之美，退阙群僚住侍之式，非所谓示民轨仪，著君臣之义。陛下若召太子，必降手敕，令臣下咸知，为后世法。'于是诏曰：'自今已后，若非朕手敕，勿令儿辄出。宫臣在直者，从至万岁门。'"（第四册，第1291-1292页）

③ 《魏书》卷九三《恩倖·侯刚传》，第六册，第2004页。

④ 《北齐书》卷三一《王昕传》，第二册，第415-417页。

⑤ 《北齐书》卷三七《邢邵传》，第二册，第475页。

"收兼通直散骑常侍，副王昕使梁。昕风流文辩，收辞藻富逸，梁主及其群臣咸加敬异。"① 魏收以太子少傅兼太子詹事时四十四岁，也是东魏北齐可考知任职年龄的唯一一位。卢正思出身范阳卢氏，为武成皇后胡氏（安定胡延女）之舅。② 史书所载其事迹颇为简略，从其家族成员情况推断，应该也是一位才学之士。卢叔武亦出身范阳卢氏，父文伟"为北州冠族"，"有志尚，颇涉经史，笃于交游，少为乡闾所敬"③。"叔武两兄观、仲并以文章显于洛下。叔武少机悟，豪率轻侠，好奇策，慕诸葛亮之为人"，后"撰《平西策》一卷"。魏收曾诣其舍，"访以洛京旧事"。④ 前引《北史》载李希仁"有学识"，《魏书》载其"武定末，国子祭酒、兼给事黄门侍郎"⑤。担任国子祭酒，自非才学优异者莫为。其兄希宗"涉猎书传，有文才"⑥，其弟骞（希义）"博涉经史，文藻富盛。年十四，国子学生，以聪达见知"⑦。李希仁之才学应该不亚于其兄弟，从其名字亦可想见其家族门风。尤其值得注意的是李氏家族与北齐皇室高氏的姻亲关系，史载李希宗"转齐献武王大行台郎中，迁散骑常侍、中军大将军、金紫光禄大夫。献武王擢为中外府长史，为齐王纳其第二女。希宗以人望兼美，深见礼遇"⑧。按"齐王"即高欢第二子北齐文宣皇高洋⑨。

西魏时期的三任太子詹事，都来自北镇。娄宝为北魏鲜卑名臣娄伏连曾孙，"性淳朴，好读书。明帝（北魏孝明帝）时，仕至朔州刺史"。西魏"大统元年（535），诏领著作郎，监修国史事"。"后授国子祭酒、侍中，进仪同三司，兼太子太傅，摄东宫詹事。宝为人清简少言，颇谙旧事，位历师傅，守靖谦恭，以此为人所敬。"⑩ 赵善为天水南安人，祖辈徙镇武川。"善少好学，涉猎经史，美容仪，沉毅有远量。"⑪ 代郡武川人侯莫陈崇，"其先魏之别部，

---

① 《北齐书》卷三七《魏收传》，第二册，第483—485页。
② 参见《北齐书》卷四二《卢潜传》附，第二册，第557页；卷九《武成皇后胡氏传》，第一册，第126页。
③ 《北齐书》卷二二《卢文伟传》，第一册，第319页。
④ 《北齐书》卷四二《卢叔武传》，第二册，第559、560页。
⑤ 《魏书》卷三六《李宪传》附，第三册，第836页。
⑥ 《魏书》卷三六《李宪传附子希宗传》，第三册，第836页。
⑦ 《魏书》卷三六《李骞传》，第三册，第836页。
⑧ 《魏书》卷三六《李宪传附子希宗传》，第三册，第836页。
⑨ 参见《北齐书》卷四《文宣纪》，第一册，第44页；卷九《文宣李后传》，第一册，第125页。
⑩ 〔唐〕李延寿撰：《北史》卷二〇《娄宝传》，中华书局，1974年，第三册，第756、757页。按《魏书》卷三〇《楼伏连传》所载姓氏有异，第三册，第718页。
⑪ 《周书》卷三四《赵善传》，第二册，第587页。参见同书卷一六《赵贵传》，第一册，第261页。

居库斛真水。五世祖曰太骨都侯。其后，世为渠帅。祖允，以良家子镇武川，因家焉"①。侯莫陈崇乃宇文泰重要亲信，以之为太子詹事（雍州刺史兼）、少傅便于对东宫进行控制。对宇文泰而言，在适当时机篡位称帝是当务之急，而对西魏太子只需加强控制和防范即可，因而也不必非要经史才学之士掌管东宫众务，任用所信任的武将更为放心。

北周太子宫尹郑译出身荥阳郑氏，家世显赫，"祖琼，魏太常。父道邕，魏司空"。与宇文泰家族关系非常密切："译颇有学识，兼知钟律，善骑射。译从祖开府文宽尚魏平阳公主，则周太祖元后之妹也。主无子，太祖令译后之。由是译少为太祖所亲，恒令与诸子游集。""文宽后诞二子，译复归本生。"颇为周武帝所用，"转左侍上士，与仪同刘昉恒侍帝侧。译时丧妻，帝命译尚梁安固公主。及帝亲总万机，以为御正下大夫，俄转太子宫尹"。②另一位太子宫尹杨尚希出身弘农杨氏，"祖真，魏天水太守。父承宾，商直浙三州刺史"。年十一入长安太学，"专精不倦，同辈皆共推伏"，年十八即能"讲《孝经》，词旨可观"。在担任太子宫尹前为国子博士、太学博士等职。隋代任至礼部尚书，史称"尚希性弘厚，兼以学业自通，甚有雅望，为朝廷所重"。③元善为北魏宗室之后，"少随父至江南，性好学，遂通涉五经，尤明《左氏传》"。侯景之乱时由梁北归，随即受到周武帝礼遇，"以为太子宫尹"，"每执经以授太子"。④其作为一代大儒而名列《隋书·儒林传》。柳机出身河东柳氏，"父庆，魏尚书左仆射。机伟仪容，有器局，颇涉经史"⑤。其弟柳弘曾任小宫尹，才学更加出众，"少聪颖，亦善草隶，博涉群书，辞彩雅赡。与弘农杨素为莫逆之交"⑥。北周太子小宫尹卢贲出身涿郡（范阳）卢氏，"父光，周开府、燕郡公。贲略涉书记，颇解钟律"。到了隋代，"诏贲与仪同杨庆和删定周、齐音律"。⑦担任过宫尹中士、小宫尹的皇甫绩出身安定皇甫氏，"祖穆，魏陇东太守。父道，周湖州刺史、雍州都督。绩三岁而孤，为外祖韦孝宽所鞠养"。"精心好学，略涉经史。"任职

① 《周书》卷一六《侯莫陈崇传》，第一册，第268页。
② 《隋书》卷三八《郑译传》，第四册，第1135页。
③ 《隋书》卷四六《杨尚希传》，第五册，第1252页。
④ 《隋书》卷七五《儒林·元善传》，第六册，第1707页。
⑤ 《隋书》卷四七《柳机传》，第五册，第1271页。按《周书》卷二二《柳庆传附子机传》载其"少有令誉，风仪辞令，为当世所推"（第二册，第373页）。然并未载其为太子宫尹的经历。
⑥ 《周书》卷二二《柳庆传附子机传》，第二册，第373页。
⑦ 《隋书》卷三八《卢贲传》，第四册，第1141、1143页。

东宫前曾被鲁公（周武帝）"引为侍读"。① 可以看出，担任北周太子宫尹的官员均出身于有名望的汉人大族，多具才学，尤其在经学或经史修养方面比较突出。

表22　晋南北朝太子詹事（北周宫尹、小宫尹附）身份状况表

时代	姓名	家族出身	才学风度	东宫仕履	任职年龄	备注一	备注二
西晋	杨珧	弘农杨氏				汉晋名门	两皇后叔父
西晋	孙旂 孙髦	乐安人				父幽州刺史、祖右将军	与赵王伦亲信孙秀合族
西晋	裴劭（邵）	河东裴氏				东海王越裴妃兄弟	外戚杨氏及贾氏姻亲
西晋	祖纳	范阳祖氏		太子中庶子		北州旧姓	
西晋	阎鼎	天水人					特殊政局，总摄百揆
东晋	卞壸	济阴卞氏		世子师、太子中庶子	三十七岁	名门望族	张华外甥、东海王越连襟
东晋	陆晔	吴郡陆氏	少有雅望，以清贞著称	后任太子少傅	五十八岁	吴姓高门	吴士之首，位登宰辅
东晋	王恭	太原王氏	少有美誉，清操过人，		约三十五岁	高门领袖，才地高华	外戚：皇后之侄、之兄
东晋	司马恬（恬之）	宗室疏属	忠正有干局				宗室勋望
东晋	谢琰	陈郡谢氏	弱冠以贞干称，美风姿		四十岁左右	一流高门	谢安之子，勋著淝水
东晋	王珣	琅邪王氏	神情朗悟，经史明彻		四十二岁	一流高门	以才学文章见昵于帝
宋	王惠	琅邪王氏	幼而夷简，言清理远	（世子詹事）	近三十五岁	一流高门	曾任世子征虏、中军、荆州长史

---

① 《隋书》卷三八《皇甫绩传》，第四册，第1139页。

时代	姓名	家族出身	才学风度	东宫仕履	任职年龄	备注一	备注二
宋	傅亮	北地傅氏	博涉经史，尤善文词	世子中庶子	四十七岁	西晋名门之后	宋武帝心腹
宋	王昙首	琅邪王氏	富才学，有智局		三十四岁	一流高门	宋文帝藩邸心腹
宋	刘湛	南阳刘氏	少有局力，不尚浮华，博涉史传，谙前代旧典		四十岁、四十四岁	魏晋世家	
宋	殷景仁	陈郡殷氏	国典朝仪，旧章记注，莫不撰录		五十二岁	东晋名门	王谧女婿；皇室姻亲
宋	王球（未拜）	琅邪王氏	公子简贵，颇好文义		四十八岁	一流高门	王谧之子
宋	刘义宗	宗室	爱士乐施，兼好文籍	太子左卫率	近四十岁		宋武帝弟长沙王道怜子
宋	范晔	顺阳范氏	博涉经史，善为文章		四十七岁	晋宋世家	父泰为宋初三朝重臣
宋	孟颛	平昌安人			六十岁以上	皇室姻亲	宋武帝创业功臣孟昶弟
宋	徐湛之	东海徐氏		太子洗马	三十七岁三十八岁四十岁	宋文帝长姊会稽公主之子	开国功臣徐羡之兄孙
宋	何尚之	庐江何氏	雅好文义；两领国子祭酒	太子中庶子	七十岁	皇室姻亲	
宋	柳元景	河东柳氏	少便弓马，以勇称		五十三岁	晚渡北人，襄阳大族	宋孝武帝藩邸亲信、建政元勋
宋	刘延孙	彭城刘氏			四十七岁	雍州刺史刘道产子；与宗室合族	宋孝武帝藩邸心腹幕僚

续表

时代	姓名	家族出身	才学风度	东宫仕履	任职年龄	备注一	备注二
宋	张永	吴郡张氏	涉猎书史，能为文章，兼善骑射杂艺，颇具巧思	太子右卫率	五十九岁	吴姓高门	能文能武
宋	刘秉	宗室	甚得朝野之誉		三十四岁三十七岁		宗室中材能杰出者
宋	袁粲	陈郡袁氏	少好学，有清才	太子右卫率、太子中庶子	四十七岁五十二岁	母琅邪王氏	太尉袁淑兄子
齐	何戢	庐江何氏	美容仪，动止与褚渊相慕		三十六岁	妻宋孝武帝女山阴公主，女宋郁林王皇后	何尚之孙、何偃子；齐高帝亲信
齐	王俭	琅邪王氏	学识渊博，长于礼学，谙究朝仪	后领太子少傅	三十四岁	一流高门；嫡母宋武康公主，妻宋明帝女阳羡公主	王昙首孙、王僧绰子；齐高帝亲信；后领国子祭酒
齐	沈文季	吴兴沈氏	风采棱岸，善于进止	太子舍人、太子右卫率（宋），太子右卫率（齐）	四十一岁五十岁（？）、五十三岁	吴姓高门	沈庆之子
齐	张绪	吴郡张氏	长于《周易》，言精理奥，见宗一时	太子洗马、太子中舍人、太子中庶子（宋）	五十八岁六十四岁	吴姓高门	宋张永侄；齐高帝、武帝亲信；两领国子祭酒
齐	萧顺之	宗室	文武兼资，有德有行		五十至五十五岁	齐高帝族弟	
齐	萧赤斧	宗室	为人"和谨"，为官清廉		五十六岁	齐高帝从祖弟	

续表

时代	姓名	家族出身	才学风度	东宫仕履	任职年龄	备注一	备注二
齐	萧景先	宗室		太子左卫率	四十八九岁	齐高帝从子	齐高帝心腹"勋戚",恩宠特密
齐	萧缅	宗室亲王	有一定学识和文学素养		三十四岁	齐高帝次兄道生之子、齐明帝之弟	统治能力强,为人正派
齐	王晏	琅邪王氏	曾掌军旅书翰	太子中庶子,后领太子右卫率、领太孙右卫率	五十岁左右	齐武帝东宫旧臣、亲信	
齐	徐孝嗣	东海徐氏	爱好文学,赏托清胜,器量弘雅	世子庶子、太子中庶子	四十五岁	齐武帝东宫旧臣	宋徐湛之孙,妻宋孝武帝女康乐公主
齐	江祐	济阳江氏			约四十五岁四十八岁	姑为齐明帝母	明帝腹心,恩如兄弟
齐	谢瀹	陈郡谢氏	才学突出	太子中舍人、太子中庶子	四十五岁	一流高门	谢弘微孙、谢庄子
齐	褚蓁	河南褚氏			不到四十岁	晋宋外戚家族	开国元勋褚渊之子
齐	王莹	琅邪王氏	颇具才学	太子中庶子	五十岁左右	一流高门	妻宋临淮公主
齐	孔稚珪	山阴孔氏	少学涉,有美誉;风韵清疏,好文咏		五十三岁	吴姓大族	
齐	蔡约	济阳蔡氏		世子中舍人、太子中舍人、太子中庶子	四十三、四岁	蔡廓孙、蔡兴宗子	妻宋孝武帝女安吉公主

续表

时代	姓名	家族出身	才学风度	东宫仕履	任职年龄	备注一	备注二
齐	何 胤	庐江何氏	通《易》《礼记》《毛诗》及内典		四十五岁	宋齐名门	何尚之孙
梁	柳 惔	河东柳氏	著《仁政传》及诸诗赋		四十一岁	晚渡北人，雍州豪族	柳世隆子，梁武帝创业功臣
梁	沈 约	吴兴沈氏	博通群籍，著述宏富，一代文宗		六十六岁	吴姓大族	与梁武帝并为"竟陵八友"
梁	王 茂	太原王氏	世为将家		五十二岁	没落高门	梁武帝心腹，开国元勋
梁	柳庆远	河东柳氏	世为将家	太子庶子	五十一岁	晚渡北人，雍州豪族	柳元景侄，梁武帝亲信、开国元勋
梁	韦 叡	京兆韦氏	武将，略具学识		七十岁左右	三辅著姓，晚渡北人	开国功臣
梁	徐 勉	东海徐氏	学识渊博；善属文，勤著述	太子右卫率、太子中庶子	五十岁以上	梁武帝故交、宠臣	曾任南齐太学博士
梁	周 捨	汝南周氏	义该玄儒，博穷文史	太子洗马、太子右卫率、太子左卫率	五十六岁	梁武帝宠臣	曾任南齐太学博士
梁	萧渊藻	宗室	善属文辞，尤好古体	太子中庶子	四十岁前近五十岁	梁武帝长兄萧懿之子	
梁	萧子恪	南齐宗室	少亦涉学，颇属文		四十七岁		
梁	萧渊猷	宗室				萧渊藻兄弟	
梁	萧 恪	宗室	折节学问，以善政称		四十岁左右	梁武帝弟南平王伟世子	

时代	姓名	家族出身	才学风度	东宫仕履	任职年龄	备注一	备注二
梁	萧象	宗室	有德政，以孝闻			桂阳嗣王	梁武帝长兄萧懿子，嗣叔父融
梁	谢举	陈郡谢氏	博涉多通，尤长玄理及释氏义	太子舍人，太子庶子、家令，太子中庶子	约六十五岁	一流高门	谢瀹子谢览弟
梁	何敬容	庐江何氏		太子舍人、太子洗马	七十岁	宋齐名门；梁武帝重臣	妻齐武帝女长城公主
梁	柳津	河东柳氏				晚渡大族	柳庆远之子
梁	裴之平	河东裴氏				晚渡大族	
梁	王筠	琅邪王氏	琅邪王氏才学之士代表		六十九岁	一流高门	王僧虔孙
陈	周弘正	汝南周氏	陈前期儒宗，一代国师		六十二岁	周捨之侄；河东裴子野女婿	曾任梁太学博士、国子博士，陈两领国子祭酒
陈	谢哲	陈郡谢氏	美风仪，举止酝藉，襟情豁然，为士君子所重		五十二岁	一流高门	
陈	孔奂	山阴孔氏	善属文；经史百家，莫不通涉	太子中庶子；后任国子祭酒、太子中庶子	五十三岁	吴姓大族	最高官僚集团成员
陈	王劢	琅邪王氏	美风仪，博涉书史，恬然清简		五十五岁	一流高门	梁武帝妹义兴长公主子

续表

时代	姓名	家族出身	才学风度	东宫仕履	任职年龄	备注一	备注二
陈	沈君理	吴兴沈氏	美风仪，博涉经史，有识鉴		四十六岁	吴姓大族	陈武帝亲信，妻会稽长公主；女皇太子妃（任职次年）
陈	陆缮	吴郡陆氏	仪表端丽，进退闲雅	太子中庶子	五十八岁	吴姓高门	
陈	徐陵	东海徐氏	博学多识，业高名辈，一代文宗		七十二岁	对陈宣帝篡位贡献特殊，位居朝端	曾兼领国子祭酒
陈	江总	济阳江氏	好学，能属文，于五言七言尤善	掌东宫管记、太子中庶子	五十七岁	名门望族	文伤于浮艳，为后主所爱幸
陈	衡阳王伯信	宗室				陈文帝七子	
陈	袁宪	汝南袁氏	幼聪敏好学，有雅量，举高第	梁太子舍人、陈太子中庶子	六十岁	名门望族	妻梁简文帝女南沙公主
陈	沈君公	吴兴沈氏	文章典正，博学有才辩			后主沈皇后叔	沈君理兄弟；后主深器之
北魏	尔朱真	秀容契胡					
北魏	陆琇	代人	沉毅少言，雅好读书			鲜卑勋臣八姓	
北魏	李韶	陇西李氏	学涉，有器量；清简皎然；明朝仪律令		四十岁、四十一或四十二岁	高门大族	叔父冲女为孝文帝夫人，李辅女为皇弟咸阳王禧妃

时代	姓名	家族出身	才学风度	东宫仕履	任职年龄	备注一	备注二
北魏	王显	阳平乐平人	以医术自通，明敏有决断才用			御医	
东魏	王昕	北海王氏	雅好清言，风流文辩				王猛六世孙；母清河崔氏
东魏	魏收	魏郡魏氏	辞藻富逸；硕学大才	太子少傅兼詹事	四十四岁		曾任北魏太学博士；典起居注、修国史
西魏	娄宝	代人	好读书，颇谙旧事	兼太子太傅		北魏鲜卑名臣娄伏连曾孙	曾领著作郎、监修国史事、国子祭酒
西魏	赵善	天水南安人	涉猎经史，沉毅有远量			家居武川镇	赵贵从祖兄
西魏	侯莫陈崇	代郡武川人	骁勇善驰射，谨悫少言			家居武川镇	
北齐	卢正思	范阳卢氏	才学之士			北州冠族	武成皇后胡氏舅
北齐	卢叔武	范阳卢氏	颇涉经史，豪率轻侠			北州冠族	
北齐	高元海	宗室				上洛王思宗（高欢从子）子	
北齐	李希仁	赵郡李氏	有学识			高门大族；兄女为文宣皇后	曾任国子祭酒

续表

时代	姓名	家族出身	才学风度	东宫仕履	任职年龄	备注一	备注二
北周	郑译	荥阳郑氏	颇有学识,兼知钟律,善骑射			从祖文宽妻为宇文泰妻妹(魏平阳公主)	曾被宇文泰收养为子
北周	杨尚希	弘农杨氏	以学业自通,甚有雅望			宇文泰赐姓普六茹氏	曾任国子博士、太学博士
北周	元善	河南洛阳人	通涉五经,尤明《左氏传》			北魏宗室之后	自江南北归;隋代任国子祭酒
北周	柳机	河东柳氏	伟仪容,有器局,颇涉经史				
北周	柳弘	河东柳氏	善草隶,博涉群书,辞彩雅赡				
北周	卢贲	涿郡(范阳)卢氏	略涉书记,颇解钟律				
北周	皇甫绩	安定皇甫氏	精心好学,略涉经史				韦孝宽外孙

就太子詹事的出身家族而论,西晋任职者六人,出身于五个家族。其中弘农杨氏和河东裴氏属于西晋政坛最具影响力的大族,同时也是重要的外戚成员。杨氏一门二皇后,晋武帝的大、小杨皇后是杨珧两位兄长的女儿,太康年间杨"骏及珧、济势倾天下,时人有'三杨'之号"[1]。河东裴氏在东晋政坛上人物众多,与皇室及外戚杨氏和贾氏均有姻亲关系,裴劭(邵)为东海王越裴妃兄弟。范阳祖氏虽然不是政治世家,但也是"北州旧姓"。乐安孙氏虽然不是高门大族,但也是官宦之家,且其攀附赵王伦心腹孙秀并与之合族,而成为赵王伦权力核心成员。天水人阎鼎则是在特殊政局下成长起来的

---

[1] 《晋书》卷四〇《杨骏传》,第四册,第1177页。

权势人物，通过担任太子詹事而控制了具有象征性的皇家成员。虽然事例有限，但可以感觉到在和平年代西晋太子詹事是以大族和皇室姻亲作为选任标准的。东晋六位可考太子詹事，除了一位宗室成员外，全都出身于高门大族，其中琅邪王氏、陈郡谢氏、太原王氏自是政治上最为显赫的一流侨姓高门，太原王恭还是皇后之侄、之兄，是重要的外戚成员。吴郡陆氏是江南土著大族，陆晔本人更是位居吴士之首。济阴卞氏是两晋之际颇具影响力的家族，卞壸是东海王越的连襟，越妃裴氏对晋元帝司马睿渡江、称帝都有过很大影响。谯敬王司马恬（恬之）是受到孝武帝重用的"宗室勋望"。高门士族出身的太子詹事，大都具有良好的经史文学修养，如河东裴氏在西晋大族中的家学最为突出，东晋王恭"才地高华"，为高门领袖，王珣"经史明彻"，"以才学文章见昵于帝"。

刘宋十六位任职者（一人未拜），两人为宗室（刘义宗、刘秉），一人为准宗室（刘延孙），四位为外戚或皇室姻亲（徐湛之、孟顗、殷景仁、何尚之），东晋最显赫的一流高门只有琅邪王氏三位担任者（王惠、王昙首、王球），其他人虽非东晋一流高门出身，但也不是普通家族成员，多人为晋宋旧门或吴姓大族，最为突出的是绝大多数人为当朝皇帝——宋武帝、宋文帝和孝武帝的亲信甚至心腹，如傅亮、刘湛（权相彭城王义康心腹）、殷景仁、范晔、柳元景、张永、袁粲等人。南齐十七位太子詹事，其中宗室四人（萧顺之、萧赤斧、萧景先、安陆王缅），外戚一人（江祐，姑为齐明帝母），一流高门琅邪王氏三人（王俭、王晏、王莹），陈郡谢氏一人（谢瀹），庐江何氏二人（何戢、何胤），沈文季、张绪、孔稚珪出身吴会大族，褚蓁出身于晋、宋两朝外戚家族，徐孝嗣、蔡约为刘宋外戚，此外何戢、王俭、王莹亦为刘宋外戚。与刘宋相似，南齐太子詹事中也有多人为当朝皇帝的亲信或心腹。宋、齐时代太子詹事的担任者几乎都是杰出的才学之时，博涉经史、雅好文义可以说相当普遍。

梁代十七位太子詹事，其中宗室五人（萧渊藻、萧子恪、萧渊猷、萧恪、萧象），主要是在梁武帝中叶任职，梁代前期有多人属于晚渡北人、雍州豪族，是跟随梁武帝反抗东昏侯建立梁朝的功臣（柳惔、柳庆远、王茂、韦叡），王茂所出之太原王氏当时已然没落，与东晋的文化士族泾渭分明，梁武帝晚期任职的柳津、裴之平则是他们的下一代。琅邪王氏和陈郡谢氏各有一人（王筠、谢举、何敬容），他们任职时都已超过六十五岁，已无高门气象，陈郡谢氏宋、齐时代就已没落，而琅邪王氏的没落在梁代显得尤为明显。沈约与梁武帝同为南齐竟陵王西邸学士，属于"竟陵八友"之列，其才学著述自是翘楚，而徐勉、周捨之才学也非常渊博。王筠、谢举也都是非常突出的才学之士，其任职主要依靠的并非家族优势，而是个人才学。何敬容为梁武帝所信用的重臣，其先祖为刘宋皇室姻亲，他本人则是齐武帝女长城公主之婿。在梁代太子詹事中没有看到外戚或皇室姻亲，也是比较突出的一个现象。陈代十一位太子詹事，宗室一人（衡阳王伯信），外戚二人（沈君理、沈君公兄弟），王劢、谢哲、周弘正、孔奂、陆缮、江总、袁宪、徐陵也都是名门望族，不过其任职所依靠的主要不是家族声望，而是杰出的才学，这一点在南朝四代显得更为突出。

北朝太子詹事（含北周宫尹、小宫尹）虽然可考人数较少，但从相关记载来看，也是以汉族高门大族出身的才学之士为主，如陇西李氏李韶、赵郡李氏李希仁、范阳卢氏卢正思和卢叔武、荥阳郑氏郑译、弘农杨氏杨尚希，同时他们还与皇室有密切的姻亲关系，属于皇亲国戚。此外，王昕、魏收、柳弘虽然家族门第比不上李韶等人，但才学更为突出，属于当代最杰出的文士。即便是鲜卑后裔或北镇子弟，也多具有较高的文化修养，如陆琇、娄宝、赵善俱"好读书""好学"，娄宝曾"领著作郎，监修国史事"，又"授国子祭酒"，其才学优异自无疑问。北魏孝文帝元弟咸阳王禧之孙元善，"少随父至江南，性好学，遂通涉五经，尤明《左氏传》"，入隋后成为颇具声望的一代大儒。

晋南北朝太子詹事担任者大多出身于显赫的家族门第，且与当朝皇帝具有密切的关系。其选任标准，家族因素虽然不可忽略，但更重要的还是因为他们有着突出的才学，即便是在尚武的北朝，纯粹的武人担任太子詹事（或宫尹）的情况也是凤毛麟角。可以说，东宫官员最重要的选任标准应该就是其才学修养。历史上几乎所有的皇帝，都希望作为储君的皇太子能够掌握丰富的文化知识，成为一个具有杰出才学和优异品德修养的人，因而在选择东宫官职特别是总管东宫众务的太子詹事时，这一因素尤其受到重视。贾谊在向汉文帝所"陈治安之策"中，对太子的教育颇有言说，他认为："天下之命，县（悬）于太子，太子之善，在于早谕教与选左右。""夫教得而左右正，则太子正矣，太子正而天下定矣。"当"选天下之端士孝悌博闻有道术者以卫翼之，使与太子居处出入。故太子乃生而见正事，闻正言，行正道，左右前后皆正人也"。"德智长而治道得",乃是太子教育的根本目的。①就晋南朝而论,高门大族成员家学渊源深厚,太子詹事担任者多由名门望族出身的才学之士担任,其理可谓不言自明。

如上表所列,晋南北朝太子詹事的始任职年龄可以作出比较明确判断及大体可以推断年龄范围者有六十二人,总共担任了七十三任太子詹事,根据任职年龄的大小可以列表解析如下:

表 23　晋南北朝太子詹事任职年龄结构表

年龄段	< 35	36-40	41-45	46-50	51-55	56-60	61-65	66-70	> 70
东晋	1	2	1			1			
宋	3	6	1	5	3	1	1	1	
齐	2	2	6	5	3	2	1		
梁		2	1	2	3	1	1	4	
陈				1	3	3	1		1
北魏		1	1						
北齐			1						
合计	6	13	11	13	12	8	4	5	1
占比	8.22 %	17.81 %	15.07 %	17.81 %	16.44 %	10.96 %	5.48 %	6.85 %	1.37 %

在七十三例中,五十七例(78.08 %)集中于三十六至六十岁年龄段,一定程度上体现了晋南北朝特别是南朝太子詹事级别官员的任职年龄。比较来看,东晋和宋、齐太子詹事任职年龄偏小者居多,超过五十五岁者很少,梁、陈则相对年龄偏大,四十六至七十岁年龄段占比很大。东晋和南朝前期,包括太子詹事在内的高级官员的担任者主要是高门士族和宗室、外戚(也包括部分高门士族)成员,他们往往可以凭借家族实力在短期内任至高位,所谓"贵仕素资,皆由门庆,平流进取,坐至公卿"②是也。年龄最小的任职者(三十五岁以下)如东晋王恭、刘宋王惠、王昙首、刘秉、南齐王俭、萧缅,王惠(世子詹事)、王昙首、王俭出身一流高门琅邪王氏,王恭出身一流高门

① 《汉书》卷四八《贾谊传》,第二册,第2251、2252、2248、2249页。
② 《南齐书》卷二三《褚渊王俭列传》"史臣曰",第一册,第438页。

太原王氏且为皇后之侄、之兄，刘秉、萧缅则为宗室近亲。王惠为世子故府上佐，王昙首为宋文帝藩邸心腹，王俭为齐高帝亲信。到了梁、陈时代，高门士族的没落进一步加剧，寒人掌机要乃大势所趋，而非一流高门出身的官员要升至太子詹事这样的高位，往往需要更长时间的仕宦经历。尤其到了陈代，经过梁末侯景之乱和西魏攻陷江陵两次巨大浩劫，以高门士族为主的统治阶级遭到毁灭性打击，再也难以重现往日的荣光，统治集团结构发生了革命性变化。梁、陈时代年龄较小的太子詹事担任者多为宗室或外戚成员，如梁代萧渊藻、萧恪、萧子恪及陈代沈君理，但与宋、齐时代相比年龄并不算小。

还有一点值得提出，晋南北朝太子詹事的担任者，有二十六人曾在东宫担任其他太子官属，在易代之际有部分人的东宫仕履来自前一个朝代，另外还有两人后任高一级的太子少傅，有两人同时兼任太子少傅或太傅。有东宫仕履者达到可考知太子詹事任职者的近三成，比例虽然不是太大，但仍然显示了系统内部的连贯性，一定程度上也体现了东宫官职的专业性特征。

第七章 太子詹事迁转关系探究

一、两晋太子詹事迁转

两晋时期，有关太子詹事及其迁转关系的记载较少，具体情形如下：

表 24 两晋太子詹事迁转关系表

姓名	迁入官	本官	迁出官	任职时间
孙 旂	荆州刺史	太子詹事	卫尉	晋惠帝
阎 鼎	行豫州刺史事	太子詹事		
祖 纳		中护军、太子詹事	元帝丞相军谘祭酒	西晋末
卞 壸	散骑常侍	太子詹事	御史中丞	晋元帝
陆 晔	散骑常侍、本郡（吴郡）大中正	太子詹事	→侍中	晋明帝
王 恭	丹杨尹	中书令、领太子詹事	都督兖青冀幽并徐州晋陵诸军事、平北将军（→前将军）、兖青二州刺史	晋孝武帝
司马恬	侍中、领左卫将军	吴国内史？领太子詹事	都督兖青冀幽并扬州之晋陵徐州之南北郡军事、镇北将军、兖青二州刺史	晋孝武帝

续表

姓名	迁入官	本官	迁出官	任职时间
谢　琰 1	征虏将军、会稽内史	尚书右仆射、领太子詹事、加散骑常侍，将军如故	（遭母忧，起为）护军将军、加右将军	晋孝武帝
谢琰 1-1		太子詹事	尚书右仆射	晋孝武帝
王　珣	尚书右仆射、领吏部	左仆射、加征虏将军、领太子詹事	尚书令	晋孝武帝

如上表所示，两晋可见到有迁转关系的太子詹事共有七例（人），其中一例迁出官不明。

太子詹事的任前官职即迁入官的事例可见到：孙旂由荆州刺史迁任太子詹事；阎鼎先为行豫州刺史事（屯许昌），后任太子詹事；谢琰由征虏将军、会稽内史迁任尚书右仆射、领太子詹事，加散骑常侍；王恭由丹杨尹迁任中书令、领太子詹事；司马恬（谯敬王）本为侍中、领左卫将军，出任吴国内史，又领太子詹事，很可能吴国内史只有任命而实际并未到任；卞壸为太子中庶子，转散骑常侍，侍讲东宫，迁任太子詹事；陆晔为散骑常侍、本郡大中正（吴郡）迁任太子詹事。孙旂、阎鼎、谢琰诸例是地方长官迁任太子詹事的事例，王恭、司马恬亦可勉强归入此类。不过，王恭的实际迁转关系应该是在丹杨尹和中书令之间，司马恬很可能是由侍中、领左卫将军转任侍中、领太子詹事，其实际迁转关系是在左卫将军和太子詹事之间。卞壸和陆晔的事例反映了散骑常侍与太子詹事之间的迁转关系。不过，卞壸的事例亦可看作东宫官职之间的迁转。虽然事例有限且记载有欠明确，但似乎可以感觉到地方长官特别是郡国太守、内史包括丹阳尹和散骑常侍是两晋太子詹事的主要迁入官。

反映两晋太子詹事迁出官的事例有：孙旂由太子詹事转任卫尉；祖纳由中护军、太子詹事转任元帝丞相军谘祭酒；卞壸由太子詹事转任御史中丞；陆晔由太子詹事迁任侍中；谢琰由太子詹事迁任尚书右仆射；王恭由中书令、领太子詹事出任都督兖青冀幽并徐州晋陵诸军事、平北将军、兖青二州刺史、假节（镇京口）；司马恬由侍中、领太子詹事出任都督兖青冀幽并扬州之晋陵徐州之南北郡军事、领镇北将军、兖青二州刺史、假节。除了王恭和司马恬两例迁任地方州级军政长官的事例外，太子詹事的迁出官比较分散，看不出明显的特点。值得注意的是，谢琰的迁转关系在本传和本纪中的记载不同，实际情况有可能是先由吴国内史入朝为太子詹事，再迁任尚书右仆射且仍领太子詹事。由此可做进一步推测，由于《晋书》纪事简略，人物仕履大多并不完整，因而对迁转关系的考察未必能完全反映实际状况，只能是对已知历史记载的一种认识。

二、刘宋太子詹事迁转

与两晋相比，刘宋时期太子詹事迁转的事例比较普遍，其具体情形列表如下：

表 25　刘宋太子詹事迁转关系表

姓名	迁入官	本官	迁出官	任职时间
傅　亮 1	中书令、领世子中庶子	太子詹事，中书令如故	尚书仆射，中书令、詹事如故	武帝
傅亮 1-1		太子詹事	尚书仆射	武帝
王昙首	侍中、领右卫将军，又领骁骑将军	太子詹事，侍中如故	（散骑常侍、左光禄大夫、太子詹事）	文帝
刘　湛 1	使持节、南蛮校尉、领抚军长史、行府州事	太子詹事，加给事中、本州大中正（元嘉八年）	领军将军（九年）；又领詹事（十二年）→丹杨尹、金紫光禄大夫、加散骑常侍，詹事如故	文帝
刘湛 1-1		太子詹事	领军将军	文帝
殷景仁	护军将军、尚书仆射，领吏部尚书	扬州刺史、尚书仆射、领吏部尚书、太子詹事	（卒）	
王　球	光禄大夫（金章紫绶）、领卢陵王师	太子詹事，大夫、王师如故（未拜）	尚书仆射，王师如故	文帝
刘义宗 1	太子左卫率（免官）	侍中、太子詹事、加散骑常侍	征虏将军、南兖州刺史	文帝

续表

姓名	迁入官	本官	迁出官	任职时间
刘义宗 1-1		太子詹事	南兖州刺史	文帝
范晔	始兴王濬后军长史、领南下邳太守（代行扬州事）	左卫将军、太子詹事	（"谋反"被诛）	文帝
孟顗	丹阳尹	侍中、仆射、太子詹事？侍中→仆射→太子詹事？	会稽太守	文帝
徐湛之 1	秘书监、加散骑常侍，骁骑如故→中护军（未拜）	太子詹事，寻加侍中	冠军将军、丹阳尹	文帝
徐湛之 2	征虏将军，加散骑常侍（服阕）	中书令、领太子詹事	前军将军、南兖州刺史	文帝
徐湛之 3	前军将军、南兖州刺史	丹阳尹、领太子詹事，将军如故	尚书仆射、领护军将军	文帝
徐湛之 3-1		太子詹事	尚书仆射、护军将军	文帝
何尚之	左仆射、领汝阴王师，常侍如故	尚书令、领太子詹事	（致仕）	文帝
柳元景 1	都督雍梁南北秦四州荆州之竟陵随二郡诸军事、抚军将军、领宁蛮校尉、雍州刺史，持节如故	领军、太子詹事、加侍中	骠骑将军、本州大中正，领军、侍中如故→尚书令，太子詹事、侍中、中正如故	孝武帝
柳元景 2		尚书令，太子詹事、侍中、中正如故	左光禄大夫、开府仪同三司，侍中、令、中正如故	孝武帝
刘延孙	侍中、护军、领徐州大中正	金紫光禄大夫、领太子詹事，中正如故	镇军将军、南徐州刺史	孝武帝
刘延孙 1-1		太子詹事	镇军将军、南徐州刺史	孝武帝
袁顗	会稽太守（行会稽郡事）？	太子詹事		明帝

姓名	迁入官	本官	迁出官	任职时间
张 永 1	冠军将军、假节、吴郡太守	散骑常侍、太子詹事（未拜）	使持节、监青冀幽并四州诸军事、前将军、青冀二州刺史	明帝
张永 1-1		新除太子詹事	青冀二州刺史	明帝
张 永 2	使持节、监青冀幽并四州诸军事、前将军、青冀二州刺史	散骑常侍、镇军将军、太子詹事，权领徐州刺史、都督徐兖青冀四州诸军事	使持节、都督南兖徐二州诸军事、南兖州刺史，常侍、将军如故	明帝
张 永 3	都督会稽东阳临海永嘉新安五郡诸军事、会稽太守，将军如故→迁使持节、督雍梁南北秦四州郢之竟陵随二郡诸军事、右将军、雍州刺史（未拜）	太子詹事、加散骑常侍、本州大中正	加护军将军、领石头戍事	明帝
张永 3-1		太子詹事	护军将军	明帝
王景文	使持节、散骑常侍、都督江州郢州之西阳豫州之新蔡晋熙三郡诸军事、安南将军、江州刺史、领豫章太守	尚书左仆射、领吏部、扬州刺史、加太子詹事，常侍如故（固辞詹事）	中书令，常侍、仆射、扬州如故→中书监、领太子太傅，常侍、扬州如故	明帝
袁 粲	尚书仆射、领吏部、加中书令→领丹阳尹、知东宫事→右仆射	右仆射、领太子詹事（未拜）	尚书令，丹阳尹如故	明帝
袁粲 1-1		太子詹事	尚书仆射	明帝
刘 秉 1	侍中	（频徙）左卫将军、丹阳尹、太子詹事、吏部尚书?		明帝

续表

姓名	迁入官	本官	迁出官	任职时间
刘　秉2	前将军、淮南宣城二郡太守（不拜）复本任（吏部尚书？）	侍中、守秘书监、领太子詹事（未拜）	使持节、都督南徐徐兖豫青冀六州诸军事、后将军、南徐州刺史、加散骑常侍	明帝
刘秉2-2		太子詹事	南徐州刺史	明帝

反映刘宋太子詹事迁转的事例较多，且迁转关系的记载更加明确，故而对于刘宋太子詹事迁转关系也就有可能得出更为普遍的认识。

1. 迁入官

总的来看，刘宋太子詹事的迁入官比较集中，具有比较明显的特征。具体而言，可分为三类。

1.1 地方军政长官。由地方军政长官迁任太子詹事的事例较为普遍，共有七例（六人），约占全部事例的三分之一左右。刘湛由使持节、南蛮校尉、领抚军长史、行府州事迁任太子詹事，加给事中、本州大中正；徐湛之由前军将军（前将军？）、南兖州刺史迁任丹阳尹、领太子詹事，将军如故；刘秉由丹阳尹迁任太子詹事①；柳元景为都督雍梁南北秦四州荆州之竟陵随二郡诸军事、抚军将军、领宁蛮校尉、雍州刺史，迁任领军、太子詹事；张永由使持节、监青冀幽并四州诸军事、前将军、青冀二州刺史迁任散骑常侍、镇军将军、太子詹事，后又由吴郡太守迁任散骑常侍、太子詹事（未拜）；袁顗由会稽太守（行会稽郡事）迁任太子詹事。此外，范晔先由始兴王濬后军长史、领南下邳太守（代行扬州事）迁任左卫将军，后又兼太子詹事，勉强可归入此类；王景文本为使持节、散骑常侍、都督江州郢州之西阳豫州之新蔡晋熙三郡诸军事、安南将军、江州刺史、领豫章太守，迁任尚书左仆射、领吏部、扬州刺史、加太子詹事，常侍如故，因其"固辞詹事"，故不列入此类。

1.2 禁卫长官。由皇宫禁卫长官迁转太子詹事的事例也有一定普遍性，共有四例：王昙首为侍中、领右卫将军，又领骁骑将军，迁任太子詹事，侍中

---

① 按刘秉先任侍中，后"频徙左卫将军、丹阳尹、太子詹事、吏部尚书"，诸职之间应该为迁转关系的可能性较大。

如故；殷景仁先为护军将军、尚书仆射、领吏部尚书，迁任扬州刺史、尚书仆射、领吏部尚书、太子詹事；徐湛之先为骁骑将军、秘书监、加散骑常侍，迁任中护军（未拜），再迁为太子詹事、加侍中；刘延孙由侍中、护军迁任金紫光禄大夫、领太子詹事。

1.3 东宫官。由低一级东宫官职迁任太子詹事的事例共有三例：傅亮为中书令、领世子中庶子，迁任太子詹事，中书令如故，前者是在刘宋帝制确立之前，世子中庶子→太子詹事应该可以作为东宫官职间的迁转事例。袁粲为尚书仆射、领吏部、加中书令，又领丹阳尹、知东宫事，徙为右仆射、领太子詹事（未拜），再迁任尚书令，丹阳尹如故，其中尚书仆射、领吏部→右仆射（未拜）→尚书令是对应的迁转关系，中书令与丹阳尹之间构成迁转关系，知东宫事与太子詹事之间构成迁转关系。知东宫事与太子詹事职能等同，只是知东宫事为临时差遣，并非正式官职，但两者大体可以看作是东宫官职之间的迁转。刘义宗先为太子左卫率，免官后又被任命为侍中、太子詹事、加散骑常侍，之所以被任命为太子詹事，与其曾任太子左卫率的经历密切相关，故也可以看作是东宫官职之间迁转的事例。

此外，何尚之先为左仆射、领汝阴王师，常侍如故，迁任尚书令、领太子詹事，其中构成迁转关系的应该是左仆射→尚书令，散骑常侍→太子詹事。孟顗先任丹阳尹，后为侍中、仆射、太子詹事等职，仆射与太子詹事之间有可能是兼领关系，也可能是迁转关系。

2. 迁出官

刘宋太子詹事的迁出官相对比较集中，具有比较明显的特征。可分为三类。

2.1 地方军政长官。刘宋太子詹事迁转为地方军政长官的事例较多，共有五例：徐湛之为中书令、领太子詹事，出任前军将军（前将军？）、南兖州刺史。刘延孙为金紫光禄大夫、领太子詹事，出为镇军将军、南徐州刺史。孟顗由太子詹事出任会稽太守。刘秉先被任命为侍中、守秘书监、领太子詹事（未拜），再被任命为使持节、都督南徐徐兖豫青冀六州诸军事、后将军、南徐州刺史，加散骑常侍，虽然太子詹事并未实际到任，但还是可以用来考察迁转关系的。侍中与散骑常侍有对应关系，在其他诸职中，太子詹事与都督、刺史之间应该是对应关系，《宋书·明帝纪》载其由太子詹事迁为南徐州刺史可作旁证。张永为使持节、监青冀幽并四州诸军事、前将军、青冀二州刺史，迁任散骑常侍、镇军将军、太子詹事，权领徐州刺史，又为都督徐兖青冀四州诸军事，使持节、都督南兖徐二州诸军事、南兖州刺史。《明帝纪》的记载是新除太子詹事张永为青冀二州刺史，与本传不同，但以之作为太子詹事迁任地方军政长官的事例当可无疑。

2.2尚书仆射。刘宋太子詹事迁任尚书省长官的事例共有四例，全都是迁任尚书仆射，不过各人的具体情况有所差别。本纪载傅亮由太子詹事迁任尚书仆射，本传载其原为中书令、太子詹事，迁任尚书仆射后，中书令、詹事如故，则尚书仆射实为新任之职，与其之前所任二职并不构成迁转关系。徐湛之由丹阳尹、领太子詹事迁任尚书仆射、领护军将军，迁入官和迁出官之间的对应关系不太明朗，权且以太子詹事与尚书仆射构成迁转关系。本纪亦载太子詹事袁粲迁任尚书仆射，本传记载有所不同：袁粲先任尚书仆射、领吏部、加中书令，又领丹阳尹、知东宫事；徙为右仆射、领太子詹事，未拜；迁任尚书令，丹阳尹如故。王球的迁转关系比较明确，由光禄大夫、加金章紫绶、领卢陵王师迁任太子詹事，大夫、王师如故（未拜）；再迁尚书仆射，王师如故。与太子詹事对应的迁出官无疑是尚书仆射。

2.3禁卫长官。太子詹事迁任皇宫禁卫长官的事例有三例：本纪载以太子詹事徐湛之为尚书仆射、护军将军，本传载其由丹阳尹、领太子詹事迁任尚书仆射、领护军将军。本纪载以太子詹事刘湛为领军将军，本传载其为太子詹事、加给事中、本州大中正，迁任领军将军。本纪载以太子詹事张永为护军将军，本传载其为太子詹事、加散骑常侍、本州大中正，又加护军将军、领石头戍事。

王景文为尚书左仆射、领吏部、扬州刺史、加太子詹事，常侍如故（"固辞詹事"），迁任中书令，常侍、仆射、扬州如故。可以确定，在其迁转关系中太子詹事与中书令相对应。柳元景为领军、太子詹事、加侍中，转任骠骑将军、本州大中正，领军、侍中如故；又迁尚书令，太子詹事、侍中、中正如故；再迁为左光禄大夫、开府仪同三司，侍中、令、中正如故。可以看出，在最后一段迁转关系中，太子詹事对应的是左光禄大夫、开府仪同三司。

三、南齐太子詹事迁转

表 26　南齐太子詹事迁转关系表

姓名	迁入官	本官	迁出官	任职时间
何　戢	中书令、太祖相国左长史	散骑常侍、太子詹事→侍中，詹事如故	吏部尚书、加骁骑将军	高帝
王　俭	左仆射，领选如故，加散骑常侍	本官领太子詹事	侍中、尚书、镇军将军	高帝
沈文季 1	散骑常侍，左卫将军、征虏如故	太子詹事，常侍如故	左将军、吴郡太守（固让）→都官尚书、加散骑常侍	武帝
沈文季 2	散骑常侍、领军将军→金紫光禄大夫，常侍如故	侍中、领太子詹事	中护军，侍中如故	武帝
沈文季 3	领军将军，侍中如故	尚书右仆射，加领太子詹事	加散骑常侍，仆射如故	明帝
张　绪	金紫光禄大夫、领太常→领南郡王师、加给事中，太常如故	太子詹事，师、给事如故	散骑常侍，金紫光禄大夫、师如故	武帝
萧顺之		太子詹事	领军将军	武帝
萧顺之 1-1	侍中（？）卫尉	太子詹事	领军将军（？）丹阳尹	
萧赤斧	散骑常侍、左卫将军	给事中、太子詹事	（卒）	武帝
萧景先	侍中、领左军将军→兼领军将军	中领军、领太子詹事，本官如故	（遭母丧，诏超起为）领军将军	武帝
萧　缅	侍中、领骁骑将军→中领军	散骑常侍、太子詹事	会稽太守，常侍如故	武帝
王　晏 1	卫尉，将军（冠军）如故	太子詹事，加散骑常侍	丹阳尹，常侍如故	武帝
王　晏 2	吏部尚书、领太子右卫率→改领右卫将军	侍中、领太子詹事、本州中正	骑常侍、金紫光禄大夫→右仆射、领太孙右卫率	武帝
徐孝嗣	五兵尚书	太子詹事	吏部尚书、加右军将军→领太子左卫率	武帝

姓名	迁入官	本官	迁出官	任职时间
江祐	右卫将军	太子詹事	侍中、中书令	明帝
谢瀹	侍中、领太子中庶子、豫州中正	散骑常侍、太子詹事	（卒）	明帝
褚蓁	义兴太守	太子詹事、度支尚书、领军将军	（卒）	明帝
王莹	侍中、领射声校尉→冠军将军、东阳太守→吴兴太守	太子詹事、中领军	尚书左仆射（未拜）	明帝
王莹1-1		太子詹事	中领军	东昏侯
孔稚珪	都官尚书	太子詹事、加散骑常侍	（卒）	东昏侯
蔡约	江夏王车骑长史、加征虏将军	太子詹事	（卒）	东昏侯
何胤	散骑常侍、太常卿（不就）	散骑常侍、太子詹事（东昏侯征）		武帝

总的来看，在晋南朝太子詹事迁转关系的全部事例中，南齐虽然存在的时间远远短于刘宋，但南齐太子詹事任职的事例与刘宋几乎相同。主要源于南齐皇位更替频繁，建立的东宫亦多，当然也不排除《南齐书》记载比较详实的因素。南齐太子詹事迁转的事例共有十七人二十例，其中五人卒于任，一人被征未任，故迁出官实为十四例。其具体迁转情况可作如下分类。

1. 迁入官

南齐太子詹事的迁入官大体可分为三类。

1.1 禁卫武官。共有六例（五人），约占三分之一。沈文季为征虏将军、散骑常侍、左卫将军，迁任太子詹事，常侍如故；后为侍中、领军将军，迁任尚书右仆射、加领太子詹事。萧赤斧为散骑常侍、左卫将军，迁任给事中、太子詹事。安陆王萧缅为侍中、中领军，迁任散骑常侍、太子詹事。王晏为吏部尚书、领右卫将军，迁任侍中、领太子詹事、本州中正。江祐由右卫将军迁任太子詹事。

1.2 中央文官。共有十例，占一半之多，但相关官职比较分散。尚书省三例：王俭本为尚书左仆射、领选、加散骑常侍，后以本官领太子詹事；徐孝嗣由五兵尚书迁任太子詹事；孔稚珪由都官尚书迁任太子詹事、加散骑常侍。萧景先为侍中、兼领军将军，转任中领军、领太子詹事，侍中与太子詹事之间构成迁转关系。何戢在刘宋末年为中书令、太祖（萧道成）相国左长史，南齐建立后转任散骑常侍、太子詹事，又迁侍中，詹事如故。此例横跨宋、齐两代，迁转关系并不明晰，但以之作为中书令迁任太子詹事的事例当无疑义。

张绪为太常、领南郡王师、加给事中，迁任太子詹事，师、给事如故。王晏为冠军将军、卫尉，迁任太子詹事、加散骑常侍。在这两例中，太常、卫尉分别与太子詹事构成迁转关系。此外，齐武帝征何胤为散骑常侍、太常卿，不就；东昏侯又以散骑常侍、太子詹事征，亦不就。虽然两征皆不就，但亦可从一个侧面印证南齐时诸卿与太子詹事之间的迁转关系。

沈文季为散骑常侍、金紫光禄大夫，迁任侍中、领太子詹事。散骑常侍与侍中、金紫光禄大夫与太子詹事之间分别构成迁转关系。

谢瀹为侍中、领太子中庶子、豫州中正，迁任散骑常侍、太子詹事。侍中与散骑常侍、太子中庶子与太子詹事之间分别构成迁转关系。

1.3 地方长官。共有四例，占五分之一。褚蓁任太子詹事前为义兴太守；王莹由吴兴太守迁任太子詹事、中领军。此外，蔡约任太子詹事前为江夏王车骑长史[1]、加征虏将军，亦可归入此类。《梁书·武帝纪上》载萧顺之"历官侍中、卫尉、太子詹事、领军将军、丹阳尹"[2]，其兼领或迁转关系不太明确。考《南齐书·武帝纪》：建元四年（482）"秋七月庚申（初八，8.7），以卫尉萧顺之为豫州刺史"；永明三年（485）八月戊午（廿四，9.18），以"太子詹事萧顺之为领军将军"。[3] 难以确定萧顺之何时入朝任太子詹事，但可以确定其所任太子詹事既未与卫尉兼领，亦非卫尉直接迁转，而是由豫州刺史转任。

2. 迁出官

在短短二十余年间，南齐建立了四届东宫，太子詹事见于史书记载者多达近二十人，人均任期不到一年。其中萧景先丁忧卸任，萧赤斧、谢瀹、孔

---

① 《南齐书》卷五○《明七王·江夏王宝玄传》："永元元年，又进车骑将军。代晋安王宝义为使持节、都督南徐兖二州军事、南徐兖二州刺史，将军如故。"（〔梁〕萧子显撰：《南齐书》，中华书局，1972年，第二册，第863页）

② 〔唐〕姚思廉撰：《梁书》卷一《武帝纪上》，中华书局，1973年，第一册，第1页。

③ 《南齐书》卷三《武帝纪》，第一册，第46、50页。

稚珪、蔡约四人明确卒于任上，何胤被征未就，也就不存在迁出官的情况，故可以作为迁出官考察对象者实际只剩十二人。褚蓁生前最后任职亦有可能包括了太子詹事，若此则卒于任者共有五人。[①] 在这十一人十四例中，迁出官可分为以下三类。

2.1 禁卫武（长）官。这类事例至少有三例：沈文季由侍中、领太子詹事迁任中护军，侍中如故。萧顺之由太子詹事迁任领军将军。何戢由侍中、太子詹事迁任吏部尚书、加骁骑将军，侍中与吏部尚书、太子詹事与骁骑将军构成迁转关系。褚蓁在齐明帝建武末所任三职中，若太子詹事与度支尚书、领军将军或太子詹事、度支尚书与领军将军构成迁转关系，则亦可归入此类。

2.2 中央文官。太子詹事迁任三省长官的事例有三：王莹由太子詹事、中领军迁任尚书左仆射（未拜）。江祏由太子詹事迁任侍中、中书令。徐孝嗣由五兵尚书"迁太子詹事"，"转吏部尚书。寻加右军将军，转领太子左卫率"。之前徐孝嗣所任官职为尚书吏部郎、太子右卫率。由此来看，在徐孝嗣的仕履中贯穿着尚书省和东宫官职两条线：尚书吏部郎→五兵尚书→吏部尚书，太子右卫率→太子詹事→太子左卫率。虽然史书明确记载他是由太子詹事转任吏部尚书的，但更与稍后所加太子左卫率构成迁转关系。此外，沈文季先由太子詹事、散骑常侍转任左将军、吴郡太守，固让不就，再转为都官尚书、加散骑常侍，太子詹事与都官尚书之间可以看作具有迁转关系。与刘宋时期太子詹事与尚书仆射构成迁转关系的事例相比，南齐太子詹事的地位处于相对下降的状态。褚蓁所任三职中，若太子詹事与度支尚书构成迁转关系，则亦可归入此类。

齐高帝于建元元年（479）四月甲午（廿三，5.29）称帝，第四天即"丁酉（廿六，6.1），以太子詹事张绪为中书令"[②]。除了张绪外，南齐再未见到太子詹事迁任中书令的事例。

沈文季为尚书右仆射、加领太子詹事，寻加散骑常侍，仆射如故。太子詹事与散骑常侍构成迁转关系。王晏为侍中、领太子詹事、本州中正，迁任散骑常侍、金紫光禄大夫。张绪为太子詹事、领南郡王师、加给事中，迁任

[①] 又，《南齐书》卷二三《褚蓁传》载其"建武（494—498）末，为太子詹事，度支尚书，领军将军。永元元年（499），卒"（第一册，第432页），三职究为兼领还是迁转关系，难以作出明确判断。若为兼领，则可作为卒于任上的事例。若为后者，则可作为迁转关系的事例。

[②] 〔北宋〕司马光主编，〔元〕胡三省注，"标点资治通鉴小组"点校：《资治通鉴》卷一三五《齐纪一》，中华书局，1956年，第九册，第4426页。

散骑常侍、金紫光禄大夫，师如故。王晏和张绪的迁转关系中，太子詹事与金紫光禄大夫相对应。

2.3地方长官。沈文季由太子詹事、散骑常侍转任左将军、吴郡太守，虽然"固让"不就，但还是可以作为迁转关系的事例看待。安陆王萧缅由散骑常侍、太子詹事出任会稽太守，常侍如故。王晏由太子詹事、加散骑常侍转任丹阳尹，常侍如故。这两个事例中，太子詹事的迁转关系也是十分明确的，即太子詹事分别转任会稽太守和丹阳尹。虽然吴郡、会稽和丹阳三郡地位独特，甚至超过了不少州，但总的来看南齐太子詹事的地位处于下降的状态，此与从中央文官迁转中得到的认识是一致的。

又，王俭为尚书左仆射、领选、加散骑常侍、领太子詹事，迁任侍中、尚书令、镇军将军。其中尚书左仆射与尚书令、散骑常侍与侍中、太子詹事与镇军将军之间构成迁转关系。王俭在任镇军将军之前是否拥有将军号，未见到明确记载，侍中、尚书令、镇军将军为齐明帝临终遗诏所命，太子即将称帝，自无再任太子詹事之必要。

四、梁代太子詹事迁转

表27　梁代太子詹事迁转关系表

姓名	迁入官	本官	迁出官
柳　惔	侍中、领前军将军（齐和帝）→护军将军（梁初，未拜）	太子詹事、加散骑常侍	尚书右仆射
柳　惔1-1		太子詹事	尚书右仆射
沈　约	镇军将军、丹阳尹	侍中、右光禄大夫、领太子詹事、扬州大中正，关尚书八条事	尚书令，侍中、詹事、中正如故（累表陈让，改授）尚书左仆射、领中书令、前将军，侍中如故→尚书令、领太子少傅

续表

姓名	迁入官	本官	迁出官
王 茂1	尚书右仆射，常侍如故（固辞不拜）	侍中、中卫将军、领太子詹事	车骑将军，太子詹事如故
王 茂1-1		中卫将军、领太子詹事	进号车骑将军
王 茂2		车骑将军、太子詹事	本号、开府仪同三司、丹阳尹，侍中如故
王 茂2-1		车骑将军、领太子詹事	本号、开府仪同三司
韦 叡	员外散骑常侍、右卫将军	（累迁）左卫将军、太子詹事，寻加通直散骑常侍	智武将军、丹阳尹
柳庆远	通直散骑常侍、右卫将军、领右骁骑将军	散骑常侍、太子詹事、雍州大中正	侍中、领军将军
柳庆远1-1		太子詹事	领军将军
徐 勉	左卫将军、领太子中庶子，敕知宫事	太子詹事、领云骑将军，寻加散骑常侍→尚书右仆射，詹事如故（又改授侍中，频表解宫职，优诏不许）	宣惠将军，置佐史，侍中、仆射如故→尚书仆射、中卫将军
徐 勉1-1		太子詹事	尚书右仆射
萧深藻1		太子詹事	征北将军、南兖州刺史
萧 藻2	使持节、都督南兖兖徐青冀五州诸军事、兖州刺史，军号如故	太子詹事	领军将军、加侍中
萧深藻2-1		太子詹事	领军将军
萧 藻3	护军将军，中权如故	中将军、太子詹事	丹阳尹→安左将军、尚书左仆射，加侍中
周 捨	员外散骑常侍、太子左卫率，加散骑常侍、本州（豫州）大中正	太子詹事	右骁骑将军、知太子詹事
萧子恪1	吏部尚书	太子詹事	宁远将军、吴郡太守
萧 恪2		太子詹事	领军将军

续表

姓名	迁入官	本官	迁出官
萧深猷 （渊猷）		前太子詹事	中护军
萧　象	给事黄门侍郎、兼领军 →本官兼宗正卿	侍中、太子詹事（未拜）	改授持节、督江州诸军 事、信武将军、江州刺 史
谢　举	云麾将军、吴郡太守→ 侍中、中书监（未拜）	太子詹事、翊左将军， 侍中如故	尚书仆射，侍中、 将军如故
谢　举 1-1		太子詹事	尚书仆射
何敬容	金紫光禄大夫（未拜）， 又加侍中	太子詹事，侍中如故	（卒）
裴之平	谯州长史、阳平太守	散骑常侍、右卫将军、 太子詹事	
王　筠	云旗将军、司徒左长史	太子詹事	（卒）
徐　摛	戎昭将军、太子左卫率	赠侍中、太子詹事	

　　梁代太子詹事迁转的事例与宋、齐二代差别不大，可见到十六人二十例（一人为赠官），其中二人卒于任，一人下落不明，故迁出官实际只有十二人十六例。

　　1. 迁入官

　　梁代太子詹事的迁入官大体可分为四类。

　　1.1 地方长官。比较典型的事例有二，另有三例比较特殊，可勉强归入此类：王茂为"使持节、散骑常侍、都督江州诸军事、征南将军、江州刺史"，"迁尚书右仆射，常侍如故，固辞不拜。改授侍中、中卫将军，领太子詹事"。散骑常侍与侍中、征南将军与中卫将军、江州都督刺史与太子詹事之间构成迁转关系。萧藻（渊藻）为使持节、仁威将军、都督南兖兖徐青冀五州诸军事、兖州刺史，"征为太子詹事"。沈约由镇军将军、丹阳尹转任侍中、右光禄大夫、领太子詹事、扬州大中正、关尚书八条事。丹阳尹与侍中之间应该构成迁转关系，似亦可看作是丹阳尹与太子詹事之间迁转的事例。裴之平由谯州长史、阳平太守迁任散骑常侍、右卫将军、太子詹事。这是侯景攻占建康城后的特殊情况，按常规太子詹事不可能由谯州长史、阳平太守这样地位不高的地方官迁任。此外，下属谢举的事例亦可作为地方长官（吴郡太守）迁任太子詹事的事例。

1.2禁卫武官。共有三例：柳恽在南齐末年为侍中、领前军将军，梁朝建立后迁护军将军（未拜），转任太子詹事、加散骑常侍。柳庆远为通直散骑常侍、右卫将军、领右骁骑将军，迁任散骑常侍、太子詹事、雍州大中正。通直散骑常侍与散骑常侍之间构成迁转关系，右卫将军、领右骁骑将军与太子詹事之间构成迁转关系。萧藻由中权将军、护军将军迁任中军将军、太子詹事。中权将军与中军将军、护军将军与太子詹事之间构成迁转关系。

1.3东宫官属。从低一级东宫官属迁任太子詹事的事例有三（一死赠）：徐勉为左卫将军、领太子中庶子，转任太子詹事、领云骑将军。左卫将军与云骑将军、太子中庶子与太子詹事之间各自构成迁转关系。周捨为员外散骑常侍、太子左卫率，又加散骑常侍、本州大中正，转任太子詹事。太子左卫率与太子詹事之间构成迁转关系。徐摛为戎昭将军、太子左卫率，死赠侍中、太子詹事。侍中、太子詹事虽为赠官，但也可以作为太子詹事迁转的事例看待，之所以获赠太子詹事，就是因为其生前担任太子左卫率之故。

1.4中央文官。这一类事例也不多，且分属几个部门：萧子恪由吏部尚书迁任太子詹事。前述王茂的事例亦可看作是尚书右仆射迁任太子詹事的事例。谢举由云麾将军、吴郡太守迁任侍中、中书监，未拜，转任太子詹事、翊左将军，侍中如故。云麾将军与翊左将军、中书监与太子詹事之间构成迁转关系。何敬容坐法免职，"寻起为金紫光禄大夫，未拜，又加侍中"，"迁太子詹事，侍中如故"。此例似可看作是金紫光禄大夫迁任太子詹事的例证。桂阳嗣王萧象为给事黄门侍郎、兼领军，又以本官兼宗正卿，迁任侍中、太子詹事（未拜）。给事黄门侍郎与侍中、宗正卿与太子詹事之间各自构成迁转关系。王筠为云旗将军、司徒左长史，侯景攻占建康，简文帝即位后为太子詹事。此乃特例，不能据以认识常规的迁转关系。

总的来看，梁代太子詹事的迁入官比较分散，且每一类型担任者人数较少，看不出比较明显的职务聚集的特征。

2. 迁出官

梁代太子詹事的迁出官大体可分为三类。

2.1地方长官。共有六例：王茂为侍中、车骑将军、太子詹事，又以本号开府仪同三司、丹阳尹，侍中如故。太子詹事与丹阳尹之间构成迁转关系。韦叡为左卫将军、太子詹事，加通直散骑常侍，迁任智武将军、丹阳尹。亦可看作是太子詹事与丹阳尹之间迁转的事例。萧深（渊）藻由太子詹事出任征北将军、南兖州刺史，又由中军将军、太子詹事迁任丹阳尹。萧子恪由太子詹事出任宁远将军、吴郡太守。桂阳嗣王萧象由给事黄门侍郎、兼宗正卿迁任侍中、太子詹事，未拜，改授持节、督江州诸军事、信武将军、江州刺史。虽然未拜侍中、太子詹事，但亦可作为太子詹事迁转的事例看待。在这一类型中，丹阳尹占了一半，加上吴郡太守，则三吴地区郡级长官占三分之二。

2.2禁卫武官。共有四例：本纪载以太子詹事柳庆远为领军将军，本传载其为散骑常侍、太子詹事、雍州大中正，迁任侍中、领军将军。本纪载以太子詹事萧深藻为领军将军，本传载萧藻由太子詹事迁任领军将军，加侍中。又，本纪载以太子詹事南平王世子恪（萧恪）为领军将军，前太子詹事萧深（渊）猷为中护军，均不见于列传记载。

2.3中央文官。仅两例：柳恽为太子詹事、加散骑常侍，迁任尚书右仆射。本纪载谢举由太子詹事迁任尚书仆射，本传载其为侍中、太子詹事、翊左将军，迁任尚书仆射，侍中、将军如故。又，本纪载以太子詹事徐勉为尚书右仆射，然考之本传，其尚书右仆射并非由太子詹事所迁任。他先担任太子詹事、领云骑将军，寻加散骑常侍，迁任尚书右仆射，詹事如故；又改授侍中，频表解宫职，优诏不许；再转任宣惠将军，置佐史，侍中、仆射如故。由此来看，宣惠将军才是太子詹事徐勉的迁出官。

五、陈代太子詹事迁转

表28　陈代太子詹事迁转关系表

姓名	迁入官	本官	迁出官	任职时间
周弘正	太常卿、都官尚书（梁敬帝时）	太子詹事	侍中、国子祭酒	武帝
谢哲	中书令	太子詹事。	明威将军、衡阳内史	文帝

续表

姓名	迁入官	本官	迁出官	任职时间
孔奂	五兵尚书，常侍、中正如故	太子詹事，二州中正如故	散骑常侍、国子祭酒	文帝
王劢	侍中、都官尚书（未拜）→中书令	太子詹事、行东宫事，侍中并如故→加金紫光禄大夫、领度支尚书	加散骑常侍→尚书右仆射	文帝
沈君理	仁威将军、东阳太守（丁忧）信威将军、左卫将军/持节、都督东衡衡二州诸军事、仁威将军、东衡州刺史、领始兴内史/明威将军、中书令（三起不就）	（服阕,除）太子詹事、行东宫事	吏部尚书	宣帝
陆缮		太子詹事、扬州大中正	尚书右仆射	宣帝
徐陵1	侍中、领军将军	加翊右将军、太子詹事	右光禄大夫，余并如故	宣帝
徐陵1-1		新除太子詹事	右光禄大夫	宣帝
徐陵2		翊左将军、右光禄大夫、领太子詹事	领军将军	宣帝
徐陵3	领军将军→安右将军、丹阳尹	中书监、领太子詹事，侍中、将军、右光禄、中正如故	左光禄大夫、太子少傅，余如故	宣帝
徐陵3-3	右将军、丹阳尹	中书监、领太子詹事		宣帝
陈伯信	宣毅将军、扬州刺史。寻加侍中、散骑常侍	镇前将军、太子詹事，余并如故	镇南将军、西衡州刺史	宣帝
江总	司徒右长史、掌东宫管记、给事黄门侍郎、领南徐州大中正→太子中庶子、通直散骑常侍，东宫、中正如故→左民尚书	太子詹事，中正如故（领南徐州大中正）	侍中、领左骁骑将军	宣帝
袁宪		云麾将军、太子詹事	尚书仆射	后主

有关陈代太子詹事迁转的事例共有十人十二例，其中迁入官不明者二例，徐陵在任太子詹事后，直到迁任太子少傅之前，其太子詹事并未卸任，故迁入官的事例实际只有八例，而迁出官不明者有一例，共有十一例。

1. 迁入官

具体来看，陈代太子詹事的迁入官大体可分为两类。

1.1 中央文官。共有六例，列曹尚书与中书令各三例：江总为太子中庶子、通直散骑常侍，东宫（"掌东宫管记"）、领南徐州大中正如故，迁任左民尚书，再迁太子詹事，中正如故。孔奂为五兵尚书，常侍、中正如故，迁任太子詹事，二州中正（扬东扬二州大中正）如故。周弘正在梁敬帝时为太常卿、都官尚书，迁任太子詹事，亦可看作是由尚书迁任太子詹事的事例。谢哲由中书令迁任太子詹事。王劢由中书令迁任太子詹事，行东宫事、侍中并如故。沈君理丁忧后三次被征不就，最后所征之职为明威将军、中书令，服阕，除太子詹事、行东宫事。此例似亦可作为中书令与太子詹事之间迁转的事例。

1.2 其他官职。徐陵为侍中、领军将军、加翊右将军、太子詹事，根据上下文判断，其实际的迁转关系是由领军将军迁任太子詹事。又，徐陵由安右将军、丹阳尹迁任中书监、领太子詹事，丹阳尹与太子詹事之间构成迁转关系。衡阳王伯信为宣毅将军、扬州刺史、加侍中、散骑常侍，进号镇前将军、太子詹事，余并如故。本纪载"以安前将军衡阳王伯信进号镇前将军"，则其进号前的军号已是安前将军，本传记载有遗漏。无法判断陈伯信在迁任太子詹事后是否已卸任扬州刺史，若然则可看作两者具有迁转关系。丹阳尹和扬州刺史实际上也是中央官，故此类事例亦可看作是中央官迁转太子詹事的事例。

2. 迁出官

陈代太子詹事的迁出官似可分为三类。

2.1 中央文官。太子詹事迁任尚书省官职的事例较多，共有四例：袁宪由云麾将军、太子詹事迁任尚书仆射。陆缮由太子詹事、扬州大中正迁任尚书右仆射。沈君理由太子詹事、行东宫事迁任吏部尚书。王劢为侍中、太子詹事、行东宫事，加金紫光禄大夫、领度支尚书，其中侍中与金紫光禄大夫、太子詹事与度支尚书之间构成迁转关系。太子詹事与侍中构成迁转关系的事例有二例：江总为太子詹事，南徐州大中正如故，迁任侍中、领左骁骑将军。

周弘正由太子詹事迁任侍中、国子祭酒。此两例可以看作太子詹事与侍中之间具有迁转关系。

此外，孔奂由太子詹事迁任散骑常侍、国子祭酒。本纪载以新除太子詹事孔奂为右光禄大夫，本传载其加翊右将军、太子詹事，迁任右光禄大夫，余并如故。之前他的官职是侍中、领军将军，"余"官当指侍中、诩右将军。徐陵为中书监、领太子詹事，侍中、将军（安右）、右光禄（大夫）、中正如故，迁任左光禄大夫、太子少傅，余如故。其中太子詹事与太子少傅之间构成迁转关系。

2.2 地方长官。有二例：衡阳王伯信由镇前将军、太子詹事出任镇南将军、西衡州刺史。谢哲由太子詹事出任明威将军、衡阳内史。

2.3 禁卫武官。亦有二例：徐陵为翊左将军、右光禄大夫、领太子詹事，迁领军将军。江总由太子詹事迁侍中、领左骁骑将军，亦可看作是太子詹事与禁卫武官迁转的事例。

实际上，陈代太子詹事的迁入官也是这三类，只是地方长官和禁卫武官的事例迁出官各有二例，而迁入官各只有一例。

第八章 太子詹事兼领加官分析

一、太子詹事兼领加官事例

兹将史书中有关两晋南朝太子詹事兼、领、加官的记载列表如下：

表 29 晋南朝太子詹事兼、领、加官表

姓名	兼职情况	任职朝代
孙 髦	武卫将军、领太子詹事	晋惠帝（赵王伦）
祖 纳	中护军、太子詹事	西晋末年
王 恭	中书令、领太子詹事	晋孝武帝
司马恬	吴国内史（？）又领太子詹事	晋孝武帝
谢 琰	尚书右仆射、领太子詹事、加散骑常侍，将军如故	晋孝武帝
王 珣	左仆射、加征虏将军，复领太子詹事	晋孝武帝
傅 亮 1	太子詹事，中书令如故	宋武帝
傅 亮 2	尚书仆射，中书令、詹事如故	宋武帝
王昙首	太子詹事，侍中如故	宋文帝
刘 湛	太子詹事、加给事中、本州大中正	宋文帝
殷景仁	扬州刺史、尚书仆射、领吏部尚书、太子詹事	宋文帝
王 球	太子詹事，大夫、王师如故（未拜）	宋文帝

续表

姓名	兼职情况	任职朝代
刘义宗	侍中、太子詹事、加散骑常侍	宋文帝
范 晔	左卫将军、太子詹事	宋文帝
孟 顗	侍中、仆射、太子詹事（侍中→仆射→太子詹事？）	宋文帝
徐湛之1	太子詹事，寻加侍中	宋文帝
徐湛之2	中书令、领太子詹事	宋文帝
徐湛之3	丹阳尹、领太子詹事，将军如故（前军将军）	宋文帝
何尚之	尚书令、领太子詹事	宋文帝
柳元景1	领军将军、太子詹事、加侍中	宋孝武帝
柳元景2	尚书令，太子詹事、侍中、中正如故（本州大中正）	宋孝武帝
刘延孙	金紫光禄大夫、领太子詹事，中正如故（徐州大中正）	宋孝武帝
张 永1	散骑常侍、太子詹事（未拜）	宋明帝
张 永2	散骑常侍、镇军将军、太子詹事，权领徐州刺史	宋明帝
王景文	尚书左仆射、领吏部、扬州刺史、加太子詹事，常侍如故（固辞詹事）	宋明帝
袁 粲	右仆射、领太子詹事（未拜）	宋明帝
刘 秉1	左卫将军、丹阳尹、太子詹事、吏部尚书（？）	宋明帝
刘 秉2	侍中、守秘书监、领太子詹事（未拜）	宋明帝
何 戢	散骑常侍、太子詹事→侍中，詹事如故	齐高帝
王 俭	本官（左仆射、领选如故，加散骑常侍）领太子詹事	齐高帝
沈文季1	侍中、领太子詹事	齐武帝
沈文季2	尚书右仆射（郁林王）、加领太子詹事	齐明帝
张 绪	太子詹事，师、给事如故（领南郡王师、加给事中）	齐武帝
萧赤斧	给事中、太子詹事	齐武帝
萧景先	中领军、领太子詹事，本官如故	齐武帝
萧 缅	散骑常侍、太子詹事	齐武帝
王 晏1	太子詹事、加散骑常侍	齐武帝

续表

姓名	兼职情况	任职朝代
王 晏 2	侍中、领太子詹事、本州中正	齐武帝
谢 瀟	散骑常侍、太子詹事	齐明帝
褚 蓁	太子詹事、度支尚书、领军将军	齐明帝
王 莹	太子詹事、中领军、	齐明帝
孔稚珪	太子詹事、加散骑常侍	齐东昏侯
何 胤	散骑常侍、太子詹事（东昏侯征）	齐东昏侯
柳 恢	太子詹事、加散骑常侍	梁武帝
沈 约	侍中、右光禄大夫、领太子詹事、扬州大中正、关尚书八条事	梁武帝
王 茂 1	侍中、中卫将军、领太子詹事	梁武帝
王 茂 1-1	中卫将军、领太子詹事	梁武帝
王 茂 2	车骑将军，太子詹事如故	梁武帝
韦 叡	（累迁）左卫将军、太子詹事，寻加通直散骑常侍	梁武帝
柳庆远 1	散骑常侍、太子詹事、雍州大中正	梁武帝
柳庆远 2	车骑将军、领太子詹事、	梁武帝
徐 勉 1	太子詹事、领云骑将军，寻加散骑常侍	梁武帝
徐 勉 2	尚书右仆射，詹事如故（又改授侍中，频表解宫职，优诏不许）	梁武帝
萧藻（渊藻）	中军将军、太子詹事	梁武帝
周 捨 1	右骁骑将军、知太子詹事	梁武帝
周 捨 2	太子詹事、豫州大中正	梁武帝
萧 象	侍中、太子詹事（未拜）	梁武帝
谢 举	太子詹事、翊左将军，侍中如故	梁武帝
何敬容	太子詹事，侍中如故	（侯景之乱）
裴之平	散骑常侍、右卫将军、太子詹事	梁简文帝?
徐 摛	侍中、太子詹事（赠）	梁武帝?
孔 奂	太子詹事，二州中正（扬东扬州大中正）如故	陈文帝

姓名	兼职情况	任职朝代
王　劢	太子詹事、行东宫事，侍中并如故	陈文帝
沈君理	太子詹事、行东宫事	陈宣帝
陆　缮	太子詹事、扬州大中正	陈宣帝
徐　陵1	侍中、领军将军→加诩右将军、太子詹事	陈宣帝
徐　陵2	中书监、领太子詹事，侍中、将军、右光禄、中正如故	陈宣帝
徐　陵2-1'2	翊左将军、右光禄大夫、领太子詹事 中书监、领太子詹事	陈宣帝
陈伯信	进号镇前将军、太子詹事， 余（宣毅将军、扬州刺史、加侍中、散骑常侍）并如故	陈宣帝
江　总	太子詹事，中正（南徐州大中正）如故	陈宣帝
沈君公	侍中、太子詹事	陈后主
袁　宪	云麾将军、太子詹事	陈后主

反映晋南朝太子詹事兼、领、加官的事例共有七十一例（五十七人），其中“未拜”五例、“不就”一例、死赠一例。就朝代而言，分别是：西晋二例，东晋四例，刘宋二十二例（十六人），南齐十五例（十三人），梁代十七例（十三人，一赠官），陈代十一例（九人）。南朝的事例共有六十五例（五十一人），与南朝太子左、右卫率兼领的事例（六十六例、六十一人）颇为接近。由于太子詹事品级高于太子卫率，故而见于史书记载的担任者的数量相对较多，太子詹事一职兼、领、加官的事例高于太子卫率两职的事例，此即主要原因。若考虑各朝代之时间长短，则以南齐的事例最为丰富，亦与太子卫率兼、领、加官的情形相似。南齐存在时间虽短，但皇位更迭频繁，同样也会反映到官吏任职上，特别是建立的东宫较多——高帝、武帝、明帝和东昏侯都确立太子建立东宫，这应该是南齐太子詹事与太子卫率事例较多的主要原因。当然，也不排除《南齐书》对传主生平特别是其仕履记载比较详细的因素。受限于史料记载，本节的考察实际上主要体现的还是南朝的相关情况。

二、太子詹事兼领加官分类

晋南朝太子詹事兼、领、加官主要集中在散骑（集书）、门下、尚书和禁卫机构，且以长官为主，这也是由太子詹事较高的品级所决定。就各朝代综合来看，具体情况如下。

1. 侍中

侍中与太子詹事兼领的事例共有十八例：东晋宗室司马恬为侍中、领太子詹事[①]。刘宋王昙首为太子詹事，侍中如故；徐湛之为太子詹事，加侍中；刘义宗为侍中、太子詹事；柳元景为领军将军、太子詹事，加侍中；刘秉为侍中，守秘书监、领太子詹事（未拜）。南齐何戢为侍中，詹事如故；沈文季为侍中、领太子詹事；王晏为侍中、领太子詹事。梁代沈约为侍中、右光禄大夫、领太子詹事、扬州大中正，关尚书八条事；徐勉为尚书右仆射，詹事如故，"又改授侍中，频表解宫职，优诏不许"；桂阳嗣王萧象为侍中、太子詹事（未拜）；谢举为太子詹事、翊左将军，侍中如故；何敬容为太子詹事，侍中如故；徐摛死赠侍中、太子詹事。陈代徐陵为侍中、领军将军，加翊右将军、太子詹事；陈代衡阳王伯信为镇前将军、太子詹事，"寻加侍中、散骑常侍"；王劢为太子詹事，行东宫事、侍中并如故。

2. 散骑常侍

散骑常侍与太子卫率兼领的事例共有十七例（十六人）：刘宋张永为散骑常侍、太子詹事（未拜），又为散骑常侍、镇军将军、太子詹事，权领徐州刺史；王景文为尚书左仆射、领吏部、扬州刺史，加太子詹事，常侍如故，又"固辞詹事"。南齐何戢为散骑常侍、太子詹事；王俭以本官（左仆射、领选）加散骑常侍、领太子詹事；安陆王缅为散骑常侍、太子詹事；王晏为太子詹事，加散骑常侍；谢瀹为散骑常侍、太子詹事；孔稚珪为太子詹事，加散骑常侍；何胤为散骑常侍、太子詹事，"不就"。梁代柳恽为太子詹事，加散骑常侍；柳庆远为散骑常侍、太子詹事；徐勉为太子詹事、加散骑常侍；韦叡为太子詹事，加通直散骑常侍；徐勉为太子詹事，领云骑将军，加散骑常侍；

[①]　司马恬的任职是"侍中、领左卫将军，补吴国内史，又领太子詹事"。吴国内史为地方官，以之领太子詹事不大可能，很可能只有吴国内史的任命，但实际并未拜，司马恬仍然担任侍中、领太子詹事。

裴之平为散骑常侍、右卫将军、太子詹事。此外，陈代衡阳王伯信本为宣毅将军、扬州刺史，加侍中、散骑常侍，后"进号镇前将军、太子詹事，余并如故"，则其担任太子詹事时仍当加散骑常侍之职，故亦可归入此类。

3. 禁卫武官

禁卫武官与太子詹事兼领的事例共有十二例，分别是：西晋孙髦为武卫将军、领太子詹事；祖纳为中护军、太子詹事。刘宋范晔为左卫将军、太子詹事；柳元景为领军将军、太子詹事，加侍中。南齐萧景先为中领军、领太子詹事；褚蓁为太子詹事、度支尚书、领军将军；王莹为太子詹事、中领军。梁代韦叡为左卫将军、太子詹事，加通直散骑常侍；徐勉为太子詹事、领云骑将军，加散骑常侍；周捨为右骁骑将军、知太子詹事；裴之平为散骑常侍、右卫将军、太子詹事。陈代徐陵为侍中、领军将军，加翊右将军、太子詹事。可以看出，与太子詹事存在兼领关系的禁卫武官包括领军将军（中领军）、中护军和左·右卫将军、武卫、骁骑（云骑）将军等，但以领军将军（中领军）和左·右卫、骁骑（云骑）将军居多。

4. 将军号

太子詹事与将军号兼领的事例有十一例（九人）：东晋王珣为尚书左仆射，加征虏将军、领太子詹事；谢琰为尚书右仆射、领太子詹事，加散骑常侍，将军（征虏）如故。刘宋张永为散骑常侍、镇军将军、太子詹事。梁代王茂为中卫将军、领太子詹事，迁车骑将军、领太子詹事；萧藻为中〔卫〕将军、太子詹事；谢举为太子詹事、翊左将军。陈代徐陵为翊右将军、太子詹事，又为翊左将军、右光禄大夫、领太子詹事；衡阳王伯信为镇前将军、太子詹事；袁宪为云麾将军、太子詹事。

5. 尚书令、仆

尚书令、仆与太子詹事兼领的事例共有九例：东晋王珣为尚书左仆射、领太子詹事；谢琰为尚书右仆射、领太子詹事。刘宋殷景仁为扬州刺史、尚书仆射，领吏部尚书、太子詹事；何尚之为尚书令、领太子詹事；王景文为尚书左仆射、领吏部、扬州刺史，加太子詹事，常侍如故；袁粲为尚书右仆射、领太子詹事（未拜）。南齐王俭为左仆射，领选如故，加散骑常侍、领太子詹事；沈文季为尚书右仆射，加领太子詹事。梁代徐勉为尚书右仆射，詹事如故。主要是尚书仆射与太子詹事兼领，尚书令只有一例。此外，梁代沈约为侍中、右光禄大夫、领太子詹事、扬州大中正，关尚书八条事，此"关尚书八条事"与录尚书事有近似之处，但显然地位较低，也不是正式官职，只是临时差遣，勉强亦可看作是尚书省长官。陈代王劢为太子詹事，行东宫事、侍中并如故，寻加金紫光禄大夫、领度支尚书，难以确定其"领度支尚书"时是否仍为太子詹事，若然则亦可勉强归入此类。结合南齐褚蓁为太子詹事、度支尚书、领军将军的事例，则度支尚书有可能是分部尚书中与太子詹事存在兼领关系的官职。

6. 州大中正

太子詹事与州大中正兼领的事例有十例：刘宋刘湛为太子詹事、本州（豫州）大中正；刘延孙为金紫光禄大夫、太子詹事、徐州大中正；张永为太子詹事、本州（扬州）大中正。梁代柳庆远为太子詹事、雍州大中正；沈约为太子詹事、扬州大中正；周捨为太子詹事、豫州大中正。陈代徐陵为太子詹事、南徐州大中正；孔奂为太子詹事、二州中正（扬东扬二州大中正）；陆缮为太子詹事、扬州大中正；江总为太子詹事、南徐州大中正。

7. 其他官职

7.1光禄大夫。太子詹事与光禄大夫兼领的事例有五例：刘宋王球为太子詹事（未拜）、金紫光禄大夫、卢陵王师；刘延孙为金紫光禄大夫、领太子詹事。梁代沈约为侍中、右光禄大夫、领太子詹事。陈代徐陵为翊左将军、右光禄大夫、领太子詹事；王劢为太子詹事、行东宫事、侍中，又加金紫光禄大夫，领度支尚书。

7.2中书监、令。太子詹事与中书监、令兼领的事例有四例：东晋王恭为中书令、领太子詹事。刘宋傅亮为太子詹事，中书令如故；徐湛之为中书令、领太子詹事；陈代徐陵为中书监、领太子詹事。

7.3给事中。太子詹事与给事中兼领的事例有三例：刘宋刘湛为太子詹事，加给事中。南齐张绪为太子詹事、领南郡王师，加给事中；萧赤斧为给事中、太子詹事。

7.4丹阳尹：太子詹事与丹阳尹兼领的事例只有一例：刘宋徐湛之为丹阳尹、领太子詹事。

7.5行东宫事。太子詹事行东宫事的事例有二例：陈代王劢和沈君理为太子詹事、行东宫事。

在太子詹事的兼、领、加官中，还存在着与两个或两个以上官职的兼领关系，如：东晋王珣为尚书左仆射，加征虏将军、领太子詹事；谢琰为尚书右仆射、领太子詹事，加散骑常侍，征虏将军如故；司马恬为"侍中、领左卫将军，补吴国内史，又领太子詹事"。刘宋傅亮为尚书仆射，中书令、詹事如故；柳元景为尚书令，太子詹事、侍中、中正如故；王景文为尚书左仆射、领吏部、扬州刺史，加太子詹事，常侍如故。梁代沈约为侍中、右光禄大夫、领太子詹事、扬州大中正，关尚书八条事。陈代徐陵为中书监、领太子詹事，侍中、将军、右光禄（大夫）、中正如故。

太子詹事兼、领、加官虽然有一定的分散性，但总的来看还是比较集中于几类官职，即门下省长官侍中、集书（散骑）省长官散骑常侍、尚书省长官仆射（个别尚书令）及禁卫武官（以长官居多）。太子詹事执掌东宫众务，是东宫实际上的行政长官，其重要性不言而喻。相应的兼、领、加官也是朝廷要职，基于不同的朝代和时局以及担任者的具体情况，出现了不同的兼、领、加官情况。至于在太子詹事的兼、领、加官中，何职为主，何职为辅，所兼、领、加官的职能又是如何行使的，因史料所限很难作出非常明确的判断。

三、太子詹事兼领加官的时代性

若以各个不同的朝代而论，太子詹事的兼、领、加官又有一定的差别。

晋代一个半世纪的时间里，所能见到的太子詹事兼、领、加官的事例一共只有六例。西晋的两个事例比较明确，都是以禁卫武官兼领，孙髦和祖纳分别以武卫将军和中护军领太子詹事。在八王之乱时期或西晋末年政局极度混乱之际，作为东宫总管的太子詹事，其中心任务就是保卫储君的安全，而以禁卫武官兼领太子詹事正是这种特殊政局的体现。东晋的例子全都是在孝武帝时期：王珣为尚书左仆射，加征虏将军，领太子詹事；谢琰为尚书右仆射，领太子詹事，加散骑常侍，将军（征虏）如故；王恭为中书令，领太子詹事；敬王司马恬以侍中领太子詹事。王珣和谢琰分别加征虏将军，也从一个侧面反映了这一级别的官职在东晋的地位。尽管只有区区四例，但仍然可以感受到东晋太子詹事主要应该由三省长官兼领，从而也凸显出其职地位的重要性。

刘宋太子詹事兼领的事例史书记载较多，共有十六人二十二例（四例未拜），分布于武帝、文帝、孝武帝、明帝各朝，只要有太子东宫的朝代都可以见到。比较来看，刘宋太子詹事与三省长官兼领的事例较多。与尚书令、仆兼领的事例有殷景仁（尚书仆射、领吏部尚书）、何尚之（尚书令）、王景文（尚书左仆射、领吏部）、袁粲（尚书右仆射，未拜）、刘秉（吏部尚书），与门下侍中兼领的事例有王昙首、徐湛之、柳元景、刘义宗、刘秉，与中书令兼领的事例有傅亮、徐湛之。以禁卫武（长）官兼领的事例有范晔（左卫将军）、柳元景（领军将军），以散骑常侍兼领的事例有张永、王景文，以丹阳尹兼领的事例为徐湛之，以给事中兼领的事例为刘湛，以金紫光禄大夫兼领的事例为刘延孙。此外，刘湛、柳元景和刘延孙均兼任本州大中正。数职兼领者有傅亮（尚书仆射、中书令）、殷景仁（扬州刺史、尚书仆射、领吏部尚书）、柳元景（尚书令、侍中）、王景文（尚书左仆射、领吏部、扬州刺史、散骑常侍）。此外，孟顗所任侍中、仆射、太子詹事亦不排除诸职同时兼领的可能性。

南齐太子詹事兼领的事例共有十三人十五例，分布于高帝、武帝、明帝和东昏侯各朝，同样是只要有太子东宫的朝代都可见到。南齐太子詹事兼领最多的官职是散骑常侍，何戢、王俭、沈文季、安陆昭王缅、王晏、谢瀹、孔稚珪七人为太子詹事兼领或加任散骑常侍。在三省中仅见尚书仆射和侍中与太子詹事兼领的事例：王俭以尚书左仆射、沈文季以尚书右仆射加领太子詹事，褚蓁可能兼领度支尚书，何戢、沈文季、王晏以侍中领太子詹事。与禁卫武官兼领的事例全都是长官领军将军（中领军），有萧景先（中领军？）、褚蓁（领军将军）、王莹（中领军）三人。与给事中兼领者有张绪、萧赤斧二人。数职兼领者有王俭（左仆射、领选、加散骑常侍）、沈文季（尚书右仆射、加散骑常侍）、张绪（领南郡王师、加给事中）。此外，王晏以侍中领太子詹事、本州中正（南徐州大中正）。

梁代半个世纪，太子詹事兼领的事例共有十三人十七例（其中一例未拜，一例为死赠），几乎全都是梁武帝时期的事例。与宋、齐比较，梁代太子詹事的兼、领、加官比较分散，相应的某一类官职与太子詹事兼领的事例也就较少，尽管如此也还是能够看出一些具有时代性的特征。与南齐一样，梁代同样没有中书监、令与太子詹事兼、领、加的事例，这应该与寒人多以中书舍人掌机要而中书监、令职能式微的时局有关。与尚书省长官兼领的事例只有徐勉一例（尚书右仆射），与门下侍中兼领者有沈约、徐勉、桂阳嗣王萧象（未拜）、谢举、何敬容五人，徐摛死赠侍中、太子詹事，亦可归入此类。从徐勉由尚书右仆射"改授侍中，频表解宫职"的情形来看，当时三省长官兼

领太子詹事并不为统治集团成员所看重。禁卫武官兼领太子詹事的事例有韦
叡（左卫将军）、徐勉（云骑将军）、周捨（右骁骑将军）、裴之平（右卫将军）
四人。可以看出，与宋、齐时期多以最高禁卫长官领军将军（中领军）兼领
太子詹事的情况不同，梁代的事例全都集中于次一级禁卫长官左、右卫和左、
右骁骑（云骑）将军，反映了太子詹事一职在梁代地位的下降。梁武帝长期
在位，政局稳定，与君位更替频繁的宋、齐时代相比，梁代对东宫的重视程
度应该更低（尽管梁朝初年有加强东宫地位的举措），太子詹事与三省长官兼
领的事例较少应该也是这种情况的反映。梁代太子詹事与散骑常侍兼领的事
例较多，有柳恽、柳庆远、徐勉、裴之平、何胤（不就）诸人，韦叡所加为
通直散骑常侍。此外，以将军号兼领太子詹事的事例有王茂（中卫将军→车骑
将军）、萧藻（中卫将军）、谢举（翊左将军）。沈约、周捨、柳庆远分别兼任扬
州、豫州、雍州大中正。沈约以右光禄大夫领太子詹事、扬州大中正可以作为致
仕之官与太子詹事兼领的事例。数职兼领的现象在梁代太子詹事的兼领、加、官
中比较普遍，最突出的事例即沈约为侍中、右光禄大夫、领太子詹事、扬州大中
正并关尚书八条事，谢举为侍中、太子詹事、翊左将军，韦叡为左卫将军、太子
詹事、加通直散骑常侍，周捨为右骁骑将军、太子詹事、豫州大中正，裴之平为
散骑常侍、右卫将军、太子詹事，王茂为车骑将军、领太子詹事、开府仪同三
司，柳庆远为散骑常侍、太子詹事、雍州大中正，徐勉为太子詹事、领云骑将
军、加散骑常侍，裴之平为散骑常侍、右卫将军、太子詹事。

　　陈代太子詹事兼领的事例共有九人十一例，分布于陈文帝、宣帝、后主
时期。三省中可见到门下侍中和中书监与太子詹事兼领的事例，王劢以侍中兼
领，徐陵先以侍中兼领，后以中书监兼领且侍中如故。禁卫武官兼领太子詹事
的事例，只有徐陵以领军将军兼领一例。将军号兼领的事例有徐陵（诩右将军
→翊左将军）、衡阳王伯信（镇前将军）、袁宪（云麾将军）三例。光禄大夫兼
领的事例有徐陵（右光禄大夫）、王劢（金紫光禄大夫）二例。太子詹事与散
骑常侍兼领的事例可能仅孔奂一人，但记载不太明确。此外，王劢、沈君理均
以太子詹事"行东宫事"。太子詹事兼任州大中正的事例有陆缮（扬州）、江总
（南徐州）、孔奂（扬东扬二州）三人。数职兼领者较为普遍，最突出的是徐陵
（中书监，侍中、将军、右光禄、中正如故）、衡阳王伯信（镇前将军，宣毅
将军、扬州刺史如故，寻加侍中、散骑常侍）、王劢（行东宫事、侍中）三人。

下篇结语

詹事始置于秦，为西汉所继承，其职"掌皇后、太子家"，"秩真二千石"。太子詹事掌东宫，其属官有太子率更令、家令、仆、中盾、卫率、厨廐长，詹事及所属众官并有丞为其副贰。东汉不设詹事，而由太子少傅代其职。《唐六典》及《通典》并载"魏复置詹事"，其职"掌东宫内外众务"或"领东宫众务"，在新设九品官阶中为第三品。然而曹魏一代近半个世纪并不曾建立东宫，即便制度中有太子詹事，也是徒有其名。曹操称魏王时虽然为太子曹丕建立东宫，但并无太子詹事之设。据《宋书·百官志下》记载：西汉太子官属分属二傅（太子太傅、少傅）及詹事——"太子门大夫、庶子、洗马、舍人属二傅，率更令、家令、仆、卫率属詹事"。二傅所领以文官为主，詹事所领以武官为主。太子詹事是次于太子二傅的东宫长官之一。东汉废罢詹事后，"太子官属悉属少傅"，可见西汉太子二傅和太子詹事的职能到东汉时被太子少傅一职所继承。"晋初，太子官属通属二傅。咸宁元年，复置詹事，二傅不复领官属。"其后三百余年间，只要有东宫建立，东宫众务便由太子詹事统领。太子詹事"职比台尚书令、领军将军"，其职责相当于朝廷最高行政长官尚书令（宰相）和禁卫长官领军将军。具体来说，太子詹事主要掌管东宫行政事务，而东宫禁卫职能则由太子卫率所承担。关于太子詹事的复置时间，又一说是在晋武帝泰始年间，究为何时已难作出明确判断。

两晋和宋、齐时期太子詹事为第三品，与三省长官等属于同一等级序列。梁初太子詹事秩中二千石、品第三，十八班制确立后为第十四班，亦相当于九品官阶中的第三品。陈代太子詹事为第三品、中二千石。北魏孝文帝所定前《职员令》中第二品下有太子左、右詹事，后《职员令》中只有太子詹事，为第三品。北齐太子詹事亦为第三品。北周不置太子詹事，与之相当的官职是太子宫尹、少尹。隋朝开皇初置詹事，但二年即被废罢，可以说有隋一代并无太子詹事之职。

钩稽魏晋南北朝史籍及碑志资料，从西晋武帝到陈后主三百余年间总共有一百人担任了一百一十一任太子詹事，具体朝代分布是：西晋六人，东晋六人，十六国前秦四人，后赵、后秦、北燕各一人，刘宋十六人（二十一任），南齐十七人（二十一任），梁代十七人（十八任），陈代十一人，北魏四人（五任），东魏二人，西魏三人，北齐四人，北周七人。南朝太子詹事的担任者较多，主要是缘于史书的记载相对比较完整和丰富，列传人物的仕履也比较详细。北朝太子詹事人数远远少于南朝，主要是因为北魏前期百年间未见到太子詹事担任者。太子詹事的多少与王朝的长短虽不无关系，但更主要的是与皇位更替是否频繁及建立太子并确立东宫的多少有关，故南齐即使存在的时间很短，所能考见的太子詹事人数和任次也与刘宋和梁代相近甚至更多。

晋南北朝太子詹事的品级在不同朝代虽然不尽一致，但总体来看几乎都是在第三品，位居大臣之列，而作为掌东宫众务的最高长官，其与朝廷宰相尚书令和禁卫长官领军将军有着近似的地位和职能。虽然太子詹事地位高于太子卫率，但二者似乎并不存在统属关系，而是各司其职，东宫的安全保卫职责应该由太子卫率全权负责，太子詹事大概并不干预其事。太子作为皇位继承人，其教育、辅导和安危关乎王朝未来，自非等闲之事。在局势正常状态下，历代皇帝无不关注东宫官员的选任，尤其是像太子詹事和太子卫率这样的最高级别东宫官职，太子詹事的担任者几乎都是受到皇帝信任的大臣。对于开国之君来说，所任命担任或兼领太子詹事者一般都是称帝前的心腹亲信，属于开国元勋之列，对于其文化修养和家族因素的考虑则为其次。总的来说，由于东宫官职肩负着训导太子的重任，为了培育太子优秀的道德品质，良好的经史修养乃至文学才能，以及提高其治国理政的能力，故对其才学品德有着特别的要求，"学问清操过人"是太子詹事一个基本的任职标准，故往往"妙简才贤，尽一时之胜"。作为东宫职僚之长，太子詹事除了总管东宫众务外，还有责任以其言行影响教化太子，如袁宪在陈宣帝朝担任太子詹事时，"皇太子颇不率典训，宪手表陈谏凡十条，皆援引古今，言辞切直"。若太子已经成年，则其在任命太子詹事时会有一定的自主选择权，陈宣帝时就任命江总为太子詹事的争议便反映了这种情况。

通过对太子詹事身份状况的考察，可以看出几个突出的现象，也可以说是太子詹事的选任原则。高级官员必须是皇帝所信任的人，出自统治集团的中坚阶层，皇帝的心腹亲信自是首选，和平年代宗室、外戚等皇亲国戚也都是重要的选择对象。就东晋南朝而言，士族门阀是最强大的统治力量，是官僚队伍的最主要来源，他们同时可能还具备皇帝心腹亲信或外戚等身份。魏晋南北朝时期的文化学术主要由士族阶层垄断，士族子弟既有坚实的政治实力做依靠，同时又具有深厚的才学修养，一般来说也具有作为统治集团成员的品德素质。正是基于这种情况，太子詹事多由名门望族成员担任，即使不是一流高门，也往往有着祖上的荣光，或具有超出同侪的才能品行，或对王朝的建立或统治做出了独特的贡献。当然，士族阶层也不是一成不变的，随着朝代更替和时局变迁，有些门第衰落了，有些门第上升了。如东晋显赫一时的颍川庾氏和谯国桓氏，前者到南朝彻底没落，后者经刘裕建国前的清理而从南朝政治中消失殆尽。琅邪王氏和陈郡谢氏在宋、齐时代还是膏腴华族，人才辈出，但到梁、陈时代也已走上衰落之路。太原王氏在东晋曾呼风唤雨，显赫一时，王恭身为皇后之侄、之兄，以"才地高华"而为时所重，但到了梁代该家族已是"世为将家"，文华已逝，需凭借武功在政治上获得一席之地。汝南周氏、陈郡袁氏、庐江何氏等家族虽然在东晋并非默默无闻，但却无法跟王谢高门相比，但到南朝时期已然是世家高门。周捨在梁武帝时代还被作为非高门掌机要的典型事例，到陈代周弘正已然是大族人物的代表，而袁氏和何氏在刘宋就已获得了一流高门的地位。

宗室阶层是统治集团最重要的成员，这在中国古代大多数朝代是适用的，但宗室与皇权又存在一定的矛盾，因其独特的血统优势，故而在一定的条件下可以转化为皇权的异己力量，对当朝皇帝的权位、对太子将来的皇位都有可能构成威胁。宗室在享有政治特权的同时，也是容易受到猜忌的对象，防止年长的宗室对年幼的太子施加影响，也就成为东宫官员特别是太子詹事任职的一个原则。西晋一代并未见到宗室担任太子詹事的记载，事实上很可能也没有宗室任职。晋惠帝严重智障，其为太子时晋武帝不可能安排宗室担任太子詹事，何况当时晋武帝对宗室实施压制的政策，而以外戚杨珧任之正好可以满足晋武帝特别是杨皇后保住太子的愿望。其后八王之乱和永嘉之乱时期，皇帝即为傀儡，年幼的太子更不待言，宗室为争夺皇位大打出手，东宫形同虚设，控制太子的强权者（不论是否宗室），自然也不愿让其他的宗室染指太子，而以心腹亲信担任太子詹事就是最好的选择。至于像阎鼎那样的强势人物，则是通过担任太子詹事以控制具有皇权象征的太子而掌控局势，从而争取更强大的政治资本。历史的发展证明，这也是徒劳无功的。东晋一代只见到一位宗室成员担任太子詹事，晋孝武帝致力于加强皇权，太子东宫也是其特别关注的对象，谯敬王司马恬作为"宗室勋望"而受到孝武帝重用，因其为宗室疏属，自然也不怕他会不利于储君。南朝四代，各朝都有宗室担任太子詹事，人数从一人到四人不等，其比例不会超过宗室在整个高级官僚队伍中的比例，而且几乎都是宗室疏属，只有陈代衡阳王伯信具有王爵，但也不是宗室中的重要人物[①]，绝无觊觎皇位之嫌疑。外戚或皇室姻亲担任太子詹事的人数并不比宗室少，且大多数出身于有名望的高门大族，不过他们中没有太子舅父和外公这样的有可能构成外戚专政条件的人物[②]，这也是皇帝比较放心地任用他们的原因。

在可考知任职年龄的事例中，约有近八成集中于三十六至六十岁年龄段，晋南北朝特别是南朝太子詹事级别官员的任职年龄大体上应该就在这个年龄段。东晋和宋、齐三代太子詹事任职年龄偏小，大多不超过五十五岁，而梁、陈时期任职年龄相对较大，以四十六至七十岁年龄段为主。这种状况在一定程度上体现了高门士族在统治集团中的地位，因为高门大族子弟可以凭借其

---

① 衡阳王伯信为陈文帝第七子，其担任太子詹事是在陈宣帝太建十一年，直到后主即位时为止。陈宣帝为文帝之弟，衡阳王伯信为宣帝之侄。就当时的时局来看，衡阳王伯信完全不可能影响或觊觎太子权力。参见《陈书》卷三《世祖纪》、卷五《宣帝纪》，第一册，第45、75页；卷二八《世祖九王·衡阳王伯信传》，第二册，第362页。又，梁代萧缅史书记载其为"安陆昭王"，乃是齐明帝继位后所追封。他是齐高帝次兄萧道生之子、齐明帝之弟，在齐武帝永明六年担任太子詹事时只是安陆侯（《南齐书》卷四五《宗室·安陆昭王缅传》，第二册，第794-795页），自属宗室疏属无疑。

② 担任太子詹事的外戚，最亲近的是杨珧和王恭二人。杨珧是晋武帝两杨皇后叔父，但在杨氏家族占据主导性的是小杨皇后之父杨骏，而太子是大杨皇后之子，而且当时晋武帝大权独揽，外戚虽然受到重用，但并不具备觊觎皇位的条件。参见《晋书》卷三一《后妃上·武元杨皇后传》《武悼杨皇后传》，第四册，第952、955页。王恭虽是孝武王皇后之兄，但他担任太子詹事时王皇后已经死亡十年，太子（安帝）为陈淑媛所生，且是在王皇后死后才出生的。参见《晋书》卷一〇《安帝纪》，第一册，第249、267页；卷三二《后妃下·孝武定王皇后传》《安德陈太后传》，第四册，第983页。

高贵的门第而在短期内任至高位，年龄最小的太子詹事担任者全都出身于一流高门（个别宗室），也有人同时还是外戚。南朝后期高门士族进一步没落，寒人掌机要成为大势所趋，非一流高门出身的高级官员在官僚队伍中的占比增加，但他们要升至太子詹事这样的高位，却需要更长时间的仕宦经历，因而年龄更大的担任者便会占有较大比例。此外，有东宫任职经历的人约占可考知太子詹事任职者的近三成，显示了系统内部任职的连贯性，一定程度上也体现了东宫官职的专业性特征。

通过对太子詹事迁转关系的考察分析，有助于对太子詹事制度作出更进一步的认识，从而更加具体地看出太子詹事在官僚组织体系中的位置。两晋太子詹事迁转关系的事例不仅少而且有欠明确，地方长官特别是郡国太守、内史（包括丹阳尹）和散骑常侍两类官职应该是两晋太子詹事的主要迁入官。两晋太子詹事的迁出官事例也是少而且比较分散，既有中央官卫尉、御史中丞和侍中、尚书右仆射等职，也有地方州级军政长官。由于《晋书》所载人物仕履颇不完整，因而对迁转关系的考察也只能是对已知历史记载的一种认识，未必能反映实际状况。比较而言，南朝太子詹事迁转的事例较多且迁转关系更加明确，对迁转关系的考察也就有可能得出更为普遍的认识。刘宋太子詹事的迁入官比较集中，主要包括地方军政长官、禁卫武官和东宫官三类；太子詹事的迁出官也比较集中，主要包括地方军政长官、尚书仆射和禁卫武（长）官三类。就政权存在的时间长短而论，南齐太子詹事的事例最为丰富。南齐太子詹事的迁入官和迁出官的聚集性特征比较一致，大体都可分为禁卫武（长）官、中央文官和地方长官三类。梁代太子詹事的迁入官大体包括地方长官、禁卫武（长）官、东宫官属和中央文官四类；太子詹事的迁出官大体可分为三类，包括地方长官、禁卫长官和中央文官。陈代太子詹事的迁入官大体可分为两类，主要是中央文官（包括列曹尚书与中书令），其他还有领军将军和丹阳尹等个别事例；太子詹事的迁出官似可分为三类，包括中央文官和地方长官、禁卫长官，第一类主要是尚书省官职。

魏晋南北朝时代官吏任职的一个普遍现象就是绝大多数人同时会以兼、领、加官等形式担任两个或两个以上官职，这在高级官员中更为普遍，分析太子詹事的兼、领、加官对于深入认识太子詹事制度也是必不可少的一环。有的是太子詹事兼、领、加其他官职，也有的是他官兼、领、加太子詹事，史书对此记载多不明确，很难加以具体区分。反映晋南朝太子詹事兼、领、加官的事例共有五十七人、七十一例，主要仍是南朝的事例（五十一人、六十五例）。晋南朝太子詹事兼、领、加官主要集中在散骑（集书）、门下、尚书和禁卫机构，且以长官为主，由于太子詹事品级较高，与其有兼、领、加关系的官职自然也是比较高级的官职。综合来看，太子詹事兼、领、加官依次是：侍中（十八例）、散骑常侍（十六人、十七例）、禁卫武官（十二例）、将军号（九人、十一例）、尚书令仆（九例）、州大中正（十例），此外还有事例较少的其他官职，包括光禄大夫（五例）、中书监·令（四例）、给事中（三例）、丹阳尹（一例）、行东宫事（二例）。在以上事例中，并非都是单独与太子詹事兼、领、加，其中一部分是太子詹事同时与两个或两个以上官职的兼、领、加。总的来看，太子詹事的兼、领、加官在分散中体现着集中，最多的是门下省长官侍中、集书（散骑）省长官散骑常侍、尚书省长官仆射（个别尚书令）及禁卫长官。而在不同的朝代，太子詹事的兼、领、加官也有一定的差别，体现了各自的时代特性。西晋的两例都是以禁卫武官兼领，东晋的四例皆为三省长官，分别是尚书左、右仆射和中书令、侍中。刘宋太子詹事与三省长官兼领的事例也比较普遍，五例与尚书令、仆和吏部尚书兼领，与门下侍中兼领的事例亦有五例，与中书令、禁卫武官、散骑常侍兼领的事例各有二例。南齐太子詹事兼、领、加官以散骑常侍最多，共有七例，尚书左、右仆射和度支尚书各一例，侍中兼领者三例，与领军将军和中领军兼领者亦有三例，与给事中兼领者有二例。梁代太子詹事的兼领、加、官比较分散，比较多的事例为侍中五例，禁卫武官四例，散骑常侍四例（另通直散骑常侍一例）。梁代同南齐一样未见到中书监、令与太子詹事兼、领、加的事例，反映了寒人多以中书舍人掌机要而中书监、令职能式微的时代特点。陈代太子詹事兼、领、加官事例少而分散，其中侍中和将军号各有三例，有一定聚集性特点，有四人数职兼领，也是比较突出的一个现象。

后 记

　　本书从最初的酝酿到最终结稿，历经了二十余年时间，这是著者未曾想过的。著者原本并没有撰著此书的打算，只是机缘巧合而得以成书。二十余年前，著者在北京师范大学跟随黎虎教授攻读博士学位时，提出了"魏晋南北朝武官制度研究"的论文开题报告，其中的一章即是东宫武官制度，在拟订详细写作计划及准备文献资料时，也都包括了这一部分内容，然而由于最终只完成了禁卫武官制度的研究，东宫武官制度和其他众多内容也就束之高阁了。在2003年申请获批、2009年鉴定结项的国家社科基金项目"魏晋南北朝军事职官制度研究"中，一小部分内容即是东宫武官——太子卫率制度，其后近十年间，虽偶尔也曾做过个别小修小改，但并未主动拿出发表或者考虑出版。近期应光明日报出版社征稿，遂将旧稿重新捡起，并补充了太子詹事部分，以构成上下篇出版。需要说明的是，与太子卫率制度一同撰写的关于"兵部"尚书制度的内容，已在近期以《唐前"兵部"尚书研究》为题由中华书局出版，故此两书也可以看作姊妹篇。校领导缪劲翔书记的支持为本书出版提供了便利，学棣权玉峰和张锐核对了部分史料，在此一并表示感谢。

张金龙

2019年1月23日记于京西寓所